교육사회학
SOCIOLOGY OF EDUCATION

이광현 저

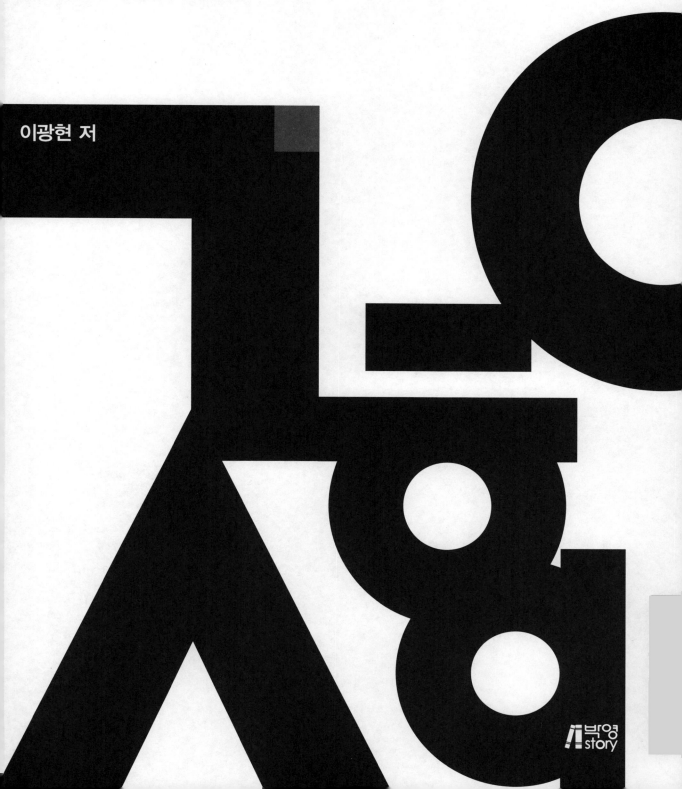

박영story

머리말Preface

코로나19가 터진 2020년도에는 전국의 모든 대학에서 온라인으로 수업을 하게 되었다. 필자도 대학에서 제공하는 LMS(Learning Management System, 학습관리시스템)를 통해서 교육사회학 수업동영상을 녹화해서 올리게 되었는데, 동영상 녹화하는 일이 쉽지는 않았다. 그래서 일단 글로 된 학부수업교재도 필요하다는 생각을 하게 되었다.

코로나19가 한창인 2020년도부터 조금씩 구상을 해서 2021년도 초에 마음을 먹고 이 책의 제1부(part 1)부터 쓰기 시작했다. 그런데 교육사회학 이론부분을 쓰기 시작하려던 찰나에 갑자기 필자가 몸담고 있는 대학의 기획처장 일을 맡게 되었고 책 쓰는 작업이 중단되었다.

1년 후인 2022년도에 학교 행정일로부터 자유롭게 되었다. 그런데 원래 멈췄던 일을 재개하기란 쉽지는 않아서 머릿속으로만 혼자서 교육사회학 책을 써야 한다는 생각에만 쫓기게 되었다. 그러다가 여름에 이른바 속도전으로 급하게 교육사회학 책을 정리하게 되었다. 9월말로 스스로 마감일을 정해놓고 일을 추진하니 일단락이 되는 것 같았다.

초안을 마무리하고 급하게 피와이메이트의 담당 선생님에게 연락을 했다. 급한 연락에도 불구하고 친절하게 필자의 원고를 서둘러서 출간해주시기로 하셨다. 필자의 이러한 서두름에 이 책을 담당하신 피와이메이트 편집부 여러분들께서 많은 고생을 하셨을 것이다. 필자의 요청에 신속하고 친절하게 응해주시고, 내용의 편집 및 표지디자인 등 모두 꼼꼼히 챙겨주셔서 너무나도 고맙다. 과거와 달리 책읽기 문화가 점점 약해지고 있는 시대라서 출판 여건이 많이 어려울 것이다. 어려운 여건 속에서도 이 책을 잘 만들기 위해서 애써주신 피와이메이트에 진심으로 감사드린다.

2022년 11월

이광현

들어가며Introduction

공교육이 확대되고 정부가 교사를 공무원으로 채용하기 이전에도 교육은 존재했다. 정부가 교육을 모든 국민에게 제공하기 시작한 건 19세기 이후의 일이다. 그 전에는 소수만이 사적으로 교육을 받을 수 있었고 관립학교, 혹은 공립학교는 아주 소수였으며 소수의 상위계층을 위해서 설립되었다.

다른 학문도 마찬가지겠지만 교육학도 르네상스를 거치고 근현대 민주사회의 발전과 교육제도의 팽창에 따라 발전해왔다. 교육사회학은 이러한 사회발전 속에서 교육이 어떠한 역할을 하는지에 대한 연구를 집중해 온 학문영역으로 볼 수 있다. 사회학의 창시자 중 한 명으로 여겨지는 뒤르켕의 말을 인용해보자.*

"중세 시대에는 교육학이 필요 없었다. 중세 시대는 모든 사람이 동일하게 사고하고 느끼고 순응하는 시대였다. 따라서 당시에는 교육이 비인격적이었다. 그런데 르네상스 시대에 들어서면서 모든 것이 변화하기 시작했다. 새로운 문명이 형성된 것이다. 이러한 모든 변화에 부응하기 위해 교육학적 성찰이 생겨났다."(뒤르켕, p.80)

뒤르켕은 사회변화에 부응하기 위해 교육학적 성찰이 생겼다고 적고 있다. 교육대학에서 학생들과 함께 수업을 하면서 "교육에 대한 사회학적 접근이 과연 예비교사에게 어떠한 의미를 주게 될 것인가"를 늘 고민하게 된다. 학교의 사회적 역할에 대한 고민과 함께 학교를 이끌어갈 한 주체로서 교사의 역할에 대한 고민과 이어지지 않을까 하는 생각을 해본다.

---

* 뒤르켕, 교육과 사회학. 제2장 교육학의 성격과 방법. p.80

"우리를 안내해줄 이념을 찾는 것이 중요하다. 교육 생활의 근원으로 되돌아가지 않고서, 즉 사회로 되돌아가지 않고서는 그러한 이념들을 발견할 수 없다. 우리가 알아야 하는 것은 사회의 요구이다. 왜냐하면 우리가 충족해야 하는 것은 사회의 요구이기 때문이다."(뒤르켕. 소르본대학 교육학과 학과장 취임사* 중에서)

21세기 한국사회가 유초중등학교, 그리고 대학에 요구하는 바는 무엇일까? 그리고 무엇보다도 교사에게 요구하는 바는 무엇일까? 이 책은 필자가 이러한 질문을 학부생들과 함께 고민하기 위해 교육사회학 수업 시간에 강의한 내용을 정리한 책이다.

교육사회학 수업시간에 함께 읽고 토론해보자.

---

* 뒤르켕, 교육사회학. 제3장 교육학과 사회학 pp.114−115 (간디서원).

차례Contents

PART 03

교육사회학 연구의 주요 쟁점들

책 구성에 대한 안내

●
●
●

이 책은 크게 3부로 구성된다. 즉 필자의 강의는 크게 세 영역으로 진행된다.

제1부는 1강좌에서 4강좌까지로 교육사회학의 학문적 정체성과 주요 이론들에 대해서 강의하였다. 가급적 쉽게 강의하려고 노력했다.

제2부는 5강좌에서 8강좌까지가 해당되는데, 우리가 원하는 정의로운 교육체제 혹은 교육제도에 대한 철학적 논의(ex: 존 롤즈의 정의론)를 살펴본 후 현실의 교육불평등 문제, 그리고 그 문제를 해결하기 위한 적극적 노력들을 살펴보았다. 중간에 교육불평등을 야기하는 교육정책에 대한 비판도 포함하였다.

제3부는 9강좌에서 14강좌가 해당되는데, 교육사회학의 주요 쟁점이 되는 연구를 소개하였다. 교육이 경제성장에 기여하는지, 학교선택권을 확대해서 개혁해야 하는지, 사교육문제, 대입제도를 둘러싼 논쟁, 교육과 계층이동 등등.

정리하자면,

제1부: 교육사회학, 그리고 주요 이론들

　　　제1강좌~제4강좌

제2부: 정의로운 교육체제, 현실 진단, 그리고 적극적 조치

　　　제5강좌~제8강좌

제3부: 교육사회연구의 주요 쟁점들-교육과 경제성장, 학급규모, 학교선택권,

　　　사교육, 대입제도, 계층이동 등

　　　제9강좌~제14강좌

이와 같은 큰 틀로 이 책은 구성되어 있다.

PART

01

교육사회학, 그리고 주요 이론들

교육사회학은 어떠한 연구를 하는가?

1. 교육사회학의 학문적 성격

교육학에는 여러 학문분과가 존재한다. 교육철학, 교육심리학, 교육행정학, 교육사회학, 특수교육학 등 교사가 되기 위해서 정해진 여러 교직과목은 대부분 교육학의 제반 연구영역으로 구성되어 있다. 교육학 자체의 학문적 정체성에 대한 여러 논의가 있으며, 교육철학, 교육심리학, 교육행정학, 교육사회학 등의 학문분야 역시 정체성에 대한 논의가 있을 수 있다. 일단 간략하게 보면 주요 학문분과, 예를 들어 철학, 심리학, 사회학 등의 시각과 이론 등에 근거한 교육에 대한 접근이 교육철학, 교육심리학, 교육사회학 등의 학문영역으로 볼 수 있다.

교육학계에서 인용되는 많은 유명한 학자는 교육학자라기보다는 해당 학문분과의 연구자이다. 예를 들면 위대한 교육철학자로 인용되는 존 듀이의 경우는 교육학계에서는 교육철학자라고 일컫지만, 근대의 유명한 실용주의 철학자이다. 즉, 존 듀이는 철학자였으며 심리학과 예술/미학으로의 본인의 학문영역을 넓힌 철학자이다. 미시간 대학교에서는 철학과 교수로 근무한 바가 있으며 시카고 대학교에서 유명한 실험학교를 운영한 바가 있다.[1]

다만 실용주의, 혹은 현대 진보주의 교육학 연구에 지대한 영향을 주었기에 교육학계에서는 '교육'철학자로 명명하지만, 존 듀이는 근대의 위대한 철학자 중 한 명으로 봐야 한다. 그렇다면 교육철학은 결국 철학자들이 교육이라는 영

---

1 위키백과(https://ko.wikipedia.org/wiki/%EC%A1%B4_%EB%93%80%EC%9D%B4)

역에 대한 연구를 수행한 결과로 산출된 학문분과로 봐야 하는 것이 적절할 것이다.

교육심리학에서 유명한 자아효능감 이론을 제기한 알버트 밴두라(Albert Bandura)의 경우도 교육학계에서는 '교육'심리학자로 소개하지만, 스탠포드 대학 심리학과의 교수로 근무하고 있다(현재는 스탠포드 대학교 심리학과 소속 명예교수이다2). 즉, 교육학과 소속이 아닌 일반 사회과학대학의 심리학과 교수인 것이다. 그러나 알버트 밴두라의 자아효능감 이론이 교육학에 많은 기여를 하고 인용됨으로 인해 교육학계에서는 교육심리학자로 일컫고 있다. 그러나 추측컨대 본인은 교육심리학자라기보다는 단순히 심리학자로 불리길 원할 것이다.

교육사회학에서 유명한 학자로는 사회자본론과 콜먼 리포트로 유명한 제임스 콜먼과 문화자본론을 제창한 피에르 부르디외 등이 있다. 교육학계에서는 교육사회학자로 일컫지만 사회학과 교수들로서 순수(?) 사회학자이다. 사회자본론과 문화자본론 등의 이론을 통한 학교교육의 현상을 해석하는 데 있어서 유용한 이론을 제공한 사회학자로서 교육학 발전에 지대한 영향을 준 학자들이다.

따라서 교육철학, 교육심리학, 그리고 이 책에서 논의하는 교육사회학은 과연 독자적인 학문적 정체성이 있는지에 대한 의문이 들 수 있다. 이 의문은 일단 중장기적인 숙제로 돌리기로 하자. 어려운 문제이기 때문에 당장에 해결하기에는 한계가 있다. 일단 교육에 대한 사회학의 연구들의 축적물로서 교육사회학이라는 학문을 바라볼 필요가 있다. 즉, 사회학의 제반이론을 통한 교육현상에 대한 분석 연구를 교육사회학연구로 볼 수 있지 않을까 싶다. 교육사회학이 기존 전통학문분과인 사회학으로부터 독립될 수는 없는 것이다.

그러나 교육현상이란 나름의 독자적 연구영역이기 때문에 사회학의 이론이 교육문제와 만나게 되면 새로운 접근법이 생길 수는 있다. 예를 들어 조직이론에서 단순 관료제적 이론으로는 해석하기 어려운 교육조직만의 독특한 현상들이 있다. 학교교실의 상당한 자율성과 느슨한 통제체제를 보여주는 학교조직에 대한 이론적 해석 틀을 만들기 위해서 "느슨한 연계체제(Loosely Coupled System)"라는 학교조직이론이 제기되기도 했다(Weick, 1976). 교육문제 혹은 교육현상의 독특성은 새로운 사회학의 이론을 만들

---

2 스탠포드 대학 홈페이지(https://stanford.rimeto.io/profile/32489:1001:381f)에 David Starr Jordan Professor, Emeritus(명예교수)로 소개되고 있다.

어내는 데 기여한다고 볼 수 있다. 교육현상의 독특성에 대해서 설명하기 위한 이론적 노력들은 제3~4강좌 교육사회학의 주요 이론들에서 살펴보기로 한다.

2. 교육사회학의 연구주제들

교육사회학이라는 학문이 어떠한 학문인가를 파악하기 위한 방법은 관련 학술단체(학회)와 학술지 등에서 어떤 주제들이 연구되는가를 살펴보는 것이다. 이는 어느 학문분야나 동일하게 그 학문분과의 성격과 내용을 파악하는 데 유용한 방법이다. 한국의 경우 한국교육사회학회가 교육사회학의 정체성을 확립하고 관련 연구를 발전시키기위해서 학술연구활동을 진행하고 있으며 교육사회학연구라는 학술지를 발간하고 있다.

지난 2020년도에 발표된 한국의 교육사회학회지의 논문들을 살펴보자. 그렇다면 대략적으로 교육사회학 연구가 어떤 주제로 이루어지고 어떤 연구를 하는 학문인지에

●● 표 1-1 2020년도에 한국 교육사회학회 학술지(교육사회학연구)에서 발간된 논문

발간호	논문 제목
2020년 1호	-김정은 시대 북한 교원 정책의 특징 분석 -대졸자의 노동시장 성과와 지역격차 -초기 학업탄력성 집단의 특성 및 변화추이 분석 -학교 유형과 학업성취도 변화: 특목고와 자사고의 환상 효과 -초등교사의 교육평가 경험에 대한 자문화기술지 -교사의 전문적 학습공동체 실천에 관한 질적 메타 분석 -여성교사 연구에 대한 젠더 분석
2020년 2호	-생활예술 동호회의 문화적 실천이 갖는 가능성과 한계 -고등학생의 가정 및 학교 내 사회자본과 입시에서의 사회적 약자 우대에 대한 태도 -조국 사태 이후 문재인 정부 대입제도 개편과정을 다룬 신문 사설의 프레임 분석 연구 -혁신학교의 수업공개연구와 학생들의 학습 경험 탐색
2020년 3호	-학교평가에서 인식과 판단형식의 지향성에 대한 행동 경제학적 접근 -대학생 진로탐색 및 진로의식의 영향요인 분석 -고교학점제 도입과 학교의 변화
2020년 4호	-변화의 시대를 맞이한 한국 고등교육의 주요 과제 및 대안 -자녀사회화에서 부의 역할 -북한에서 사상교양의 변천과 5대교양의 등장배경 및 의미에 관한 연구 -누가 교직을 떠나려 하는가? 중학교 교사 교직 이탈가능성 예측요인 분석 -코로나19 시대의 교육격차 실태와 교육의 과제 -학교급식을 통한 학생인구의 생명관리 -원격수업에서 교사의 역할 -콜만 보고서로부터 형성된 학교효과 개념의 재고찰

출처: 한국교육사회학회 홈페이지(www.soe.or.kr)

대한 약간의 감은 잡을 수 있을 것이다.

〈표 1-1〉에서 제시된 논문 제목을 보면 어려운 주제로 느껴질 수 있다. 현실 교육제도의 문제를 다루고 있음을 알 수 있다. 코로나19의 교육격차 문제에 대한 논문이 발표되었으며 원격교육의 문제(교사의 역할), 최근 교육부에서 추진 중인 고교학점제, 혁신학교, 학교평가, 학교효과, 학업성취도 등이 눈에 띈다. 고등교육에 대한 연구와 북한 교육에 대한 연구, 입시제도에 대한 연구도 보이고 있다.

그렇다면 해외의 교육사회학은 어떤 연구를 주로 하고 있는지를 살펴보자. 2011년도에 한국의 교육사회학회지에 발표된 논문에서 관련 내용을 제시해주고 있다(김영화, 2011).

〈표 1-2〉를 보면 미국과 영국의 교육사회학회 학술지에서 연구된 내용이 앞에서 제시된 2020년도의 한국의 교육사회학지에서 논의된 내용을 거의 포괄하고 있음을 알 수 있다. 교육정책과 학업성취도, 교육과정, 학교 청소년 문화, 대안 교육 등 교육사회학이 교육과 사회와 관련된 여러 쟁점들을 다루고 있음을 알 수 있다.

그렇다면 이 다섯 가지 영역 중에서 교육사회학의 정체성 혹은 교육사회학의 대표적인 연구영역은 무엇이 될 것인지에 대해서 생각해보도록 하자. 아무래도 '학교교육결과' 영역이 될 것이다. 세부 연구내용을 보면 학업성취의 결정요인, 즉 학생들의 학업성취도에 미치는 요인이 무엇인지를 밝히는 작업은 교육사회학뿐만 아니라 교육학 전반에서 가장 많이 다루는 주제로 볼 수 있다(Labaree, 2004).

그리고 교육과 개인의 계층이동, 즉 교육을 통한 계층이동은 교육에 대해서 많은 사람들이 품고 있는 이상을 담고 있는 주제이다. 향후 살펴보겠지만 이 연구는 현재까지도 지속되고 있으며 교육사회학에서 가장 관심이 있는 주제로 볼 수 있다. 김영화

●● 표 1-2 미국과 영국의 교육사회학 학술지의 주요 연구영역과 내용

연구영역	주요 내용
학교조직	학교의 인구구성, 학교조직 구조 문화, 능력별 학습집단편성과 계열화, 학교의 교육자원, 교직과 교사직무
학교교육과정	청소년문화, 학부모참여, 교육과정에 대한 사회학적 분석, 교사의 태도
학교교육결과	학업성취/교육성취 결정요인, 교육과 개인의 계층이동, 교육의 사회적 성과
교육맥락	교육제도 형성발달, 교육개혁과 정책, 사회계층 가족자본 가족구조, 성·성적 취향, 다문화, 글로벌화·이민, 지역사회, 인종과 민족
대안교육	대안교육, 평생교육(성인 비형식 계속교육), 교육 외 활동 취업 군대 경험 등

주: 김영화(2011)의 연구에서 제시된 내용을 간략히 정리함

(2011)의 연구에서는 해외 교육사회학 학술지에서 가장 많은 연구 주제들은 교육성취 결정(15.7%), 사회계층 가족자본, 가족구조(13.6%) 등으로 분석하고 있다.

교육성취결정이 가장 관심 있게 연구가 이루어지고 있는 이유는 학업성취도가 갖는 교육적 의미 때문이다. 학업성취도는 실질적인 교육의 성과를 측정하는 산출물이다. 일종의 교육과정에서 마지막 단계인 평가와 관련된 부분인데, 교육을 통한 학생들의 인지적 역량 성장, 비인지적 역량의 성장 등이 교육성취도 혹은 학업성취도 평가결과에서 나타나게 된다. 그리고 이러한 성취도는 향후 고등교육진학의 가능성과 장기적으로는 노동시장에서의 성공과도 맞물려 있다.

물론 학업성취도가 낮은 학생들이 향후 사회적인 성공을 거두는 경우도 종종 있다. 그러나 이는 일종의 아웃라이어(outlier-예외적이고 극단적인 사례)로 볼 수 있다. 학업성취도가 높고 명문대학에 입학했지만 이를 포기하고도 큰 성공을 거둔 사람들도 있다. 가령 빌 게이츠는 하버드 대학을 그만 두고 창업을 하여 사회경제적으로 큰 성공을 거두었다. 그러나 그 역시 교육적 성취를 포기하고 대학 진학을 포기하라고 말하지 않는다. 오히려 최근에 빌 게이츠는 가난한 미국 학생들의 대학진학을 돕기 위해서 5천억원을 기부한 바가 있다.[3]

3. 언론기사 사례

지금까지 딱딱한 교육사회학회 학술지의 제목 등을 보고 교육사회학이란 어떤 연구를 하는지를 살펴보았다. 교육사회학은 교육을 사회학적 시각으로 다룬다고 언급했다. 따라서 신문 사회면의 교육관련 기사를 보면 교육사회학에서 다루는 문제들이 많이 보도된다. 교육관련 사회적 쟁점이 되는 기사는 모두 교육사회학의 연구주제로 보면 된다.

예를 들면 앞의 〈표 1-1〉에서도 보면 "조국 사태 이후 문재인 정부 대입제도 개편과정을 다룬 신문 사설의 프레임 분석 연구"라는 논문이 있다. 대입제도는 교육사회학의 매우 중요한 연구 주제이다. 어떻게 대입제도를 고안하느냐에 따라 계층이동의

---

3 조선일보(2018.8.30.). 가난 때문에 학업의 끈 놓지 않도록, 빌게이츠 대학 지원금 5천억원 기부.

가능성 등이 변화하기 때문이다. 몇 가지 교육관련 기사를 보면서 교육사회학이 어떠한 주제에 관심을 가지는지를 살펴보자.

가. 교육대학교 입학생 성별 제한 규정과 교직의 여성화

사례 1-1 교대 입학생 성별비율 ●

부산교대가 2023학년도 입학 전형에서 성비 적용 비율을 없애는 방안을 추진한다. 전국 초등교원 양성 대학 13곳 중 세 번째다(한국교원대 제외). 이 대학은 최근 수시·정시에서 어느 한 성이 전체 합격생의 65%를 넘지 못 하도록 했다. 때문에 여학생이 우수한 성적으로도 선발되지 못하거나, 성비를 맞추지 못해 정원이 다음해로 이월되는 경우도 발생하고 있다. (중략) 2021학년도 모집요강 기준 성비 제한이 없는 곳은 교대 13곳 중 춘천교대뿐이다. 이어 2022학년도부터 전주교대가 성비 제한을 없애기로 했다. 부산교대가 폐지를 확정하면 세 번째가 된다.

전국 교대에서 성비 규정이 적용된 것은 1983학년도부터다. 당시 인천교대(현 경인교대)는 '남·여 어느 한쪽 성이 75%를 초과할 수 없다'는 성비 적용 선발 정책을 실시했다. 교육대 입학자 중 남학생 비율이 1982년 13.6%에 그쳤기 때문이다. 1985학년도부터는 다른 교대들도 비슷한 규정을 도입했다. 일반전형 기본사항을 살펴보면, 고등교육법 제34조에 따라 '교육목적에 비춰 균등한 교육기회를 침해하는 부적절한 기준(종교, 성별, 재산, 장애, 연령, 졸업 연도 등)으로 자격을 설정하거나 제한할 수 없다'는 원칙이 있다.

근본적으로는 성비 할당제보다는 교사 처우 개선으로 자연스럽게 남교사 비율을 높이는 게 중요하다는 지적도 나온다. 한국교총은 "학교 현장에서는 남교사가 너무 부족하다는 목소리가 많이 나오고 있기 때문에 성비 폐지는 신중하게 생각할 필요가 있다"고 말했다.

[출처] 머니투데이. 2021년 3월 12일자 기사.
https://news.v.daum.net/v/20210312061002429

대학입학에서 한 성별이 일정 비율을 초과하지 못하도록 하는 선발 규정은 논란의 여지가 있다. 간호대학, 생활과학대학(가정대) 등 여학생의 비율이 매우 높은 전공에서도 시행하고 있지 않은 제도이다. 중등교원을 양성하는 사범대에서도 시행하지 않는다. 일반 대학의 유아교육과도 마찬가지다. 그런데 교육대학에서만 이러한 제도를 운영할 필요가 있는가? 교육사회학에서는 이렇듯 교직의 여성화의 문제에 대해서도 관심을 가진다. 그런데 교직의 여성화가 과연 어떤 측면에서 문제가 있다는 것인가?

나. 교육과 계층이동

사례 1-2 과외금지조치와 계층이동 •

과외금지 세대 '계층 사다리' 많이 탔다

**하위층 출신이 상층직종을 얻은 확률에 대한 상위층 출신이
상층직종을 얻은 확률의 비(단위: 배)**

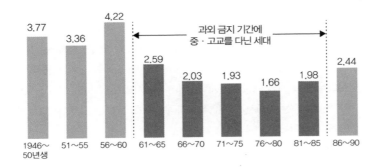

자료: 한국보건사회연구원

1980년부터 2000년까지 과외금지 기간 동안 중·고교를 다닌 세대가 하위계층에서 상위계층으로 올라선 확률이 다른 세대보다 7.3%포인트 높은 것으로 나타났다. 교육정책이 계층간 이동사다리를 활성화시킬 수 있음을 보여준 셈이다. 보건사회연구원의 '계층구조 및 사회이동성 연구'보고서에 따르면, 상위 직종을 가진 아버지를 둔 아들이 역시 상위직종을 가진 확률은 53%였다. 반면 하위 직종을 가진 아버지를 둔 아들이 상위직종을 가진 확률은 29%였다.

지난 12년간 부자(父子)의 직업정보가 있는 한국노동패널 6,466명을 분석한 것이다. 이런 계층의 대물림 현상은 과외금지 기간에 중·고교를 다닌 세대(1961~1985년생)에서 대폭 줄어들었다. 과외허용 세대의 경우 상층 출신과 하층 출신이 상층으로 귀착한 확률은 각각 41.9%, 17.9%로 그 차이가 23.9%포인트나 된 반면, 과외금지 세대는 각각 58.3%, 41.7%로 그 차이가 16.6%포인트에 불과했다. 즉 과외금지 세대

는 과외허용 세대보다 7.3%포인트만큼 더 계층간 이동이 활발했다. 또 "과외금지 기간에도 계층 이동성이 높았던 것은 다른 사회경제적 요인들이 작용했을 수도 있다"고 덧붙였다. 보사연은 "양질의 균등한 공교육을 통해 교육기회가 확대될 때 계급이동을 활성화시킬 수 있다"며 "중학교 평준화와 더불어 고교 평준화 정책은 장기적으로 지속해야 할 정책으로 보인다"고 결론지었다.

[출처] 한국일보. 2011년 12월 27일자 기사
https://news.v.daum.net/v/20111227023506262?f=o

교육을 통한 계층이동이 원활히 이루어지고 있는지, 즉 부모의 사회경제적 지위와 상관없이 공평한 교육을 받고 본인의 노력과 능력에 의해 상위 학교급에 진학하고 좋은 일자리를 얻을 가능성이 높은지는 교육사회학의 중요한 연구 주제 중 하나이다. 위의 기사 내용은 과거 80년대 초 신군부 정권의 교육개혁 조치의 일환으로 시행된 과외금지조치가 교육불평등을 감소시키고 그에 따라 상대적으로 해당 시기에 중고등학교를 다닌 세대의 계층이동이 더 활발히 이루어졌다는 연구이다. 사실 이 연구는 당시의 고도경제성장 등을 통제하지 못한 한계점을 가지기 때문에 논란의 여지는 있으나, 교육사회학이 관심을 가지고 있는 중요한 주제인 교육과 계층이동의 문제를 실증적으로 검토했다는 점에서 의의를 가진다.

아이러니라고 해야 할지 모르겠지만, 군사정권시절의 이러한 위헌적인 과외금지조치가 결과적으로는 교육을 통한 계층이동을 원활히 했다. 그러나 이후 과외금지조치가 위헌판결을 받고 경제성장이 급속도로 이루어진 현재, 가구소득에 따른 사교육비 격차의 확대, 그에 따른 교육결과 등의 교육격차 확대가 문제되고 있다.

다. 교육의 국가주의 혹은 기능주의

사례 1-3 학교에서의 국기에 대한 맹세 •••••••••••••••••••••••

강제 결의안에 위헌 판결 내린 미 연방대법원, 필리핀 대법원도 허용 안 해

미국의 '충성의 맹세'(Pledge of allegiance)는 1892년 침례교 목사인 프란시스 벨라미에 의해 만들어졌다. 각 주에 따라 실시 여부나 회수가 다르지만, 공립학교에 다니는 대부분의 학생들은 다음과 같은 맹세문을 암송한다. '나는 미합중국 국기와 그 국기가 상징하는, 나누어질 수 없으며 모든 사람들에게 자유와 정의를 베푸는, 하느님의 보호 아래에 있는 공화국에 충성을 맹세합니다.' 1942년 웨스트버지니아주 교육위

Lesson 1 교육사회학은 어떠한 연구를 하는가?　11

원회는 공립·사립학교에 '국기에 대한 맹세'를 강제하는 결의안을 채택해, 맹세에 참여하지 않는 학생들에게 퇴학 처분을 내리고 맹세를 하지 않는 한 재입학을 불허했다. 그러나 이 조처는 얼마 안 돼 대법원의 심판을 받았다. 연방대법원은 "특정 신념을 언어 또는 행동으로 고백하도록 시민에게 강제할 수 없다"며 이 조처가 연방헌법에 위배된다고 판결했다. 2002년 6월 제9순회연방항소법원은 맹세문 가운데 '하느님의 보호 아래'라는 문구가 연방헌법 1조의 '국교 금지' 조항을 위반했다고 판결했다 … (중략) … 유럽에서는 전 국민이 외우고 있는 맹세문이 없을 뿐더러 학교에서 국기·국가 교육을 받지 않는 경우가 대부분이어서 이런 논란조차 찾아보기 힘들다. 국가 가사를 모르는 사람도 허다하다.

[출처] 한겨레 21. 2006.1.10. 국기에 대한 맹세 없애자 중에서
https://news.v.daum.net/v/20060110092212627?f=o

학창 시절 누구나 다 (애국)조례에 대한 기억을 갖고 있을 것이다. 위의 사례는 국기에 대한 맹세와 관련한 미국과 필리핀, 그리고 유럽의 현황에 대한 내용이 서술된 기사이다. 여기서 학교교육에서 행사되는 애국조례, 즉 나라를 사랑하는 마음을 키우기 위한 의례는 과연 필요한 것인가에 대한 논의가 있을 수 있다. 먼저 학교교육에 대한 기능이 사회적 통합을 위한 것이기 때문에 찬성하는 입장이 있을 수 있다. 그러나 제시된 내용에 언급된 것처럼 국민의 양심과 조화를 이루지 않고 자유로운 교육을 받을 권리를 침해한다는 판결도 있다. 다른 한편에서 비판적 시각을 갖는 교육사회학자들은 교육이 국가 이데올로기를 주입하는 전형적인 사례라며 국기에 대한 맹세, 그리고 애국조례의 필요성에 대해서 문제제기를 할 수도 있을 것이다. 이처럼 학교교육현장에서 이루어지는 교육적 행위가 갖는 사회적 의미에 대한 연구에 대해서 교육사회학은 관심을 갖는다.

참고로 한국의 국기에 대한 맹세문의 변화를 한번 살펴보자. 〈표 1-3〉을 보면 2007년도 수정 이전에는 '조국과 민족의'라는 표현이 있었으나 '자유롭고 정의로운 대한민국'으로 수정되었다. 그리고 '몸과 마음'을 바쳐는 삭제되었다. 그렇다면 몸과 마음을 바치지 않아도 된다는 말인가? 충성(忠誠)이라는 단어 자체는 매우 강한 의미를 가진다. 충성에 몸과 마음을 바친다는 의미가 내포되어 있기 때문에 '몸과 마음을 바쳐'는 중복적 의미를 가지기 때문에 제외된 것으로 볼 수 있다. 그리고 민족이라는 단어가 제외된 것은 예전부터 한국은 다문화 국가였기 때문으로 볼 수 있다. 임진왜란 때 귀화한 일본인도 있었으며 고려시대에도 한족, 거란족, 여진족 등 여러 민족의 상당수가 한반

2007년도 수정 이전	2007년도 수정 이후
나는 자랑스런 태극기 앞에 조국과 민족의 무궁한 영광을 위하여 몸과 마음을 바쳐 충성을 다할 것을 굳게 다짐합니다	나는 자랑스러운 태극기 앞에 자유롭고 정의로운 대한민국의 무궁한 영광을 위하여 충성을 다할 것을 굳게 다짐합니다

출처: 행정안전부

도에 들어와서 터전을 잡은 바가 있다(박철희, 2007).

그런데 한 번 생각해보자. 초등학교시절부터 이렇게 국기에 대한 맹세를 조례라는 행사와 함께 입이 닳도록 낭독할 필요가 있을까? 자유롭고 정의로운 대한민국의 무궁한 영광을 위해서 충성맹세를 해야 하는 것일까? 우리 자신의 개인의 영광은 뒤로 한 채 대한민국의 영광이 우선시 되는 것인가? 교육사회학을 공부하면서, 즉, 교육의 사회적 기능에 대해서 고민하면서 이 문제를 한 번 생각해보도록 하자. 교육사회학은 이러한 학교교육의 기능에 관심이 있다.

라. 교육과정 정책

교육과정, 교과서 정책은 교육사회학의 중요한 연구 주제 중 하나이다. 교육과정은 사회적 변화를 반영한다고 보기 때문이다. 어느 과목을 필수로 지정하느냐, 선택과목으로 지정하느냐 역시 민감한 이슈이다. 예를 들어 한국사 과목을 필수과목으로 할지, 혹은 한국사 교과서를 국정으로 해야 하는지 등도 쟁점이 된다. 특히 과거 박근혜 정부시절에 추진된 국사 국정교과서 정책 추진은 많은 논란을 일으켰고 결국에는 폐지되었다.

사례 1-4 한국사 필수과목 지정 ·

내년부터 한국사 고교 필수과목 지정

내년부터 한국사가 고등학교 교육과정에서 필수과목으로 지정된다. 또 교원 임용시험에 한국사능력을 인증받은 사람만 응시할 수 있을 전망이다.
교육과학기술부는 27일 김황식 국무총리가 주재하는 고위당정회의에서 이 같은 내용의 '역사교육 강화를 위한 검토안'을 보고했다. 교과부는 "주변국과 지속적으로 역사 왜곡 분쟁이 심화되는 상황에서 국가 정체성 및 민족의식과 관련한 국사 교육이 무엇보다 필요하다"며 "고등학교의 한국사 과목을 필수화하는 방안을 검토하는 것이 필요하다"고 밝혔다.

이와 관련 한나라당 정책위원회는 지난 26일 내년도 고교 입학생부터 한국사를 필수 과목으로 이수하는 방안 등을 담은 '역사 교육 강화 로드맵'을 마련했다. 당정은 내달 '역사교육과정개발추진위원회'를 구성하고, 교과서의 검정과 집필 기준을 강화하기로 했다. 또 2013년부터는 교원 임용시험에 한국사능력 검정시험 인증(3급 이상)을 받은 사람만 응시할 수 있게 하고, 대학 입학 전형에 한국사를 반영하도록 권장한다는 방침이다.

한국사가 교육과정에서 필수가 된다고 해도 이것이 대학수학능력시험에 반영이 될지 여부는 시간이 필요할 것으로 전망된다. 교과부는 수험생들의 부담을 줄이기 위해 탐구영역 선택 과목 수를 3과목에서 2과목으로 줄였다. 즉 인문계열 학생의 경우 한국사를 포함한 10개의 사회 과목 중 2과목만 선택하고, 자연계열 학생은 과학 과목 8개 중 2개를 선택하게 된다.

만약 탐구영역 선택 과목 수를 그대로 둔 채 한국사가 필수가 되면, 수험생들은 한국사와 함께 사회 · 과학 탐구영역 내 과목을 딱 1과목만 선택할 수 있다. 이에 따라 수험생의 선택권이 줄어들면서 과목 선택에 부담이 커지게 된다.

[출처] 헤럴드경제. 2011년 1월 27일자.

https://news.v.daum.net/v/20110127104410498

고등학교 교육과정에서 한국사는 2009년도 교육과정에 따라 선택과목으로 바뀌었는데, 다시 필수과목으로 전환되었다. 기사 내용을 보면 주변국과의 영토분쟁 등에 따라 국가 정체성과 민족의식을 강화하는 것이 필요함이 언급되어 있다. 그런데 고등학교 과정에서 국사를 필수로 하는 것과 더불어 교원임용시험에서도 한국사 능력 검정시험 3급 이상의 인증을 받아야 하는 제도까지 도입되었다.

당시 2011년도에 교원임용시험에서 굳이 한국사검정시험 3급을 취득해야 하는지에 대한 논란이 있었는데, 관련 공청회에 토론자로 나왔던 교육대학교와 사범대학교 교수들이 대학의 교양과정 수업에서 역사를 공부하기 때문에 한국사 시험은 필요하지 않다는 주장을 한 바가 있다. E.H.Carr의 역사란 무엇인가의 저서에서는 "역사는 과거와 현재와의 대화"라고 언급된다. 역사란 후세가 어떠한 시각으로 바라보느냐, 현재적 관점에서의 재해석이기 때문에 다양한 해석이 존재한다는 뜻이다. 그래서 미국은 대부분의 주에서 미국사가 고등학교 교육과정에서 선택으로 존재한다(Ravitch, 1983). 왜냐하면 국사 집필진의 이념적 성향에 따라서 과거에 대한 해석과 강조가 달라지기 때문이다. 그렇기 때문에 역사 교육은 매우 조심스럽게 접근되고 있으며 학생의 선택권이 강조된다.

그런데 최근 일부 주에서는 고등학교 미국사 교과를 둘러싸고 이념 논쟁이 확산되고 있다. 오클라호마 주에서는 일선 고교에서 미국사를 필수로 지정해 가르치도록 하는 내용의 법안이 통과되었다. 그리고 역사 교육과정 수정안에서는 마틴 루터 킹 목사 등 흑인 인권운동가들에 대한 내용이 대폭 축소되고 미국 원주민인 인디언 학살 부문이 제외되는 등의 수정이 이루어졌다는 것이다.[4]

결과적으로 국가의 역사에 대한 개입은 필연적으로 정부의 정치적 성향에 따라서 편향될 가능성이 높아지게 된다. 따라서 고등학교 과정에서 국사과목을 필수로 지정하는 것은 교육사회학의 연구자 시각에서 국가의 이데올로기를 강제적으로 주입하게 될 가능성을 높이는 것이라는 해석도 가능하다. 나중에 보게 되겠지만 칸트가 말하는 세계시민을 양성하기 위한 교육을 위해서는 역사에 대한 교육이 다양하게 이루어질 필요가 있다. 역사교과를 필수과목으로 지정하는 것이 아니라 선택과목으로 운영함으로써 다양한 교과서가 발행되고 학계에서 다양한 논의가 충분히 이루어지게 하는 것이 중요할 것이다.

4. 교육사회학과 교육정책

지금까지 교육사회학이 어떠한 주제를 다루는지를 몇 가지 사례를 통해서 살펴보았다. 하지만 이는 일부의 중요한 연구주제들로 국한한 것이다. 교육사회학은 사회에서 제기되는 제반 교육문제를 모두 다루는 학문이다. 그에 따라서 교육정책과도 밀접한 연관성을 갖는다. 예를 들어 고교평준화 정책이 교육기회의 형평성을 높였는지는 중요한 교육정책의 쟁점임과 동시에 교육사회학적 연구주제이다. 따라서 교육사회학 연구는 교육정책의 제반 쟁점도 파고들게 된다. 사교육비 문제도 교육사회학의 연구 주제이다. 정부는 사교육비경감 정책을 지속적으로 수립하고 있다. 따라서 교육사회학 연구는 교육정책에 대한 분석으로 이어진다.

그렇다면 대략적으로 교육사회학이 어떤 연구를 하는지에 대해서 감을 잡았을 것

---

4 연합뉴스 2015년 2월 19일자 보도. 미국, 고교 미국사 교과과정 '보수화 물결' 확산
   https://news.v.daum.net/v/20150219094106101

으로 본다. 다음 강의에서는 교육사회학의 큰 두 가지 이론적 시각인 기능주의와 갈등
주의에 대해서 살펴본다.

교육사회학의 큰 두 가지 시각

1. 기능주의와 갈등주의

　　교육사회학의 큰 두 가지 이론적 흐름은 기능주의(Functionalism)와 갈등주의(Conflict theory) 시각으로 나누어 볼 수 있다. 이 두 시각에 대해서 구분짓고 논의 한 논문 중의 하나는 콜린스(Collins)의 논문이다. 콜린스(1971)는 교육층화 현상에 대해서 기능주의와 갈등주의 이론에 근거하여 설명을 한 바가 있다.

　　기능주의 이론에 의하면 산업사회에서 기술의 변화로 인해 직업에서 요구되는 기술들이 증가하게 되며, 제도교육(혹은 형식교육, Formal Education)이 직업에서 요구되는 기술, 훈련을 제공하는 기능을 하게 된다. 사회의 변화에 따라 요구되는 기술과 지식이 증가함에 따라 기업에서는 교육수준에 대한 요구조건을 높이게 되며 그에 따라 초등에서 중등교육, 그리고 고등교육을 이수한 사람에 대한 수요가 높아지게 된다(Collins, 1971).

　　즉 사회의 변화에 따라서 교육에 대한 수요가 높아지거나 혹은 변화되며 직업사회에서 필요로 하는 역량과 기술을 습득하게 해주는 역할 혹은 기능을 하는 것이 제도교육이라는 것이다. 이러한 교육에 대한 기능주의 입장은 교육이 갖는 실용주의적 성격, 직업 준비적 요소를 강조하는 시각을 보여주고 있음을 알 수 있다. 우리가 흔히 일반적으로 갖고 있는 교육의 사회적 기능에 대한 보편적인 시각으로 볼 수 있다.

　　반면 갈등주의 이론은 다른 접근을 취하고 있다. 먼저 사회 내에서의 지위집단(status group)의 존재를 언급한다. 사회의 기본 구성단위는 동일한 문화를 공유하는 연계집단으로 이루어져 있는데, 이 집단은 가족일 수도 있으며 인종, 혹은 직장구성원일 수도 있다. 이러한 지위집단은 맑스 베버에 의하면 경제적 지위에 근거한 생활양식의 차이, 권력지위에 근거한 생활양식의 차이, 문화조건과 지역, 교육, 지식 등에 의한 차이에 근거한 생활양식의 차이를 가진다(Collins, 1971).

이러한 구분되는 지위집단들은 자신만의 영역을 구분하고 자신의 지위를 유지하기 위해서 노력한다. 갈등주의 이론에서는 이러한 여러 지위집단 간에서 자신의 지위를 유지하기 위해 노력하는 과정에서 발생하는 갈등 요소들을 주목한다. 이러한 지위집단들 간에는 제한된 부와 권력, 영예 등을 둘러싸고 이를 유지하거나 쟁취하기 위한 갈등/투쟁이 이루어지게 된다. 지위(부, 권력, 영예)는 제한되어 있기 때문에 마치 파이 싸움처럼 갈등이 사회 내에서 유발되게 된다는 것이다.

이러한 지위집단 간의 갈등은 세부적으로 들여다보면 인종 간 갈등도 될 수 있으며 종교간 갈등, 계층, 조직 내에서의 지위를 둘러싼 갈등 등 다양할 수가 있다. 이 과정에서 학교교육의 주요 활동은 특별한 지위집단의 지위(를 유지하기 위한) 문화를 가르치는 것이며 기술이나 지식 등을 가르치거나 전달하는 것을 학교(교육)가 실패하더라도 이는 중요하지 않다고 여긴다.

갈등주의 시각에서는 사회성과 미적 능력을 가르치거나 지식을 가르치는 것은 모두 특정 지위집단의 영속성과 지위 유지 방안으로 해당 집단의 가치와 문화를 전달하면 되는 것으로 본다. 이 과정에서 일부 지위 집단들이 교육을 통제 관리하며 지위 집단의 이해관계를 유지시키는 데 기여를 한다고 본다. 갈등주의 입장에서는 학교교육은 결과적으로 지위 집단의 이해를 보장시키기 위한 제도적 틀이라는 시각으로 해석한다.

기능주의 이론과 갈등주의 이론에 대한 이러한 콜린스의 구분은 적절한 것인가? 혹은 두 이론적 시각 중에서 어느 시각/이론이 현실 교육문제를 분석하는 데 더 유용한 것인가? 교육과 관련된 사회문제의 두 이론 중 어느 이론이 더 적절하게 현상을 설명하는지를 한 번 살펴보자.

사례 2-1 **교육대학의 역사** ·····································

해방 이후 한국의 초등교원은 고등학교 수준인 사범학교(Normal School)에서 양성되었다. 국가주도의 초등교원양성(중등도 마찬가지임)이 이루어졌는데 중등교원은 초급대학(2년제), 4년제 종합대학에서 양성

(종합대학 내의 사범대학에서 2년제로 중학교 교원을 양성)하였다. 중학교를 졸업한 학생이 사범학교를 입학하여 3년의 교육을 마치면 2급 초등학교 정교사 자격증이 부여되었다.

그 이후 1962년도부터 2년제 대학수준에서 초등교원 양성을 시작함과 동시에 기존에 2년제 초급대학 수준으로 양성하던 중학교 교원은 모두 4년제 수준으로 고등학교 교원과 함께 양성을 시작하게 된다.

1981년 신군부의 국가보위비상대책위원회의 7.30 교육개혁비상조치에 교육대학의 수업연한을 4년으로 연장시키는 정책이 포함되게 된다. 그에 따라 1981년 서울, 부산, 광주, 1982년 인천, 공주, 대구, 1983년 춘천, 전주, 진주, 1984년 청주, 제주 등이 4년제 교육대학으로 개편되고 교원대학교가 1985년도부터 4년제로 초등교원을 양성하기 시작하였다.

[출처] 이광현(2022). 한국과 해외의 초등교원양성체제 발전 현황 비교 분석.

첫 번째 제시된 [사례 2-1]은 교육대학의 초등교원양성 교육기간이다. 과거 해방 이후 초등교사양성은 고등학교 수준인 사범학교에서 이루어졌다. 사범학교는 직업계 특성화고등학교의 한 유형이었던 것이다. 60년대에는 초급대학수준, 지금으로 보자면 2년제 전문대학 수준에서 초등교사를 양성하게 된다. 이러한 초등교원양성과정에서의 교육수준의 향상은 기능주의적 시각에 의하면 전반적인 국민의 교육수준 향상과 한국의 사회발전에 따라 초등교사에게 요구되는 기술이나 자격이 상향되는 흐름과 맞물렸기 때문으로 해석될 수 있다. 그리고 80년대 초반에는 다시 4년제로 교육대학의 교육기간이 확대된다. 즉, 갈등주의 시각보다는 기능주의 시각이 교육대학의 교육기간 확대를 잘 설명해주는 이론 틀로 볼 수 있다.

같은 맥락에서 자격취득에 있어서 교육기간의 확대는 최근에 6년제로 전환된 약대의 사례(사례 2-2)가 있다. 14년 전, 2008학년도 약대 입학생들은 4년만 다니면 약대를 졸업할 수가 있었다. 그러나 2009학년도부터 2+4년 제도가 도입되었다. 그런데 이는 기존의 4년제와 다를 바 없다는 의견과 이공계 학생들이 약대로 입학하면서 이공계열 학생의 약대로의 유출 문제 등으로 인해 최근에 약대가 6년제로 전환이 되었다. 이러한 약대의 4년제에서 6년제로의 전환 또한 기능주의적 시각이 잘 설명해주는데 약학의 발전에 따라 약사에게 요구되는 전문적 지식의 증가로 인해서 습득하여야 할 교육내용이 증가한 것으로 볼 수 있을 것이다.

사례 2-2 4년제에서 6년제가 된 약대 ·

4년제→2+4→6년제로…부활한 약대 입시

14년 전 약학대학은 4년제였다. 약대에선 6년제로 전환하고자 했으나 2009년 도입된 건 '2+4제도'였다. 다른 학과에서 2년 이상의 기초교육을 받은 뒤 약대에 편입해 4년간 교육을 받는 체계였다. 하지만 기존 4년제와 다를 바 없다는 지적과 이공계 학생들이 약대로 몰려드는 부작용이 생겼다. 결국 2018년 고등교육법 시행령을 바꿔 약학대학이 통합 6년제를 할 수 있도록 했다. '08학번 약대 신입생' 이후 14년 만에 '22학번 약대 신입생'을 뽑을 수 있게 된 배경이다. 다만 4년제 약대를 다녔던 08학번과 달리, 22학번부터는 6년제 약대를 다니게 된다.

[출처] 중앙일보. 14년 만에 부활한 약대 입시…"절반 이상 수시에서 선발"
https://news.joins.com/article/23992133

이처럼 직업에 필요한 교육연한의 증가나 확대는 기능주의의 시각에서 설명이 될 수가 있다. 물론 다른 시각도 있다. Labaree(2004)는 첫 번째 사례인 교육대학의 교육연한의 증가는 교육대학 교수들의 사회적 지위를 높이기 위한 것이라는 주장을 하기도 하였다. 특히 법대나 의대, 약대처럼 6년제로 교사를 양성해야 한다는 주장은 교육학 연구내용의 실질적인 전문성도 부족한 상황에서 교사교육자(교대나 사범대교수)의 사회적 지위를 높이기 위한 것이라는 해석이다. 이러한 해석은 갈등주의적 시각으로 예비교원양성 기관의 교육기간 연장에 대한 비판적 입장을 취하고 있다.

그렇다면 다음의 세 번째 [사례 2-3]은 어느 시각에 근거한 분석이 더 용이할 것인지 살펴보도록 하자.

사례 2-3 의대 정원 확대를 둘러싼 논쟁 ·

지역 간 불균형… "의사 수 확대" vs "기존 인력 균형 배치가 우선" [연중기획]-포스트 코로나 시대

(중략) 정부는 의사 수 확대가 필요하다고 본다. 반면 의료계는 기존 인력의 균형 배치가 우선이라는 입장이다. 10일 보건복지부 등에 따르면 지난해 8월 현재 35개 지방의료원 중 26곳은 의사 수가 부족한 것으로 조사됐다. 정부는 지난해 7월 2006년 이후 3,058명으로 동결된 의대 정원을 늘리겠다는 계획을 발표했다. 2022학년도부터 10년간 의대 정원을 증원해 총 4,000명을 양성하겠다는 것이다. 지역 내 의료 이용률을 보면 2017년 기준 서울은 93%이지만, 경북은 23%이다. 치료 가능한 환자 사망률도 서울은 인구 10만명당 40.4명인데, 충북은 53.6명으로 차이가 있다. 소아외과, 역학조사관 등 필수·특수분야 인력은 더

부족하다. 하지만 의료계는 의료인력·서비스의 지역 간 불균형 상황에 동의하면서도 의사 수 확대가 능사가 아니라고 반박한다. 의료계는 우리 국민의 1인당 의사 외래진료 횟수가 연간 16.6회로 경제협력개발기구(OECD) 평균(7.1회)의 2배가 넘는다는 점을 근거로 제시한다. 의사 1인당 환자 진료 횟수도 OECD 평균(2181회)의 3배가 넘는 7080회. 의료계는 지역, 전공, 병·의원 등이 불균형하게 배치된 것이 문제라며 의사들이 자발적으로 비수도권과 해당 분야에서 일하도록 더 높은 의료수가를 적용해주는 등의 유인책을 요구하고 있다.

[출처] 세계일보. 2021년 3월 11일자 보도
http://www.segye.com/newsView/20210310514388?OutUrl=daum

코로나19가 확산되며 의료인력 부족이 문제가 되던 2020년도에 정부에서는 의대 정원 확대를 추진한 바가 있다. 그러나 위의 기사 내용처럼 대학생들과 의사협회는 의료인력을 양성하는 고등교육기관의 의대정원을 확대하는 것에 대해서 반발하였다. 의대정원 확대 문제는 보건정책의 일환일 수도 있지만 교육의 사회적 역할과 관련된, 혹은 고등교육의 역할과 관련된 문제이기도 하다. 즉, 교육사회학에서 적극적으로 다루어봐야 할 문제로 볼 수가 있다. 그렇다면 세 번째 사례는 기능주의 시각 혹은 갈등주의 시각 중 어느 시각 혹은 이론이 더 적절한 분석틀을 제공하는 것인가?

일단 정부가 의대 정원을 확대하여 더 많은 의료인력을 양성하려는 노력은 기능주의 이론에 의해서 설명이 가능하다. 사회적으로 필요한 인력 수급 조정은 교육을 통해 사회적으로 필요한 인력 양성을 제공해야 한다는 교육의 기능에 입각한 시각으로 기능주의적 시각으로 해석해볼 수 있다. 그러나 2020년도에 정부의 노력은 좌절이 되었는데, 좌절된 원인, 그리고 의대 정원 확대를 둘러싼 논란은 갈등주의 시각에 근거한 해석이 가능하다. 즉, 의사라는 집단이 사회적 경제적 지위를 유지하기 위해서 정원을 크게 증가시키지 않기 위한 지위집단의 투쟁의 결과로서 의대 정원 확대가 좌절된 것으로 볼 수 있다. 의사라는 직업이 누리고 있는 경제적 지위, 문화적 지위를 유지하는 데 있어서 의사인력의 증가가 부정적인 영향을 미치기 때문에 의대와 의사협회에서 반대한 것이다.

의대정원 증원을 통한 의사인력의 증원은 전반적인 의료서비스에 대한 국민들의 접근성을 높인다는 장점을 가진다. 하지만 의사들의 전반적인 혹은 평균적인 의료역량이 낮아진다는 점을 의료단체 등에서는 주장한다. 결과적으로 지위집단의 사회경제적 지위 유지를 위한 투쟁으로 인해 의대정원의 증가는 성사되지 못하고 있다. 국가권력조차도 함부로 손대기 어려운 지위집단이 존재하고 있는 상황으로 볼 수 있다. 갈등주의 시각은 이러한 지위집단들의 존재로 구성된 사회의 역학구조를 분석하고 그 구조내에서 교육제도가 어떻게 작동을 하는지, 어떠한 역할을 하는지를 살펴본다. 즉, 갈등주의 시각 관련 이론들은 교육제도가 지위집단의 사회경제적 이익을 보존하고 승계하기 위해서 존재한다는 비판적 시각을 갖고 있다.

2. 콜린스의 기능주의에 대한 비판

그렇다면 어느 이론이 교육 현실을 더 잘 설명해줄 것인가? 기능주의 이론? 혹은 갈등주의 이론? 이 질문에 대한 답은 실증연구에 의해서 결정이 될 것이다. 그런데 콜린스(Collins, 1971)는 그의 논문에서 갈등주의 시각이 교육문제를 더 잘 설명하며 기능주의는 틀렸다고 비판한다. 그는 기능주의 이론이 옳다면 다음의 전제들이 맞아야 한다고 제시한다.

   a) 기술발전으로 인해 산업사회에서의 직업에서 요구되는 기술은 점차적으로 증가한다.
      a-1) 낮은 기술을 요구하는 직업비율은 줄어들고 높은 기술수준을 요구하는 직업비중이 높아지기 때문에 산업사회에서의 교육적 필수요건(교육기간 등)은 증가하게 된다.
      a-2) 동일한 직업들은 기술에 대한 요구조건들을 증가시키고 있다.
   b) 제도교육은 직업분야에서 필요시 되는 직업기술을 제공한다.
      b-1) 더 많은 교육을 받은 근로자가 덜 교육받은 근로자보다 더 생산적이다.
      b-2) 직업기술은 학교에서 혹은 다른 곳에서 더 많이 학습되는가?

먼저 첫 번째 전체 a-1)에 대한 콜린스의 대답은 '틀렸다'이다. 그는 Folger와 Nam(1964)의 연구 결과를 인용하며 미국 노동시장에서의 교육기간 증가의 15%는 직업구조-낮은 기술을 요구하는 직업의 비율의 증가, 높은 기술을 요구하는 직업의 증가-에 의한 것이며 85%는 직업범주 내에서 발생한 것이라는 점을 예를 든다. 즉 동일한 직업 내에서 특별한 기술이 더 요구되지도 않는데 단순하게 교육기간 등에 대한 증가가 발생하는 점은 a-1)의 가정이 15%만 옳다는 것이다. 하지만 이는 상당히 오래된 연구라서 현재에는 맞지 않을 수가 있지만 일단 콜린스의 주장을 있는 그대로 살펴보도록 하자.

그리고 콜린스는 a-2)에 대해서는 현실에서는 과잉교육이 이루어지고 있다고 비판한다. 예를 들어 고졸자가 충분히 할 수 있는 업무인데 대졸자가 수행하고 있다는 것이다. 즉, 기술에 대한 요구조건이 증가하지 않는 상황에서 교육수준만 과잉되고 있다고 본다.

b-1)과 관련해서는 교육을 통해 임금상승이나 국가의 경제발전이 이루어진다는 인적자본론을 먼저 비판한다. 그는 일단 임금 상승이 교육의 생산적 기여를 보여주는 증거로 사용되어서는 안 된다고 주장한다. 그리고 교육과 경제성장의 긍정적인 상관관계, 즉 초중고등학교 교육을 받은 인구비율의 증가와 경제성장과의 긍정적인 상관관계는 인과관계에서 문제가 있다는 비판이다. 역으로 경제성장으로 인해 교육을 받은 인구 증가가 이루어진 것으로도 볼 수 있다는 것이다.

한편 그는 개인의 생산력에 대한 교육의 직접적인 기여에 대한 연구결과에서도 그렇지 않다는 연구가 많다고 보고 있다. 공장근로자나 비서, 은행직원, 등 여러 직종에서 교육을 더 많이 받는다고 더 생산적이지 않다는 사례가 훨씬 많다는 주장을 하고 있다.

b-2)은 어떠한가? 고등학교에서 직업교육을 받은 학생과 고등학교를 중도탈락한 학생들 간에 취업률이 유사하기 때문에 학교교육이 반드시 직업기술을 효과적으로 가르치지지 않는다고 주장한다. 대부분의 숙련공들은 실제 직업현장에서 기술을 익히며 중요한 기술변화에 의한 직업기술 재교육 역시 직업현장에서 이루어진다는 점을 예로 들며 제도교육에 대한 기능주의적 이론의 현실성이 떨어진다고 주장한다.

콜린스의 이러한 기능주의에 대한 비판에 대해서 동의하는가? 한 번 10분만 곰곰이 생각해보도록 하자. 그리고 앞에서 제시된 예시로 다시 돌아가 보자.

초등학교 교사를 양성하는 교육단계가 과거 고등학교 수준에서 2년제 전문대학수준으로 상승하고 80년대에는 다시 4년제로 증가하였다. 콜린스는 이러한 초등교원 양성을 위한 교육기간의 증가에 대한 기능주의적 해석-산업사회 발전에 따른 초등교사에게 요구되어지는 직업기술의 증가에 따른 교육기간의 증가-에 대해서 무엇이라고 답할 것인가? 혹시 이렇게 주장하지는 않을까?

"고등학교 수준인 사범학교를 졸업하거나, 초급대학(전문대학 2년제)을 졸업하거나, 4년제 교육대학에서 초등교원양성교육을 받고 졸업하거나 상관없다. 과거 고등학교 수준인 사범학교를 졸업하고 초등학교 현장에 교사로 임용되어도 다 잘 가르칠 수 있다. 특히, 최근에 논의되는 초등교원 6년제 양성은 과잉교육이다."

교육대학교 학생들의 입장은 무엇일까? 특히 6년제로 교육대학의 교육연한을 약대처럼 증가시킨다면 찬성할 것인가? 초등학교 현장 교사로서 더 우수한 역량을 쌓기 위해서 6년제로 전환해야 한다고 2020년도에 국가교육회의에서 진행한 교원양성체제 개편 숙의 과정에서 일부 교수들에 의해서 주장된 적도 있다. 교육대학의 교육연한을 약대처럼 6년제로 전환하는 방안에 대해서 만약 교육대학교 재학생들이 찬성한다면 콜린스의 기능주의에 대한 비판이 잘못되었다는 실증사례가 생기는 것으로 볼 수 있다.

그러나 반대한다면? 교육대학에서 학습한 것이 별로 현장에서 교사로 근무하는 것에 도움이 안 된다고 응답한다면, 굳이 4년을 안 다녀도 2년제 전문대학 수준으로도 충분하다고 생각한다면 콜린스의 기능주의에 대한 비판이 옳다는 실증사례가 될 수 있다.

참고로 1980년대 초반 전두환 군사정권이 시행한 7.30 교육개혁안에서 교육대학의 교육연한을 2년에서 4년제로 확대시키는 방안이 발표되었을 당시에 교육대학교 학생들의 상당수가 반대했었다고 전해진다. 모두 콜린스와 유사하게 기능주의 시각에 대한 비판적인 입장을 갖고 있었기 때문일까? 교육대학을 2년을 더 다니기 싫다고 주장한 이유는 무엇일까? 혹시 경제학적 시각에 따라 합리적 선택(최소 비용, 최대이익)을 위해서 그런 것은 아닐까? 총 4년을 다니게 되면 학비를 더 지출해야 했기 때문에 반대했던 것일까? 2년제 교육대학을 유지하면 추가 학비 2년이 절감이 되며 교직에 2년 먼저 진출해서 경력을 더 빨리 쌓아 나아갈 수 있긴 하다. 이 합리적 선택이론은 경제학의 주요 이론이다.

다음 장에서는 콜린스의 기능주의와 갈등주의 이론의 큰 프레임과 더불어 추가적인 여러 학자들의 이론들, 예를 들어 사회자본론, 문화자본론, 인적자본론 등 여러 이론들을 살펴보도록 한다. 이러한 이론들은 기능주의와 갈등주의라는 큰 이론적 틀 속에 포함될 수도 있지만 미시적인 분석틀을 제공해서 여러 세부적인 교육현상에 대해 더 설득력 있게 분석해줄 수 있을 것이다. 이들 가운데 어느 이론이 현실의 교육문제를 잘 해석하고 개선방안을 제시하는 데 도움이 되는지를 생각해보도록 하자.

교육사회학 관련 주요 이론들

교육사회학의 기존 서적들은 일반적으로 사회학자들의 교육에 대한 이론적 언급을 주로 논의하고 있다. 그러나 교육사회학 연구에서 굳이 사회학자들의 교육에 대한 연구로만 제한할 필요는 없다. 철학자들이나 경제학자들의 교육에 대한 사회적 측면의 연구와 해석들을 함께 살펴본다면 교육사회학의 이론적 기반이 더욱 풍성해질 수 있다. 그러므로 이 장에서는 주요 학자들의 이론들을 하나씩 살펴본다. 여러 이론들을 많이 거론한 관계로 3강좌와 4강좌로 제목을 적었다. 즉 2주에 걸쳐서 수업을 진행할 분량이다.

1. 칸트: 미래와 세계시민을 위한 교육

칸트(Kant)의 철학사에서 차지하는 중요한 위치는 더 말할 나위가 없다. 칸트는 교육에 대한 철학적 저서를 늦은 나이에 세상을 떠나기 1년 전에 출판하게 된다.[1] 칸트의 교육에 대한 철학적 논의는 사회학적 성격을 많이 보여주고 있다. 이에 대해서 살펴보도록 한다.

---

1 칸트의 교육학 강의(철학과 현실사 출간) 역자 서문. 이하 칸트의 교육론의 사회적 성격은 칸트의 교육학 강의를 참조하였다.

가. 칸트 교육론의 사회학적 성격

칸트는 교육을 양육, 훈육, 지식내용과 교과 내용을 가르치고 전수하는 지식교육, 그리고 온전한 인격의 형성을 목표로 하는 도덕교육으로 포괄적으로 정의한다. 하지만 세부적으로는 교육을 훈육과 지식교육과 도덕교육으로 한정한다. 그리고 교육을 과학적 방식으로 수행해야 함을 역설하며 이에 대한 원칙을 다음과 같이 제시한다.

"교육에 관한 계획을 입안하는 사람들이 유념해야 할 교육 기술의 한 가지 원칙은 다음과 같다. 어린아이들은 현재의 삶의 상황에 일치하는 방식이 아니라 미래의 좀 더 나은 삶의 상황에 일치하는 방식으로 교육되어야 한다. 일반적으로 대부분의 부모들은 현재의 세계가 매우 타락하고 나쁜 세계임에도 불구하고, 그들의 자녀들이 이러한 현재의 세계에 잘 적응할 수 있는 방식으로 자녀들을 교육한다. 그러나 부모들은 미래에 좀 더 나은 사람의 상태가 교육을 통하여 성취될 수 있도록 하기 위하여 자녀들에게 훨씬 더 나은 교육을 실시해야만 한다."(칸트의 교육학 강의, p.32)

칸트는 현재의 세계가 아니라 미래의 세상에서의 삶에 대비하기 위한 교육, 어떻게 보면 미래를 더욱 발전시키기 위한 교육이 되어야 한다는 미래지향적 교육의 중요성을 강조한다. 그리고 현실에서 부모와 정부(국가)는 미래를 발전시키고 준비하기 위한 교육을 시키지 않는다는 점을 비판한다.

"대부분의 부모들은 그들의 자녀들이 세상에 성공하여 입신양명하는 일에만 마음을 쓰고 관심을 보인다. 국가의 통치자들은 그들의 신민들을 그들이 추구하는 목적을 달성하는데 필요한 한갓 도구로 간주할 뿐이다."(상동, p.33)

나중에 살펴볼 갈등주의 혹은 비판주의 이론들이 지적하는 내용 중 알튀세르가 주장한 국가가 교육제도를 이데올로기 국가기구로 이용하여 일종의 권력과 체제를 유지하는 목적달성에만 관심을 기울이는 점이 위에서 언급되고 있다. 그리고 라바리(1997)가 언급한 학부모들이 교육을 사적 재화로만 즉, 개인의 출세를 위한 도구로서만 바라보는 점도 문제로 지적하고 있다. 이러한 지적과 함께 칸트는 교육을 어떻게 바라봐야 하는지를 다음과 같이 제시한다.

"교육에 관한 계획이 세계주의 또는 세계 동포주의의 문맥 안에서 마련될 경우, 매우 훌륭한 결과들이 뒤따라 나올 것이다. 좋은 교육을 통해서만이 세상 속의 모든 선이 발생하고 성취될 수 있다."(상동, p.34)

좋은 교육을 통해서 더 좋은 세상이 이루어지기 위해서는 세계주의적 시각으로 모든 인류들의 번영과 발전을 위한 교육이 이루어져야 함을 주장한다. 그러나 현실적으로는 여러 교육에 대한 노력이 국가의 목적을 성취하는 데 기여할 뿐이라고 보고 있는데 이러한 문제를 극복하기 위해서 전문가들의 판단에 의한 교육제도 운영 등이 이루어져야 한다고 칸트는 보고 있다.

그리고 교육의 목적으로 훈육, 문화화, 문명화, 도덕화 교육을 제시하고 있다. 이러한 구분은 훈육을 제외한다면 향후 교육사회학자인 뒤르껭이나 파슨스에 의해서 논의되는 인지교육과 도덕교육의 중요성과 맥락을 같이 하고 있다.

〈표 3-1〉을 보면 알 수 있듯이 칸트의 교육의 목적은 사회의 유지와 존속에 필요한 내용으로 구성되어 있다. 인간의 동물적 야만성을 제어하는 훈육은 사회성 개발에서 1차적으로 필요한 것이다. 문화화하는 교육은 과거나 현재의 지식을 전수하는 것, 그리고 처세술로서 사회적 예의 범절을 가르치는 문명화하는 교육, 선한 목적과 선한 의미와 마음 역시 사회생활 유지에 필요한 내용들이다. 순수한 개인의 발달과 성장을 강조한다기보다는 "사회적 존재로서 인간을 성숙하게 만들기 위한 내용"들이 교육의 목적으로 구성되어 있다. 칸트의 교육에 대한 접근은 이처럼 사회학적인 시각이 많이 담겨져 있음을 알 수 있다. 그것도 전 세계적인 시민 양성을 강조할 정도로 더 넓고 넓은 사회를 바라보고 있는 교육관을 보여준다.

●● 표 3-1 칸트의 교육의 목적

훈육	문화화하는 교육	문명화하는 교육	도덕화하는 교육
인간의 동물적 야만성을 규제하고 제어하는 일	지식 내용을 가르치고 전수하는 일	영리한 처세술로서의 실용적 분별력과 예의 범절을 갖추는 일	선한 목적과 선한 의지와 마음씨를 가르치는 일

출처: 칸트의 교육론. p.39.

나. 칸트의 공교육론

앞에서 제시된 교육목적을 수행하기 위해서는 교육은 사적 방식으로 혹은 공적 방식으로도 이루어질 수 있다고 칸트는 보고 있다. 칸트는 공교육의 의미를 다음과 같이 표현한다.

"완전한 의미의 공교육은 지식교육과 도덕교육을 함께 하나로 통합한 교육이다. 이러한 공교육의 목표는 사교육 곧 가정교육이 잘 이루어지도록 돕는데 있다."(상동, pp.45-46)

칸트는 정부재원의 여유가 없었기 때문에 공적 교육기관을 설립하기 어렵다고 언급한다. 일단 저소득층에 대한 여타 복지사업이 이루어져야 하기 때문이다.

"우리가 교육사업에 들어가는 모든 돈을 직접 가난한 사람들을 위한 사업에 사용한다면, 가난한 자들이 더 한층 윤택하게 복지 사업의 혜택을 받게 될 것이다. 그러므로 부유한 집의 자녀들이 아닌 다른 어린아이들이 공교육기관에 다니고 참여할 수 있는 제도를 마련하는 것은 어려운 일이다."(상동, p.46)

칸트가 생존했던 18세기에는 공교육을 보편적으로 수행하기에는 시장경제의 발달이나 경제여건이 충분치 않았다. 그러한 당시의 상황이 칸트의 공교육의 보편화의 한계점에 대한 언급에 반영되어 있다. 그럼에도 불구하고 칸트는 공교육의 중요성을 강조하고 있으며 공교육이 사교육보다 우위와 장점이 있다고 제시한다.

"개체 인간의 숙달된 능력을 계발해내는 일의 관점에서 보나 또는 시민의 품성을 기르는 일의 관점에서 보나 일반적으로 말하여 학교에 이루어지는 공교육이 가정에서 이루어지는 사교육보다 더 큰 우위와 장점을 지니고 있는 것으로 보인다."(상동, pp.47-48)

특히 사회성 발달에 있어서 중요한 제도로서 공교육을 제시하고 있다. 공교육을 통해서 타인과의 권리에 대한 의식, 그리고 타인들과의 경쟁적 평가 등을 통해서 일종의 사회성의 발달, 미래의 시민의식 성장이 가능함을 다음과 같이 제시한다.

"교육 제도하에서 어린아이들은 그들의 능력들을 타인들의 능력들과 견주어 보는 것을 배울 뿐만 아니라, 또한 그들의 권리들이 타인들이 향유하는 권리들에 의해서 제한받고 있다는 점도 배울 수 있기 때문이다. 이럴 경우 어느 누구도 어떤 혜택을 독점하여 누릴 수 없다. 왜냐하면 사람들은 삶의 여러 상황들 속에서 타인들의 저항과 반대를 받을 수 있으며 또한 자기가 직접 수행한 업적을 통하여 두각을 나타낼 수 있고 타인들과의 비교 속에서 우위를 차지할 수 있기 때문이다. 공교육은 미래의 시민을 기르기 위한 가장 모범적인 최선의 교육방식이다."(상동 p.52)

시민으로서의 삶은 사람들 간의 관계 속에서 권리가 제한될 수 있으며 함께 살아가면서 부딪치고 조정해나가는 과정에 있을 것임을 제시하고 있다. 공교육은 사회성을 향상시키는 데 있어서 가장 모범적인 최선의 교육방식이라는 것이다. 즉, 학교는 일종의 사회에서 겪을 다양한 경험을 하는 공간으로 칸트는 제시하고 있음을 알 수 있다. 사회학적 시각이 공교육의 중요성에 대한 칸트의 논의 속에서 강하게 반영되어 있음을 알 수 있다. 이러한 칸트의 시각은 나중에 살펴볼 듀이나 뒤르켕, 파슨스 등의 여러 학자들의 입장 속에도 녹아 들어가 있다.

2. 뒤르켕: 개인보다 사회, 철저한 사회적 요구로서의 교육

가. 뒤르켕의 교육에 대한 정의

뒤르켕(Durkeim)은 근대 사회학의 기초를 세운 사회학자로 알려져 있다. 뒤르켕은 사회학자답게 사회학의 시각에서 교육에 대한 정의와 기능 등을 여러 강연에서 언급하고 있다. 뒤르켕의 교육에 관한 저서를 보면 무엇보다도 역사적으로 보았을 때 각 시대마다 사회의 요구에 따라 교육에 대한 정의나 목적에 차이가 있음을 언급한다. 예를 들어 다음의 언급을 보면 교육의 주요 목적이 사회가 요구하는 특성을 키우는 것으로 정의되고 있다. 이러한 뒤르켕의 정의는 기능주의적 시각을 보여준다.

> "교육은 아직 사회생활에 준비를 갖추지 못한 어린 세대들에 대한 성인 세대들의 영
> 향력 행사이다. 그 목적은 전체 사회로서의 정치사회와 그가 종사해야 할 특수 환경
> 의 양편에서 요구하는 지적 도덕적 신체적 제 특성을 아동에게 육성 계발하는 데 있
> 다."(뒤르켕, 교육과 사회,[2] p.79)

뒤르켕의 교육의 정의를 보면 성인 세대들의 영향력 행사라는 문구는 매우 흥미로
운 표현인데, 교육이 갖고 있는 세대 간 지식이나 관습, 문화의 전승을 의미한다. 사회
체제의 계승과 유지를 위한 것이 교육의 목적이라는 점이다. 교육은 따라서 역사적으
로 보면 전 세대가 다음 세대에 영향력을 행사해왔다는 것이며 이는 시대의 흐름 속에
서 결국 사회체제의 유지 존속에 기여하는 제도임을 의미한다.

그러나 앞에서 언급된 내용을 잘 보면 전체 사회로서의 공통된 내용과 개인이 구
체적으로 소속되게 될 환경(일종의 직업환경)에서 요구되는 특성을 개발해야 함이 언급
된다. 즉 전체 구성원이 공통되게 익혀야 할 지식, 도덕, 신체적 특성과 개별적이며 구
체적인 사회적 역할에서 요구되는 지식, 도덕, 신체적 특성을 키워야 한다는 점이다.

이러한 사회학자로서의 관점이 뒤르켕에 의해서 재차 강조되는데, 다음의 언급을
보면 더욱 확실한 (기능주의) 사회학자의 교육에 대한 시각을 이해할 수가 있을 것이다.

> "교육은 그 독특하고 주요한 목적으로서 개인과 개인의 이익을 추구하는 것이라기보
> 다는 사회가 영구히 그 자체의 존재조건을 재창조하기 위한 수단이다."(상동, p.170)

교육을 사적 요구를 충족하기 위한 것이 아니라 사회적 존재조건을 재창조하기 위
한 수단으로서 교육에 대한 사회학자로서의 매우 강한 주장이 제시된다. 앞에서 칸트
가 비판한 입신양명을 위해서 교육을 바라보는 것은 문제가 있으며 세계 시민으로서의
교육이 필요하다는 주장과도 유사하지만, 뒤르켕은 세계 시민까지는 언급하지는 않는

---

2 뒤르켕의 저서 교육과 사회는 여러 발표문을 미국에서 편집한 책을 번역한 것이다. 한국에서는 교
육과 사회학(배영사), 교육사회학(간디서원)으로 번역되어 출간되어 있다.

다. 구체적으로 발 딛고 있는 해당 사회를 재창조하기 위한 수단으로 언급한다. 만약 우리가 개인의 영달과 이익을 추구하기 위해서 교육을 받는 것이라고 말한다면 칸트와 뒤르켕한테 비판받을 각오를 해야 한다. 그러나 과연 현실은 그러할까? 교육은 사적 이익을 위해서 받으면 안 되는 것일까?

나. 뒤르켕의 윤리교육의 개념3

뒤르켕은 윤리교육에 대한 중요성을 강조하는데 초등학교에 입학한 시기를 매우 중요한 아동의 두 번째 시기로 규정한다. 이 시기에는 도덕성을 형성하는 매우 중요한 시기이다. 초등학교 시기에는 지적으로도 미숙한 시기이기에 도덕적 개념 역시 제한적으로 형성된다고 본다. 그러나 학교교육을 벗어나서 사회에 진출하게 될 때 학교에 다니는 연령대에 도덕성이 갖추어지지 못할 경우 그 이후에는 도덕성이 개발되기 어렵다고 보고 있다. 흔히들 도덕교육이 가정에서 이루어져야 한다고 보지만 뒤르켕은 학교의 중요 역할 중 하나가 아동들의 도덕성 개발에 있다고 언급한다.

뒤르켕은 윤리교육에 앞서서 먼저 윤리의 요소에 대해서 살펴봐야 한다고 본다. 윤리는 기존의 종교적 윤리로부터 벗어나야 하며 아이들을 도덕적으로 영향을 주는 것은 아이들에게 특정한 가치를 가르치거나 키워주는 것은 아니라고 언급한다. 윤리교육은 인간 삶의 특정한 환경에 잘 적응하기 위한 적절한 방법들, 일반적 경향성을 계발시키는 것으로 규정한다.

도덕/윤리라고 일반적으로 부를 수 있는 모든 행동의 공통요소가 있다. 그리고 그러한 행위들은 사전에 확립된 규칙을 따른다. 일단 각자의 도덕적인 행위를 하는 것은 일종의 규범을 지키는 것이다. 이러한 도덕 영역은 의무의 영역이 된다. 그런데 도덕적 양심은 불확실성을 동반한다. 어떤 상황하에서 어떻게 각각의 규범과 규칙이 적용되는지가 중요한 문제가 된다. 만약 규범이 우리에게 재량범위를 주게 된다면 책임소재의 범위가 넓어지게 되고 책무성이 낮아지는 문제가 발생하게 된다.

그렇지만 사전에 확립된 규범에 반하지 않고 법률에 의해 금지되지 않는다면 부

---

3 이하 뒤르켕의 윤리교육에 대한 내용은 다음 논문을 참조함. Durkeim, E.(1961), The First Element of Morality: The Spirit of Discipline. Moral Education: A Study in the Theory of Application of Sociology of Education. The Free Press.

도덕, 비윤리로 볼 수 없다. 따라서 도덕성은 행위를 사전에 규정하는 행위의 규정체계로 구성되어 있다고 볼 수 있다. 도덕성의 기능은 개인의 자의성 혹은 임의성의 요소들을 제거하고 인간의 행위를 교정하고 결정하는 것이다. 이러한 도덕교육은 규율(Discipline)의 개념과 맞닿아 있다. 그런데 이러한 규율은 권위 없이는 발생하지 않는다. 따라서 도덕의 기초적 요소는 규율의 정신에 있다고 볼 수 있다.

문제는 윤리교육에서의 규율은 바람직한 결과를 낳는 행위를 포함할 때만이 유용한 것이다. 그리고 단순하게 바람직한 행동에 대한 요구뿐만이 아니라 규율은 그 자체의 존재의 근거를 가져야 한다. 고민해볼 것은 이러한 규율은 규제성을 가지며 어떤 경우에는 최소화해야 할 수도 있다. 이러한 뒤르켕의 윤리교육으로서의 규율의 강조는 앞에서 살펴본 "훈육을 교육의 1차적 구성요소"로서 제시한 칸트의 입장과 같은 맥락을 보여준다.

3. 베버: 교육제도의 합리화로서의 특별시험과 학위증

막스 베버(Max Weber)는 관료제 이론 등으로 유명한 사회학자이다. 그리고 앞에서 제시된 기능주의와 갈등주의에 대한 개념적 구분을 지은 콜린스에게 많은 영향을 미친 학자이기도 하다. 베버의 관료제 조직이론은 현대 조직이론뿐만 아니라 교육학에서의 교육조직연구에도 많은 영향을 주었다. 교육사회학과 관련된 그의 주요 저술은 "교육과 훈련에서의 합리화"이다. 이 저술의 핵심 개념은 조직의 합리화 과정에서 교육적 요소, 특히 특별시험과 (대학) 학위자격증에 의한 자격부여이다.

"관료조직은 합리주의적인 삶의 방식을 증진한다 … (중략) … 이러한 합리주의적 방식이 교육과 훈련의 본성에 미치는 영향을 살펴본다.
교육기구들은 일종의 교육적 수요에 의해서 지배되고 영향을 받는데, 교육은 근대 관료제에 필수불가결한 훈련된 전문가와 '특별시험' 제도를 창출한다. 전문 시험은 관료제 밖에서도 존재하는데, 의학이나 법률, 길드와 같은 자유전문직에서도 발견된다 … (중략)
민주주의는 모든 관료제 현상을 직면해서도 마찬가지이며, 민주주의 그 자체가 이러한 특별화된 시험들을 증진시킴에도 불구하고 특별시험들에 대해서 이중적 입장을 취한다. 먼저 특별시험들은 귀족들에 의해 정해진 규칙보다, 모든 사회계층으로부터 자격을 가진 사람들을 선발하는 것을 의미한다. 또 한편으로는 민주주의는 능력주의 체제와 교육자격증들이 특권 계급(Caste)을 낳을 것을 걱정한다. 전문가들을 필요로 하는 자본주의의 관료화는 전 세계에 걸쳐서 그러한 특별시험을 발생시킨다. 그러한 특별시험을 통해서 획득된 교육자격들은 사회적 명예를 안겨준다. 이러한 특별시험에 의해 획득된 교육자격, 즉 교육적 특허는 곧 경제적 이득으로 전환된다.

대학에서의 학위증들 역시 관료사회에서의 특권 계층의 형성을 만드는 데 기여한다. … 우리가 정규교과와 특별시험의 도입의 수요에 대한 모든 측면들을 볼 때, 이는 갑작스럽게 일깨워진 교육에 대한 갈망이 아니라 교육자격증을 소지한 사람들에 의한 독점적 지위에 대한 수요 제한에 대한 욕구이다."(베버, 1946)

베버가 언급한 교육과 훈련의 합리화 현상으로서 발생하게 되는 특별시험체제와 그러한 시험을 통한 자격의 부여는 긍정적인 면과 부정적인 면, 두 측면이 있다. 특별시험들이 모든 사회계층으로부터 능력이 되는 사람들을 선발할 수 있다는 점에서 계층 이동의 기회를 가져다 줄 수 있다는 점은 긍정적인 면이다. 기존의 귀족이나 유명인이 정해놓은 규칙에 의해서가 아니라 누구나 응시가능한 시험이라는 합리적 선별 도구로서의 시험에 의해서 모든 사회적 계층으로부터 능력이 되는, 즉 시험 통과라는 합리화를 통해서 자격이 주어지게 된다는 것이다.

그러나 베버의 저서는 또 다른 측면으로 이러한 특별시험과 자격에 의한 집단이 특권 계층화되는 것을 염려한다. 그리고 이러한 집단이 폐쇄화되고 본인들의 독점적 지위를 유지하기 위해 관련 자격증의 발급을 제한하는 등의 현상이 발생할 가능성에 대해서 언급한다.

베버의 많은 저작 중에서 이러한 특별시험에 의한 관료의 지위 획득은 옛날 중국의 과거시험제도 등의 사례에서도 언급된다. 다만 당시에 획득된 지위는 현실에서의 필요한 능력과 연결되지 않는 경우가 많고 문화적 지위로서만 작동하는 경우가 많다고 언급한다.

앞의 1장에서 언급된 코로나19로 공공의료를 강화하고 보건의료인력을 증원시키기 위해 의대정원을 증가시키는 데 반대하고 있는 움직임은 베버가 걱정한 특별시험을 통과해서 자격을 보유한 집단이 관련 자격증 발급을 제한하여 본인들의 독점적 지위를 유지하기 위한 현상을 보여주는 사례로 볼 수 있다.

　베버의 이러한 교육의 합리화 과정에서 나타나는 시험을 통한 자격 부여, 혹은 대학 등의 학위자격증의 부여 현상은 향후 학벌주의 사회에 대한 비판을 하는 학자들에게 많은 영향을 준다. 앞에서 언급한 기능주의를 비판한 콜린스 역시 베버로부터 영향을 받았다. 그러나 베버가 말한 이러한 특별시험에 대한 민주주의의 첫 번째 입장은 간과되어야 할 것인가? 한편 베버는 논문에서 민주주의의 역할에 대해서 다음과 같은 언급을 추가하고 있다.

> "민주주의는 관료제가 야기하는 피할 수 없는 지위적 성격에 대응한다. 민주주의는 임명된 관료들을 대신해서 관료 선출 선거로 짧은 기간 동안 대체하기 위해 노력한다. 민주주의는 관료들의 배타성을 규제된 규율의 과정을 통한 선거로 완화하는 것을 찾는다. 따라서 민주주의는 위계적인 상위의 전문가(전문 상위 관료)의 임의적 선호를 관료들을 지배하는 정당의 대표자들이 완화하는 것을 찾는다."(베버, 1946)

　민주주의로 관료들의 지위를 통제할 수 있다면 이러한 현상, 교육과 훈련의 합리화 현상—특별시험의 도입—은 모든 계층으로부터 능력이 되는 사람들이 얻게 될 지위의 이동, 계층의 이동이 가져다주는 사회발전적 기여도가 더 높은 것일지도 모른다. 교육제도의 합리화 과정으로서의 특별시험과 대학학위 자격증에 대한 논의는 교육사회학에서 중요한 쟁점으로 이어진다. 베버는 얼핏 보면 특별시험의 합리적 제도로서의 기능을 언급한다는 측면에서 기능주의적 시각을 가진 학자로 보이기도 한다. 하지만 그러한 특별시험과 자격증을 통한 지위집단의 폐쇄적 이익화의 문제를 지적하고 있다는 점에서 갈등주의적 시각도 함께 보여준다.

4. 듀이의 교육철학의 사회학적 내용

가. 학교교육의 사회적 기능

현대 교육철학의 거장인 존 듀이의 사상을 몇 장으로 정리하기에는 어려움이 있다. 그러나 일단 교육사회학의 측면에서 존 듀이(John Dewy)의 철학을 대표저서인 '민주주의와 교육'을 통해서 살펴본다. 민주주의와 교육은 교육의 사회적 기능, 교과의 사회적 성격 등을 언급하고 있는데 책을 읽다보면 듀이는 철학자라기보다는 사회학자라는 느낌이 들 정도이다.4 듀이는 민주주의와 교육의 제2장에서 학교교육의 사회적 기능을 다음처럼 제시하고 있다. 이 문장은 여러 학자들에 의해서 자주 인용되는 내용이다.

"미국과 같은 나라는 각각 전통적 풍습을 달리하는 다양한 집단의 복합체로 이루어져 있다. 이 상황이 바로, 아마 여러 가지 원인 중의 어떤 것보다 더, 젊은이들에게 동질적이고 균형 있는 환경을 제공할 교육기관을 설립하도록 요구했다고 볼 수 있다 … 학교에서, 인종과 종교와 풍습이 다른 아이들이 서로 뒤섞여 있다는 것은 모든 사람에게 새롭고 보다 넓은 환경을 만들어준다. 공통된 교과를 배움으로써 모든 아이들은 한 작은 집단의 성원으로 고립되어 있을 때보다도 더 넓은 세계에 대한 통일된 전망에 익숙하게 된다."(p.65)

"학교는 또한 각각의 개인이 속하고 있는 다양한 사회적 환경의 다양한 영향들을 개인의 성향 속에서 조정하는 기능을 가지고 있다 … 상이한 상황이 요구하는 상이한 판단기준과 정서를 가지는 존재로 분열될 위험이 있다. 이 위험을 방지하려면 학교가 그런 것들을 통합 조정하는 임무를 수행하지 않으면 안 된다."(p.65)

듀이는 학생 개인의 잠재력과 능력을 발현시키기 위한 교육이 필요하다고 보고 있다. 그러나 동시에 이와 같이 사회통합기능으로서의 학교교육에 대한 기능에 대한 주장도 하고 있다. 민주주의와 교육의 제3장 '지도로서의 교육'에서도 교육의 의미에 대

---

4 존 듀이, 민주주의와 교육(이홍우 옮김, 주석). 교육과학사. 이하는 듀이의 민주주의와 교육의 저서에서 제시되는 사회학적 접근을 논의하였다.

해서 다음과 같이 사회학적이며 실용주의적 접근을 하고 있다.

"학교 교육이 학교 외 환경의 교육 조건에서 이탈하면 진정한 사회적 의의는 사라지고, 그 대신 책에 의존하는 가짜 지식교육이 들어앉을 수밖에 없다."(p.89)

듀이는 교육이 현실과 고립된 지식만을 가르치면 안 된다고 주장한다. 학교가 사회와 단절되어서는 안 되며 그렇게 되면 유용한 목적을 위하여 자신의 능력을 활용하는 지력을 가르쳐 줄 수 없다고 주장한다. 그리고 다음과 같이 사회적 의의가 있는 교육을 시켜야 한다고 제3장의 마지막 문장에서 거듭 강조한다.

"학교 교육이 소기의 기능을 십분 발휘하기 위해서는 교육을 받는 사람들이 공동의 활동에 참여할 수 있도록 기회를 더 많이 주고, 그렇게 함으로써 학생 자신의 힘이나 그들이 쓰는 자료와 도구에 '사회적 의의'가 더 충만하도록 하여야 한다."(p.91)

교육이 개인에게 갖는 개인적 중요성을 듀이가 간과하는 것은 아니다. 듀이는 개인과 사회의 요구에 대한 균형적인 시각을 갖는 것을 원한다. 그렇지만 교육사회학의 시각에서 보면 위에서 언급된 듀이의 교육의 사회적 기능은 매우 의미심장하다. 이러한 교육의 사회적 기능은 어느 누구도 부인하기 어려운 점이며 듀이에 의해서도 강조되기 때문이다.

나. 경험의 재구성의 사회적 의의

듀이의 교육철학의 중요한 의의 중에 하나는 경험의 재구조화, 소위 말하는 현대교육학의 구성주의에 대한 철학적 논의에 있다. 그러나 개인의 경험을 완전히 개인적인 것으로만 취급하지 않는다. 듀이는 민주주의와 교육의 제6장 '보수적 교육과 진보적 교육'에서 다음과 같이 경험의 재구성에 대한 사회적 의미를 제시한다. 이는 앞에서 제시된 칸트의 교육에 대한 의의와 비슷한 내용을 보여준다.

"진보적인 사회에서는 젊은이들의 경험을 형성해서 현재의 습관이 단순히 반복되도록 하는 것이 아니라 더 좋은 습관이 형성되도록 하며, 그렇게 함으로써 장차 어른의 사회가 현재의 어른의 사회보다 더 좋은 사회가 되도록 노력한다 … 우리는 사회를 개선하는 건설적인 수단으로서의 교육의 잠재력을 충분히 실현하지 못하고 있으며, 교육은 아동 청소년의 개인적 발달을 도모하는 일일 뿐만 아니라 그들이 장차 구성원이 될 미래 사회의 발달을 도모하는 일이기도 하다는 것을 충분히 인식하지 못하고 있다."(민주주의와 교육 제6장 보수적 교육과 진보적 교육, p.144)

경험의 재구성은 1차적으로는 개인의 성장과 연관이 된다. 이러한 경험의 재구성을 통한 개인의 성장은 과거의 유산과 가치에서 과거를 이해하고 학습하는 것에만 머물러서는 안 되며 현재의 시점에서 우리가 하는 일들의 의미를 증대시키는 목적에 사용되어야 함을 말한다. 향후 사회의 발전에 기여해야 하는 것이 교육이라는 것이다. 구습을 타파하고 새로운 사회문화를 창조하는데 현재의 아동에 대한 교육이 기여해야 한다는 것이다. 이러한 듀이의 시각은 민주주의 교육의 개념으로 이어진다.

다. 민주주의 교육의 개념

민주주의와 교육의 저서에서 핵심이 되는 내용은 제7장의 '민주주의 교육의 개념'으로 볼 수 있다. 듀이는 "민주주의는 단순히 정치의 형태만이 아니라 보다 근본적으로는 공동생활의 형식이요 경험을 전달하고 공유하는 방식"으로 본다. 이때 사회는 계급, 인종, 국적 등 우리 자신의 행동의 의미를 파악하지 못하도록 가로막는 장애를 철폐하고, 다양한 관계 속에서 다양한 행동을 촉진하며 변화하는 사회에서 성원들 모두가 개인의 독창성과 적응 능력을 가질 수 있도록 교육을 해야 한다고 본다. 플라톤의 계급질서의 안정화를 위한 교육을 비판하고 국가적 교육을 비판하며 다음과 같은 민주적 교육이 이루어져야 한다고 언급한다.

"교육이 한 계층에 의한 다른 계층의 착취를 용이하게 하는 도구가 되려고 적극적으로 나서는 일만 없으면 된다는 식의 생각만으로는 부족하다. 학교시설은 문호가 충분히 넓게 개방되어 있고 또 효율성 있게 운영되어서, 단순히 명목상으로만이 아니라 실질적으로 경제적 불평등에서 오는 효과를 감소시켜야 하며, 국민 전체가 장래의 삶을 위한 동등한 준비를 갖출 수 있도록 보장하여야 한다. 이 이상은 실현하기 요원한 감이 없잖아 있지만, 한 가지 분명한 것은 그 이상이 우리의 공교육체제를 점점 더 지배하지 않는 한, 교육의 민주적 이상은 우스꽝스러우면서도 비극적인 환상에 불과하다는 것이다."

앞에서 인용된 내용을 보면 듀이의 민주주의 교육의 개념은 교육기회의 형평성을 핵심으로 하고 있다. 이러한 교육의 형평성에 대한 이념은 과거 1840년대에 미국의 공립학교운동의 핵심적인 역할을 한 매사추세츠 교육감이었던 호레이스 만(Horace Mahn)의 공교육에 대한 다음과 같은 언급과 맥락을 같이 한다.5

"이러한 학교시스템은 무료이며 부유한 집과 가난한 집의 아이들을 따로 구별하지 않을 것입니다 … 모든 아이들에게 기회의 문을 열어줄 것이며 아낌없이 나누어 줄 것입니다 … 그렇게 되면 교육이야말로 사람들이 발명한 모든 장치들을 뛰어넘는, 모두를 동등하게 해 주는 장치가 될 것입니다. 다시 말해 사회라는 기계의 위대한 평형장치가 되는 것입니다."

호레이스 만의 주장은 교육을 통한 계층이동, 혹은 교육형평성이라는 공교육의 이상을 선언하고 있다. 이처럼 형평성 있는 공교육을 통한 사회적 평등 실현, 계층이동은 가능할 것인가? 이에 대해서 나중에 살펴볼 경제적 재생산 이론을 주장한 보울즈와 긴티스는 사회개혁 없이 교육을 통한 사회적 불평등의 고통을 완화시키는 것은 한계가 있다고 보고 있다. 듀이는 민주주의 교육을 위해서 이러한 점에 대해서도 다음과 같이 언급을 한다.

"교육은 사회적 과정이요, 또 사회는 종류가 다양하기 때문에 교육을 비판하거나 건설하는 기준에는 그 특정한 사회의 이상이 무엇인가가 반드시 문제된다. 한 사회생활의 형태가 어느 정도의 가치를 지니고 있는가를 측정하는 두 가지 기준은, 첫째로한 집단의 관심 또는 이해가 그 구성원들에게 어느 정도 공유되는가 하는 것과, 둘

5 먼데일 & 패튼(2001). (유성상 옮김) 스쿨: 미국 공교육의 역사 1770 – 2000년. 24쪽.

째로 그 집단이 다른 집단들과 어느 정도로 풍부하고 자유롭게 상호작용하는가이다. 다시 말하면 한 사회가 대내적으로나 대외적으로 자유로운 상호작용과 경험의 자유로운 교류를 차단하고 있다면 그것은 바람직하지 않은 사회이다. 한 사회가 그 모든 구성원으로 하여금 동등한 자격으로 그 이익에 참여하도록 하고 그 사회 안의 여러 가지 공동생활의 형식 사이의 상호작용을 통하여 그 제도를 융통성 있게 재조정해 나가면 그것은 그만큼 민주적인 사회이다."

듀이가 정의한 민주사회는 사회의 모든 구성원들의 동등한 자격, 그리고 상호작용 속에서 이익에 참여하며 제도를 조정해나가는 것이다. 어느 한 특정집단이 자신만의 이익을 위해서 다른 집단을 배제하고 자신의 이익만을 추구해나간다면 민주주의와 멀어지게 된다는 것을 의미한다.

민주주의를 위한 교육은 "개인으로 하여금 사회적 관계와 사회 통제 — 일종의 사회집단의 이익의 조정과 공유 — 에 직접 관심을 가지도록 하는 것과 아울러 무질서를 초래함이 없이 사회변화를 도모하는 지적 습관을 가지도록 하여야 하는 것"으로 정의된다.

이러한 민주주의 사회에 대한 개념만으로는 나중에 살펴볼 보울즈와 긴티스에게는 교육이 기능주의적 역할을 한다고 받아들이기에는 부족하다. 민주사회를 이루기 위한 구체적인 방안이 제시되지 않기 때문이다. 듀이는 정치학자가 아니기에 듀이에게 민주사회를 구현하기 위한 방안까지 제시하라는 것은 무리일지도 모른다.

라. 교과의 사회적 성격

듀이는 민주주의와 교육의 제14장에서 학교의 교과가 "사회생활에서 통용되는 내용과의 고리가 허술해지면서 오로지 그 자체로서 중요한 지식으로 존재하는 것처럼, 그리고 공부라는 것이 교과의 사회적 가치와는 아무 관계없이 그 자체의 중요성 때문에 배우는 것처럼 생각하게 되는 경향을 바로잡는 것이 필요하다"고 언급한다. 따라서 민주주의와 교육의 제14장의 제목은 '교과의 성격'인데, 교과의 사회적 성격을 서술하는 것으로 볼 수 있다. 듀이는 다음과 같이 교과에 대해서 교사가 염두해야 할 점을 언급한다.

"교사는 교과 그 자체에 신경을 쓸 것이 아니라 교과가 현재 학생의 필요나 능력과 어떻게 상호작용하는가에 신경을 써야 한다."(p.289)

듀이는 학생의 능력, 그리고 학생의 필요에 의해서 경험을 통해서 획득되는 것이 정보라고 언급한다. 학교의 교과에서 정보는 "현재 학생이 관심을 가지고 있는 질문에서 자연적으로 파생되어 나오는가? 그 정보는 학생이 가지고 있는 일상적 직접적 지식에 잘 맞아 들어가서 그 지식의 효율성을 증대시키고 그 의미를 심화시키는가"를 만족시켜야 교육적 가치를 지니게 된다고 언급한다. 그리고 일체의 정보에 대한 사회적 성격을 다음과 같이 언급하고 있다.

"교육과정의 계획은 학교 공부를 '현재 사회생활의 필요'에 적합하도록 하는 방안을 고려해야 한다. 교육과정은 우리가 공동으로 살고 있는 삶을 개선하여 미래가 과거보다 더 나아지도록 하려는 의도하에서 선택된 내용으로 구성되어야 한다."(p.300)

"교육의 올바른 원리는 학생들로 하여금 '사회에서 생겨난 또 사회에 유용한' 활동에 능동적으로 참여하도록 하여 그것과 관련된 자료와 법칙에 대하여 과학적인 통찰을 가지도록 하며, 학생이 가진 것보다 더 넓은 경험을 가진 다른 사람들이 전달해주는 아이디어와 사실을 배워서 자신의 직접적이고 일상적인 경험 속에서 그것을 동화하도록 도와주는 것이다."(p.302)

듀이는 이처럼 학생들의 삶을 기준으로 하면서도 사회발전에 기여하는 방향에 대한 교과를 이야기한다. 그리고 폭넓은 기준으로 교과를 운영해야 하며 누구에게나 가능성을 열어두어야 한다는 점을 강조한다. 교과선정에서 대중을 위해 좁은 실용적 목적만을 간주하고 소수의 고등교육을 위해서 전문적인 지식계층의 전통을 가르치는 것은 민주주의를 발전시키는 데 기여하지 않는다고 말한다. 초등교육에서 3R(읽기, 쓰기, 셈하기)만을 기계적으로 가르치는 것으로 제한해서는 안 되며, 단순한 생계의 수단을 얻는 것으로만 간주하는 것도 문제가 된다. 모두가 더 넓은 가능성이 실현되도록 하는 교육과정을 구성해야 한다는 것이다.

지금까지 듀이의 저서, 민주주의와 교육에서 제시된 교육에 대한 논의를 보면 사회학적 성격이 강함을 알 수 있다. 앞에서 제시한 콜린스의 큰 두 시각으로 편가르기를 한다면 기능주의 입장으로 볼 수가 있다. 하지만 일단 편가르기를 떠나서 여러 연구자들의 입장, 혹은 이론에 대해서 잘 이해할 필요가 있다. 듀이의 사회학적 교육철학의 핵심은 현재에 머무르는 교육이 아니라 더 나은 미래를 위한 교육, 사회발전과 민주주의를 위한 교육임을 이해할 필요가 있다.

5. 파슨스: 사회체제로서의 학급- 사회화와 선발분류

가. 학급: 사회체제의 일환으로서 사회적 기능

파슨스(Talcott Parsons, 1959)는 하버드 교육 리뷰 학술지에 발표한 '사회체제로서의 학급'이란 논문에서 학급의 기능에 대해서 논의하고 있다. 초중등 학급을 하나의 사회체제로 분석하고 학급 구조가 사회화와 사회배치라는 학교의 일차적인 기능에 대해서 논의한다. 이에 따라 대표적인 기능주의 학자로 언급된다. 사회화와 선발분류의 기능에 대한 파슨스의 주요 언급은 다음과 같다.

"학교의 학급은 성인 역할을 적절히 수행하기 위한 동기와 기술을 갖도록 개인의 인성을 훈련하는 기능을 한다... 처음 학교에 입학해서부터 노동현장에 들어가거나 결혼할 때까지의 전 기간에 걸쳐 학급이 주된 사회화 기능을 담당하고 있다. 사회화 기능이란 한 개인이 미래의 역할을 수행하는 데 있어 필수적인 역량과 책임을 발달시키는 것이다."(파슨스, 1959)

"학급은 한편으로 사회적 관점에서 보면 인력 배치를 위한 기관이기도 하다 … 대학을 가느냐, 가지 않느냐를 결정해야 할 나이에 있는 동년배 집단 사이에서 그 구별에 결정적인 역할을 한다."(상동)

파슨스가 논문을 작성한 1950년대에는 이러한 인력의 배치를 위한 분화가 초등학교 고학년 시기에 이루어졌는데, 초등학교에서의 학교 성적 기록에 의해서 1차적인 선발이 이루어지며 학업성취 수준에 따라서 중학교에 봉인이 찍혀지는 것으로 논의하고 있다.

이러한 성취도에는 가정의 사회경제적 지위도 영향을 미치지만 개인적 능력도 일정정도 영향을 미치는 것으로 보고 있다. 파슨스(1959)는 Kahl(1953)의 미국의 계층구조 데이터를 인용한다. 능력이 가장 높은 범주에 해당되는 학생들 내에서 대학 진학계획을 가진 학생들의 비율은 노동자 자녀는 29%이며 화이트칼라 자녀는 89%로 나타나고 있다. 상대적으로 낮은 비율이지만 노동자 자녀들 중에서도 능력이 높은 학생이 있으며 이 학생들이 대학진학을 통해서 계층이동의 가능성이 존재한다는 점을 주목한다.

파슨스는 이러한 계층적 차이와 더불어 능력적 요인으로 초등학교 수준에서의 분화 혹은 선발의 주요 과정에는 성취수준이 그 주요한 축으로 사용된다고 보고 있다. 현실에서는 가정배경이 좋은 집안의 능력이 낮은 학생들의 경우에 좋은 대학에 진학하기 어려우나 대학에 진학하고 하향이동을 막는 완화 기제들이 존재한다고 보고 있다.

나. 능력에 따른 공정한 평가체제의 중요성

파슨스는 초등학교의 경우 학생들의 구성이 상대적으로 동질적이고, 보수적이거나 진보적인 학교라고 할지라도 학생들에 대해서 편향되지 않고 학생들을 학급의 목표나 가치와 비교해서 평가할 것으로 본다. 학급의 선발적 기능은 지속적으로 강화되어 왔으며 인지적 학습과 도덕적 학습을 중심으로 학생을 평가하고 선발과 사회화의 기능을 수행한다. 이러한 선발과정에서 파슨스는 능력주의[6]에 따른 공정한 평가체제의 중요성을 다음과 같이 강조한다.

"성취 수준의 축에 따라 이루어지는 계층의 분화는 어쩔 수 없이 긴장의 근원이 된다. 왜냐하면 그 분화에 따라 같은 체제 내에서 어느 한쪽에 더 높은 보상과 특권이 주어지기 때문이다. 이 공통된 평가 체계는 특히 능력이 뒤떨어지는 사람들로 하여금 이 결정적인 분화를 수용할 수 있게 한다. 성취에 대한 평가는 가정의 사회경제적 지위의 차이와 관련이 없다. 그리고 실제적으로 모든 학생에게 동등한 기회가 부

---

[6] 능력주의(Meritocracy)에 대해서는 별도로 다음 장에서 논의하도록 한다.

여되어야 하며, 교사는 누가 능력을 보여주든지 성취도에 따라 보상함으로써 공정하게 평가하고 있다는 믿음을 줄 수 있어야 한다. 능력 분포는 가정의 지위와 상관이 있긴 하지만 분명히 그것과 일치하지는 않는다. 게임의 규칙들이 지켜질 때에만 진정한 선발 과정이 이루어질 수 있다."

그리고 파슨스는 미국사회에서 전체 인구의 교육수준이 급격히 상승하는 경향은 자녀의 직업에 대한 부모의 야망과 연결되어 있으며 각 시대에 교육 성취의 압력이 과거에 비해서 증가되고 있는 것으로 해석하고 있다. 한편 초등학교와 중등학교에서의 이러한 성취도에 따른 분화와 선발의 통로로 작동함으로써 발생하는 청년의 문화에 대해서도 언급한다.

파슨스는 문화학적인 논의를 해당 논문에서 수행하지만 논문의 주요 요지는 학급은 사회의 반영이며 사회화와 선발배치를 위한 기능을 한다는 점이다. 파슨스는 사회화와 선발배치에서는 공정한 학업성취도에 근거한 평가를 강조한다. 특히 소득수준과 직접적으로 성취도가 100% 일치하지 않으며 저소득층 중에서도 학업성취도가 높은 학생들도 존재함을 언급한다. 따라서 선발배치에 있어서 교육을 통한 계층이동 가능성의 확보하기 위한 공정한 선발과 평가체제를 강조하고 있다.

6. 경제학자의 교육에 관한 이론들

경제학자들의 이론을 다루는 이유는 교육경제학이라는 학문분야가 성장하고 있지만, 큰 틀에서 보면 교육사회학적 틀 안에 있는 연구물로도 볼 수 있기 때문이다. 특히 경제학에서 연구되는 주제들, 예를 들어 교육의 경제발전의 기여도, 교육 수익률 등을 보면 기능주의적 시각에 근거한 연구를 수행하는 것으로 볼 수 있다. 그리고 경제학은 매우 흥미로운 이론들을 제시한다.

가. 슐츠의 인적자본론: 교육을 통한 인적자본의 경제성장에서의 중요성

슐츠(Schultz)는 인적자본론(인적자본은 영어로 Human Capital이다)을 제창하여 노벨

경제상을 수상하여 경제학계뿐만 아니라 교육학계 등 여러 분야에 큰 영향을 미친 학자이다. 1960년도에 미국 경제학회에서의 인적자본론에 대한 그의 기조연설(1961년도에 미국 경제학회지에 논문으로 게재됨)은 현재까지 인용되는 인적자본론에 대한 주요 내용으로 볼 수 있다.

▬ 인적자본 – 인간을 기계 취급하는 것이 아니라 인간중심 시각

슐츠는 인간에 대한 교육 혹은 훈련, 건강에 대한 투자를 통해서 생산성이 높아지고, 그에 따라 해당 국가의 경제성장이 더 빠르게 이루어질 수 있으며 따라서 인간도 단일한 노동력의 일환으로만 볼 것이 아니라 자본으로 봐야 한다고 주장한다. 기존에는 공장, 기계, 대지 등의 비인적인(nonhuman) 자원들만 자본으로 취급하였으나 인간도 자본으로 보고 경제성장을 위한 투자대상으로 봐야 한다는 것이다. 얼핏 보면 인간을 기계나 공장 취급하는 것처럼 느껴질 수도 있어서 사람을 자본이라고 일컫는 것은 쉽게 받아들여지기 어려운 개념일 수도 있다고 말한다.

실제로 슐츠는 인간을 자본이라고 언급했다가 주변으로부터 많은 비난을 당했다고 한다. 어떻게 사람을 공장이나 대지와 같은 물질적 자본취급을 하느냐는 비판이었다. 그러나 슐츠는 노벨경제학상 수상연설에서 오히려 인간의 중요성을 강조하는 인간주의적 이념이라고 이야기한다. 기존의 노동력에 대한 전통적인 인식은 단순한 육체노동의 시각에서 균질적인 취급만 받는 문제가 있다고 언급한다. 인간의 중요성이 발견되지 못했다는 것이다.

"인적 자원을 투자의 대상으로서 자본의 형태로서 명시적으로 바라보지 못하게 되면 인간을 지식과 기술을 거의 필요로 하지 않은 단순한 육체노동을 하는 고전적인 노동력의 개념으로만 머물게 될 것이다. 노동자들은 회사 주식의 소유로부터 자본가가 되는 것이 아니라 경제적 가치를 가지는 지식과 기술을 획득함으로서 자본가가 된다. 이러한 인간에 대한 지식과 기술은 투자가 이루어져야 할 중요한 대상이며 기술 진보를 이룬 국가들의 우수한 생산성을 지배적으로 설명해준다."(p.14)

인적자본은 인간을 기계 취급하는 것이 아니라 성장시키고 투자해야 할 중요한 대상으로 설정한다는 것이며 따라서 소중하게 여겨야 하는 존재이다. 이러한 인적자본에 대한 투자를 통해서 개인은 임금의 향상을, 국가는 경제성장을 이루게 된다. 교육을 통한 임금향상은 너무나 쉽게 주변에서 발견할 수 있는데, 6년의 초등교육을 받은 사람보다 12년의 중등교육을 받은 사람의 임금이 더 높은 경우를 보면 쉽게 알 수 있다. 이를 교육수익률이라고 한다. 수익률 계산에서는 교육비용 대비 임금상승 등을 계산하게 된다.

슐츠는 국가의 경제성장은 물적 자본에 대한 투자에 의해서 설명되지 않은 부분이 많다는 점을 언급한다. 이는 인적 자본의 우수성, 특히 교육에 의한 인적 자본의 질적 투자로 인한 경제성장임을 언급한다. 개발도상국의 경우 외부에서 투여되는 여러 물적 자본만으로는 경제성장에 한계가 있다. 해당 국가의 인적자본에 대한 투자, 즉 교육 등을 통한 인적자본이 축적되지 않는다면 경제성장은 이루어지지가 어렵다는 것이다.

■ 정부의 교육투자의 필요성: 소득불평등 감소
슐츠는 교육 관련 정책에 대한 코멘트를 다음과 같이 한다.

"우리 공동체의 강력한 복지 목표는 개인들과 가족들 간의 불균등한 소득 분배를 줄이는 것이다. 우리의 공동체는 누진적 소득세와 상속세에 크게 의존하고 있다. 이러한 재원들로부터 얻어진 공적 재원으로 인적자본에 대한 공적 투자, 보편적인 교육을 제공하게 되는 투자는 이러한 목적을 도달하기 위한 효과적이며 효율적인 재정지출이 될 것이다."(p.15)

슐츠는 소득불평등을 극복하기 위해서는 인적자본에 대한 정부의 공적 투자의 중요성을 강조하고 있음을 알 수 있다. 많은 국가들은 무엇보다도 초등교육에 대한 투자, 그리고 중등, 그리고 고등교육에 대한 투자를 수행하고 있다. 다만 고등교육에 대한 정부 지원의 범위는 상대적으로 유초중등보다는 제한적이다. 사적 수익률이 고등교육에서는 높기 때문에 일정정도의 사용자 부담 원칙이 적용되어서 등록금을 부과하는 국가들이 많다.

그렇다면 이러한 공적투자로 인한 성과는 어떻게 측정될 수 있을까? 슐츠 이후의

Becker, Mincer, Psachaopoulos 등의 경제학자에 의해서 교육투자 수익률이 산출되어 왔다. 수익률은 사적 수익률과 공적 수익률로 구분된다. 앞에서 언급된 사회 전체에게 돌아가는 수익률을 공적(혹은 사회적) 수익률, 개인에게 돌아가는 수익률을 사적 수익률이라고 한다. 당연히 '율'이라는 표현대로 투자 대비 이익비율을 의미한다. 여기에서는 투자 대비 이익률의 구체적인 값보다는 사적 수익과 공적 수익이 어떠한 것이 있는지만 확인해보자.

일단 공적 수익은 사회통합, 범죄율의 감소, 국가경제성장, 세금의 증가 등이 있을 것이다. 사적 수익은 임금 증가, 문화생활 증진 등이 발생될 것이다. 수업시간에 한 번 여타 본인이 생각하는 교육(투자)의 공적(사회적) 수익과 사적(개인적) 수익에 대해서 생각해보도록 한다.

나. 밀턴 프리드먼의 학교선택이론

밀턴 프리드먼(Milton Friedman)은 노벨경제학상을 수상한 자유시장 경제체제에 대한 강렬한 믿음을 가진 경제학자이다. 교육사회학에서 보자면 학교교육에 가장 큰 영향을 미친 경제학자이기도 하다. 교육에서의 경쟁체제 도입 등 흔히 말하는 (신)자유주의 이념의 대표 학자이기 때문이다. 프리드먼의 대표저서 중 하나인 1962년에 발간된 '자본주의와 자유'의 6장 '교육에서의 정부역할'을 살펴보도록 하자.[7] 시간 내서 프리드먼의 책 6장(교육에서의 정부의 역할)을 꼭 읽어볼 것을 권한다. 프리드먼은 일단 교육에 대한 정부의 개입은 "외부효과"의 존재와 온정주의적 관심에 의해서 정당화될 수 있다는 언급을 한다.

■ 교육의 외부효과(Neighborhood Effect)

프리드먼이 언급한 외부효과 개념을 먼저 살펴보도록 하자.

"교육의 혜택은 사회의 다른 구성원들 전체에게 돌아간다. 교육은 안정된 민주사회

---

7 1962년에 발간된 이후, 한국에서는 1990년도에 번역이 한번 이루어졌고, 2007년도에 재번역이 되어 출판되어 있다.

를 촉진함으로써 다른 사람의 복리후생도 증가시켜준다. 혜택을 받는 특정 개인을 찾아내고 혜택을 받는 부문에 대해 요금을 부과하는 것은 불가능하다, 즉 상당한 외부효과가 존재한다."(p.149)

외부효과는 경제학에서 많이 언급된다. 군대 같은 경우는 엄청난 외부효과를 가지고 있다. 국민 모두가 혜택을 받기 때문에 정부가 거둔 세금을 통해서 정부의 재정지원으로 국방이 이루어져야 한다. 소수의 일부만 혜택을 받는 공공서비스의 경우는 해당 소수만 개인적인 사용료를 내서 운영해야 하거나 정부의 세금이 투입될 경우에는 최소한으로 투입되어야 한다.

앞에서 인용된 프리드먼의 언급은 경제학적 표현으로 이루어져 있지만 교육학자의 의견과 비슷해 보인다. 그런데 시민교육에 대한 정부의 보조금 지원은 외부효과가 있기 때문에 가능하지만 개인에게만 주로 혜택이 돌아가는 직업교육은 정부가 보조금으로 지원해야 할까? 프리드먼은 '순수한 직업교육'에 대한 정부의 보조금은 정당화할 수 없다고 강조한다. 초등학교라든가 대학의 교양교육과 같은 시민교육에 대한 정부보조는 정당화될 수 있지만 "수의사, 미용사, 치과의사" 등 수많은 전문직 종사자들에 대한 직업훈련 보조금 지급은 반대한다고 말한다.

▬ 정부가 왜 학교를 세우고 교사를 채용해서 교육기관을 운영하는가?

그리고 프리드먼은 공교육체제에 대한 엄청난 도전으로도 볼 수 있는 '왜 정부가 교육기관을 운영해야 하는가'라는 질문을 던진다.

"정부가 교육산업을 송두리째 '국영화'하는 것은 정당화하기 어렵다. 정부는 '승인된' 교육서비스에 사용할 것을 조건으로 아동 일인당 매년 특정 최고한도액까지 상환받을 수 있는 교환권(Voucher)을 부모들에게 주어 학교 교육을 재정적으로 지원하고 최소한의 학교교육을 받을 수 있도록 명령할 수 있다. 이 때 부모들은 재정적 여력이 있다면 자유로이 자신들이 선택한 승인된 교육기관의 교육서비스를 구매할 수 있다."(p.153)

정부가 교육청을 만들고 학교를 세우고 교사를 채용하면서 일일이 교육기관을 독점적으로 운영할 근거는 없다는 것이다. 학부모들에게 학비 쿠폰과 같은 교환권을 주고 원하는 학교를 선택해서 해당 쿠폰을 학교에 제출하면 학교는 그 쿠폰을 정부에 제출하고 재정을 지원받는 것이다. 그러면 학교들은 학생이 지원해야 운영이 된다. 학부모들로부터 '선택'받지 못하면 운영이 어려워지게 된다. 이른바 학교선택권(school choice)을 통해서 학교교육에 자유시장경쟁 체제를 도입하자는 것이다.

정부는 그러나 완전히 손을 떼지는 않는다. 학교교육을 운영할 학교들을 '승인'해 주고(사립형 학교가 될 것이다), '최소한'의 공통 교과내용 기준만을 세우는 정도의 역할만 하면 된다. 그리고 학교를 다녀야 할 나이의 아동들의 가정에 학비 교환권만 지급한다. 이러한 시스템을 만들면 학부모의 수요에 부응하기 위해 매우 다양한 학교들이 생겨날 것이다. 공교육의 현재와 같은 강제적인 학교 배정 상황에서는 학교를 선택하려면 거주지를 옮겨야 하는 심각한 불편함과 문제가 있다는 것이다.

■ 비판에 대한 프리드먼의 반박

이러한 프리드먼의 학교선택이론에 대한 비판도 있다. 먼저 이렇게 학교선택권을 확대하면 학교들 간에 계층구조가 심화될 수도 있다. 비슷한 부류의 학부모들과 학생들만 서로 모이게 되고 그에 따라 학교의 학생구성에서의 다양성이 약화되지 않을까? 프리드먼은 현재의 (학군에 따른 배정)제도하에서도 이미 지역 간 계층화가 더 심해지고 있다고 말한다.

즉, 만약 능력 있는 가난한 아이가 있다고 가정하자. 이 아이가 좋은 공립학교에 다니기 위해서는 이사를 가야 한다. 그러나 이사비용이 없다. 이사를 가더라도 돈이 너무 많이 든다. 저소득층이 돈을 벌어서 좋은 자동차를 살 수는 있지만 비싼 집을 사기에는 상당히 시간이 많이 든다. 그러는 사이에 아이들은 커나가고 고소득층이 거주하는 지역의 좋은 공립학교에 보내질 못한다는 것이다. 좋은 학교보내기가 좋은 자동차 사기보다 어려워서야 되겠느냐는 것이다.

학교선택권이 실질적으로 보장되지 않는 경우는 그럼 어떡할 것인가라는 비판도 있었다. 대표적인 경우가 시골학교이다. 시골에는 보통 학교가 하나 밖에 없고 해당 지역의 학생들은 학교선택권을 행사할 수가 없다. 이에 대해서도 프리드먼의 입장은 완고하다. 정부가 통제하는 공적 독점이 더 나쁘기 때문에 정부가 학교를 운영해서는 안 된다고 말한다. 그리고 교통이 개선되었기 때문에 다른 지역의 시골학교 혹은 인근 도시지역의 학교를 선택할 수 있다고 반박한다. 기술이 발전하면 학교선택권이 더 활발하게 확대되고 중요해질 것이라는 주장이다.

독점은 나쁘지만 프리드먼은 나쁜 것과 덜 나쁜 것을 택하는 것이라고 말한다. 사적 독점도 있겠지만 그보다 더 나쁜 것은 공적 독점이라는 것이다.

■ 교사자격증제도(교직 진입장벽) 폐지 주장

그리고 프리드먼은 덧붙여서 지나친 규제는 나쁘다고 주장한다. 교육분야에서는 앞에서 언급한 바대로 최소한의 교육과정, 그리고 학교에서 영어를 공용어로 해야 한다 등의 기본적인 최소한의 기준을 세우는 일만 정부가 해야 한다.

참고로 교대생이나 사범대 학생들이 들으면 마음에 안드는 이야기인데 교사자격증제도를 없애야 한다고 주장하기도 했다. 교사자격증제도는 경제학 용어로 표현하면 일종의 '진입장벽'이다. 프리드먼은 과거의 한 인터뷰에서 본인은 노벨경제학상을 받았고 대학에서 학생들을 가르치고 있는데 '교사자격증'이 없다는 이유로 중고등학교에서 교사로서 학생들을 가르칠 수 없는 것이 말이 되는 거냐며 항의한 바가 있다(Kane, 2002). 교직 진입장벽을 없애라는 것이다. 그래야 역량 있는 다양한 전문가가 학교 현장에서 학생들을 가르칠 수 있다는 것이다. 나름 설득력 있는 주장으로 보인다.

그런데 참고로 뒤르켐도 이와 관련된 언급을 한 바가 있어서 제시하고자 한다. 교육연구자로서 뭔가 찔리는(?) 느낌이 드는데 프리드먼의 항의와 더불어서 한 번 읽어보고 교사자격증(의 필요성)에 대해서 고민해보자. 사실 아래 내용 이후에 뒤르켐은 교육과학이 필요하다고 주장하고 있다. (능숙한) 교사를 대상으로 한 연구를 통해서 예비교원이 현장에서 교육자로서 능숙해지기 위한 교육이론들을 마련해야 한다는 것이다.

"능숙한 교사는 자신이 사용하는 절차들을 정당화하는 이유를 일일이 제시하지 않고서도 자신이 해야 할 일을 어떻게 하는지 잘 알고 있다. 이에 반해 교육학자는 모든 면에서 실행능력을 결여한 경우도 있다. 우리는 루소에게도 몽테뉴에게도 수업을 맡기지 않을 것이다. 게다가 한때 교직생활을 했던 페스탈로치조차도 실수를 반복한 것을 보면 아마도 사람들은 그가 교편을 잡은 적이 없었다고 말할 것이다."(뒤르켕, 교육과 사회 2장 참조)

다. 허쉬먼의 Exit, Voice, and Loyalty

경제학자 중에서도 기존의 시장주의적 입장에서만 교육문제를 접근하지 않은 학자도 있다. 대표적인 학자는 허쉬먼(Albert Hirschman)인데, 경제학자이긴 하지만 넓게 사회과학자로서의 연구자세를 취하고 있다. 허쉬먼의 대표적인 저서 중 하나는 Exit, Voice, and Loyalty인데 교육에 적용해볼 수 있는 이론틀이 제시되고 있다.[8] 그리고 실제 교육문제가 이 책에서 일정정도 사례로 언급되고 있다. 이탈과 항의, 이 두 개념을 살펴보고 학교교육문제에 어떻게 적용될지를 살펴보도록 하자.

▬ 이탈과 항의의 개념: 경제원리와 정치원리

이탈(Exit)은 조직이 문제가 생기면 해당 사회조직의 회원이 탈퇴하거나 기업의 경우 회사 제품구매를 중지하는 것을 의미한다. 허쉬먼에 따르면 조직이나 기업에 이탈이 생기게 되면 사회조직의 경우 구성원의 이탈 원인을 찾아 조직을 개선하고, 기업의 경우 회사경영과 상품개선 등의 노력을 통해서 조직 개선이 이루어진다는 것이다. 항의는 불만사항을 회사경영진이나 조직구성원이나 책임자에게 제기하는 것을 말한다. 그러한 항의로 인해서 조직이 돌파구를 마련하기 위해서 노력하게 된다는 것이다. 얼핏 들으면 이해가 될 것인데, 이탈은 경제의 영역이고 항의는 정치의 영역으로 보면 된다.

고인 물은 썩는다는 표현이 있다. 조직은 지속적인 노력을 하지 않으면 퇴보하는 경향이 발생한다. 이처럼 조직의 후퇴/퇴보하는 경향을 개선하기 위해서는 이 두 메커니즘－이탈, 항의－이 작동해야 한다.

그렇다면 과연 교육영역에서는 어떤 방식이 효과적으로 작용할 것인가? 밀턴 프리드먼의 경우는 이탈을 강조한 입장으로 볼 수 있다. 그리고 그 이탈방식을 학비교환권(바우처) 제도를 통한 학교선택권 시행으로 제시했다. 밀턴 프리드먼과 같은 경제학자는

---

8 1970년도 발간. 한국에서는 '떠날 것인가, 남을 것인가'라는 제목으로 2005년도에 번역 출간되어 있다.

정부독점에 대해서는 극도로 비판적이었으며 항의라는 프로세스에 대해서는 전혀 주목하지 않았다.

한편 항의 영역, 즉 정치의 영역에서는 지나치게 경제논리(이탈)를 탈퇴나 변절, 반역이라는 이름표가 붙은 범죄적 행위로 낙인을 찍어왔다는 또 다른 극단에 있어왔다고 허쉬먼은 지적한다. 그리고 이 두 방안이 효과적으로 조합을 이루어야 한다고 주장한다. 그런데 공공부문 조직의 개선에서 이탈이 먼저 일어날 경우 조직개선의 어려움이 발생할 수도 있다. 허쉬먼은 공립학교와 관련해서 다음과 같이 언급한다.

"이런저런 이유로 어떤 곳에서 공립학교 운영이 부실해지는 경우가 있다고 상정해보자. 이런 일이 일어나면 교육의 질에 관심이 많은 학부모들은 점점 더 아이들을 사립학교로 보낼 것이다. 이와 같은 이탈이 공립학교의 개선을 위한 자극이 될 수도 있을 것이다. 그러나 이 자극은 별다른 효과가 없다. 왜냐하면 사립학교라는 이탈대안이 없었다면 공립학교에 남아 부실해진 교육에 대항하면서 (개선을 위해) 열심히 항의하고 노력할 회원을 잃을 것이기 때문이다."(p.75)

만약 교육의 전반적 상황이 악화될 경우, 사립학교는 내부로부터의 항의가 더 잘 이루어지게 된다. 그러나 상대적으로 사립학교는 항의보다 이탈에 더 민감하다. 반면 공립학교는 악화된 상황에서 항의에 의해서 개선이 이루어질 가능성이 더 높은데 이미 항의를 성공적으로 수행할 학부모는 모두 이탈해있는 상황이다. 즉, 전반적인 교육상황의 악화 속에서 효과적으로 작동해야 할 이탈과 항의의 두 메커니즘이 각기 다른 곳에서 헛발질(?)을 하고 있는 셈이 된다.[9]

---

9 허쉬먼은 1964년도에 발간된 남미와 일본의 비교 서적에 근거하여 일본은 섬으로 고립되어서 출구 없는 정치체제로 이익을 보았다고 적고 있다(저서 5장의 마지막 문단). 그러나 이제 일본은 자민당의 오래된 정치독점으로 국민들의 항의도 사라지고 다른 국가로의 이탈도 없는 관계로 후퇴를 개선할 역량을 잃어가고 있는 것으로 보인다. 사실 이민이라는 방법이 있긴 하지만 이 방법을 사용하는 것은 상당한 결심이 필요하다. 허쉬먼도 국가는 이탈하기가 상대적으로 어렵다고 적고 있다.

▬ 이탈과 항의 최적 조합의 필요성

허쉬먼의 프리드먼에 대한 비판은 한 쪽으로, 즉 이탈로만 지나치게 치우치는 경향을 막기 위한 언급으로 볼 수 있다. 허쉬먼은 이탈과 항의 이 두 옵션의 최적 혼합의 필요성을 다음과 같이 이야기한다.

> "한 가지 결론은 조직의 퇴보에는 다양한 치료법이나 몇 가지 치료법의 조합이 있다는 점이다 … (중략) … 세 가지 제안을 해보자. 1) 두 가지 반응방식 가운데 주로 하나에만 의존하는 조직이 퇴보하는 경우 이를 개선하는 능력을 확고히 하기 위해서는 때때로 다른 쪽의 반응방식을 주입할 필요가 있다. 2) 여타의 조직들은 이탈과 항의 방식이 교대로 주도적 역할을 하는 정규순환 과정을 거칠 필요가 있다. 3) 마지막으로 제도를 개선하려면 항의와 이탈방식 모두 건강하게 유지될 필요가 있고, 바로 이러한 제도 개선에서 항의와 이탈의 그 어떤 최적 혼합도 불안정해지려는 본래적 경향이 있음을 인식하는 것이 필요하다"(p.170)

▬ 교육혁신을 위한 이탈과 항의의 방법과 최적 조합은?

이론을 현실에 적용하는 데에는 다양한 상황을 고려해야 한다. 예를 들어 학교선택제도를 100% 시행하지 않고 부분적으로 시행해볼 수도 있다. 그리고 시골학교의 경우 프리드먼의 주장과 달리 정부가 공립학교를 운영하고 학생들에 대한 지원을 강화함으로 인해 학교선택제도를 시행하는 것보다 더 좋은 교육이 이루어질 수도 있다.

일단 허쉬먼이 제공해주는 프레임들을 마저 살펴보고 이에 대해서 논의해 볼 필요가 있다. [그림 3-1]과 [그림 3-2]에서 공립학교, 사립학교는 어느 위치에 두어야 할 것인지를 고민해보자.

●● 그림 3-1 조직원의 반응 양식의 가능성 여부에 따른 조직

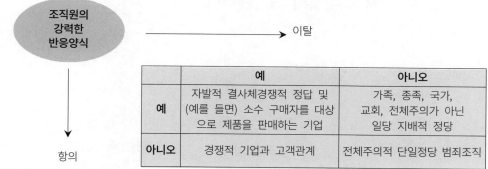

		예	아니오
예		자발적 결사체경쟁적 정답 및 (예를 들면) 소수 구매자를 대상으로 제품을 판매하는 기업	가족, 종족, 국가, 교회, 전체주의가 아닌 일당 지배적 정당
아니오		경쟁적 기업과 고객관계	전체주의적 단일정당 범죄조직

출처: Hirschman(1970)

●● 그림 3-2 조직의 퇴보에 따른 회원 반응과 조직반응과의 관계

조직 퇴보의 경우 회원의 반응

		이 탈	항 의
조직이 예민하게 반응하는 환류방식	**이 탈**	경쟁적 기업	반대 목소리가 허용되는 조직이지만 '제도화'되어 있는 조직
	항 의	대체(代替)방식으로부터의 경쟁에 직면한 공공기업, 게으른 과점체제, 기업-주주관계, 도시중심부 등	회원들의 충성심을 상당부분 확보하고 있는 민주적으로 반응하는 조직

출처: Hirschman(1970)

기술의 발달로 인해서 교육청은 전자민원창구가 있다. 그리고 학부모들은 학교운영위원회에 참여할 수 있다. 인터넷 홈페이지 게시판에 요구를 올릴 수도 있다. 뿐만 아니라 학부모회를 조직해서 학교에 많은 봉사지원을 할 수 있다. 이러한 방법은 항의(Voice)가 될 것이다. 이탈의 경우 대표적인 방법으로는 전학이 존재한다. 대안학교를 보내거나 아주 상류층의 경우 해외로 자녀를 조기유학보내기도 한다.

공교육에 대한 충성심이 높은 사람들도 있고 그렇지 않은 경우도 존재한다. 이를 복잡하게 연계해서 분석해봐야 한다. 공교육의 발전을 위한 방법은 허쉬먼의 이 프레임으로 과연 어떻게 제시될 수 있을지를 고민해보자.

여기까지가 3강좌이다. 다음 페이지의 마르크스에 대한 소개부터는 제4강좌이다. 잠시 쉬었다가 강의를 계속 시작하도록 한다.

7. 마르크스: 실천, 사용가치 vs 교환가치

가. 갈등주의 이론의 선구자

칼 마르크스(Karl Marx)라는 이름을 들어보지 못한 사람이 있을까? 80년대 끝자락 인 89년도에 대학을 다닌 필자도 마르크스의 자본론을 당시에 구입해서 앞부분 몇 챕 터만 읽어본 기억이 있다. 지금은 대학 도서관에 대출하러 가보니 보존자료실에 비치 되어 있었는데, 대출이 거의 안되는 도서는 보존자료실로 옮겨진다고 한다.

마르크스는 교육과 관련해서 직접적으로 논의한 바는 없다. 그러나 교육사회학 관 련 책들을 보면 신마르크스주의라는 표현이 나온다. 이는 여러 갈등주의 이론이 마르 크스적 시각, 예를 들어 하부구조(경제 체제)에 부응하는 상부구조(정치 체제)가 수립된 다는 시각과 연계되기 때문이다. 마르크스가 쓴 독일이데올로기를 보면 다음과 같은 문구들이 나온다.

"하늘에서 땅으로 내려오는 독일 철학과는 정반대로 우리는 땅에서 하늘로 올라간 다. 즉 ... 인간의 현실적 생활 과정이라는 토대 위에서 출발하며, 그 생활 과정의 이 데올로기적 반영과 반사를 설명한다"
"의식이 생활을 규정하는 것이 아니라 생활이 의식을 규정한다" (독일 이데올로기 1편 의 4장. pp.48-49)

지나가는 이야기인데, 경제적 현실과 사회적 존재가 중요함을 강조하는 이 말은 필자가 수업시간에 예비교사인 교대생들이 전혀 (예비)교사 같은 태도를 보여주지 않다 가 현장실습에 나가면 멋진 교사로서 초등학생들 앞에서 수업을 진행하는 것을 보는 순간 떠올랐다. 마르크스가 언급한 '사회적 존재가 사회적 의식을 규정'하는 것을 목격 한 것이다. 대학교 강의실에서 필자의 수업을 들으면 초등학생처럼 떠들고 장난치고 졸고 학생으로서 과제도 줄여달라고 그러면서 '학생처럼' 사고하고 행동한다. 그런데 실습기간에 초등학교 현장에 나가서 예비교사로서 초등학생을 가르치는 순간 '교사처럼' 말하고 생각하는 멋진 모습으로 변해있는 것이 아닌가?

나. 교육에 대한 마르크스의 유일한 언급

토대와 상부구조 등의 개념을 마르크스는 제시하는데 '다소간' 이분법적 구분이기 때문에 교육은 당연히 상부구조가 될 것이다. 그러나 마르크스는 교육이란 단어를 상부구조를 언급할 때 쓰지 않았다.[10] 그 이유는 칸트시대와 마찬가지겠지만, 마르크스가 노년이 될 무렵(1870~1880년대쯤)에야 공교육이 점차 확대되기 시작했기 때문에 공교육의 확대라는 엄청난 변화를 목격하지 못했다. 19세기의 심각한 사회경제적 불평등을 마주한 마르크스의 관심은 온통 경제적 생산관계의 모순의 폭발에 따른 공산주의 혁명에만 있었기 때문일 것이다.

마르크스는 자본주의 생산양식을 옹호하는 정치체제와 이데올로기의 허위성을 비판하는데, 그나마 교육이란 단어가 명확하게 나오는 것은 포이에르바하에 관한 테제(독일이데올로기 부록, p.185)라는 글에서 찾을 수 있다.

> "환경의 변화와 교육에 관한 유물론적 교의는 환경이 인간에 의해 변화되며, 교육자 자신도 교육을 받지 않으면 안된다는 사실을 망각하고 있다. 환경의 변화와 인간의 활동 또는 자기 변화의 일치는 오직 혁명적 실천으로만 파악될 수 있다."

이는 교육을 통해 사회의 변화, 인간의 활동이 이루어질 수 있는데, 마지막에 혁명적 실천이라는 단어가 붙는다. 실천적 교육이 필요하다는 의미로도 확장해볼 수 있지 않을까 싶다. 이 문구에서 "교육자 자신도 교육을 받아야 한다"는 표현은 부르디외의 저작 '재생산'에서도 인용되기도 한다(재생산, p.56). 멋있는 표현이지 않은가? 교사들도 교육을 받아야 한다. 그리고 필자와 같은 교수들도 교육을 받아야 한다.

---

10 마르크의 초기저작에서 인본주의적 시각을 발견하고 연구하는 학자들도 있었으며, 후기 저작의 혁명적 요소에 집중하는 연구자들도 있었다. 상부구조와 토대의 상대적 자율성에 대한 논쟁도 있었다. 그러나 지금은 이러한 논쟁은 인기가 없어졌고 이론을 위한 이론틀로 남은 것 같다. 마르크스주의와 교육이론(마단 사럽 지음. 한길사)을 참조하면 좋을 거 같다. 이 책에서도(159쪽) 마르크스는 교육에 관해서 연구를 한 바가 없다고 적고 있다. 마르크스는 정치경제연구에 집중하였다.

다. 사용가치와 교환가치의 분리

그리고 마르크스의 자본론의 앞부분에서는 사용가치와 교환가치에 대한 논의가
나온다. 소외의 개념을 논의하게 되는 틀이기도 하다. 사용가치와 교환가치의 분리로
인해서 노동자의 노동력은 교환가치에 의해서만 평가받게 된다. 그리고 소외가 발생하
게 되는 근거가 마련된다. 자신의 노동력의 주인이 아님으로서 자신으로부터 소외되고
대상화된다.

"노동자 자신의 노동은 그의 노동력의 판매에 의해 이미 자신으로부터 소외되었고,
자본가에 의해서 취득되어 자본에 합체되었기 때문에 그의 노동은 이 과정이 진행되
는 동안 끊임없이 타인의 생산물에 대상화된다."(자본론, p.775)

라바리(Labaree, 2004) 등의 교육사회학자들은 이 사용가치와 교환가치의 개념틀을
교육연구에서 사용한다. 예를 들어 학위증의 경우 사용가치보다는 교환가치만 있다거
나, 교사자격증을 취득하는 것은 실제 사용가치를 보여주는, 즉 '예비교사훈련이 내실
있게 이루어졌는지를 보여주기보다는 교환가치로서의 의미를 가진다'와 같이 교환용으
로만 사용되고 있는 속빈강정 같은 교육현실 문제를 논의할 때 사용한다. 이는 스크리
닝의 의미와 상통하는 학벌주의(Credentialism)를 논할 때 사용되는 프레임이기도 하다.
마르크스가 자본주의 경제체제에 대한 비판을 강하게 수행하였는데 마르크스의
비판적 시각을 통해서 교육문제를 언급한 교육사회학의 흐름을 신마르크스주의라고 통
칭 한다. 그러나 이러한 라벨을 굳이 붙이는 것이 해당 이론을 정확하게 파악하는 거랑
은 상관이 높지는 않을 수도 있다.

8. 부르디외: 문화자본론-은밀한 전승

부르디외(Pierre Bourdieu)의 문화자본론은 어려운 개념이지만 잘 보면 대략적인
이해를 할 수 있을 것이다. 일단 부르디외(1986)가 쓴 논문 "자본의 형태"의 내용을 소
개하면 다음과 같다.

가. 자본의 정의

먼저 자본에 대한 설명 혹은 개념정의가 필요하다. 부르디외(1986)에 의하면 자본은 객관화되거나 체화된 형태로 축적되기까지는 일정정도의 시간이 필요하다. 그리고 축적되면 이윤을 창출하고 스스로를 확장하여 재생산을 할 수 있으며 상당히 지속적인 경향을 갖는다고 말한다.

"자본은 세계의 기능을 지속적인 방법으로 조직해 내며, 실천들이 성공할 가능성을 결정하는 일종의 강제력인 것이다"(p.241)

따라서 자본을 가지고 있으면 엄청난 "역량"이 생기는 것이다. 지속력도 가지며 이윤을 창출하고 성공적인 결과를 가져올 수 있다. 앞에서 언급한 인적 '자본'도 사람이 습득한 기술력, 창의력 등이 지속력을 가지며 삶의 성공을 위한 자본이 될 수 있다. 그리고 우리는 토지 등의 경제자본도 갖고 있을 수도 있다. 토지에서 많은 곡물을 생산해 내어서 이윤을 창출할 수도 있다. 만약 아파트를 갖고 있다면 월세를 받을 수도 있다. 다만 부르디외의 자본의 정의에 따르면 자본은 감가상각이 없는 것으로 보고 있다는 점은 유의해야 할 것으로 보인다.

나. 자본의 세 유형: 경제자본, 문화자본, 사회자본

그런데 자본은 세 가지 유형이 있다. 정리해보면 〈표 4−1〉과 같다.

●● 표 4-1 브루디외(1986)가 제시한 자본의 유형

자본의 유형	정의	예시
1) 경제자본	-돈으로 변환되며 재산권의 형태의 제도화될 수 있는 자본	-토지, 공장, 주식, 채권 등
2) 문화자본	-특정한 조건 하에서는 경제자본으로 변환되며 교육적 자질 형태로 제도화되어 있는 자본 가. 체화된 상태로 정신과 신체의 성향 형태로 존재 나. 객관화된 그림, 책, 사전, 악기, 기계 같은 문화상품의 형태로 존재 다. 제도화된 상태로 교육관련 학위	가. 인내력, 겸손함, 예의범절, 대인관계역량 나. 악기 책 등 좌동 다. 학위, 자격증.
3) 사회자본	-특정한 조건하에서는 경제자본으로 변환되며 사회적 의무(연결)로 구성되고 고상함을 나타내는 신분의 호칭과 같은 형태로 제도화되는 자본	-사회적 관계망

다만 부르디외는 위의 분류에 따른 문화자본의 개념에 대해서 너무 일반적 공리로서 딱딱하게 해석하지 말라고 언급한다. 이 문화자본의 개념은 조사연구 중에 제기된 연구가설이다. 다른 사회 계층 출신에 따른 학생들의 불평등한 학업성취도를 설명하기 위한 이론적 가설인 것이다. 예를 들어 다른 사회계층의 아이들은 학업시장에서 획득할 수 있는 별도의 이익이라든가, 문화적 자본의 차이가 있다는 것이다. 기존에는 학업성취도에 영향을 주는 요인들을 타고난 역량, 인적자본이론들로만 설명을 하려고 했다. 그러나 부르디외는 관련 연구를 해나가면서 학업성취도는 가족이 오래전부터 투자해온 문화자본에 의존한다고 주장한다.

다. 체화되는 자본: 은폐된 전승

부르디외에 의하면 문화자본은 체화되는 교양이나 소양, 태도, 문화적 역량을 의미한다. 그리고 내적인 아비투스(역량으로 포괄적으로 봐도 되는데 습관처럼 몸에 익혀지는 성향 기술 등을 모두 포괄한다)로 전환된 결과인 체화된 문화자본은 경제자본과 달리 쉽게 자녀들에게 증여될 수 없어서 상당기간 노력과 시간이 걸린다. 이러한 증여는 쉽게 발견되기에는 어려움이 있으며 은폐된 방식으로 전승된다고 본다. 특히 상징적인 '구별짓기'의 논리와 방법으로 문화자본을 많이 가지고 있는 사람들은 경제적 상징적 이윤을 보장받게 된다고 한다.

문화자본이 전승되고 축적되면서 계층 간의 문화자본의 격차는 어린 시절부터 발생하게 된다. 이러한 격차가 곧 교육성취의 격차로 이어지게 된다. 경제적 상류층의 경우 시간과 돈이 많은 관계로 이러한 문화자본 축적을 중하위계층보다 더 최대한으로 이루어낼 수 있다. 그리고 문화자본을 더 많이 축적한 상류계층의 아동은 중하위계층의 아동들보다 더 높은 교육성취도를 이루게 된다.

이러한 체화된 문화자본은 객관화된 상태로 존재하는 문화자본(책, 악기 등)을 이용하는 데 있어서 더 효과적인 역할을 한다. 일종의 시너지 효과가 발생하게 되는데 객관화된 자본을 많이 보유하고 충분히 숙달하게 되면 이것은 또다시 자신에게 체화된 문화자본으로 축적해낼 수 있게 한다. 사회계층 간의 경쟁의 장에서 상위 계층은 이러한 문화자본을 지속적으로 더 많이 축적해냄으로써 이윤을 얻고 사회적 힘을 발휘하게 된다.

라. 교육적 성취와 문화자본

문화적 능력에 대한 자격증명이라고 볼 수 있는 교육적 성취는 문화자본의 보유자에게 문화에 대한 존중이라는 사회적 분위기를 만들어 내고 법적으로 보장된 가치를 부여해준다. 교육적 성취는 특정한 학문자본이 지니는 금전적 가치를 보증함으로써 역시 문화자본과 경제자본 간의 전환비율도 높다고 한다(하지만 실증적으로 전환비율을 산출하기는 어려워 보인다). 이러한 문화자본의 교육적 제도적 승인제도로 인해서 교육제도가 또다시 문화자본의 일환이 되는 것이다. 그에 따라 학교교육에 대한 폭발적 수요증가와 학력 자격증의 인플레이션 같은 현상도 발생한다.

유럽의 경우 소위 상류층 무슨 가문 혹은 무슨 집안의 힘이 행사되는 경우가 있는 것으로 보인다. 현대 사회에서는 과거 중세시대처럼 신분세습을 하지는 못하지만 상류층은 이러한 문화자본을 전승함으로써 학업에 집중하는 인내력, 그리고 협동하는 역량 등 우리가 최근에 흔히 말하는 역량중심 교육과정의 역량을 자녀들에게 잘 전승시켜줌으로써 사회경제적 신분을 유지한다. 그리고 아비투스, 습관처럼 체화되어서 외부의 물질적 문화자본과 함께 더 시너지를 높인다. 상위계층의 자녀들은 어렸을 때부터 태권도도 배우고, 피아노도 배우고, 데생도 배우고, 발표능력도 키우고 예의범절도 체계적으로 배워나간다.

마. 왜 문화'역량'이 아니라 문화'자본'인가?

이러한 문화활동을 통해서 "습관처럼 체화"(아비투스)되는 문화적 역량을 문화자본이라고 쉽게 이해하는 것이 좋을 것 같다. 역량이 아니라 자본이라는 표현을 쓴 건 이러한 문화적 역량이 축적되면 앞에서 언급된 자본이 가지는 성격, 즉 이윤을 창출할 수 있는 기제로 작동하며 사회에서 경제적 성공을 하는 데 기여하기 때문이다. 이러한 역량은 스스로를 확장하여 재생산을 할 수 있는 자본과 같은 역할을 한다.

현대 사회는 봉건시대와 같은 계급은 일단 없다. 신분세습은 법적으로 금지됨으로 인해서 상위계층에게는 이러한 문화자본의 전승이 '은밀한' 계급 사회구조의 재생산에서 더욱 중요해지고 있다. 특히 교육제도가 그러한 역할을 하고 있다. 나중에 미국의 입학사정관제 이야기를 언급할 것인데, 미국의 아이비리그에서 거액의 기부금을 받고 동문자녀 등을 입학시키는 제도로서 활용되는 주관적 정성평가제도인 입학사정관제도는 부르디외의 이러한 주장을 상당히 설득력 있게 뒷받침해주는 사례이다. 미국의 입학사정관제를 본보기로 한 한국의 학생부종합전형도 가정의 문화자본이 대입에서 영향력을 발휘하게 하는 제도이다.

9. 콜먼과 퍼트넘의 사회자본론-소셜네트워크, 상호규범, 상호신뢰

가. 제임스 콜먼

교육불평등을 논의하는 장에서도 살펴볼 사회학자인 제임스 콜먼(James Coleman)은 사회자본 연구로도 유명하다. 콜먼(1988)은 퍼트넘(2000)의 사회자본에 대한 정의와 거의 동일한 개념정의를 함과 동시에 사회자본에 대해서 추가적으로 다음의 두 가지 특징을 공유해야 한다고 말한다.

▬ 사회자본의 특징과 형태

"먼저 사회자본은 사회구조적 측면에서 구성되어야 한다. 둘째로 주어진 구조에 속하는 개인이나 집단이 특정한 행위를 하도록 유도하고 촉진해야 한다."(p.98)

그리고 약간 더 상술해서 사회자본을 세 가지 형태로 나누어 볼 수 있다고 언급한다. 이는 사회적 환경 속의 신뢰성에 기반하여 존재하는 의무와 기대, 사회구조의 정보 유통 능력, 효과적인 제재를 동반하는 규범이 바로 그것들이다. 콜먼이 제시한 사회자본의 예를 한 번 보자.

"가족이 모두 디트로이트 교외에서 예루살렘으로 이주한 어머니는 이주한 이유를 다음과 같이 설명한다. 디트로이트와 달리 예루살렘에서는 자신의 8살 난 아이가 6살 난 아이를 데리고 시내버스를 타고 학교에 가는 것을 안전하게 느끼고 있으며, 아이들이 보호자 없이 공원에서 노는 것도 마음 편하기 때문이다. 이러한 차이가 나타나는 이유는 예루살렘과 디트로이트에서 이용할 수 있는 사회자본이 차이가 나기 때문이다. 예루살렘의 규범 구조는 혼자 있는 아이들을 주변의 어른들이 보살펴야 한다는 의식이 강하다. 반면에 미국의 디트로이트에서는 이러한 규범이 거의 존재하지 않는다."(p.99)

학교의 경우 친구들과 학부모 간의 끈끈한 네트워크와 신뢰가 구축되어 있어서 상호 학업정보를 교류하고 학교에서 서로 모르는 것을 물어보면 잘 도와주고 협력하는 그러한 규범이 성립되어 있다면 교육적으로 크게 성장할 것이다. 바로 학교에서의 사회자본이 갖는 긍정적 역할이다. 교사 간 신뢰와 협력이 잘 이루어지는 경우도 학교 내 사회자본이 잘 구축되어 있는 경우로 볼 수 있다.

■ 가족 내에서의 사회자본

한편 가족 내에서도 사회자본을 살펴볼 수 있다. 가정의 가구소득은 일종의 경제자본이다. 이는 물리적 여건을 제공하는 데 도움이 된다. 책을 구입하고 책상을 구입하는 등 학업환경여건을 제공하는 데 있어서 중요하다. 그리고 가정 내에서 인적자본은 부모의 교육수준이 될 것이다. 가정 내에서 사회자본은 부모와 자녀의 관계와 신뢰를 의미한다.

"존 스튜어트 밀은 취학 이전의 나이에 이미 아버지 제임스 밀로부터 라틴어와 그리스어를 배웠고 그 후 어린 시절에 그는 아버지와 비판적인 토론을 하였고 아버지의 원고를 벤담과 함께 초안을 잡기도 했다."(p.100)

자유론을 쓴 유명한 존 스튜어트 밀의 사례는 아버지의 인적자본(교육수준)이 효과를 발휘하기 위해서는 사회자본이 동반되어야 함을 보여준다. 그리고 재정자본(경제자본) 역시 사회자본을 뒷받침해준다. 포괄적으로 보면 사회자본이 부르디외가 언급한 문화자본의 전승을 이루어지게 하는 역할을 하는 것을 보여주기도 한다.

하지만 인적자본이 낮은 경우에도 가족 내에 존재하는 사회자본이 유용하게 구축되고 이용된다면 학생들의 성취도는 높아질 수 있다고 주장한다. 한국의 경우에 학력이 낮은(즉 인적자본이 낮은) 농사짓는 부모가 어떻게 해서든 대학에 보내는 사례가 될 것이다. 이 경우 전 재산인 소를 팔아서라도 대학에 보낼 테니 열심히 하라는 격려와 자식에 대한 무한한 '신뢰'는 가족 내에 존재하는 강력한 사회자본이다. 한국은 정말 가족 내 사회자본이 강력하게 존재하는 국가로 볼 수 있다. 한국의 뜨거운 교육열도 어떻게 보면 과잉(?) 사회자본으로 볼 수 있지 않을까 싶다.[11]

다음 표는 콜먼이 제시한 흥미로운 내용인데, 가정 내 사회자본이 어느 경우가 많은지 보자. 학업포기율이 낮은 경우에 사회자본이 더 많은 경우로 볼 수 있다.

●● 표 4-2 고등학교 1학년 초에서 3학년 초까지의 학업포기율
: 가족의 인적자본과 재정자본을 통제하고 사회자본의 차이가 존재할 때

	학 업 포기율(%)	차이
1. 부모의 존재		
양친 모두 ··	13.1	6.0
편부 혹은 편모 ··	19.1	
2. 자녀수		
하나인 경우 ··	10.1	6.4
형제자매가 4명인 경우 ··	17.2	
3. 부모와 자녀		
양친이 존재하고 자녀가 하나인 경우 ······························	10.1	12.5
편모 혹은 편부이고 네 명의 자녀가 있는 경우 ·················	22.6	
4. 아이들의 교육에 대한 어머니의 기대		
아이들이 대학을 가길 바랄 때 ··	11.6	8.6
아이들이 대학을 가길 바라지 않을 때 ······························	20.2	
5. 세 가지 요인의 종합		
양친 존재, 자녀가 하나, 대학 진학을 바라는 경우 ···········	8.1	22.5
편모 혹은 편부, 자녀 넷, 대학진학을 바라지 않는 경우 ······	30.6	

출처: 콜먼(1988)

---

11 교육열은 문화적 요인(과거 유교주의 문화−과거제도와 교육과 지식에 대한 숭상), 사회구조의 문제(직업간 임금격차의 확대, 고등교육 수익률의 증가 등) 등 여러 요인이 있다. 부모가 자식에게 헌신하고 무한한 신뢰를 보내는 것은 사회자본의 하나로 보기보다는 이기적 유전자의 시각에서 보면 DNA가 그렇게 설정해 놓은 것으로도 볼 수 있지 않을까 싶다. 그러나 과거 봉건시대 정치권력의 역사에서 부모자식간의 권력투쟁 상황을 보면 이기적 유전자들도 당황스러울 수도 있지 않을까 싶다. 이는 다른 봉건세력들의 이기적 유전자들의 투쟁으로 인한 아주 예외적인 사례이긴 할 것이다.

〈표 4-2〉를 보면 부모의 존재와 자녀수, 기대수준, 이 세 가지 요인이 부정적으로 종합될 때 학업을 중도포기하는 확률이 더욱 높아진다. 이 세 요인은 콜먼이 보기엔 사회자본을 약화시키는 가정 내 요인이다. 즉, 부모가 한 명이 없으면 자녀와의 연계가 낮아진다. 자녀가 많으면 부모가 자녀 한 명 한 명을 일일이 챙기기 어렵다. 부모의 기대수준이 낮은 것은 피그말리온 효과와 같은 중요한 심리적 요인이 낮아지는 것이지만 부모가 자식에게 갖는 신뢰가 높지 않음을 의미하기 때문에 사회자본이 낮아지는 것으로 해석하고 있다.

한국은 학업포기율 혹은 중단율이 높지 않고 고교생 중 학업포기를 하는 경우는 수능으로 대학을 가는 경우가 종종 있어서 이와 동일한 종속변수(학업포기율)를 이용해서 분석하기가 어렵다. 그러나 학업성취도를 종속변수로 설정한 분석은 가능하다.

▬ 학교의 사회자본

한편 학교를 둘러싼 사회자본도 학생들의 학업(학업포기율)에 영향을 준다고 보고 있다. 〈표 4-3〉을 보면 확인할 수 있는데, 공립학교보다 사립학교, 특히 가톨릭 종교 계열 사립학교의 중도탈락률이 낮게 나타나고 있다.

가톨릭 학교의 학업포기율이 낮은 것은 종교 행사에 자주 참여하는 등 학교와 학교를 둘러싼 외부의 사회자본의 형성이 중요한 점을 보여준다. 사회자본론에 의하면 공립학교의 사회자본을 잘 구축하기 위해서 노력해야 할 필요가 있지 않을까? 공립학교와 지역사회의 연계, 학부모의 인적 자원의 네트워크 등을 활용하는 방안 등도 있을 것이다.

●● 표 4-3 고등학교 1학년 초에서 고등학교 3학년 초까지의 학업포기율,
　　: 인근 공동체의 사회자본이 서로 다른 학교의 학생을 대상으로

	공립	가톨릭	일반사립
학업포기율	14.4	3.4	11.9
2. 공립고등학교 2학년으로 표준화한 학업포기율	14.4	5.2	11.6
	비가톨릭종교사립		일반사립
3. 일반사립학교와 비가톨릭종교사립학교의 학업포기율	3.7		10.0

출처: 콜먼(1988).

나. 퍼트넘의 사회자본론 연구 서적: 나홀로 볼링

사회자본론은 앞에서 부르디외가 언급하긴 했지만 정치학과 사회학의 주요한 이론이다. 퍼트넘의 나홀로 볼링(Bowling Alone, 2000)은 사회자본론(Social Capital Theory)에 대한 포괄적인 연구저서인데 당시 미국사회에서 파급을 불러일으켰다.

▰ 퍼트넘(Putnam)이 제시한 사회자본의 개념

퍼트넘이 제시한 사회자본의 개념을 살펴보자.

"물질적 자본은 물질적 객체를 말하며, 인적 자본은 인간 개인의 능력들이다. 사회자본은 개인들 간의 연계들을 말하는데, 소셜 네트워크, 상호규범, 그리고 그러한 관계에서 구축되는 신뢰를 의미한다."(p.19)

제시된 사회자본 개념은 문화자본과 비교하면 상대적으로 이해하는 데는 어렵지 않을 것이다. 사회자본은 연대(Tie), 규범(Norm), 신뢰(Trust) 등으로 구성됨을 보여준다(이니셜만 따보니 TNT이다). 그리고 전통적 자본과는 달리 "공공재(Public Good)"적 성격 '도' 갖고 있다(퍼트남, 1993). 공공재란 모든 사회구성원이 혜택을 입는 재화를 의미한다.

이러한 사회자본 개념은 과거부터 있어 왔는데 퍼트넘은 미국 사회의 전반적인 사회자본의 약화를 그의 저서에서 구체적이며 포괄적으로 제시하여 미국사회에서 큰 반향을 불러일으켰다. 물론 사회자본의 경우 참여자에게만 혜택이 돌아간다는 의미에서는 사적 재화(Private Good)이기도 하다(나홀로 볼링, p.20). 하지만 거시적인 측면에서 보면 사회의 활성화와 발전이라는 측면에서는 직접 해당 사회자본을 구축하거나 갖고 있지 않은 사회구성원들에게도 긍정적 영향을 줄 수가 있다.

▰ 사회자본과 교육성과

나홀로 볼링의 17장을 보면 교육문제에 대한 언급이 제시된다. 아동발달과 성장에 있어서 가정, 학교, 동료집단, 지역사회에 존재하는 사회자본(신뢰, 네트워크, 상호규범)이 큰 영향을 주는 것으로 나타나고 있다. 퍼트넘은 주(state) 단위로 데이터를 분석하긴 했지만, 사회자본지수를 측정하여 아동복지지수와 상관관계를 비교분석하고 있다. 제반 변수들을 통제하면서 분석한 결과 사회자본지수가 높은 주는 아동복지지수도 높게 나타나고 있다. 특히 재정적으로 어렵고 교육자원이 부족한 가정의 경우는 사회자본이 더욱 필요하다.

SAT점수와 사회자본과의 관계도 긍정적 상관관계가 있는 것으로 분석하고 있다. 사회자본이 높은 지역은 그럼 어떠한 특성을 지녔는지를 보면 다음과 같다. 교사대상 설문조사 보고에서 학부모들의 지원수준이 높으며 학생의 문제행동(총기소지, 폭력, 결석, 교육무관심)이 적다. 그리고 두 번째로는 높은 사회자본을 가진 지역은 학생들의 TV 시청시간이 적다. 특히 미국의 경우 교사학부모연합(Parent Teacher Association)이 대부분의 학교에서 구성되어 있는데, 교사학부모연합이 활성화된 지역이 사회자본이 높은 지역이며 이들 지역의 학업성취도가 높게 나오고 있다.

그리고 가족 내에서의 사회자본 역시 학생발달에 영향을 준다. 자녀에게 상호규범의 가치를 잘 교육시키고 사회적 연대를 잘 유지하는 가정일수록 해당 자녀의 성취도가 높다.

■ 우리아이들: 교육과 계층

퍼트넘은 나홀로 볼링 이후 15년 후인 2015년도에 우리아이들(Our Kids: The American Dream in Crisis)이란 서적을 출간했다. 이 책 역시 사회자본론 시각이 녹아있는 책인데, 가족, 아동 양육, 교육, 공동체 순으로 이어지는 목차를 보면 알 수 있듯이, 마지막에 사회자본의 가장 중요한 요소인 공동체가 논의된다. 그리고 더글러스 매시(Douglas Massey, 2007. 범주적으로 불평등: 미국의 계층화 체계)의 연구결과에 따라 계층을 구분한다고 언급한다. 그 연구내용은 "오늘날의 지식 기반 경제에서 가장 중요한 자원인 교육"을 통해서 사회가 계층을 처리하고 다룰 수 있게 됐다는 것이다.[12]

---

12 필자는 Class를 계층으로 주로 번역하였다. 한국에서는 계급이라고 하면 과거의 봉건계급을 연상하게 된다. 언어마다 사회적 맥락과 학계의 연구내용의 맥락에 따라서 다른 의미를 가질 수 있다. 일단 봉건제와 같은 타고난 신분에 의해서 정해지는 것이 아닌 계급을 현대 사회학에서 Class로 그냥 언급한다. 그러나 한국에서는 이를 계층으로 주로 번역한다. 흥미로운 점은 학급(Class)과 계급/계층(Class)이 영어로는 동일한 단어이다. 앞에서 언급한 학급이 사회화의 기본 단위임과 동시에 사회직업을 준비하게 하는 기본 단위라는 파슨스의 주장은 학급이 계층화의 기본단위로도 해석이 가능하지 않을까 싶다.

흔히 우리는 계층을 논의할 때 주로 고소득층, 중산층, 저소득계층으로 소득수준으로 구분하는 것이 적절하다고 생각한다. 그러나 퍼트넘은 소득기준들이 오류가 나기 쉽거나 아예 조사가 안 되어 있는 등 잡음13이 더 많으며 일반적으로 교육이 자녀와 관련된 성과에서 매우 강력한 지표라고 본다. 즉 가구소득보다 부모의 교육수준이 아이들의 사회경제적 미래 지위(혹은 소득)와 연관이 더 높다는 것이다.

미국의 경우이긴 한데 미국은 일반적으로 교육을 기준으로 보면 1/3에 해당하는 상위계층을 대졸 이상, 1/3의 하층부는 고졸, 1/3의 중간층은 말 그대로 고졸 이상으로 전문대학이나 약간의 대학재학경험을 가진 층으로 봐도 된다고 퍼트넘은 언급한다(우리 아이들, p.71). 그래서 퍼트넘은 상위계층 가정 출신의 아이라고 한다면 부모 중 한 명 혹은 모두가 대졸 이상이라는 것을 의미하며, 하위계층 출신의 아이라고 할 경우 부모가 모두 고졸 이하(고졸포함)로 구분될 수 있다고 보고 그렇게 해당 책에서도 논의를 이어간다.

한국에서는 그렇다면 퍼트넘이 제시한 계층 구분 기준대로 부모학력이 고졸 이하(고졸포함)인 경우 하위계층, 전문대졸이나 대학중퇴인 경우 중산층, 대졸 이상을 상위계층으로 계층 구분의 기준으로 사용할 수 있을까? 그렇게 구분할 수도 있겠지만, 분포가 미국처럼 구분되지 않을 수 있는 문제가 존재한다. OECD 교육지표를 보면 한국의 고등교육 이수율은 세계 최고수준이다. 2020년도 기준으로 25~64세 성인의 전문대졸 이상의 비율이 OECD 평균은 45%, 한국은 70%이다.14 한국은 미국과 달리 교육수준에 따른 계층구분을 하게 되면 고졸이하는 많지 않은 관계로 대부분의 국민들이 중상층이상인 훌륭한 국가가 될 수도 있다.

▬ 교육투입요소는 유사한데 교육결과가 다른 이유는?

한 가지만 더 이 책에서 사회자본의 중요성을 논의해주는 일종의 화두 역할을 해주는 데이터를 보도록 한다. 〈표 4-4〉를 보면 두 학교의 재원은 거의 유사하다. 물론 석사학위 소지 교사 비율에서는 차이가 난다. 하지만 교사 1인당 학생 수, 지도상담사

---

13 통계학에서 데이터에 측정오류나 여러 가지 문제가 있을 때에는 '잡음이 있다'라는 표현을 쓰는 경우가 많다.

14 2021년도 발간 OECD 교육지표. p.68.

수, 교사 경력, 학생 1인당 교육비도 거의 유사하다. 미국도 최근엔 주 정부가 지역별 교육재정격차를 보완하기 위해서 교육비가 부족한 지역은 보조를 해준다. 그런데 문제는 학생공동체 특성과 산출의 차이가 많다.

　　산출에서 차이가 주로 생기는 이유는 사회자본이 다르기 때문이다. 과외활동에 대한 참여, 부모의 높은 기대수준, 교육열, 네트워크와 학업정보, 그리고 친구들과의 관계 영향(peer effect)이 존재한다. 앞에서 허쉬먼의 책 제목에 적힌 Loyalty도 일종의 사회자본으로 볼 수 있는데, 학교교육에 대한 학부모의 지원과 협력도 차이가 많이 존재한다. 퍼트남이 이〈표 4-4〉를 제시한 이유는 교육재정이나 여건보다 사회자본이 더 중요함을 강조하기 위한 것이다.

●● 표 4-4 미국의 두 고등학교의 주요 지표 비교

	항목	플러턴의 트로이 고등학교	산티아나의 산티아나 고등학교
	학생 수	2,562	3,229
학교재원	학생 1인당 교육재정	$10,326	$9,928
	교사 평균 근무연한	14.9년	15.0년
	석사학위 소지 교사 비율	69%	59%
	교사 1인당 학생 수	26명	27명
	지도상담사 수	5	7
	스포츠/예술/언어 과외활동수	34	16
학생공동체	무료점심급식대상(취약계층) 학생 비율	14%	84%
	라틴계 인종 비율	23%	98%
	부족한 영어 숙달 정도	4%	47%
	6가지 체력 검사에 모두 합격한 비율	70%	32%
산출	졸업률	93%	73%
	대학수능시험 본 학생 비율	65%	20%
	평균 수능점수	1,917점	1,285점
	100명당 정학 수	3명	22명

출처: 퍼트넘(2015). 우리아이들 202쪽. 일부 항목의 번역 내용을 수정하고 제외함.

▬ Dark 사회자본

그런데 사회자본은 모두 선(善)일까? 아니다. 사회발전에 부정적인 영향을 주는 사회자본도 있을 수 있다. 퍼트넘은 나홀로 볼링의 저서에서 이를 '어두운' 사회자본(Dark Social Capital)으로 표현한다. 퍼트남은 만약 사회적 연결망과 규범에서 규범이 '차별적'이거나 연결망이 사회적으로 '격리'되어 있어서 다른 사람들을 방해하고 공동체를 파괴하는 방향으로 작동된다면 이는 사회발전을 저해하는 나쁜 사회자본이라고 말한다.

미국에서 대표적인 어두운 사회자본의 사례로는 미국의 인종차별 집단활동을 하는 KKK라든가 마피아 등이 있을 것이다. 책에서는 미국의 티모시 맥베이의 폭탄테러 사건도 예를 드는데, 멕베이의 친구와의 네트워크, 상호 규범 등의 사회자본이 없었다면 당시 많은 희생자가 발생했던 폭탄테러는 시행되지 못했을 것이라고 언급하고 있다 (나홀로 볼링, pp.21-22).

한국의 경우 과거 한국의 군부독재정권의 하나회가 쿠데타를 일으킨 것이 하나의 사례가 될 수 있을 것이다. 하나회는 일종의 어두운 사회자본의 역할을 한 것이다. 고등학교에서 만약 외부의 조직폭력배와 연계된 학생폭력조직의 네트워크가 구축된다면 이 역시 어두운 사회자본으로 작동할 것이다. 아마 학교폭력이 발생하고 학교교육을 원활하게 진행하기가 어려워질 것이다.

이처럼 조직규범이 차별적이고 사회적으로 격리된 사회자본은 사회공동체와 학교교육에 부정적 영향을 줄 수 있다. 하지만 이에 대한 연구는 상대적으로 많지 않다. 주로 사회자본이 사회발전에 미치는 긍정적 영향, 혹은 사회자본이 교육적 성취에 미치는 영향 등이 연구된다.

10. 보울즈와 긴티스-경제구조를 반영한 교육제도와 문화

보울즈(Bowles)와 긴티스(Gintis)는 진보적 교육사회학자 혹은 마르크스주의 입장에 서 있는 경제학자이다. 두 학자가 출간한 "자본주의 미국에서의 학교교육(Schooling in Capitalist American, 1976)"은 미국의 교육불평등을 보여주는 대표적인 연구 중의 하나다.[15] 그리고 이 책에서 이 두 학자는 갈등주의 이론인 경제적 재생산 이론을 제시한다. 잘 읽어보면 마르크스가 부활한 것 같은 느낌이 든다. 실제로 이 저서에는 마르크스철학 프레임을 적극적으로 이용하며 당대의 논쟁이 되었던 IQ의 유전성 연구에 대한 비판 등이 실려 있다.

가. 사회관계와 제도의 재생산 기제로서의 학교교육

보울즈와 긴티스의 책에서 교육에 대한 주요 입장은 4장(교육, 불평등, 그리고 업적주의)과 5장(교육과 인간발달)에 주로 제시되어 있다.

그 중 5장에서 제기되는 신마르크스주의 입장은 다음과 같다.

"지배계층이 교육에 두는 목적은 노동력의 생산과 노동력을 이윤으로 전환시키는 데 유용한 사회관계나 제도의 재생산이다."(p.159)

교육제도는 이러한 목적을 달성하기 위해서 구조화하는 방식은 다음과 같다.
1) 학교제도는 취업에 필요한 기술적 지적 기능을 생산해낸다.
2) 교육제도는 경제적 불평등의 정당화에 기여한다.
3) 학교는 위계적 지위에 적합한 인성적 특성을 양성하며 이를 보상하고 고착화시킨다.
4) 교육제도는 그로 말미암아 생긴 위계질서 유형을 통해 피지배계층을 분열시키는 계층의식을 강화시킨다.(p.159)

일단 보울즈와 긴티스의 가장 중요한 주장은 사회경제적 계층(혹은 가족의 사회경제적 배경)의 중요성이다. 학력과 지능을 통제한 상태에서 학력과 지능보다는 사회경제적 지위가 경제적 성공에서 매우 중요하다는 것이다. 즉, 지능이 높은 하위계층 자녀들의 경제적 성공 가능성이 동일한 수준의 높은 지능을 가진 상위계층의 자녀들보다 낮다는 것이다. 이는 일종의 경제결정론적인 주장이긴 하다.

---

15 한국에서는 "자본주의와 학교교육"으로 번역 출간되어 있다.

나. 상응원리

보울즈와 긴티스는 지능이나 학업성취도와 같은 인지역량도 중요하지만, 사회경제적 지위의 세대 간 전수는 "비인지적 기제"를 통해서 이루어진다는 것이라고 주장한다(pp.151-152). 과연 그 비인지적 기제는 무엇일까? 교육제도가 비인지적 기제로서의 역할을 한다는 것이다.

예를 들어 중산층의 부모들은 자녀들이 다니는 학교에서 개방적인 분위기와 자발적 통제를 더 중시하며 그에 따라 해당 중산층이 거주하는 학교는 그러한 운영체계를 가지게 된다. 노동계층이 밀접한 지역의 학교는 부모들이 엄격한 교육방법을 더 선호하는데 자신들의 직업경험을 반영한 것이라고 본다(p.162). 학교 내에서의 사회관계로 보면 교장과 교사의 관계라든가 교사와 학생 간의 관계 등은 위계적 질서 체계를 보여주며 위계적 노동분업체계를 그대로 반영해서 운영된다는 것이다. 이러한 사회의 질서가 학교현장에 반영되는 것을 상응원리(Correspondence principles)라고 이야기한다. 의미를 잘 따져보면 반영원리라고 번역하는 것이 더 정확할 것 같기도 하다.

학생은 교육의 통제권을 가지지 못하고 교육과정 내용으로부터 소외되고 있다. 그리고 학생은 교육적 생산과정(학습)이나 그 결과(지식습득)에 있는 것이 아니라 성적제도 외적 보상에 의해 통제되고 있음으로 인해 학교교육과정으로부터 소외되어 있다는 것이다. 학교에서 배우는 내용도 권위에 대한 복종, 사회제도에 적응시키기 위한 내용이므로 창조성과 독립성 등의 가치와는 거리가 먼 교육이 이루어진다고 언급하고 있다. 일종의 "복종적16 사회화"를 시키는 것으로 보는 것인데 이를 그냥 사회화 이론(Socialization Theory)이라고 두 사람은 언급한다.

교육제도 안에 내재된 이러한 불평등으로 인해 사회경제적 배경이 높은 상위계층 자녀들은 경제적 성공을 효과적으로 이룰 수 있게 된다. 지능은 유전되지도 않을 뿐더러 지능과 상관없이 즉, 낮은 지능을 가진 고소득층 자녀들도 더 좋은 교육을 받고 그에 따라 경제적 지위의 대물림을 이어갈 수 있게 된다는 것이다. 직업현장을 그대로 반영한 환경과 보상체계 사회상호작용의 구조가 학교에서도 구현된다.

---

16 필자가 붙인 형용어이다. 보울즈와 긴티스가 말한 내용에 나와 있다. 권위에 대한 복종, 사회제도에 순응하게 만드는 교육과정과 교육체계는 복종적 사회화를 시키는 것으로 표현할 수도 있을 것이다.

다. 학교는 갈등의 장소

따라서 학교현장은 어떠한 곳인가? 학교조직을 포함해서 공적 영역은 "일반적으로 가부장제 가족, 민주적 정치, 시장의 모순되는 규칙들로 유래하는 갈등의 장소라는 것이다"(Bowles and Gintis, 1986).

1976년도에 쓰여진 이 책의 내용은 과연 21세기 현실 학교교육을 설명해주는 적절한 이론일까? 문제는 현실이 될 것이다. 만약 학교에서 학생들의 창의성을 개발하는데 주력하지 않고 순응과 규율만 강조한다면 그리고 교육제도가 계층분리를 야기하는 직업적 분화와 배치에만 초점이 맞추어져 있다면 당연히 이 이론의 현실적 설명력이 살아있다고 볼 수 있을 것이다.

그러나 1)의 내용(학교제도는 취업에 필요한 기술적 지적 기능을 생산해낸다)을 보면 기능주의적 이론 같다. 사실 우리가 기능주의 갈등주의로 구분해서 살펴보기에는 학자들의 주장은 다양한 시각을 보여주고 있으며 세부적인 이론의 내용은 차별성이 있다. 크게 보면 갈등주의 시각도 교육에 대한 사회적 기능을 논의하고 있는데 다만 부정적 혹은 비판적 시각에서 본다는 차이가 존재한다. 이러한 비판을 의식해서 보울즈와 긴티스는 본인의 사회화 이론이 기존의 기능주의 이론과는 다르다고 주장한다. 기능주의 시각에서는 학교교육이 우수한 사회화된 인력을 양성해서 기업의 생산성에 기여하는 현실 등 일부 집단에 수여하는 혜택에 대해서 설명한다. 그러나 원인에 대한 설명, 그리고 결과에 대한 설명은 하지 않는다는 것이다. 이처럼 갈등주의 시각은 상응원리에 따라서 학교교육구조의 구성과정 등이 어떻게 구축되었는지를 비판적으로 해석한다(재고찰, p.14).

라. 이론의 수정과 한계점 인정(2002년)

보울즈와 긴티스는 정확히 보면 경제학자다. 보울즈와 긴티스는 하버드에서 경제학 박사학위를 받았으며 최근에는 도덕경제학이란 저서를 출간했는데, 사회생물학적인 시각에서 경제학에 대한 연구를 수행하고 있다. 이타주의와 협력 등에 대한 연구를 수행하고 있는데, 교육을 초점으로 한 연구는 80년대 이후에는 거의 수행하고 있지 않다. 2002년도에 미국의 교육사회학회지에 게재된 '미국 자본주의와 학교교육 재고찰

(Schooling in Capitalist America Revisited)' 논문이 비판적 교육연구의 마지막 논문으로 보인다.

이 논문은 1976년도에 발간된 책과 비교하면 표현이 과격하진 않다. 그리고 직업적 성공에서의 비인지적 역량의 중요성에 대한 연구성과물들을 많이 보여주며 이런 비인지적 역량에 대한 학교교육의 질적 차이가 상위계층에게 유리하게 작용하고 있다는 논의를 한다. 예를 들어 심리학의 Big Five 연구에서의 성실성(Conscientiousness)이 직업에서의 성공에 가장 중요한 요인이라는 연구물들을 소개하며 학교교육이 인지적 측면에서보단 비인지적 역량을 증진시키는 역할을 하고 있다고 평가한다.

한편 창의성은 키워주지 않고 복종적 사회화만을 시킨다는 주장이 오류라는 비판에 대해서는 보울즈와 긴티스도 받아들일 수밖에 없었다. 파슨스도 긴티스와 자본주의와 학교교육 책이 발간된 직후에 연락을 취해서 해당 내용의 문제점을 지적했다고 한다(재고찰 논문, p.12). 너무도 명확한 그래서 수용할 수밖에 없었던 비판은 다음과 같은 내용이었다.

"도대체 학교가 복종적인 사회화를 시키고 있다면 책이 발간될 당시에 어떻게 미국 사회에서 여성운동, 반전운동, 시민운동이 강렬하게 일어날 수 있었겠는가!"(재고찰, p.12)

그에 따라 (복종적) 사회화 이론과 상응원리를 수정하게 되는데, 문화변화이론을 개발했다고 한다. 먼저 문화는 전승되는데 부모로부터의 수직적(Vertical) 전승, 그리고 학교와 같은 곳에서의 교사로부터 혹은 그 외의 성인으로부터의 비스듬한(Oblique) 전승이 있다고 언급한다. 이때 학교가 일정정도 비스듬한 전승과정에서 역할을 한다는 것이다. 두 번째는 학교는 보상과 제재의 구조에 학생들을 젖어들게 한다는 것이다. 학교는 보상과 제재의 구조 속에서 문화와 규범 전승을 수행하고 친사회적인 특성들을 개발하고 양성하기도 하며 갈등을 발생시키기도 한다. 하지만 안타깝게도 이 문화변화이론은 많이 인용되지는 않는다.

마지막으로 해당 2002년도 논문에서 보울즈와 긴티스는 본인의 1976년도의 저서 "자본주의와 학교교육"의 한계점을 다음과 같이 언급한다.

"우리의 저서에 제시된 학교현실에 대한 해석의 한계점은 학교에서 작동하는 모순되는 압력들 중에서 너무 노동시장으로부터 나오는 압력만 강조했다는 점이며, 민주정치제도로부터 나오는 압력들은 소홀히 분석했다는 점이다 … (중략) … 게다가 1960년대의 시대적 한계도 해당 저서의 주요 단점이다. 1960년대의 경제성장과 반물질주의(antimaterialist) 저항문화(countercultural) 흐름이 우리로 하여금 생산적 고용에 기여한 학교교육의 가치를 과소평가하게 만들었다."(재고찰, pp.14–15)

11. 기타 여러 이론들

교육사회학, 혹은 교육에 대한 사회학적 이론은 상당히 많이 있다. 모든 연구자와 이론들을 다 설명하는 것은 한 학기 강의 분량으로는 넘쳐날 것이다. 다만 몇몇 이론만 추가적으로 살펴보도록 한다.

가. 스크리닝(Screening), 그리고 시그널링(Signaling)

스크리닝과 시그널링은 한국말로 하면 선별(하기)과 신호(보내기)이다. 경제학에서 나온 이 용어는 교육이 인적자본론이 이야기하는 것처럼 능력을 증진시켜주는 것이 아니라 능력이 있는 학생들을 선별하는 기제로서의 역할을 한다는 것이다. 학생들은 상위학교급에 진학해서 본인의 역량이 하위학교급을 졸업한 학생보다 더 뛰어나다는 신호를 고용주에게 보냄으로써 효과적으로 직장을 구할 수가 있으며 그로 인해서 고용주들은 채용에 드는 비용을 절감하고 효과적인 인력배치가 이루어지게 된다. 때문에 개인은 일정정도 교육비라는 재정적 비용이 들긴 하지만, 향후 증가되는 임금으로 인해서 그러한 재정적 비용을 만회하게 된다.

▬ 선별의 긍정성과 부정성

선별효과는 양피지 효과라고도 일컫는데 과거 중세시대에 학위증을 종이가 아니라 양피로 만들었기 때문이다. 스크리닝 이론은 사회학에서 언급되는 학력주의, 영어로는 Credentialism과 유사한 의미를 갖는다. 즉 학위증은 일종의 학벌로서 작동하며 본인의 실제 역량과는 상관이 적다는 것이다. 그럼에도 불구하고 학위증은 마치 마법처럼 큰 상징적 힘으로 작용한다.

세부적으로 보면 복잡한 논의가 이어질 수 있다. 스티글리츠(Stiglitz, 1975)는 교육선별의 강화는 생산성 향상에는 효과가 있지만 임금불평등을 증가시키는 역할을 하게 된다고 언급한다. 우리가 정확한 지점을 실증적으로 입증하는 것이 문제이긴 한데, 일정 시점을 넘어서면 (주로 개인이 교육을 위해 부담하는) 교육비의 추가적 지출은 (임금) 불평등을 증가시키고 전체 국민소득을 감소시킨다고 본다.

특히 선별을 통한 지나치게 높은 수준의 교육 수익률은 개인적 수익률을 높이지만 사회적 수익률을 높이지는 못한다고 언급한다. 중요한 점은 교육 선별 기제가 직업과의 연계성(Matching), 주요하게 위계화가 되어 있는지 여부, 개인이 자신의 능력파악에 관심을 갖고 있는지 등의 여러 가정들 하에서는 일정정도 효과적인 사회적 역할을 하는 것으로 본다. 그리고 교육 선별기제를 축소(혹은 폐지)하는 것은 평등의 증진 없이 단순히 국가 순생산(Net Production)을 낮출 가능성이 있다고 언급한다.

세부적인 가정의 차이는 있지만 선별효과는 사회경제의 정보의 비대칭성 문제를 해결하는 긍정적 측면이 있다. 이 점에서 교육사회학자들의 학력주의(Credentialism)와 시각차이가 존재한다. 콜린스를 비롯한 여러 교육사회학자들은 학력주의를 교육불평등을 강화하고 사회갈등을 유발하는 부정적 측면에서 주로 바라본다. 물론 스티글리츠 (1975)도 선별로 인해서 개인 간 임금격차는 증가할 수는 있으며 (교육비부담 증가로 인해서) 사회적 순 경제생산량이 감소할 수도 있다고 본다.

선별기능이론은 경제학에서 쓰는 표현이기 때문에 앞에서 경제학자들의 교육에 관한 이론들에 포함시켜도 좋았을 것 같다. 그러나 선별기능에 대한 논의는 다음 장에서 소개하는 능력주의(Meritocracy)라는 용어를 만들어낸 Young(1958)이라든가 그리고 신호(Signaling)에 대한 논의를 한 Spence(1973), 필터(Filter)라는 표현을 사용한 Arrow(1973) 등 여러 학자들이 논의를 해왔고 사회학적 이론과도 유사해서 여기에서 설명하였다.

실증적인 측면에서는 선별기능에 대한 명확한 데이터 검증은 쉽지 않다. 예를 들어 지나친 교육기관의 선별(서열화)은 국민총생산에는 부정적일 수 있다고 보는데, 한국의 경우 대학교육의 서열화가 매우 심한 상황이다. 그런데 그동안 한국의 경제성장이

다른 국가들에 비해서 특별히 뒤처지거나 하지 않았다. 그렇다면 선별이론은 현실에 부합하지 않는다고 할 수 있다. 경제총생산에 영향을 주는 요소들이 워낙 많아서 다른 요소들을 다 통제해보니 한국경제가 더 발전할 수 있었는데 대학의 지나친 서열화가 경제성장율의 증가분을 감소시키는 영향을 주었는지에 대한 연구가 진행되면 좋겠지만, 이러한 정밀한 분석과 검증을 수행하기에는 어려움이 있다. 일단 직관적으로 생각해보면 지나친 대학서열화와 같은 선별이 계층 간 분화를 가속화시키는 면이 있음을 누구나 인정하겠지만 경제성장에 해를 끼쳤는지는 별도의 연구가 필요하다.

■ 대학 진학률, 블라인드 채용과 선발

대학서열은 고려하지 않고 일단 학교급만 보면 고등학교까지는 의무교육인 경우가 많기 때문에 고등학교 이후부터 교육제도가 일종의 선별역할을 하는 것으로 볼 수 있다. 물론 고등학교가 인문계열과 직업계열로 구분되어 있기 때문에 엄밀하게 보면 고등학교 입학단계에서도 선별이 이루어지는 것으로도 볼 수 있다. 그러나 일단 진학률의 기준으로 놓고 보도록 하자. 많은 국가들에서는 대학입학시험을 보고 일부 학생들이 대학에 진학한다. 한국은 대학진학률이 매우 높은 국가로서 예외적인 경우로 볼 수 있다. 일본은 최근 대학진학률이 50%대로 증가했지만, 유럽은 30~40%대에 머문다. 입학률을 기준으로 보면 선별이 대학진학단계에서 이루어지는 것으로 볼 수 있다.

그리고 많은 국가들의 대학들은 서열화가 되어 있는데 이러한 대학서열화도 일종의 선별기능을 하는 것으로 해석될 수가 있다(독일이랑 몇몇 국가들은 예외이긴 하나 이들 대학도 특성화 상황에서 전공별로 일부 서열은 존재한다). 지나친 서열화는 임금격차를 증가시키는 데, 이는 역으로 임금격차가 심해서 서열화가 증가된 것인지도 모른다. 현재 존재하는 대학서열은 균형일 수도 있다. 김진영(2006)은 한국의 대학서열화 상황이 "수요자인 학생－학부모와 공급자인 대학의 행위의 결과로 빚어진 균형 상태로 해석할 수도 있다"고 언급하고 있다.

최근 정부에서는 공공기관 등에서 블라인드 채용정책을 권고하고 있다. 대학명(혹은 대학서열)을 기준으로 한 스크리닝으로 인해서 학생들의 참된 역량을 판단하는 데 편향이 발생하기 때문에 시행하는 것이다. 일종의 학벌주의 문제, 출신대학 차별 문제 해결을 위한 것이다. 블라인드란 말 그대로 안보이게 가리는 것인데, 최근 민간기업 인사

담당자 409명 대상 설명조사결과 13.4%의 응답자가 해당 기업에서 전체 블라인드 채용을 진행한다고 응답하였다. 블라인드 채용을 한다는 응답자에 의하면 출신대학명(83.7%), 출신지역(76&), 가족사항(67.4%), 심지어 학점(65.1%)을 지원자의 이력서에 기입하지 않게 하는 것으로 나타났다.[17] 2022년도 기준으로 대부분의 공공기관은 블라인드 채용을 하고 있다. 이는 고등교육기관의 선별기능을 확 줄이는 것인데, 기업 입장에서는 업무역량을 잘 파악하기 위해서 면접 등을 강화해야 하기 때문에 채용비용이 증가하게 될 것으로 예측해볼 수 있다.

최근에는 학생부종합전형의 불공정 문제가 이슈가 되어서 대학에서 학종으로 학생을 선발할 때 해당 학생의 이름과 더불어 출신고등학교 명 등을 보지 않고 평가하게 되어 있다. 학생선발도 일종의 스크리닝, 선별을 하는 것인데 고교명 등의 블라인드를 통해서 선별을 위해서 사용될 정보를 제한하고 있는 것이다. 이는 고등학교가 일정정도 서열이 존재하는 상황임을 의미하기도 한다. 대학입학사정관들이 서열화된 고등학교의 고교명을 보고 가중치를 주어서 선발하지 못하도록 한 것이다.[18] 이러한 정부에서 추진하는 블라인드 채용이나 입학심사의 긍정적 측면과 부정적 측면에 대해서 수업시간에 한번 토론해보면 좋을 듯싶다.

나. 라바리(Labaree)의 교육의 세 목적

라바리(Labaree)는 필자가 개인적으로 좋아하는 교수이다(만나본 적은 없고 논문의 내용을 좋아한다). 미시간 주립대에 교수로 오랫동안 근무하다가 2003년경부터 현재까지는 스탠포드대 교수로 재직 중이다. 역사적 시각을 가지고 교육연구를 하는 교육사회학자인데 다행스럽게 본인의 많은 논문들을 스탠포드 대학 홈페이지에서 다운로드 받을 수 있도록 올려두었다.[19] 지식 공유를 하고 있는 것이다. 그리고 최근에 한국에서 라바리(2004)의 저서가 교사교육의 딜레마(유성상 외 번역, 박영스토리)라는 제목으로 번역되어 출간되었다. 이 책 중간에도 라바리의 교육의 세 목적이 언급되긴 하는데 책의 주요 내

---

17 파이낸셜 뉴스. 2022년 8월 2일자 기사. https://www.fnnews.com/news/202208021042481748

18 필자는 2010년도 이후 12년 넘게 교수입학사정관으로 지원학생들의 서류평가와 면접평가를 하고 있어서 학종의 속사정과 심각한 문제점을 어느 정도 알고는 있다.

19 https://dlabaree.people.stanford.edu/selected−papers

용이 사범대학의 문제를 다루는 것이기 때문에 매우 간략하게 언급된다(이 책의 원래 제목은 "The Trouble with Ed School"이다. 직역하면 "사범대학이 안고 있는 문제"이다). 라바리의 논문 중 교육의 목적에 대한 연구는 한 번 살펴볼 필요가 있을 것으로 보인다. 라바리(1997)는 교육의 목적들 간의 갈등 혹은 투쟁의 결과가 현재의 교육체제를 형성시켰다고 보고 있다.

■ 민주적 형평성, 사회적 효율성, 사회이동성

라바리(1997)가 제시한 교육의 세 목적들을 간단하게 표로 요약하면 〈표 4-5〉와 같다. 민주적 형평성은 민주시민사회의 구현이 교육의 목적이라는 전통적인 공교육에 대한 시각에 근거하고 있다. 앞에서 칸트나, 듀이 등의 연구자들의 입장을 살펴볼 때 언급되었던 교육의 목적임을 알 수 있다. 학교교육은 공공재이며 학생들이 향후 사회에 참여하여 사회 발전을 위한 한 구성원으로서의 정치적(민주적) 역할을 준비시키는 것이다. 일종의 시민의 정치학으로 라바리(1997)는 논의하고 있다.

사회적 효율성은 학교교육을 통해서 향후 경제활동에서 필요로 하는 역량을 키우는 것이 교육의 주요 목적임을 의미한다. 여전히 교육은 공공재인데 만약 사적 재화처럼 개인이 별도로 교육을 받는 것은 학교교육에서 허용되지 않기 때문이다. 이러한 목적이 제기되는 것은 학교교육에 대한 기업, 혹은 경제계의 입장을 반영하는 것이다. 그리고 자신의 세금이 경제적으로 효율적으로 사용되기를 바라는 납세자의 시각도 반영된 것으로 본다. 그리고 앞에서 본 인적자본론의 정치학이라고 표현한다.

●● 표 4-5 교육의 세 목적

구분	목적	성격	역할	정치적 입장
민주적 형평성 (Democratic Equality)	-민주시민 육성 -사회형평성 구현	공공재	교육은 시민의 정치적 역할 준비	시민의 입장(시민정치학)
사회적 효율성 (Social Efficiency)	-경제활동 역량 증진 -전체 사회의 경제적 발전	공공재	교육은 시민의 경제적 역할 준비	고용주(기업가)와 납세자의 입장(인적자본론의 정치학)
사회이동성 (Social Mobility)	-상위(바람직한) 사회지위를 획득하기 위한 재화(일종의 지위재)	사적재화	교육은 개인적 소비자의 재화	교육소비자의 입장 (개인적 기회의 정치학)

주: 라바리(1997)의 내용을 필자가 표로 정리함

사회이동성은 학교교육을 공공재로 보지 않는다. 교육의 목적을 학교교육을 더 많이 받고 사회적으로 더 높은 지위에 도달하기 위한 사적 재화로 바라보는 것이다. 그래서 교육은 민주시민을 양성하는 정치적 역할이나, 경제발전을 위해 역량을 쌓는 역할보다는 개인이 지위상승을 위해서 소비하는 일종의 소비재로 본다. 이는 교육소비자의 입장이며 개인적 기회(Individual Opportunity)의 정치학이라고 언급한다.

■ 세 교육목적이 강조하는 교육

그렇다면 이 세 개의 다른 교육목적은 어떤 교육을 강조하는가. 민주적 형평성은 세계시민교육 강조할 것이며 협소화된 직업교육보다 인문교육 강조할 것이다. 그리고 학생들에 대한 동일한 취급과 동일한 교육기회 접근을 강조하기 때문에 공통교과 강조, 중도탈락률 감소를 위한 교육기준 적정화, 비교과활동 증진, 종합고등학교 추진, 통합교육, 교육기회의 평등을 위해 고등학교로의 의무교육단계 상향 등의 정책이 이러한 목적에 의해서 추진되었다고 볼 수 있다.

사회적 효율성의 목적을 강조하는 교육제도에는 어떤 것들이 있는가. 사회적 효율성을 구현하기 위해서 직업시장의 구조에 맞춰 분화된 교육제공이 이루어져 왔다. 직업계 고등학교, 그리고 고등교육에서의 직업교육의 강조 등 직업주의(Vocationalism) 강화와 교육의 층화(Stratification) 현상은 이러한 사회적 효율성을 구현하기 위해서 추진된 것이다. 대학서열화도 직업적 측면에서 노동시장에 더 효율적으로 배치하기 위해서 생긴 현상이다. 그런데 이러한 서열화나 교육의 층화는 사회적 효율성의 입장에서는 모두 사회경제발전을 위한 효과적인 방안이기 때문에 부정적으로 보지 않는다. 학생들이 층화된 교육체계 내에서 경제활동을 위한 훈련과 교육을 받아서 인적자본을 향상시킨다고 본다. 이런 점에서 교육을 공공재로 보는 것이다. 실제 앞에서 논의한 경제학의 인적자본론을 주창한 슐츠도 공공투자를 강조하고 있음을 알 수 있다.

만약 교육을 사적 재화로 취급하고 개인에게 직업교육을 위한 준비를 개별적으로 맡기게 되면 다른 사람들은 열심히 사적 비용으로 교육을 받고 취업을 해서 경제성장에 기여하게 되는데 그렇지 않은 사람들은 무임승차를 하게 되는 문제가 발생하게 된다. 기업자 입장에서는 정부의 재원으로 교육훈련을 시켜서 노동시장에 진출시키는 것도 필요한데 기업에서 일일이 모두 중등 교육훈련을 시키기엔 비용이 너무 많이 든다.

정부의 역할은 학교교육을 통해서 예비 노동자를 잘 교육시키고 기업에 진출시켜서 전체 경제발전을 효율적으로 이끌어 내는 것이다.

　　마지막으로 사회이동성의 경우 교육소비자로서의 개인의 요구에 초점을 맞춘다. 그래서 사회이동성의 목적에 따르면 학부모들은 교육기회의 형평성을 원하는 것이 아니다. 가능하다면 다른 자녀들보다 자신의 자녀들이 더 나은 교육을 받기를 원한다. 특히 교육의 사회적 효용이 더 계층화되고 분화되었을 때는 이러한 개인의 요구가 강화된다. 따라서 사회이동성에 대한 사적 시각을 강조하며 교육이 서열화되어 있는 것을 선호한다.

　　그에 따라서 사회이동성 목적과 사회효율성의 목적, 두 목적이 결합되게 되면 서열화나 교육의 층화 현상이 더 강화된다. 이는 콜린스 등 갈등주의 시각을 갖고 있는 교육학자들의 주장임을 알 수 있다. 교육이 이렇게 지위상승 수단으로 강화되면서 교육 인플레이션, 혹은 학력 인플레이션이 발생했다고 본다. 콜린스(1979)는 다음과 같이 이야기한다.

　　교육이 더 제공됨에 따라 하위계층 자녀들이 교육을 더 많이 받게 되자 그에 비례해서 상류층 자녀들은 학교교육기간을 증가시켜왔다. 사회계층에 따른 상대적 교육수준의 비율은 지난 50여 년간 그리고 앞으로도 유사한 비율로 남아 있을 것이다(콜린스, 1979; 라바리, 1997에서 재인용).

　　예를 들면 과거에 초등교육만 보편화되었을 때에는 상위계층의 자녀들은 고등학교만 졸업해도 그들의 경제적 지위를 유지시킬 수 있었다. 그런데 정부가 첫 번째에 제시한 민주주의적 형평성 목적을 구현하기 위해서 초등교육과 더불어 중등교육을 보편화시켜왔다. 그러면 그에 비례해서 상위계층은 자신의 자녀들을 대학교육까지 시킨다는 것이다. 만약 대학교육마저 보편화된다면 상위계층은 대학원(석박사) 교육으로 자신의 자녀의 교육기한을 증가시킴으로써 사회적 지위를 유지, 상승시킬 것이다. 만약 정부가 석박사과정을 보편화시킨다면, 그 이후엔 상위계층이 어떻게 나올 것인가.

　　일단 사회이동성 목적 위주로 교육을 바라보는 교육소비자(학부모)는 각 단계의 교육기간 사이에서의 층화도 요구할 것이며, 교육기관 내에서의 프로그램에 대한 층화도 요구할 것이다. 하위계층보다 상위계층의 서열화에 대한 요구가 더 높다. 따라서 상위계층은 예를 들면 대학 서열화를 더 요구할 것이며, 상위권 대학의 서열이 더욱 세부적으로 이루어지길 바라게 된다고 본다. 라바리는 마르크스가 언급한 사용가치와 교환가치를 여기에서도 인용한다. 사회이동성의 목적에 대한 추구는 교육을 교환가치의 측면에서만 바라보게 된다. 앞의 두 목적 – 민주적 형평성, 사회효율성 – 은 교육의 사용가치(민주적 시민양성, 생산적인 인력 양성)에 초점에 두지만 사회이동성은 그러한 사용가치보다는 사회지위계층을 높이기 위한 교환적 가치, 학벌이라는 상징적인 자격증 취득이 주요 목적이 된다. 그러면 교육은 부실해도 상관없다. 계층이동을 위한 더 높은 학력이 필요할 뿐인 것이다.[20]

■ 간략한 적용과 논의

라바리의 교육의 세 목적은 한국의 사례에 적용해서 분석하는 프레임으로 사용해 볼 수 있다. 과거 2014년도 박근혜 정부의 교육슬로건은 "꿈과 끼를 키우는 행복한 학교, 창조적 인재를 기르는 질 높은 대학, 도전하는 사람이 성공하는 능력중심의 사회, 희망을 이룰 수 있는 열린 기회의 나라"였다.[21] 이 슬로건에서 꿈과 끼는 민주적 시민양성이라는 꿈과 끼일까? 아니다. 주로 직업교육에 목적을 두는 정책을 의미한다. 첫번째 슬로건은 사회적 효율성을 강조하는 경향에 가깝다고 볼 수 있다. 박근혜 정부에서 중점적으로 추진된 교육정책 중 하나는 자유학기제였다. 자유학기제는 민주시민을 양성하기 위한 학기라기보다는 다양한 체험을 통해서 자신의 적성에 맞는 직업을 찾아가기 위한 교육기간로서의 의미가 강하다. 얼핏 '자유'학기제라는 표현으로 인해서 민주주의적 의미를 담고 있다는 오해를 할 수는 있지만 취지는 직업 찾기로서 사회적 효율성을 구현하기 위한 정책이다.

이 책을 쓰는 와중에 과거가 되어 버린 문재인 정부의 교육슬로건 중에는 "우리 모두의 아이들입니다"가 있었다. 퍼트남의 우리아이들 책 제목을 벤치마킹한 것 같은

---

20 그런데 사회이동성은 저소득층의 경우에도 중요한 교육의 목적이다. 개천에서 용이 나는 교육체제를 만들어야 한다는 정부의 주장도 한국에서는 많이 들린다. 이러한 점을 놓고 보면 라바리의 사회이동성 목적은 학교교육을 공공재적으로 바라보고 하위계층의 상위계층으로의 이동을 위한 목적도 포함시켜야 하지 않을까 하는 생각이 든다. 물론 성격을 꼼꼼히 따지면 사적 재화로 보는 시각이 지배적이고 개인적 소비자의 입장이 틀린 것은 아니다. 다만 너무 상위계층의 지위유지수단으로만 해석하는 경향이 있다.

21 교육부(2014). 모두가 행복한 교육, 미래를 여는 창의 인재. 2014년도 교육부 업무보고 보도자료.

느낌이 드는데 민주시민교육을 강조하며 우리 모두의 아이를 위한 교육, 즉 공동체와 형평성을 강조함을 알 수 있다. 2021년도 교육부 업무계획 보고서의 제목의 첫 줄은 "함께 성장하는 포용사회"이다.22 역시 민주주의와 형평성을 내포하는 문장이다. 문재인 정부의 주요 교육정책이 무엇이었는지를 돌이켜보면, 민주시민교육, 세계시민교육이란 단어가 많이 강조된 것으로 기억한다. 그리고 자사고와 외고 폐지 정책이 추진되었는데, 이는 교육층화를 완화시키기 위환 정책임을 알 수 있다. 따라서 첫 번째 교육의 목적(민주적 형평성)을 실현하기 위한 정책들이 주로 추진되었다고 볼 수 있다.23

라바리는 이러한 교육의 목적을 둘러싼 갈등과 투쟁이 해당 사회(혹은 국가)의 교육체제의 현재 모습을 만들었다고 본다. 너무나 당연한 내용 같은데, 당연하다는 생각이 강해질수록 현실 정치경제 속에서 교육을 바라봐야 하고 이러한 치열한 인간사회(그리고 교육현장)의 투쟁의 모습 속에서 교사들이 겪어야 할 어려움이 많을 것이라는 생각을 하게 된다. 흔히 말하는 '멘탈'을 강하게 가지는 교사가 되라는 시사점을 주는 라바리의 교육의 목적에 대한 논문 소개는 여기까지 하면 될 듯하다.

다. 알튀세르: 학교-이데올로기적 국가기구

간혹 교육사회학에서 알튀세르(Althusser)의 이론이 언급되기도 한다. 비판 커뮤니케이션 연구에서 과거에 인용된 이론인데, 이데올로기적 국가기구(Ideological State Apparatuses, ISAs)와 억압적 국가 기구(Repressive State Apparatues, RSAs)로 국가기구를 구분할 수 있다고 본다.24 일단 억압적 국가기구는 정부조직을 의미한다. 행정부, 경찰, 군대, 경찰, 법원, 감옥 등등인데 이들 기구들은 모두 어떻게 보면 하나의 국가/정부 기구로도 볼 수 있다.

알튀세르가 제시한 이데올로기적 국가 기구는 종교기구, 교육체제, 가족, 법률기구

---

22 교육부(2021). 함께 성장하는 포용사회, 내일을 열어가는 미래교육. 2021년도 교육부 업무계획.

23 세부적으로 들어다보면 직업교육도 강조되고 있다. 일단 주요 흐름이 민주주의적 형평성이라는 의미이다. 참고로 해당 2021년도 교육부 업무보고 제목의 두 번째 줄은 내일을 열어가는 미래교육이다. 이는 사회적 효율성의 시각이 내포된 것이 아닌가 싶다. 따라서 세밀하게 정책을 모두 일일이 뜯어서 분석하면 라바리가 제시한 교육의 세 목적이 뒤엉켜있음을 알게 될 것이다. 어느 정부나 세 교육의 목적이 뒤엉켜 있는 것은 마찬가지이다.

24 이하 내용은 다음 글 참조. Louis Althusser(1972), "Ideology and ideological state apparatuses (Notes towards an investigation)." In Lenin and Philosophy and Other Essays.

(억압적 기구로도 구분), 정치적 체제(정당), 노동조합기구, 언론기구(신문사, 방송국), 문화단체 등이 포함된다. 그런데 뭔가 이상할 것이다. 국가기구인데 왜 가족(Family)과 교회, 언론사 등이 포함되는가? 물론 언론사 중에서 국영방송국이 있을 수도 있다. 그리고 공립학교의 경우도 국가기구이기 때문에 일부 이데올로기적 국가 기구는 '국가' 기구처럼 볼 수 있다. 그런데 알튀세르는 이데올로기적 국가가구는 민간 영역에 주로 위치해있다고 언급한다(p.80). 그리고 그는 민간 영역, 혹은 사적 영역이냐 공적영역이냐를 구분하는 것은 중요하지 않다고 언급한다. 중요한 것은 기능이다.

　　필자가 알튀세르의 글을 읽었을 때 들었던 생각은 '이론을 연구하는 연구자들은 개념을 표현하는 어휘를 신중하게 고려해야 하지 않을까?'였다. 이데올로기적 국가 기구가 아니라 이데올로기적 사회 기구로 표현하는 것이 더 낫지 않았을까 싶다. 이들 국가 기구들은 정도의 차이는 있지만 이념과 폭력을 모두 이용하기도 한다고 본다. 예를 들어 가족도 일정정도 폭력적인 측면이 있으며 경찰과 군대는 이념적 측면, 이념을 이용하는 기능이 있다.

　　그런데 이 이론은 너무나도 국가기구와 사회기구의 역할에 대한 단순화한 개념이 아닌가 싶기도 하다. 알튀세르의 주요 주장에 의하면 공교육은 정부가 국민들을 이데올로기적으로 통제하기 위한 기구라는 것이다. 과거 일제 강점기 때의 황국신민교육이나 군사독재정부가 학교교육을 통해서 행했던 만행(!)들을 교육사 시간에 배웠다면 나름 알튀세르의 이론이 옳(았)다고 생각할 수 있다. 지금은 어떨까? 다음 [사례 4-1]의 경향신문에서 보도된 이 기사를 보면 너무 편협된 생각일 수도 있겠지만, 알튀세르의 주장대로 뭔가 이데올로기적인 기구로서 교육부가 움직이는 것은 아닌가 하는 생각도 든다.

사례 4-1　교육부의 조직 체제 개편 ● ● ● ● ● ● ● ● ● ● ● ● ● ● ● ●

　문재인 정부 때 신설돼 인권교육, 환경·생태교육 등의 업무를 담당하던 '민주시민교육과'가 교육부 조직도에서 사라진다. 조직개편을 앞둔 교육부가 '문재인 정부 색깔 지우기'를 시작한 것으로 풀이된다.
　9월 2일 교육부가 입법예고한 '교육부와 그 소속기관 직제 시행규칙' 개정안에 따르면 학교혁신지원실 학교혁신정책관 산하의 민주시민교육과가 체육예술교육지원팀과 통합돼 '인성체육예술교육과'로 바뀐다. 전 정부가 강조했던 '민주시민교육'을 부서 명칭에서 빼고 박근혜 정부가 강조했던 '인성교육'으로 회귀한 것이다.
　기존 민주시민교육과는 인성교육과 민주시민교육, 평화통일교육, 인권교육, 환경생태교육, 미디어교육,

학생자치활동 등의 업무를 담당했다. 다만 기존 민주시민교육과 업무를 없애는 것은 아니라고 교육부는 설명했다.

[출처] 경향신문(2022년 9월 2일). 민주시민 대신 인성교육

12. 도대체 이러한 이론들이 왜 중요한가?

향후 교사가 될 "예비"교사와 수업하면 필자가 강의하는 내용이 도대체 학교 현장에서 어떤 '사용가치'가 있을까 하는 생각을 해본다. 마르크스의 표현을 빌려서 라바리(1997)가 언급한 대로 교환가치, 즉 대학졸업장을 취득하기 위해서 이수해야 할 수업에 머무르고 있는 것이 아닌가 하는 생각이 들기도 한다.

사용가치와 교환가치가 분리되면 소외현상이 발생하게 된다. 사용가치와 교환가치가 연동되고 분리되지 않으면 교수로서의 학생을 가르치는 보람이 더 들 것이고 소외감을 느끼지 않게 될 것이다. 그래서 소외감을 느끼지 않도록 교육사회학의 사용가치에 대해서 고민해보게 된다. 그리고 마르크스가 말한 또 하나의 멋진 글도 있다.

"이제까지 철학자들은 단지 세계를 다양하게 해석해 왔을 뿐이다. 그러나 문제는 세계를 변혁하는 데 있다."(포이에르바하의 테제 11)

그런데 아이러니라고 해야 할까? 교육을 변혁시키는 데 있어서 갈등주의 시각의 교육사회학 이론들은 기능주의 이론들과 연구들에 비하면 상대적으로 힘을 발휘하지 못하고 있는 듯하다. 계층갈등 문제 등을 해석하고 있는 것에 머무르고 있는 경우가 많다. 오히려 현실에서는 기능주의적 시각에 따라서 고등학교 단계에서는 보편적인 직업교육을 전 세계적으로 모든 국가가 시행하고 있다. 대학교육도 다양한 사회적 수요에 따라서 변화발전하면서 국민들의 교육열과 교육요구를 수용하는 기능을 하고 있다. 전문대학과 고등교육의 다양한 전공은 취업 시 전공불일치의 논쟁이 있지만 상당정도 사회직업 배치기능을 하고 있다.

특히나 경제학의 교육에 관한 이론들은 엄청난 힘을 발휘해서 학교선택권이 강화

되어 한국의 경우 고교선지원 후추첨제도가 시행되고 있으며 미국에서는 차터스쿨 바우처 등의 여러 개혁안들이 시행되고 있다. 따라서 현실을 보면 기능주의 시각이 교육현실에 영향을 더 많이 미치고 있다.

학교 현장에서 교사와 학교의 사회적 역할은 무엇이 되어야 할 것인가? 어려운 주제이지만 학교교육에서 국기에 대한 맹세 등의 조례를 하는 것이 필요할지를 고민해보자. 그를 통한 사회통합기능을 우리는 성실히 이행해야 하는 것인지, 아니면 학생들을 사회 문제를 인식하고 변화시키기 위한 창의성을 가진 인재로 양성해야 하는 것이 더 중요한 것인지 등에 대해서 지금까지 언급한 교육사회학의 이론들이 일정정도 예비교사에게 시사하는 바가 있기를 바라는 마음이다.

대략 보면 알 수 있을지 모르겠지만, 제3~4강좌에서 나열된 이론들의 초반부는 기능주의적 시각이 담긴 이론들이었다. 후반부로 가면 강도가 세진(더 Radical 해지는) 갈등주의 이론들이 소개되었다. 다음으로는 정의로운 교육체제에 대한 철학적 입장과 도덕심리학 연구를 소개하고자 한다. 교육'사회학'에서 왜 '철학(?)', '심리학(?)'을 소개하지? 하는 생각이 들겠지만, 이상적인(본 교육사회학 강의에서는 공정하고 정의로운) 교육체제의 상을 그리기 위한 사고의 연습차원이라고 생각하자. 그리고 그러한 이상적인 교육을 가로막고 있는 교육격차, 교육불평등 문제를 해결해야 할 방향에 대해서 개념적으로 연관되는 내용이다.

그래서 다음 강의의 제2부는 정의로운 교육체제, 그리고 그를 가로막고 있는 교육격차의 현실 문제, 그리고 해결하기 위한 적극적 조치를 살펴보는 내용으로 구성하였다.

PART

02

정의로운 교육체제, 현실 진단, 그리고 적극적 조치

Lesson 05

공정하고 정의로운 교육체제

공정성에 대한 논의가 한국사회에서 많이 이루어지고 있다. 과거 인천국제공항 비정규직의 정규직화 논의에서 공정성에 대한 문제제기가 있었으며, 평창 동계올림픽 때 남북한 단일 대표팀 구성에 대해서도 공정성에 대한 문제가 있었다. 한편 교육에서는 대학입시와 관련해서 학생부종합전형을 둘러싸고 공정성 논란이 있었다. 과연 공정하고 정의로운 교육체제나 교육제도는 어떤 것일까? 이에 대한 논의는 교육사회학의 중요한 관심사 중의 하나가 될 것이다.

이 장에서는 먼저 누구나 다 아는 철학자인 아리스토텔레스의 논의를 살펴보고자 한다. 워낙 유명한 철학자이며 공정성에 대한 나름 구체적인 언급을 하고 있는데 현대 사회에서도 상당히 통용된다고 볼 수 있는 공정성에 대한 내용임을 알 수 있다.

두 번째로는 Meritocracy에 대해서 살펴보도록 한다. 실력주의, 능력주의, 업적주의 등으로 번역되는 이 단어는 공정성에 대한 논의에서 등장한다. 그런데 이 단어들을 사용할 때 뭔가 어감이 다르다. 좋은 의미도 있으나 부정적 의미로도 사용되는 이 메리토크라시라는 단어의 맥락적 의미에 대해서도 공정성에 대한 이해를 위해서 한 번 살펴볼 필요가 있어서 간략히 소개한다.

세 번째로는 칸트 이후 현대 철학계에서 가장 널리 알려진 정의론에 대한 철학적 연구를 수행한 롤즈(John Rawls)의 정의론을 살펴보도록 한다. 롤즈의 정의론은 현대 복지국가의 철학적 근거를 제시해주고 있는데 사실 교육체제에 대한 구체적인 언급은 하고 있지 않다(목광수, 2021). 그러나 정의의 원칙과 사고의 틀을 제시해주고 있기 때문에 정의로운 교육체제에 대한 고민을 위해서는 관련 내용을 학부생들이 한 번은 공부해볼 필요가 있다. 참고로 마이클 샌델의 정의란 무엇인가 책에서 롤즈의 정의론 챕터를 읽어보기를 학생들에게 추천한다.

마지막으로 이 장에서는 하이트(Jonathan Haidt)의 도덕심리학에 대해서 소개를 하고자 한다. 아리스토텔레스는 현대 철학에도 많은 영향을 주고 있는데, 아리스토텔레스가 언급한 공정성이라는 도덕의식은 하이트의 도덕심리학에 의하면 평등성과 분리된 독립적인(exclusive, 혹은 independent) 영역으로 인간의 도덕심리에 자리잡고 있다. 하이트의 도덕심리학 이론은 공정한 교육체제의 논의에서 고려해야 할 시사점을 주고 있다. 예를 들어 하이트(2012)의 연구에 의하면 학생부종합전형이 불공정한 입시제도이기 때문에 '공정한' 대입제도를 국민들이 특히 20~30세대들이 요구하고 있는데, 정부에서는 학종이 저소득층에게 유리하다고 '평등성(혹은 배려)'에 대해서 이야기하는 것은 '동문서답'을 하는 것과 같다. 공정성(비례)과 평등성(배려)의 두 단어는 다른 심리영역이고 다른 개념이기 때문이다. 공정성(Fairness)에 대한 이론들을 살펴보고 현대사회의 교육체제에 주는 시사점을 같이 고민해보도록 한다.[1]

1. 아리스토텔레스의 공정성 개념: 비례적인 것

아리스토텔레스는 윤리학 정치학 등의 저서로 현대까지 철학의 근원적 사고에 많은 영향을 준 철학자이다. 아리스토텔레스의 정의에 관한 논의는 공정성에 대한 비례성의 원칙에 근거하여 제시되고 있다(샌델, 2005; 김회용, 2011; 양성관, 2019). 아리스토텔레스의 정의의 내용은 니코마코스 윤리학의 제5권, 그리고 정치학에서 주로 논의되고 있다. 관련된 아리스토텔레스의 언급을 살펴보면 다음과 같다.

"당사자들이 동등함에도 동등하지 않은 몫을, 혹은 동등하지 않은 사람들이 동등한 몫을 분배받아 갖게 되면, 바로 거기서 싸움과 불평이 생겨난다 … (중략) … 이것은

---

[1] 이 챕터의 이하 내용은 조세재정연구원의 대학입시제도 관련 쟁점연구 보고서(2020)에서 필자가 집필한 내용의 일부를 상당부분 수정보완하여 본 장에 맞게 정리하였다.

가치(공적)에 따라 분배해야 한다는 생각을 중심으로 고려해 보더라도 분명하다. 분배에 있어 정의로운 것은 어떤 가치에 따라 이루어져야 한다는 것에 대해서는 모든 사람이 동의하지만, 그럼에도 모든 사람이 동일한 것을 가치로 주장하는 것은 아니다 … (중략) … 그러므로 정의로운 것은 일종의 비례적인 것이다."(윤리학, p.169)

아리스토텔레스의 윤리학에서 언급된 위의 내용을 보면 단순하게 동일하게 사회 경제적으로 취급받는 것을 사람들은 공정하다고 여기지 않는다. 당사자들이 만약 동일하게 기여를 했을 경우, 즉 동일하게 공적을 이루었을 경우 동일하게 대우를 받아야 하고 그에 따른 분배가 이루어져야 한다. 다른 사람들보다 더 우수한 가치를 이루어냈을 때에는 그에 상응하는 더 높은 지원 혹은 배분이 이루어져야 함을 사람들은 정의로운 분배로 본다는 것이다. 따라서 정의로움이란 비례적인 것, 즉 사람들이 이룬 '업적'과 '기여'에 '비례'해서 대우 받는 것을 의미한다.

다음에서 언급되는 내용 역시 같은 맥락이다. 기여한 정도, 실제로 합당한 비례에 의해서 배분이 이루어지는 것이 정의로운 분배이다.

"**공동의 것에 대한 분배와 관련된 정의**는 항상 앞서 언급했던 비례에 따르니까. 공동의 재산으로부터 분배가 생겨난 경우에도 처음에 **기여**했던 것이 서로 간에 갖는 비율과 동일한 비율에 따라 나뉠 것이기 때문이다."(윤리학, p.171)

이러한 분배에 대한 아리스토텔레스의 논의는 결과적으로 불평등한 분배가 불평등이 아닐 수도 있으며 정의로운 것일 수 있음을 의미한다. 즉 모든 사람들을 동일하게 대우하는 것이 오히려 정의롭지 않은 것이며 차이가 나는 사람들이 차이에 따른 배분이 이루어질 수 있다. 현실 속에서는 차이가 존재할 수도 있으며 그것이 정의로운 체제에 반하지 않는다는 것이다.

"정의는 두 가지 요소—사물과 이 사물들이 배정되는 사람들—를 포함하고 있으며, **평등한 사람은 평등하게 사물의 배정을 받아야 한다**고 생각한다."(정치학, p.140) "그들(사람들) 사이에서 **불평등에 비례하여 처우를 받으면 불평등이 아닌 셈이다.**"(정치학, p.218)

"관직과 명예가 어떤 면에서 우월성을 근거로 해서 불평등하게 배분된다고 주장할 수 있다. 이러한 주장에 의해서 서로 **차이가 나는 사람들에게 있어서 그들의 자질에 따라 정의로운 것에 있어서도 차이가 있어야 한다**고 주장할 수 있다."(정치학, p.140)

그렇다면 차이나 불평등이 존재할 때 어떤 기준으로 재화가 배분되어야 공정한 것인지에 대해서 고민해볼 필요가 있다. 인간은 현실에서 능력이나 노력 등 여러 면에서 동일하지 않고 차이가 존재한다. 그렇다면 이러한 다양한 사람들이 존재할 때 재화를 어떠한 기준으로 배정해야 하는가에 대해 아리스토텔레스는 피리의 배분 사례로 설명을 한다. 마이클 샌델의 정의란 무엇인가에서는 이 피리를 누구에게 나누어줄 것이지에 관한 사례는 목적론적 사고로 제시된다(샌델, p.262).

"출신성분이 더 좋은 사람에게 피리를 더 많이 주어야 한다는 원칙 위에서 피리를 배정하지는 않을 것이다. 가문이 좋다고 해서 피리를 더 잘 연주할 리는 없는 것이다. **피리를 더 잘 부는 사람에게 그 도구를 더 잘 공급해 주어야 한다.**"(정치학, p.141)

"아직도 논점이 확실하지 않다면 좀 더 이 논의를 밀고 나가보면 확실하게 될 것이다. 어떤 사람이 피리를 연주하는 데 있어서는 다른 사람보다 월등하지만 출생이나 외모에 있어서 열등하다고 가정해 보자. 가문이나 외모가 피리를 연주하는 능력보다 더 훌륭할 수도 있다. 출생이나 혹은 부와 같은 자질이 우월하다고 하더라도 **기능의 수행**에 있어서는 어떤 것에 **기여**할 수 있어야 한다. 그런데 피리를 연주하는 데 관한 한, 재산이나 출신 같은 것은 아무것도 '기여'할 수 없는 것이다."(정치학, p.141)

위에서 제시된 어떻게 피리를 배분할 것인지에 관한 사례를 보면 공정성 혹은 공정함/정의로움의 기준은 능력과 기여로 볼 수가 있다. 이른바 비례의 원칙은 능력과 기여의 차이에 따른 비례적 배분을 의미한다고 볼 수 있다. 아리스토텔레스는 이러한 비례의 원칙은 누구나 다 동의하는 절대적 정의의 개념으로 언급하고 있다. 평등에는 단순한 수적 평등과 자격에 비례하는 평등이 존재하는데, 사람들은 자격에 비례한 절대적 정의에 쉽게 동의한다고 다음과 같이 언급한다.

> "평등에는 두 가지의 종류가 있다. 첫째는 **수적인 평등**이며, 둘째는 **자격에 비례하는 평등**이다. 수적 평등은 획득하는 물건의 수와 양에 있어서 평등하게 혹은 똑같이 취급받는 것을 의미하며, 자격에 비례하는 평등이란 비례적 평등에 근거하여 처우를 받는 것을 의미한다 … (중략) … 사람들은 **절대적 정의란 자격에 대한 비례**에 있다는 원칙에 쉽게 동의한다."(정치학, p.218)

아리스토텔레스가 말하는 수적 평등은 모든 물건의 가치의 측면에서 질적 차이를 인정하지 않고 단순한 수와 양을 동일시하는 것을 의미한다. 예를 들어 대장장이가 제조한 망치 하나와 농부가 수확한 쌀 한 가마니를 단순한 수적인 측면에서 동일하게 취급하는 것이다. 그러나 이러한 수적 동일성에 근거하여 처우를 받는 것은 절대적인 측면에서 정의로운 것으로 인정되기 어렵다. 사람들은 일반적으로 단순한 양적, 수적 동일성이 아니라 자격에 비례하는 질적 차이에 근거한 비례적 평등에 근거하여 대우받는 것을 정의로움으로 인식한다. 대부분의 경우, 자격과 연관되는 부분에 있어서는 특히 비례의 원칙이 적용되며, 자격이나 능력 등의 비례에 따른 비례적인 대우를 받는 것이 정의로움으로 인식한다.

이러한 아리스토텔레스의 논의는 현대 사회에도 통용되는 공정의 개념이다. 누구나 자신의 기여도나 능력에 따라 정당한 혹은 공정한 대우를 받길 원한다. 그렇다면 아리스토텔레스가 제시한 공정성에 대한 개념에 의하면 공정한 교육제도는 어떠해야 하는가? 예를 들어서 고등교육기회는 어떻게 주어져야 하는가? 능력과 노력, 실질적인 기여도와 그 가능성에 비례해야 한다. 물론 형평성(혹은 평등)에 근거해서 대학에 모든 사람들이 균등하게 입학할 수 있는 자격을 줄 수도 있다. 그러나 그것은 형평성에 근거한 평등한 입학제도나 공정한 입학제도는 아니다. 다른 대입제도인 것이다.

만약 대학입학 기회가 향후 노동시장에서의 성과와 비례한다면, 즉 의대, 법대, 그리고 교육대학교 입학이라는 기회가 자격과 연관되는 것이라면 준비한 자격과 능력에 비례해야 한다. 아리스토텔레스의 공정에 대한 철학적 논의를 정리하면 기본적인 균등한 제공을 강조하는 형평성(Equality)이 아니라 기여와 관련된 자원의 배분에 대한 논의에서 공정성(Fairness)이란 개념이 사용됨을 보여준다. 즉, 공정성은 형평성과는 명확히 다른 별도의 개념이다.

2. 능력주의(Meritocracy)의 양면성

앞에서 언급된 아리스토텔레스의 공정성의 개념을 보면 능력주의적인 시각이 내포되어 있음을 알 수 있다. 즉 동일성과 형평성보다는 능력과 자격에 따른 비례성이 공정성의 핵심 개념임을 보여준다. 그런데 교육학 관련 책들에서 능력주의, 혹은 실력주의를 비판하는 경우를 간혹 보았을 것이다. 능력주의를 둘러싼 서로 다른 생각을 갖고 있는데, 동일한 단어를 다른 함축적 의미로 사용하고 있기 때문이다.

먼저 능력주의의 어원을 살펴볼 필요가 있다. 능력주의는 영어로는 Meritocracy이다. 업적주의, 실력주의라고도 번역하는데 Merit(업적, 실적, 실력, 장점)에 ~cracy(계층)를 붙여서 만든 조합어이다. 이 단어를 조합해서 만든 학자는 영국의 마이클 영(Michael Young)이다.[2] 마이클 영은 영국의 사회학자인데, 그의 책 능력주의의 발흥(The Rise of Meritocracy)이라는 책에서 Meritocracy라는 용어를 만들어서 제시함으로써 사실상 학계에서는 영원히 기억되는 유명한 사회학자가 되었다.[3] 슐츠가 만든 Human Capital이란 용어보다 더 광범위하게 사용되는 유명한 용어로 볼 수 있다.

그런데 메리토크라시(능력주의)가 뭐가 문제인가? 마이클 영의 저서(능력주의의 발흥)에서 언급한 능력주의는 IQ+노력이다. 기존 봉건체제를 대체하여 근대사회에서는 능력주의 사회가 대두된다는 내용으로 시작하는 이 책은 1870년도부터 2033년까지의 미래 사회를 풍자식으로 예측한 일종의 반(半)소설이다.

이 책이 쓰여진 1958년도 이전의 이야기는 대체적으로 사실에 근거하지만 그 이후 시기부터 2033년도까지는 저자의 상상력에 의해서 사회평론을 하듯이 쓰여진 일종의 에세이 같은 소설이다. 책 제목에 있는 Meritocracy, "능력주의"는 현대 사회에서 공정성을 대표하는 용어로서 인용되고 있다. 그러나 사실 능력주의 사회의 도래에 대

---

2 Young, M.(1958). The Rise of Meritocracy. 교육과 평등론: 교육과 능력주의 사회의 발흥. 한준상, 백은숙 옮김. 전예원.
3 학계에서 그렇다. 일반인들은 능력주의 실력주의라는 용어는 알겠지만 마이클 영이 그 단어를 만들었는지는 잘 모를 것이다.

해서 IQ측정 기술의 발전과 우생학의 확산에 따른 가상의 미래사회를 언급함으로써 능력주의 사회의 제반 문제점을 비판하고 있다(Young, 2011; Appiah, 2018).

따라서 능력주의라는 단어는 정확히 보자면 IQ주의(IQism)라고 봐야 한다. 다음은 마이클 영의 저서에서 제시되는 미래에 나타날 능력주의 사회의 (부정적) 모습이다.

"1990년쯤 되자 지능검사 지수가 125 이상인 모든 성인은 능력주의 사회(사회의 상위계층을 의미)에 속하게 되었다. 지능검사 성적이 125 이상인 어린이들 중 대다수는 같은 정도의 지능검사 성적을 가진 부모들이 낳은 자식들이었다. 오늘의 상류층이 미래의 상류계급을 낳을 가능성은 과거 어느 때보다도 더 커졌다."(p.209)

"최근 양자에 대한 수요는 엘리트 집단에 의해 점차로 가중되어 왔다. 엘리트 집단이 자기 집단을 똑똑한 아이로 충원시키기를 원했기 때문이다. 공급은 턱없이 모자랐다. 그리하여 아기 거래 암시장이 무질서하게 늘어났다. 엘리트 가정 출신이지만 지적으로 둔한 아이와 하층계급 출신 중 영리한 어린이가 교환되기 위해 암시장에 보내졌다 … (중략) … 혈통상 높은 지능을 가진 아이를 낳을 것으로 예상되는 하층계급의 임신부에게 눈독을 들이고 있다가 출산 후 아기를 유괴까지 하려 하였다."(p.217)

다소 극단적인 상황이긴 하지만 (정부의 아무런 규제도 없는) 순수 시장체제하에서 발생할 수 있는 능력주의 사회의 부작용/문제점의 사례를 보여주는 이러한 가상의 이야기들이 마이클 영의 저서 후반부에서 제시되고 있다. 마이클 영은 능력주의 사회에서는 능력(IQ)에 따른 임금 차이가 지나치게 확대되고, 이러한 과도한 임금차이가 능력 때문이라는 근거로 당연시 되고 아무런 비판을 받지 못하게 되는 사회가 될 것이라고 예측한다.

더불어 똑똑한 저소득층은 상류층으로 진입하고 멍청한 저소득층만 남아서 저소득층은 그들을 이끌어갈 지도자를 갖지 못하게 되고 노동당은 현실에서 힘을 잃고 자신을 대표하는 정당을 갖지 못하게 된다고 미래를 묘사한다. 그리고 기술자당(혹은 전문직을 대표하는 당, Technician Party)이 등장하여 사회개혁을 혁신적으로 이끌지 못하게 되는 상황, 그리고 계층 내 동질혼이 강화되는 문제, 그에 따라 능력주의 사회에서 성공한 상류층이 없어졌어야 할 연고주의(nepotism)를 이용하거나 자연적 우생학적인 결과

(지능의 유전)로 계급이 고착화되는 신계급사회가 도래할 것으로 예측하고 있다.

아이러니한 사실은 마이클 영이 IQ를 중심으로 하는 우생학적 능력주의 사회에 대한 경고를 위한, 부정적 의미로 사용하기 위해 창출해낸 이 단어가 사람들에게는 IQ+노력이 아니라 말 그대로 Merit+노력의 개념 그대로 받아들여지고 있으며 긍정적 용어로 사용된다는 것이다. 그러나 마이클 영은 제1, 2차 세계대전의 혼동 속에서 미국에서 군입대 장병 모집 시에 지능검사를 활용한 사례를 보고 지능검사를 통한 인간의 능력에 대한 선별체제의 확장과 그로 인한 우생학에 근거한 인류 계층의 고착화의 위험성을 지적한 글을 소설적 형태로 작성한 것이다(Appiah, 2018).

또 한편으로 보면 능력주의에 노력이라는 요소가 포함되고 기존의 봉건주의, 연고주의, 연공서열제도 등에 대한 다음의 비판의 내용(주로 이 책의 전반부에 1958년도 이전의 상황에 대한 서술과정에서 나타남)만 놓고 보면 능력주의만큼 현대 사회를 잘 대표하는 이념이 없으며, 능력주의가 일반인들에게 긍정적인 단어로 사용되는 것이 부당한 것일 수는 없을 것처럼 보인다. 다음은 능력주의라는 단어가 긍정적 의미로 현실에 통용되게 만든 마이클 영의 저서에 언급된 내용들이다.

"1870년대를 근대의 시초로 본다. 공무원 임용에서 마침내 추천제가 폐지되었다. 대신에 경쟁제가 도입되었다. 즉, 훌륭한 직업의 획득과 승진의 기준으로 재능과 업적이 채택되었다. 기업에서부터 나중에는 공공기업에까지 경쟁선발제도가 시행되었다."(pp.41-42)

"민주주의는 출생에 입각한 귀족주의(aristocracy)나 금권주의(plutocracy)를 의미하지는 않는다. 재능을 충실히 반영하는 능력주의이다."(p.43)

"(근대화 이전까지는) 정실주의(nepotism)가 사회의 대부분을 지배하였다. 지위는 재능에 의해 획득되는 것이 아니라 출생신분에 의해서 얻어지는 것이었다. 단지 세습이 있었을 뿐이다."(p.44)

"노인주의/노인지배(gerontocracy) 사회를 반대하는 데 있어서 젊은이들은 그들이 한만큼 성공을 거두었다. 젊은이들은 재능에 기초하여 볼 때 대체로 자신들의 승진에

있어서 더 우선권을 부여받을 자격이 있다고 주장했다. 젊은이들이 옳았다."(p.113)

마이클 영의 저서의 초반부에 제시되는 정실주의 혹은 연고주의(nepotism), 세습주의, 귀족주의(aristocracy), 금권주의(plutocracy), 노인지배/연공서열주의(gerontocracy)에 대한 비판과 능력주의의 중요성에 대한 언급은 많은 이들로 하여금 능력주의가 현대(시장)사회의 공정성을 표현하는 중요한 용어로서 자리잡게 만드는 데 기여했을 것으로 보인다. 실제로 2001년도에 영국의 토니 블레어 수상도 마이클 영이 우생학적 사회를 비판하기 위한 용어로 사용한 Meritocracy를 영국이 지향해야 할 사회적 이념으로 "나는 능력주의(Meritocracy)를 원합니다"라는 연설을 한 바도 있다.[4]

"80년대의 대처리즘이 여전히 우리 주변에 자리잡고 있습니다. 그러나 우리는 그 한계를 여실히 보고 있습니다. 대처리즘은 최상위에 올라간 사람들에게 더 많은 보상을 해주고 있습니다. 그러나 사실, 계층 간 사회적 이동성은 거의 증가하지 않았고, 오히려 약화되었습니다. 기회균등의 땅은 존재하지 않고 있습니다. 영국은 많은 국민들의 많은 재능(talent)을 낭비하고 있습니다. 블레어 2기 정부의 임무는 국민들을 막고 있는 장벽을 허무는 것, 진정한 계층의 상향 이동성을 창출하는 것, 능력(merit)과 모든 이들의 동일한 가치에 따른 개방된 사회를 만드는 것입니다 … (중략) … 경제와 사회를 능력(merit)과 재능(talent)에 개방되도록 해야 합니다. 이는 다원주의적 적자생존의 원칙을 허용하고 그것이 능력주의(Meritocracy)로 보이도록 하는 정부에 의해서는 성취될 수 없습니다. 정부는 공정한 경쟁의 장을 보장하고 모든 이의 잠재성을 펼칠 수 있도록 공적 서비스 창출과 국민에 대한 투자를 해야 합니다."(토니 블레어, 2001).

토니 블레어는 마이클 영이 제시한 능력주의라는 단어를 상반된 의미로 사용하고 있음을 알 수 있다. 마이클 영은 블레어의 연설문에서 보자면 다원주의적 적자 생존과 대처리즘으로 인한 임금격차의 확대 문제를 지적하고 묘사하기 위해 비판적인 의미로

---

4 Blair(2001), I want a meritocracy, not survival of fittest.
   https://www.independent.co.uk/voices/commentators/i−want−a−meritocracy−not−survival−of−the−fittest−5365602.html

능력주의를 창출하였으나, 토니 블레어는 그러한 모습을 능력주의로 보이도록 해서는 안 되며 공정한 기회균등 사회, 많은 사람들의 잠재력과 능력을 이끌어내고 계층이동을 추구하는 사회가 능력주의 사회이며, 그러한 사회로 나아가자고 주장한 것이다.

마이클 영은 2001년도에 영국의 토니 블레어 수상의 "능력주의를 원한다"는 연설에 대한 비판 글을 가디언지에 투고하며 블레어가 자신의 저서를 읽지 않았다는 점과 본인 스스로 자신의 책에 실망했다고 언급한다(Young, 2001). 자신의 책에 스스로 실망한 이유는 기실 자신이 비판하고자 했던 현상을 능력주의라고 서술했지만, 정작 능력주의가 긍정적 의미로 사용되고 있기 때문이다. 특히 능력이 뛰어나서 성공한 사람들이 자신의 성공과 그에 따른 부와 명예를 정당화하고 사회기여를 하지 않아도 된다는 (예를 들어 세금을 왜 많이 내야 하느냐, 내 능력에 따라 벌어들인 소득인데!) 이데올로기적 용어로 사용되고 있는 현실이 그로 하여금 자신의 책에 대한 후회를 가져오게 만들었다.

공정성의 논의에 있어서 능력주의에 대한 등장 배경과 그 개념을 이해하는 것이 중요할 것으로 보인다. 왜냐하면 마이클 영이 고안한 '메리토크라시(Meritocracy)'라는 용어가 현대 사회에서 많은 사람들이(심지어 블레어조차도) 공정성과 유사한 의미로 긍정적으로 사용하는 하나의 통용어가 된 측면이 존재하기 때문이다.

토니 블레어는 공정한 기회균등을 보장하며 모두가 자신의 능력을 발휘하는 사회를 위한 능력주의 사회의 실현을 외쳤으며, 마이클 영은 그러한 능력주의 사회에서는 결과론적으로는 불평등과 계급의 고착화가 이루어지기 때문에 능력주의는 일종의 신화이며 불평등을 야기할 것이라는 비관적인 시각을 표출하고 있다. 토니 블레어도 능력주의라는 단어가 현존하는 시장경제 사회에서의 불평등을 당연시 여기는 이데올로기적 언어로서 승자를 칭송하는 단어로 오용되고 있음을 그의 발언에서도 알 수가 있다.

이후에 살펴볼 존 롤즈의 경우도 본인의 주장(정의의 제1원칙-자유의 원칙-과 기회균등의 원칙, 차등의 원칙)이 능력주의-즉 타고난 능력과 노력에 의해서 시장에서 발생하는 불평등을 옹호하는 입장-로 이어지는 것은 아니라는 점을 강조하기도 할 정도이다. 능력주의(Meritocracy)가 현대 사회에서 매우 강력한 이념적 의미를 가지고 있음을 의미하며 공정한 기회균등과 능력 발휘가 보장되는 사회라는 긍정적 의미로서 통용되는 측면도 있음을 보여주고 있다. 그러나 동시에 능력주의라는 단어는 타고난 능력을 당연시하고 그에 따른 사회적 성공을 당연히 여기고 자신의 업적은 자신의 것이므로 정부가 성공한 사람들의 결과에 과세제도 등으로 사회적 기여를 요구해서는 안 된다는 주장과도 이어지는 문제가 있다.

3. 존 롤즈의 정의론과 공정하고 정의로운 교육체제

존 롤즈는 칸트와 헤겔 이후 현대 철학에서 가장 위대한 철학자로 인용된다. 그의 정의론은 현대 철학에서 가장 포괄적인 정의에 관한 이론으로 공정성과 관련해서 늘 언급되는 이론이다(샌델, 2009). 현대 복지사회, 혹은 사회민주주의 체제의 철학적 바탕을 제공하는 이론으로도 평가되기도 한다.[5] 존 롤즈의 정의론은 공정(Fairness)으로서의 정의(Justice)를 바라보고 있으며, "발달된 현대의 공정한 사회체제에 대한 기본적인 원리"를 제공하고 있는 사회계약설의 전통에 있는 이론이다(샌델, 2009).

간혹 어떤 극단적인 상황에 존 롤즈의 정의론을 적용하면서 이론에 문제가 있다는 지적을 한 경우를 보았는데, 이는 적절한 비판이 아니다. 예를 들어 인류가 다 멸종하고 10명만 남았는데 그 중 노인이 2명, 아이가 2명, 건강한 성인남녀가 6명만 남았을 때 5명만 구조선을 타고 신대륙으로 탈출해야 할 상황에서 누구를 구해야 할 것인가와 같은 극단적 상황에 대한 적용을 하는 경우이다. 이런 사례에는 발달된 현대 사회에 적용하는 이론인 존 롤즈의 정의론을 적용할 수 없다. 롤즈(1971)는 자신이 제시한 정의론이 국제관계에서나 혹은 소규모 사적 모임 등에 적용될 수 있는 정의의 원칙이 아니라고 언급한다.

"나는 제도나 사회 체제 일반의 정의를 문제 삼거나 국제법이나 국가 간의 관계에 있어서의 정의를 다루려는 것은 아니다. 이러한 (정의의) 원칙들은 사적인 모임의 규

---

5 이러한 해석이 학계에서는 일반적인데 롤즈는 정의론 개정판(1999) 서문에서 자신의 정의론은 복지국가 자본주의가 아닌 재산소유 민주주의(Property-owning democracy)에 적합하다고 강조한다. 재산소유 민주주의는 소득의 재분배보다는 사전에 생산과 인간자본의 광범위한 소유를 보장하여 소수가 경제 및 간접적으로는 정치적 삶을 통제하는 것을 피하는 것을 의미한다. 이러한 입장은 사회적인 임의적 요인을 최소화하고 싶은 롤즈의 희망하는 사회의 모습이다. 자본이 극소수에 집중되는 것을 방지하고 싶은 입장인데, 이에 대한 논의는 이 책(학부 수업교재)의 범위를 넘어선다.

칙이나 규범 혹은 소규모 사회단체에는 안 맞을 수 있다."(pp.29−30)

"정의론은 '현대 사회' 혹은 '질서 정연한 사회'를 규제하는 정의의 원칙을 다루는 이론이다."(p.30)

그렇다면 구체적으로 현대사회의 정의로운 교육제도에 대한 답을 롤즈의 정의론의 원칙들이 제시해줄 수 있을까? 일단 롤즈의 정의론을 살펴보고 나서 고민해보자.

가. 무지의 장막하에 합의될 정의의 원칙

사회계약론의 전통에 있는 롤즈는 무지의 장막이라는 '사고의 실험(Experiment)'을 제시함으로써 모든 사람들이 동의할 수 있는 정의의 원칙을 도출하고자 한다. 무지의 장막은 "평등한 원초적 입장에서 자연 상태를 의미한다."(p.33) 이는 순수한 가상적 상황으로 "아무도 자신의 사회적 지위나 계층상의 위치를 모르며 누구도 자기가 어떠한 소질이나 능력, 지능, 체력 등을 천부적으로 타고났는지를 모른다는 점이다. 심지어 당사자들은 자신의 가치관이나 특수한 심리적 성향까지도 모른다고 가정된다."(p.34)

이처럼 무지의 장막 하에 놓인 원초적 입장에서 사고의 실험을 통해서 모든 사람들이 합의할 수 있는 공정한 사회를 만드는 정의의 두 원칙이 도출될 것이라고 주장하며 합의될 정의의 원칙들을 다음과 같이 제시한다(롤즈, 1971: 316).

제1원칙

각자는 모든 사람의 유사한 자유체계와 양립 가능한 평등한 기본적 **자유**의 가장 광범한 전체 체계에 대한 **평등한 권리**를 가져야 한다.

제2원칙

사회적, 경제적 불평등은 다음 두 가지 조건하에 허용된다.

(a) 그것이 정의로운 저축 원칙과 양립하면서 최소 수혜자에게 최대 이득이 되고,

(b) 공정한 기회 균등의 조건 아래 모든 사람에게 개방된 직책과 지위에 결부되도록 배정되어야 한다.

나. 정의의 원칙에 대한 내용

롤즈가 제시한 자유의 제1원칙은 시민의 기본적 자유를 보장하는 것이 무지의 장막 하에서 누구나 쉽게 제일 먼저 동의할 수 있는 내용이라는 점을 강조한다.

"정치적 자유(선거권, 피선거권), 언론과 집회의 자유, 양심과 사상의 자유, 재산권과 더불어 신체의 자유, 부당한 체포나 구금을 당하지 않을 자유들은 제1원칙에 의해서 모든 사람에게 균등할 것이 요구되는데, 그 이유는 **정의로운 사회의 시민들은 동등한 기본적 자유를 가져야 할 것**이기 때문이다."(p.82)

대부분의 민주국가에서는 헌법에 위와 같은 제1의 원칙에 해당되는 인간의 기본권을 보장하고 있다. 이러한 기본적 권리가 정의의 제1원칙으로 성립된다고 보는 것이다. 하지만 인간이라면 누구나 무지의 장막을 치지 않아도 이러한 제1원칙은 동의할 것으로 볼 수 있지 않을까 싶다.

다음으로 롤즈는 정의의 제2원칙에서의 (b)는 공정한 기회균등, 개방된 지위와 직책과 지위에 결부되도록 해야 하다는 내용은 절차적 공정성과 실질적인 기회의 평등을 의미한다. 절차적 공정성을 언급한 내용은 다음과 같다.

"**공정한 기회의 원칙이 갖는 역할은 협동체제란 순수 절차적 정의의 체제임을 보장하려는 것임이 분명**하다. 만일 그러한 조건이 만족되지 않는 한 비록 제한된 영역에서일지라도 분배적 정의를 그대로 내맡겨 둘 수는 없다."(p.107)

"만약 어떤 **직위가 모든 이에게 공정한 기반 위에 개방**되지 않을 경우에는 제외된 자들이 비록 그 직위를 갖게 된 자들의 보다 큰 노력에 의해 이익을 보게 된다 할지라도 공정하지 못하게 취급되었다고 느끼는 것이 당연할 것이라는 점이다. 인간적인 가치의 중요 형태 중 하나를 박탈당한 것이 된다."(p.104)

절차적 공정성은 사회제도 운영에서 지켜져야 할 주요한 공정성의 원칙이며 절차적 공정성이 무너진 상황에서 누군가 부당하게 성공해서 그 성공한 이익을 주변사람들에게 나누어준다고 해도 사람들은 절차적으로 공정한 대우를 받지 못함으로서 인해 인간적인 박탈감을 느끼게 되기 때문에 무지의 장막하의 원초적 입장에서 받아들이기 어렵다는 것이다.

절차적 공정성이 보장되지 않는다면 그로 인한 타인에게 주는 피해는 말할 것도 없고 설사 불공정한 절차를 이용해서 직위를 획득한 사람이 이익을 나누어준다고 해도 그러한 사회체제는 기본적으로 받아들이기 어렵다는 것이다. 절차적 공정성은 따라서 정의의 원칙에서 매우 중요한 위치를 차지한다. 롤즈는 실질적인 기회의 평등에 대해 다음과 같이 언급한다.

"더욱 분명하게 말하면, **천부적 자질의 분배가 있다고 가정할 경우 동일한 재능과 능력의 수준에 있는 사람들로서 그것을 사용할 동일한 의향을 가지고 있다면 사회체제 내에서 그들의 최초의 지위, 다시 말하면 그들이 태어난 소득 계층에 관계없이 동일한 성공의 전망을 가져야 한다**는 것이다. 사회의 모든 계층에 있어서 유사한 동기와 능력을 가진 사람들은 대체로 교양이나 기능에 대한 동등한 전망을 가져야 한다. 동일한 능력과 포부를 가진 사람들의 기대치가 그들이 처한 사회적 계급에 영향을 받아서는 안 된다."(p.93)[6]

"**기회의 균등은 비슷한 동기를 가진 자들에게 교육과 교양에 대한 유사한 기회를 보장**해주고, 적절한 의무와 임무에 합당하게 관련된 자질과 노력에 근거해서 직책과 직위를 모든 이에게 개방시켜주는 일련의 제도를 의미한다."(p.294)

"**자유 시장 체제는 경제적 상태의 전반적인 추세를 규정하거나 또는 공정한 기회균등을 위해서 불가결한 사회적 여건을 제공하는 정치적 법적 제도 체계 내에서 성립**

---

6   기회의 균등에 대한 이 언급은 롤즈의 독창적이며 고유한 의견이 아니다. 롤즈(1971, p.93 미주 11)에 의하면 Sidgwick(1907)의 제안에 따른 것이며 Tawney(1931), Williams(1962) 등 평등을 연구하는 여러 학자들이 논의한 내용을 바탕으로 정리한 것이다. 사실 롤즈의 저서를 읽어보면 방대한 참고문헌을 접할 수 있다. 롤즈의 정의의 원칙은 19세기부터 20세기 초중반의 현대철학의 논의를 집대성한 것으로 봐도 될 것이다.

해야 한다. 이러한 체계의 요소들은 충분히 친숙한 것이긴 하지만 재산의 과도한 축적을 금지하거나 모든 사람에게 **균등한 교육의 기회**를 보장한다는 점 등 그 중요성을 상기할 값어치가 있을 수 있는 것이다. **문화적인 지식이나 기능을 획득하는 기회가 우리의 계급적 지위에 의존되어서는 안 되며, 따라서 공립이든 사립이든 학교 제도는 계급의 장벽을 철폐시키도록 기획**되어야 할 것이다."(p.94)

공정한 기회균등의 원칙만을 보면 상당히 급진적이다. 계급 장벽의 철폐, 재산의 과도한 축적의 금지 등이 제시된다. 롤즈는 제1원칙과 공정한 기회균등의 원칙까지 제시하는 입장을 자유주의적 평등관으로 본다. 문제는 현실에서 공정한 기회균등의 원칙이 불완전하게 구현되고 있는지의 여부이다. 예를 들어 동일하게 질 높은 학교교육을 제공하는 것은 이상적인 사회에서나 가능한 상황이다. 지역에 따라 교사의 역량과 학교교육의 여건에 있어서 격차가 존재한다. 게다가 이러한 사회적 우연성과 더불어 자연적 우연성(타고나는 재능, 외모 등)으로 인해 현실에서 벌어지는 불평등 문제를 해결해 나가기 위한 방안으로서는 단순한 기회균등 보장이라는 원칙은 어쩌면 완벽하게 실행하기 어려운 원칙인 것이다. 가족제도의 존재 등 제반 현실적 여건의 차이는 기회균등의 추구 자체가 때로는 불가능할 수도 있다는 것을 언급한다.

"기회균등의 원칙은 가족 제도가 존재하는 한 오직 불완전하게만 이루어질 수 있다. **천부적 능력이 계발되고 성숙하는 정도는 모든 종류의 사회적 여건과 계급 양태에 영향**을 받는다. 노력하고 힘쓰며 일반적인 의미에서 가치 있는 존재가 되고자 하는 **의욕 그 자체까지도 행복한 가정 및 사회적 여건에 의존**한다. 실제에 있어서 **비슷한 능력을 가진 사람들에게 기능과 교양에 대한 동등한 기회를 보장한다는 것은 불가능하다.**"(p.94)

롤즈는 도덕적으로 임의적인 요인들, 자신의 통제하지 못한 혹은 선택하지 못한 임의적 요인들이 불공정성을 야기하며 이를 시정하기 위해서는 단순한 기회의 균등으로는 한계가 있으며 차등의 원칙의 필요성이 제시된다고 본다. 본인이 상류층의 자녀로 태어나게 될지, 그리고 우수한 천부적 재능을 갖고 태어나는 것 등은 모두 우연적인 혹은 임의적인 요인으로 본다. 심지어 사람들이 기존에 통제 가능하다고 보는 혹은 임의적인 요인이 아니라고 보는 노력·의욕조차도 가정이나 사회 여건에 의존하기 때문에 그조차도 역시 임의적이라고 본다.

존 롤즈의 이러한 주장에 대한 마이클 샌델은 심리학의 연구결과를 인용해서 자녀들 중 첫째가 성취도가 더 높은 사례를 예를 들면서 더욱더 근면성실한 태도를 가지기 위해 본인이 선택해서 첫째로 태어날 수가 없다는 이야기를 한다(샌델, 2009). 본인이 통제하지 못하는 우연적, 임의적 요인7이 많으며 그로 인한 현실적 불평등의 문제를 해결하기 위해서는 기회균등의 원칙과 더불어 차등의 원칙이 필요하다는 것이다.

따라서 자유주의적 평등관의 한계를 보완하기 위해 차등의 원칙을 결합하는 평등관(롤즈는 이를 민주주의적 평등관으로 명명함)을 제시한다. 차등의 원칙을 통해서 기회균등의 원칙의 현실적 한계를 극복하고, 임의적인 요인으로 인해서 발생하는 불평등을 해결하고 장기적으로는 모두가 (경제적으로나 사회적으로나) 상향되는 삶의 지위를 가지도록 하기 위함이다. 그런데 여기에서 능력주의적 시각이 제시된다.

"우리가 주목해야 할 바는 **타인의 재능을 감소시키는 정책을 제안하는 것은 일반적으로 보다 불운한 자에게 이익이 되지 않는다는 점**이다. 그 대신에 차등의 원칙을 받아들임으로써 그들은 보다 **훌륭한 능력을 공동의 이익을 위해 소용될 사회적 자산**으로 보게 된다. 그래서 사회는 언제나 천부적 능력의 일반적 수준을 유지하고 심각한 결점이 전파되는 것을 막기 위한 조치를 취해야 한다. 우리가 가상할 수 있는 바는 먼 훗날 능력에 상한선이 있을 경우, 우리는 결국 그 성원들이 최대의 평등한 재능을 누리는 최대의 자유가 보장되는 사회에 도달하게 된다는 것이다."(pp.126-127)

자연적 우연성, 사회적 우연성을 완화시키기 위한 기회균등의 원칙을 실현하도록 노력해야 하지만, 이 과정에서 나타나는 한계를 보완하기 위해서 강제적이며 획일적인 평등에 대한 추구를 해서는 안 된다고 본다. 타인의 재능을 감소시키는 정책을 제안하지 말고 천부적 능력을 타고난 사람의 발전을 보장해주되 그로 인해서 발생하는 격차

---

7 사회적 성공(혹은 사고나 실패)에 미치는 수많은 임의적 요인들, 본인이 통제하지 못하는 요인들에 대한 내용은 말콤 글래드웰의 아웃라이어(김영사)에 잘 소개되어 있다. 이 책을 학생들이 반드시 읽어보길 바란다. 이 책을 보면 빌 게이츠도 엄청 운이 좋아서 성공했음을 알게 될 것이다. 그렇기 때문에 자신의 성공으로 얻은 부와 명예의 상당정도는 우리 사회가 가져다준 것이며 모두 자신의 것으로 주장하기에 어렵다는 것을 이 책을 보면 깨닫게 된다.

혹은 불평등의 문제는 차등의 원칙으로 일정정도 보완해 나가자는 거다.

그러한 차등의 원칙이 구현되는 과정에서 모두가 상향되는 재능을 누리는 최대의 자유가 보장되는 사회가 될 것이다. 이는 이상적인 그림이다. 그래서 롤즈는 더 이상 이러한 이상적 사회는 논의하지 않겠다고 언급한다. 너무나도 이상적인 논의가 되기 때문이다.

> "공정으로서의 정의관에 있어서 사람들은 서로의 운명을 함께 하는 데 합의한다. 제도를 만드는 데 있어서 그들은 **공동의 이익을 가져오는 경우에만 자연적, 사회적 여건의 우연성을 이용하기로 약속**한다. 두 원칙은 운명의 임의성을 처리하는 공정한 방식이며, 다른 점에 있어서 불완전할 수도 있으나 이 원칙들을 만족시키는 제도는 정의로운 것이다."(p.122)

선언적으로 표현된 이 문장에서 공동의 이익이라 함은 사회구성계층인 상위계층, 하위계층 모두가 함께 혜택을 보는 사회라는 것이다. 사회경제적 계층의 존재로 인한 불평등, 능력의 타고난 차이에서 오는 결과의 불평등을 허용하되, 불평등을 낳는 임의성을 처리하는 공정한 제도의 원칙인 차등의 원칙을 구현하면 누구나 동의하는 공정한 사회가 성립될 수 있다는 것이다.

롤즈는 누구나 동등한 자유와 기본적 권리 보장을 이루어야 하는 원칙(자유의 원

●● 표 5-1 존 롤즈가 구분하는 공정한 사회 체제에 대한 입장들

평등관	주요 개념	공정성 구현 원칙
자연적 자유주의 (자유지상주의)	시장체제하에 재능이 있으면 출세/성공할 수 있다는 관념	제1원칙에만 의존 (일반인이 가지기 쉬운 Meritocracy 사회로서 마이클 영이 이를 비판)
자유주의적 평등관	재능있는 자는 출세/성공할 수 있으나 사회적 우연성(임의적 요인)에 의한 출발선에서의 불공정성을 시정	제1원칙+제2원칙의 b) 기회균등의 원칙/절차적 공정성(블레어가 재규정한 Meritocracy)
존 롤즈의 민주주의적 평등관	자유주의적 평등관을 포괄하지만 한계가 있음. 사회적 자연적 우연성에 의한 불평등은 발생하게 됨. 이 불평등을 허용하되 최소수혜자의 처지를 향상시키는 방향에서 허용하면서 장기적으로 모두에게 이익이 되게 함.	제1원칙+제2원칙(기회균등의 원칙/절차적 공정성+차등의 원칙) 좀 더 적극적인 기회균등, 불평등을 허용 조건을 최소수혜자에 대한 지원(더 많은 복지체제로의 지향)

주: 롤즈의 정의론 제2장 12절 제2원칙에 대한 해석을 필자가 정리.

●● 표 5-2 존 롤즈의 정의론의 흐름

사고의 실험: 무지의 장막/원초적 입장 아래에서					
본인의 타고난 신분/재능 등을 모른다는 가정에서 합의할 수 있는 원칙	제1원칙 하에서도	현실 사회에서 운이나 사회체제의 여건 등 임의적 요인으로 사회적 불평등성 발생	제1원칙, 제2의 b원칙 하에서도	자연적 우연성, 그리고 가족제도 등 사회제도의 현실 속에서 불평등 발생	이를 통한 공동 번영
⇩		⇩		⇩	
노예제/봉건제도 등 신분이라는 임의적 요인이 인생을 좌우하고 인권을 침해하는 것에 반대, 개인의 자유와 권리 선택(제1원칙 채택)		기회균등, 절차적 공정성 보장으로 임의적 요인을 완화시키기 위한 제도를 만들자는 제2의 b 원칙 채택		이러한 불평등을 최소수혜자의 처지를 개선시키는 조건하에서 허용. 차등의 원칙 채택	

*이 흐름도 정의의 원칙들의 축차적 서열을 보여주기도 한다. 존 롤즈는 제1원칙을 우선이며, 제2의 b원칙을 구현하기 위해서 1원칙을 위배해서도 안 되며, 차등의 원칙을 구현하기 위해서 기회균등, 절차적 공정성 보장과 자유의 원칙(1원칙)을 위배해서도 안 된다고 본다.

칙)과 더불어 사회적 혹은 시대적 임의성으로 인해 발생하는 불평등을 가능한 한 동등하게 만들어주는 기회의 균등과 절차상의 공정성 보장을 실현하되 그럼에도 불구하고 가족제도, 사회제도, 천부적 재능의 차이 등의 사회적·자연적 임의성으로 인해서 발생하는 불평등은 최소 수혜자 계층의 지위를 향상시킨다는 가정하에 허용함으로써, 장기적으로는 사회 구성원 모두가 현재의 처지보다 더 진보하게 만들자는 것이다.

다. 차등의 원칙 실현을 위한 교육제도관련 언급

롤즈는 현대 사회체제에 대한 기본적인 정의의 원칙을 제시하였다. 간혹 롤즈의 정의론에 근거해서 구체적인 교육정책이나 제도를 언급하려는 노력이 있는 것 같다. 그러나 롤즈의 다음의 언급을 일단 우리는 되새겨들어야 할 것이다.

"정의론 그 자체는 어떤 형태의 체제도 옹호하지 않는다. 일정한 사람들에게 최선의 체제가 어떤 것일까에 대한 결정은 그들의 여건과 제도와 역사적 전통에 달려 있다."(p.296)

"정의의 원칙들은 아주 상이한 유형의 체제와도 양립할 수 있다는 점이다."(p.297)

롤즈는 자신의 정의론이 유럽식 사회민주주의 체제에서도 구현될 수 있으며 자본주의 사회체제에서도 구현될 수 있다고 본다. 물론 기본적 헌법 가치(제1원칙)가 보장되지 않는 독재국가에서는 당연히 구현되지 않으며 그러한 전체주의 국가나 독재국가는 정의롭지 않은 국가이다. 이러한 점을 염두에 두고 한 번 제도와 언급된 내용에서 교육과 관련된 부분을 살펴보도록 한다. 정의론의 원칙을 제도의 '원칙'에 대한 개념으로 해석하면 이해가 약간 쉬워질 수 있다. 롤즈는 무지의 장막하에서 합의될 수 있는 정의의 원칙—자유의 원칙, 기회균등과 절차적 공정성, 차등의 원칙을 자유, 평등, 박애와 같은 전통적인 개념과 연결해서 다음과 같이 해석할 수가 있다고 본다. 이 해석도 정의론에 대한 이해에 도움이 된다.

"즉, **자유**는 제1원칙에, **평등**은 제1원칙과 더불어 공정한 기회균등에 있어서 평등의 관념에, **박애**는 차등의 원칙에 연결된다."(p.125)

"우리가 가장 자신 있게 **정의롭다고 생각하는 제도와 정책은, 적어도 그것이 허용하는 불평등은 보다 불리한 자의 복지에 기여한다는 의미에서 박애의 요구를 만족시키는 것으로 생각된다.**"(p.125)

그렇다면 이러한 자유, 평등, 박애의 정신을 바탕으로 하는 정의를 구현하기 위해서는 제도가 어떻게 구안되어야 할 것인가? 이에 대한 간략한 묘사는 정의론 43절에서 다음과 같이 제시되고 있다.

"우선 내가 가정하는 것은 기본 구조는 **평등한 시민의 자유를 보장하는 정의로운 헌법**에 의해 규제된다는 점이다. 또한 내가 가정하는 바는 **공정한 기회균등**이 있다는 점이다. 이것이 의미하는 것은 정부는 일반적인 종류의 사회적 공통 자본을 보존함과 더불어 **사립학교를 보조하고 공립학교 체제를 확립함으로써 비슷한 재능과 의욕을 가진 자들에게 동등한 교육과 교양의 기회를 보장하고자 노력해야 한다는** 점이다. 자유로운 직업선택에 있어서의 기회의 균등을 실시하고 보장해야 한다. 끝으로 정부는 **가족 수당 및 질병이나 고용에 대한 특별한 급여**에 의해서나 아니면 보다 조직적으로 **등급별 보조(소위 네거티브 소득세)와** 같은 방도에 의해서 **사회적 최소치**

를 보장하게 된다는 것이다."(p.291)

위 내용을 읽어보면, 현대 민주주의 국가에서 구현하고 시행하고 있는 이념과 제도임을 알 수 있다. 자유, 평등, 박애— 인권과 자유를 보장한 헌법, 공정한 기회균등을 위한 교육기회와 직업선택의 자유, 마지막으로 최소한의 삶의 보장을 위한 지원이 그것이다. 위 내용에서 교육기회의 평등이 정의의 원칙의 2-b)의 구현에서 가장 중요한 사안으로 언급됨을 알 수 있다. 즉, 주로 롤즈는 정의의 2-b)의 원칙을 구현할 때 교육을 일부 언급한다. 2-b)와 연관해서 자유주의적 평등관(민주주의적 평등관 이전)을 논의할 때 교육과 관련된 아주 살짝 언급된 내용이 보이는데 다음과 같다.

"문화적인 지식이나 기능을 획득하는 기회가 우리의 계층적 지위에 의존되어서는 안되며, 따라서 **공립이든 사립이든 학교 제도는 계층의 장벽을 철폐시키도록 기획**되어야 할 것이다."(p.94)

공사립의 설립유형에 대해서는 현실을 받아들이되 다만 이러한 제반 학교제도가 사회계층의 장벽을 철폐시키도록 기획되어야 한다고 주장한다. 한편 차등의 원칙을 실현하기 위한 교육제도와 관련해서 부분적으로 서술된 내용이 존재한다.

"진정한 기회 균등을 제공하기 위해서 사회는 마땅히 보다 적은 천부적 자질을 가진 자보다 **불리한 사회적 지위에 태어난 자에게 더 많은 관심**을 가져야 한다는 것이다. 기본 사상은 평등에로의 방향을 향해서 **우연적 여건의 불편 부당성을 보상**해주자는 것이다. **이러한 원칙을 따르는 데 있어서는 적어도 어느 기간 동안, 예를 들어 저학년 동안만이라도 지능이 높은 자보다 낮은 자의 교육에 더 큰 재원이 소비될 것이다.**"(p.120)

위의 내용은 진정한 기회균등 실현을 위한 보상의 원칙에 해당된다. 차등의 원칙은 보상의 원칙은 아니나, 보상의 원칙에 의해 선정되는 고려 사항들에 중점을 둔다고 롤즈는 언급한다(p.120). 한편 이러한 차등의 원칙은 냉담한 능력주의와는 다르다는 점을 강조하고 롤즈는 차등의 원칙의 엄격한 적용을 다음과 같이 서술한다.

"교육에 있어서 재원을 할당함으로써 장기적으로 볼 때 최소 수혜자의 기대치를 향상해주게 된다. 만일 보다 나은 처지에 있는 자들에게 보다 많은 배려를 함으로써 그러한 목적이 달성된다면 그러한 배려를 허용할 수 있으나 그렇지 않는 경우에는 허용할 수 없는 것이다."(p.120)

즉, 보다 나은 처지에 있는 사람들에게 추가적인 교육적 배려(영재교육, 과학고와 같이 우수학생에 대한 추가 지원 등)의 경우 그로 인해서 저소득층이나 최소 수혜자의 처지가 향상될 수 있다면 허용될 수 있다는 것이다. 이에 대한 구체적인 방안은 현실에서 실증적인 자료와 연구에 의해서 마련될 수 있을 것이다. 앞에서 롤즈는 "저학년"기간 동안에 보상적 지원이 필요하다고 적고 있지만 구체적으로 저학년이 어느 기간인지는 언급하지 않고 있다. 현실에서는 일반적으로 초중등교육에 걸쳐서 취약계층에 대한 추가적 지원이나, 대학교육과 관련해서 취약계층에 대한 학비지원(국가장학금지원)을 하고 있다. 그러나 저학년이라는 표현은 일반적으로 유치원과 초등학교기간을 의미할 것이다.

라. 적용 예시: 자사고 외고의 일반고로의 전환 혹은 유지

그렇다면 롤즈의 정의론을 구체적인 교육사례에 적용해서 논의해보자. 사실 이렇게 구체적인 사례에 적용할 수 있는 이론은 아닐 수도 있다. 그러나 사고의 훈련8을 위해서 해보도록 하자. 한국에서 최근에 논쟁이 되고 있는 자사고와 외고의 폐지(일반고로의 전환) 혹은 존치(혹은 육성) 사례이다. 일단 거꾸로 올라가는 방식을 취해보자. 영어로 표현하자면 일종의 Backward Mapping이다.9 차등원칙 – 기회균등원칙 – 자유의 원칙 순이다.

롤즈의 정의론의 차등원칙을 표현대로 적용해보면 "장기적으로 취약계층 자녀들

---

8 롤즈는 무지의 장막이라는 사고의 실험(Experiment)을 시작으로 누구나 이해관계를 벗어나서 사회계약, 사회적 합의할 수 있는 체제를 논의한다. 하지만 사고의 훈련(Exercise 혹은 Training)도 필요하지 않을까 싶다.

9 Elmore(1979)가 제시한 정책기획 방법이다. 본문의 내용과는 정확하게 일치하는 개념은 아니다. 백워드 매핑은 정책을 시행하게 될 때 나타날 제반 상황을 정책 대상자의 움직임으로부터 역으로 상황을 분석해야 한다는 의미로 사용된다. 실행을 Forward 방식으로 추진해서는 안 된다는 의미와 유사하며 전략적 사고(Strategical Thinking), 그리고 Bottom–up 사고를 하자는 의미이다. Elmore. R.F. (1979). Backward mapping. Political Science Quarterly 94:601–616

에게 혜택이 돌아가게 되는 결과가 있다면 자사고나 외고 설립은 허용될 수가 있다. 그러나 취약계층 자녀들이 관련 제도로 인해서 더 어려운 교육여건에 놓이게 된다면 허용되지 않아야 한다."

자사고는 정부가 재정지원을 안하지만 일반사립고는 인건비 등 상당부분의 학교예산을 지원하고 있다. 자사고를 확대하자는 입장은 기존에 정부가 자사고 전환 이전의 일반사립고에 지원하던 정부 보조금을 취약계층이 밀집한 일반고에 대한 지원으로 전환함으로서 취약계층이 혜택을 받을 수 있다(롤즈의 표현대로 언급하면 최소 수혜자의 기대치를 향상시켜주게 된다)고 주장한다(윤정일 외, 2002). 자사고나 특목고를 졸업한 인재가 창업을 해서 큰 부를 창출해서 공교육개선을 위한 펀드를 조성하여 취약계층자녀들의 학업을 위해 투자한다면 당연히 자사고나 과학고의 존치는 허용될 수 있다. 혹은 조세제도가 누진적이어서 이러한 인재들이 더 많이 거두어들인 소득증가로 인해 증가된 세금이 취약계층을 위해서 사용된다면 문제가 없다.

따라서 실증적 논의가 필요할 수 있는데, 자사고로 인해서 생긴 교육재정의 여유분으로 취약계층이 밀집한 일반고에 대한 지원을 통해서 취약계층의 교육에 혜택이 발생한다는 구체적인 데이터가 필요하다. 자사고나 외고를 졸업한 인재가 큰 부를 창출해서 세수가 확충되어서 공교육개선에 기여하고 있다는 사례 등의 구체적 데이터가 없다면 쉽게 폐지 혹은 확대를 결정할 수는 없다. 하지만 전반적 사회구조는 소득이나 재산에 대한 누진세 제도를 취하고 있다. 따라서 차등의 원칙에 자사고나 외고의 존치가 위배되지는 않는다고 볼 수 있다. 만약 그렇지 않다면 누진세를 더 강화해야 하고 사회적 기부를 유도하는 제도가 더 강력하게 마련되어야 한다.

두 번째로는 정의론의 기회균등의 원칙, 앞에서 2-b)의 원칙에 근거하여 논의해보도록 하자. 롤즈가 차용하고 있는 교육기회의 평등의 원리는 능력에 상관없이 누구에게나 다 동일한 교육을 제공하자는 것이 아니다. 잘 읽어보면 "동일한 동기와 능력을 가지고 있는 학생이 출신 집안과 상관없이 동일한 사회적 성공의 가능성을 열어줄 수 있는 상황을 만드는 것이 교육기회의 평등"이라고 말한다. 취약계층의 자녀인데 열심히 공부하려는 의지가 높고 타고난 능력도 뛰어난 학생(a)이 있다고 가정해보자. 그리고 고소득층 자녀인데 이 취약계층의 학생과 유사한 학업에 대한 의지를 갖고 있고 타고난 능력도 비슷한 학생(b)이 있다고 가정해보자.

그렇다면 기회균등이 실현되는 공정한 교육제도가 존재한다면 이 두 a학생과 b학생은 모두 사회적으로 유사한 임금을 받는 유사한 직책에 진출할 가능성이 유사하게 만들어주는 교육제도가 필요한 것이다. 자사고와 외고는 그러한 현실을 보장해주고 있는가? 즉, 집안배경과 상관없이 능력과 의지가 있는 학생이 자사고 외고에 입학해서 다닐 수 있는가? 크게 봐서 자사고와 외고가 동일한 동기와 능력을 가지고 있는 학생이 출신 집안과 상관없이 동일한 사회적 성공의 가능성을 열어줄 수 있는 교육제도의 일환인가를 봐야 한다.

자사고나 외고에서는 취약계층 학생에 대한 장학금 제도를 통해서 입학기회를 제공하고 있다. 그렇다면 일정정도 자사고와 외고가 동일한 동기와 능력을 가진 학생들이 출신 가정환경과 상관없이 사회적 성공의 가능성을 제공해줄 수 있다는 평가가 가능하다. 만약 폐쇄적인 입학정책을 사용하여 고소득층 자녀들만 입학을 시키고 있다면 이 기회균등의 원칙에 위배되는 것으로 볼 수 있다. 이 경우 당연히 폐지논의가 제기될 수 있다. 혹은 콜먼이 언급한 어두운 사회자본 구축의 기제로 자사고와 외고라는 교육제도가 이용되고 있다면 폐지가 검토될 수가 있다. 그렇지 않고 더 다양한 교육에 대한 동기와 재능을 구현하기 위한 교육이 이루어지고 있다면 유지 혹은 확대가 검토될 수 있다. 이 문제 역시 실증적 검토가 필요한 문제로 볼 수가 있다.

그런데 롤즈의 정의론은 제2의 원칙들이 제1원칙을 침해하지 않아야 한다. 이러한 축차적 서열의 원리로 인해 롤즈는 자유주의자로 평가받기도 한다. 자사고나 특목고 폐지가 제1의 원칙─기본적인 권리보장을 혹시 침해하는 것은 아닌지에 대한 논의가 필요하다. 롤즈의 정의론의 제1원칙을 잘 살펴보자. 롤즈는 제1의 원칙은 시민의 기본적 자유를 규정하는데, 롤즈에 의하면 정치적 자유(선거권과 피선거권) 및 언론과 집회의 자유, 양심과 사상의 자유, 재산권과 더불어 신체의 자유, 부당한 체포 및 구금을 당하지 않을 자유 등이다(p.82).

능력에 합당한 교육기회는 정의의 제1원칙의 내용에 해당되는가가 쟁점이 될 수 있다. 그런데 롤즈의 정의론에서는 교육기회는 주로 제2의 원칙과 관련할 때 논의가 이루어진다. 포괄적으로 보면 제1의 원칙에 해당될 수도 있지 않을까 싶기도 하다. 그러나 헌법을 보면 약간 분리된 영역으로 교육기회의 평등이 논의되고 있지만 잘 살펴보자. "능력에 따라 균등하게"라는 표현이 있다. 그리고 교육을 받을 "권리"로 표현이 되고 있다. 그렇다면 포괄적으로 보면 기본적 권리로서 해석이 가능하기도 하다. 물론 헌법의 제34조는 모든 국민은 인간다운 생활을 할 권리를 가지며 국가는 복지증진에

●● 표 5-3 헌법에서 교육관련 조항

제31조	① 모든 국민은 능력에 따라 균등하게 교육을 받을 권리를 가진다. ② 모든 국민은 그 보호하는 자녀에게 적어도 초등교육과 법률이 정하는 교육을 받게 할 의무를 진다. ③ 의무교육은 무상으로 한다. ④ 교육의 자주성·전문성·정치적 중립성 및 대학의 자율성은 법률이 정하는 바에 의하여 보장된다. ⑤ 국가는 평생교육을 진흥하여야 한다. ⑥ 학교교육 및 평생교육을 포함한 교육제도와 그 운영, 교육재정 및 교원의 지위에 관한 기본적인 사항은 법률로 정한다.

노력할 의무를 진다고 표현함으로서 차등의 원칙에 관한 내용이 언급된다. 그러나 복지증진에 노력하는 의무는 차등의 원칙에 근접하나 인간다운 생활에 대한 권리는 제1원칙에 근접한다.

　따라서 포괄적으로 보면 자사고 설치와 외고 설치는 롤즈의 제1의 원칙 – 기본적인 권리보장에 포함된다는 해석을 배제할 수는 없다. 초등학교 단계의 경우 아동발달 단계를 고려할 때 자사고(자사초)나 외국어고(외국어초)와 같은 특수목적 학교가 존재하지 않고 모두 일반공립초등학교라는 사실은 자유를 침해하는 것으로 인식되지는 않는다.10 초등학교 연령대에서는 능력의 분화가 크게 일어나지 않기 때문으로도 해석되고 초등학교 단계에서는 '공통교육이 더욱 중요한 사회적 권리'로 인식되기 때문일 것이다. 중학교도 마찬가지로 보인다.

　그러나 고등학교 단계에서는 발달단계에 따른 다양한 교육을 받을 권리가 더 강조될 수 있다. 그렇다면 다양한 고교체제를 설치하는 것을 정부가 강제적으로 금지하는 것은 제1원칙에 위반될 수 있다.

　백워드 매핑으로 하나씩 거꾸로, 역순차적으로 논의를 해보았는데, 이번엔 정의의 원칙이 구현된 결과를 포괄적으로 놓고 생각해보자. 단순한 논의이긴 한데, 예를 들어 고등학교 단계에서 매우 세분화되고 심지어 엄격히 서열화된 고교체제가 양산되어 있다면 이는 정의로운 교육제도일까? 정의로운 제도의 결과에 대한 포괄적인 결과에 대한 언급은 롤즈의 저서 29장(정의의 원칙에 대한 주요한 논거)에서 제시된다.

---

10 그런데 초등학교 단계에 소수의 사립초등학교가 있다. 자립형사립초등학교, 자사초라고 볼 수 있다. 학부모들이 학비를 많이 내는 일종의 귀족학교라는 비판도 받는다. 하지만 소수여서 그런지 자사고와는 달리 전혀 사회적 쟁점이 되지 않는다.

"두 원칙에 대한 공공적인 인정은 사람들의 자존감을 보다 많이 받들어 주며 이는 다시 사회적 협동의 효율성을 증대해준다. 정의관의 바람직한 특징은 그것이 인간의 상호 존중을 공적으로 나타내야 한다는 점이다. 이렇게 해서 사람들은 자신의 가치감을 확보하게 된다. 그런데 정의의 두 원칙은 이러한 목적을 달성해 준다. 왜냐하면 사회가 이들 원칙에 따른 경우 모든 이의 선이 상호 이익의 체계 속에 포함되고 그러한 체계 내에서 각자의 노력에 대한 공적인 인정은 사람들의 자존감을 떠받들어 준다. 왜냐하면 서로에게 이익이 되도록 차등을 배정하고 평등한 자유 체제 내에서 자연적 사회적 우연성을 이기적으로 이용하지 못하도록 함으로써 사람들은 그들 **사회의 구조 속에 상호간의 존경심을 표현하게 된다.** 정의의 두 원칙은 사회의 기본 구조 속에 사람들이 서로를 수단으로서만이 아니고 **목적 그 자체로서 대하려는 욕구를 나타낸다**고 할 수 있다."(pp.195–196)

어쩌면 이 분석도 백워드 매핑일 수도 있겠다. 우리의 교육제도가 사회구성원들의 "인간으로서의 자존감을 증진"시켜주고 "서로에게 이익"이 되며, "상호간의 존경심을 표현"하도록 하며 사람을 수단이 아니라 "목적" 그 자체로서 대하는 결과가 나오게 하고 있는지를 살펴보는 방법도 교육제도의 정의로움을 판단하는 결과론적 기준이 될 수도 있다. 고등학교 교육단계가 매우 서열화되어 있다면, 이는 앞에서 롤즈가 제시한 사회적 결과—자존감 증진, 상호이익, 상호존중/존경, 목적으로 대하는 결과—를 가져다 줄 것인가? 그렇다면 서열화된 대학체제는 어떠한가? 이러한 결과를 가져다주고 있는가? 정의로운 교육제도에 대해서는 수업시간에 계속 토론하는 것으로 정리해야 할 것 같다.

존 롤즈의 정의론은 여러 번역본 판이 있다.[11] 그리고 총 600여 페이지에 이르는데 아주 빡빡한 편집으로 된 600페이지이기 때문이 요즘 나오는 보기 편한 교양서로 편집하면 1,000페이지의 분량으로 볼 수 있다. 다양한 어감이 포함되고 정의론 책의 후반부에는 도덕심리학도 언급된다. 우연의 일치이지만 하이트의 도덕심리학에 대해서 살펴보도록 한다. 도덕심리학에 여러 이론이 있겠지만, 최근에 대입제도 관련해서 교육학계에서 하이트의 이론이 소개되기도 했으며,[12] 공정성, 형평성 등과 관련된 논의에

---

11 한국에서는 사회정의론(황경식 옮김)으로 번역되어 있다. 원제목은 A Theory of Justice이다.

12 최근 양성관(2019)의 연구에서 하이트(2012)의 이론에 기반하여 대입제도 공정성 분석이 이루어진 바가 있다. 그러나 양성관의 연구는 하이트의 공정성에 대한 개념 구성에 있어서 초창기의 정

주는 시사점이 많은 이론이기 때문에 함께 공부하고자 한다.

4. 하이트(Haidt)의 도덕심리학 이론과 정의로운 교육

하이트의 도덕심리학 이론은 인류가 역사적으로 사회생활을 해오면서 발달시켜온 도덕의 기반에 대한 이론이다. 하이트는 6개의 도덕 기반들을 제시하는데 그 중 하나가 공정성(fairness)이다. 그렇다면 간략하게 하이트의 이론을 살펴보고 도덕성의 기반이 되는 공정성에 대한 도덕심리학적 정의를 살펴보도록 한다.[13]

가. 하이트의 도덕의 독립적 영역

하이트(2012; p.232)에 의하면 사회를 구성하며 문화를 창조해온 세계 곳곳에 존재하는 다양한 덕의 목록에 대한 분석을 시작하다 보면 보편적으로 나타나는 덕목들이 존재한다. 마치 사람의 미각이 단맛, 쓴맛, 매운맛 등 공통된 입맛을 가지는 것과 마찬가지로 공통된 덕목들을 발전시켜왔다는 것이다.

사람은 조그만 스위치 같은 생존에 중요한 어떤 패턴이 발생하면 그에 반응하는 인지모듈을 갖고 있으며 이러한 모듈을 자극하는 본래적(original) 동인과 통용적(current) 동인을 갖게 되었다는 것이다. 특히 제반 적응과 도전을 위한 과제들이 놓여졌을 때 이와 연관되는 동인이 있으며 그에 따른 감정과 관련 덕목이 발달되어 왔다는 것이다. 이 덕목 중에 공정성이 놓여있다.

하이트는 초반기에 공정성을 포함하는 5가지의 도덕적 기반에 대한 초안을 〈표 5-4〉와 같이 제시하였다. 배려, 공정성, 충성심, 권위, 고귀함 등의 5가지의 도덕적 기반이 독립적인 영역으로서의 동일을 가지고 발달해왔다는 것이다.

정되지 않은 이론에 근거하고 있다.
13 하이트(2012), '바른 마음'(웅진 지식하우스)을 읽어보길 권한다. 이 부분은 이 책의 논의를 정리한 것이다.

●● 표 5-4 도덕의 다섯 가지 도덕 기반

	배려/피해	공정성/부정	충성심/배신	권위/전복	고귀함/추함
적응 도전 과제	아이들을 보호하고 보살핌	쌍방향의 주고받기 관계에서 이득을 얻음	단결력 있는 연합을 구성함	위계서열 내에서 이득을 얻을 수 있는 관계를 다짐	오염을 피함
본래적 동인	자식이 고통스러워하거나 무언가 필요함을 표현함	부정행위, 협동, 사기	집단에 대한 위협이나 도전	지배와 복종의 표시	쓰레기, 병에 걸린 사람
통영적 동인	새끼 바다표범, 귀여운 만화 캐릭터	결혼 생활에서의 정절, 고장난 자동판매기	스포츠 팀, 국가	상사, 존경받는 전문가	금기 사상
특징적 감정	동정심	분노, 감사, 죄책감	집단에 대한 긍지, 배신자에 대한 격분	존경, 두려움	구토감
관련 덕목	배려, 친절	공정성, 정의, 신뢰	충성심, 애국심, 자기희생	복종, 경의	절제, 순결, 경건, 청결

주: 적응 도전 과제와 동인들은 예시임.
출처: 하이트(2012), 바른 마음, p.238. 번역서에서 공정성은 공평성으로 되어 있었나 fairness는 공정성으로
해석하는 것이 더 적절할 것으로 보이며 여기에서는 공정성으로 명시함. 존 롤즈의 정의론의 저서 제1
장 공정으로서의 정의(Justice as fairness) 역시 fairness를 공정(성)으로 번역되고 있다.

이러한 도덕심리의 기반에 대한 연구를 하는 과정에서 도출한 이론의 초안에서 하이트는 공정성이 사회의 원활한 운영을 위한 상호호혜적인 원칙에 근거한 도덕 기반으로서 평등주의의 내용을 포괄하는 것으로 보았다. 그러나 연구 과정에서 공정성은 비례의 원칙하고만 관련이 있다고 분석·판단하게 된다. 동인과 특징적 감정, 관련 덕목이 다르다는 것이다. 그에 대해서 다음과 같이 언급한다.

"평등주의 개념은 평등 자체에 대한 사랑보다는 지배를 싫어하는 마음에 더 깊이 뿌리내리고 있는 듯하다. 정치적 평등과 관련된 사람들의 관심사는 호혜성에 대한 욕구보다는 압제를 싫어하고 희생자를 염려하는 마음과 더 관련이 있다는 사실이 눈에 들어오기 시작했다. 나아가 정치적 평등을 염원하는 마음이 공정성/부정 기반보다는 자유/압제 및 배려/피해 기반에서 나오는 것이라면, 공정성 기반은 더 이상 이중적 성격을 지니지 않아도 되었다. 공정성은 더 이상 평등과 비례의 원칙 둘 다와 관련이 있지 않는 것이었다. 공정성은 주로 비례의 원칙하고만 관련이 있었다."(p.328)

하이트가 기존에 이루어진 광범위한 공정성에 관한 선행연구들과 자신의 연구조

사 결과를 종합해본 결과 앞에서 아리스토텔레스가 제시한 공정함은 비례적인 것이라는 개념과 사실상 같은 의미로 사람들의 도덕적 기반으로 자리잡아 왔다는 것이다. 아래 내용을 읽어보면 아리스토텔레스의 공정으로서의 정의에 대한 정의와 사실상 동일하다.

"사람들이 공동으로 한 가지 과업을 떠맡았다고 해보자. 그럴 경우 사람들은 가장 열심히 일한 사람에게 가장 큰 성과가 돌아가기를 바란다. 물론 사람들이 결과의 평등을 원할 때도 종종 있지만, 그것은 사람들이 거기에 들인 노력이 대체로 똑같기 때문이다. 평등은 비례의 원칙이라는 더 큰 틀의 한 사례에 해당할 뿐이다. 만일 어떤 과업을 해내는 데에서 몇몇 사람들이 다른 이들에 비해 훨씬 크게 기여했다고, 아니 이보다 훨씬 강력한 논거로서 몇몇 사람은 거기에 전혀 기여하지 않았다고 가정해보자. 이때는 모두에게 똑같이 이득이 분배되는 것을 성인 대부분은 원하지 않는다."(p.329)

하이트(2012; p.209, p.329)는 공정성이 이렇게 비례의 원칙에 따르게 되는 것은 사회가 원만하게 갈등이 없이 운영되게 하기 위해 무임승차자/사기꾼/게으름뱅이에게서 자신의 공동체를 보호하려는 소망을 가지기 때문으로 해석한다. 사람들에게 "공정성은 누구나 정당하게 노력하면 그에 따른 응분의 보상을 받아야 한다"는 개념으로 통용되고 자리잡고 있으며, 자신은 주지 않으면서 받기만 하는 사람들이나 남을 속이는 사람과 태만한 사람이 그에 따른 정의로운 결과를 맞이하게 될 인과응보의 법칙이 실현되기를 바라는 개념으로서 인간의 도덕 심리에 뿌리내리고 있다는 것이다. 게다가 이러한 공정성의 개념이 비례적 의미로서 사람들의 인식에서 작동하고 있다는 것은 기존의 사회심리학의 제반 연구물들의 결과가 입증해주고 있다는 것이다(하이트, 2012).

그리고 평등의식은 하이트(2012)의 분석에 의하면 공정성과는 독립된 영역인, 즉 공정성의 개념으로부터 벗어난 자유/압제의 기반에 별도로 자리잡고 있다고 본다. 소위 말하는 갑질을 하는 사람에 대한 의분, 불한당과 독재자에게 저항해야 한다는 욕구, 이러한 사회적 문제에 대한 저항의식으로서 평등주의가 발현된 것이며 공정성과는 독립적인 구분을 갖는 도덕 기반이라는 것이다.

따라서 진보주의(평등, 인권, 시장규제강조)에서 공정성이라는 용어를 평등실현이라

	적응 도전 과제	본래적 동인	통용적 동인	특징적 감정	관련 덕목
자유/압제	기본적 상호간 존중	갑질, 지배	독재정권에 대한 항의. 노동 3권 보장	의분, 연대	평등

주: 하이트(2012)의 8장 내용을 필자가 보완하여 정리

는 의미로 사용할 경우 일반인들은 그러한 공정성을 받아들이지 못하게 된다는 것이다. 소위 말해서 공정성을 비례적 의미로 사용해야 하는데, 다른 개념으로 사용함으로써 대중과 멀어지게 된다는 것이다. 공정성을 요구하고 주장하는 데 평등을 이야기하는 것은 동문서답하는 것과 마찬가지다. 공정성은 뿌린 대로 거두고 절차적 정당성(무임승차자에 대한 거부, 사기나 거짓을 행하는 행위)과 업적에 대한 비례적 보상을 의미하는 도덕 개념으로 인식하고 그에 대한 진보주의자들이 제반 개혁 방안을 마련해야 한다는 점을 하이트는 강조한다.

마지막으로 저서에서 하이트는(2012) 이러한 여섯 개의 도덕적 기반이 사람들의 이념에 따라 다르게 강조되거나 작동하고 있다고 분석한다. 미국의 경우 자유주의자(사적인 문제에 대해 개인의 자유를 옹호, 경제적인 면에서는 자유시장을 옹호)들의 경우 자유/압제 기반을 매우 중요하게 여기며, 공정성/부정을 부분적으로 중요하게 여기나 배려/피해, 충성심/배신, 권위/전복, 고귀함/추함의 경우 중요성을 매우 낮게 여기는 경향이 있는 것으로 분석하고 있다.

미국의 사회적 보수주의(질서와 안정 추구)의 경우, 여섯 개의 도덕적 기반을 모두 골고루 중시하고 있는 것으로 조사되었다. 마지막으로 진보주의(평등과 인권, 시장에 대한 규제를 중시)의 경우 배려/피해, 자유/압제, 공정성/부정의를 중요하게 인식하나 충성심/배신, 권위/전복, 고귀함/추함의 세 도덕적 기반은 별로 중요하다고 생각하지 않는다. 단, "공정성(비례의 원칙)이 동정심이나 압제에 대한 저항과 상충할 때에는 공정성은 버리고 그 대신 이 둘을 취하는 경우가 많다."(p.335) 진보진영이 이로 인해서 정치적으로는 보수주의와 유사한 도덕적 지지기반을 가지는 계층으로부터 지지를 얻지 못하게 되는 문제를 지적한다.[14]

---

14 하이트는 진보주의자들이 배려를 위해서 다른 도덕적 기반(공정성, 권위 등)을 포기, 혹은 고려하지 못하여 역설적으로 불평등을 악화시킨 사례를 제시한다. 예를 들어 1970년대에 학생의 권한을 강화시킨다는 명목으로 교사와 학교를 상대로 소송을 걸 수 있는 권리를 학생들에게 주었는데, 이 역시 학교의 무질서한 환경을 조성하는 결과를 낳았고 그로 인한 가장 큰 피해자는 저소득층 자녀들이 된 사례 등을 언급한다(pp.545-546). 참고로 하이트는 열성적인 미국의 민주당 지지자,

어떤 이념을 가지고 있든 하이트의 저서의 12장에서 정리된 결과를 보면 6개의 기반 중에서 진보주의자, 보수주의자, 자유주의자 모두 공통되게 중요한 도덕적 기반으로 삼고 있는 것은 공정성이다. 이는 비례로서의 공정성의 가치 실현은 사회가 상호호혜적 이타심을 발휘하게 만드는 데 있어서 필요한 것이기 때문이며, 이러한 공정성 실현이 무너지고 사회가 무임승차자, 사기나 거짓 행각, 게으름뱅이를 용납해서는 발전하기가 어렵기 때문일 것이다. 어느 사회에서나 어떤 이념적 스펙트럼을 가진 사람에게나 모두 비례의 원칙에 근거한 공정성이 공통된 도덕 기반으로 자리잡고 있는 것이다.

나. 정의로운 교육제도에 대한 적용: 대입제도 사례

그렇다면 하이트의 도덕심리학 연구에 의하면 정의로운 교육제도는 어떠한 제도를 의미하는가? 대입제도를 예시로 한번 논의해보자. 일단 하이트의 도덕 기반 이론에서 제시된 공정성을 가진 (공정한) 입시제도를 논의하기 위해서는, 먼저 우리가 대학입시제도와 관련된 현재의 한국적 시점에서 현상을 있는 그대로 설정하는 것이 필요하다. 일단 현상을 있는 그대로 본다면 대학에 일정 정도의 서열이 존재하고 입학결과가 향후 노동시장에서의 보상과도 맞물려 있다는 점 등을 인정하는 것을 전제로 하는 것이다.

만약 대학의 서열화에 대한 문제점에 대한 지적(대학 평준화, 대학 서열화 폐지 등), 인생의 행복은 성적순이 아니다와 같은 주장은 평등의식에 따라서 대입제도를 논의하는 것이다. 공정성에 대한 논의와는 독립된 배타적인(exclusive) 영역으로서의 배려/피해나 자유/압제의 도덕 개념에 기반한 논의가 된다. 즉, 국민들은 현실 상황 속에서 비례로서의 공정성을 논의하는데, 그 논의는 제쳐두고, 이상주의적인 평등과 자유를 논의하는 것이 된다. 말 그대로 동문서답이다.

공정성의 기반은 앞에서 언급한 바대로 사회의 상호호혜성을 유지하여 공동체의 건전한 발전으로 인해 발달한 도덕개념이다. 무임승차자, 사기와 거짓, 근면/성실함의 유지를 통해 공동체의 발전을 위한 노력에서 성립된 도덕심리적 기반이다. 열심히

즉 진보주의 입장을 가진 학자다. "나는 열성 진보파였다. 그저 우리 팀(민주당)이 상대 팀(공화당)을 이길 수 있기만 바랐다. 존 케리의 대선 캠페인이 승리와 거리가 먼 것을 보고 너무 진이 빠졌다. 도덕 심리에 관한 나의 연구로 진보파의 승리에 보탬이 되고 싶었다."(p.510)

●● 표 5-6 대입제도에 적용한 공정성 기반 형성의 적용

	공정성/부정	대입제도에서의 공정성/부정
적응 도전 과제	상호호혜적, 신뢰기반 공동체 사회 구축	-한국사회의 공동체, 신뢰성 유지. 초중고등학교 학교 공동체의 교육적 신뢰 기반 유지
본래적 동인	부정행위, 사기와 거짓, 무임승차자 방지.	-입시 부정방지: 공정하고 투명한 입시 절차/제도 확립으로 부정행위와 거짓, 무임승차자 방지 -본인의 능력과 노력에 대한 비례적 입학 보장
통영적 동인	사례: 안전망을 남용할 경우 비판: 사회복지제도에만 의지, 허위로 서류를 꾸미며 대출을 받아 주택을 산 이들에 대한 정부의 구제정책 비판	-제도를 부정적으로 이용한 사람에 대한 비판 (예: 농산어촌 전형 제도를 이용하여 거주지를 농산어촌으로 두고 편법입학)
특징적 감정	분통, 의분, 사기꾼에 대한 경계심	-입시부정에 대한 분통/분노
관련 덕목	공정성, 정의, 신뢰	-입시 공정성, 대입제도의 신뢰성

노력한 만큼, 그리고 성과를 거둔 만큼 그에 따른 비례적 보상을 의미한다. 대입제도에 대한 공정성을 하이트의 프레임에 맞추어서 적용하면 〈표 5-6〉처럼 정리해볼 수 있다.

대학입시제도의 대표적인 유형은 수능위주의 전형, 학생부교과전형, 학생부종합전형, 논술, 특기자 등으로 구분되어 있다. 이 중 가장 쟁점이 되는 수능위주전형(수능성취도를 이용한 선발)과 학생부종합전형(학생부 자료를 이용한 정성평가 선발)을 하이트의 공정성 프레임에 맞춰서 더욱 세부적으로 정리하면 〈표 5-7〉과 같다.

학종은 공정성이라는 도덕적 기반보다는 배려나 자유에 근거한 도덕적 기반을 가진 입시제도로 볼 수 있다. 기존 연구들에서도 학종을 옹호하는 입장들은 주로 고교교육과정 정상화, 즉 학생들이 대학입시교육 외에(학종을 지지하는 학자들은 인문계 고교교육과정은 대학 입시를 준비하는 것이 기본임에도 이를 부정하는 감정/입장에 근거하고 있다) 자신의 잠재력을 찾아가는 다양한 비교과 활동의 활성화가 고등학교 교육과정의 정상화라는 주장을 한다.

그러나 이는 대학이 "고등교육기관"으로서 학업역량을 기본으로 하여 자신의 적성에 따라서 전공을 선택한다고 할 때 학업역량이라는 기본적 자질을 무시하는 입장을 취한다. 특히 집안의 사회경제적 배경, 사회자본, 문화자본이 낮은 경우 수능성취도가 낮기 때문에 수능이 공정하지 못하다는 일부 학종 지지 학자들의 주장은 공정성이라는 도덕적 기반에 근거한 주장이라기보다는 "배려"의 도덕적 기반에 근거한 주장으로 볼 수 있다.

●● 표 5-7 대표적인 두 입시제도의 공정성 판단 근거

	학생부종합전형	수능
적응 도전 과제	- 자동봉진의 비교과활동의 강조, 교사의 주관적 평가(추천서, 학생부기록 특기활동 기록)의 자료를 사용하는 학종전형이 공동체적 신뢰를 유도하는가? ➔ 서류조작/무단정정, 스펙 쌓기, 교사 간 추천서 서술능력 차이 등으로 공동체적 신뢰를 유지하기에 가능한 제도이기 위해서는 한계가 많음	- 수능위주의 평가가 학교 공동체의 교육적 신뢰 기반을 유지, 유도하는가? ➔ 객관적 비교 가능성으로 인해 사람들이 입시결과에 승복
동인	- 학종은 대학입시제도로서 부정행위, 사기와 거짓, 무임승차자 방지에 효과적인 제도인가? - 노력과 다양한 능력과 잠재력에 대한 공정한 평가에 근거하여 비례적 대학입학기회를 보장하는가? ➔ 주관적 평가로 부정행위가 더 많이 발생할 가능성 존재. ➔ 서류평가와 면접평가의 신뢰도점수가 낮다는 연구. 비례적 대학입학기회 보장의 어려움. 노력보다는 봉사활동 체력, 학종컨설팅과 부모의 관리 등 기존 SES와 더불어 사회자본(학부모의 인맥 등), 문화자본 등의 영향력이 상당히 미치는 문제 ➔ 학종 평가 점수(서류평가점수 면접평가점수)는 비공개로 분석하기 어려움	- 수능은 대학입시제도로서 부정행위와 사기와 거짓, 무임승차자 방지에 효과적인 제도인가? - 노력과 다양한 능력, 잠재력에 대한 공정한 평가에 근거하여 비례적 대학입학 기회를 보장하는가? ➔ 입시부정에 대한 엄격한 관리로 상대적으로 부정발생 어려움. ➔ 김경근(2005) 등 KEEP 데이터를 이용한 수능에 미치는 변인에 대한 분석결과 학생의 노력(스스로 공부한 시간)이 영향을 미침. 가구소득(SES)의 영향력이 부모의 학력 수준변수에 의해 사라지는 현상. 노력과 능력을 상대적으로 객관적으로 반영하여 비례적 대입기회 보장 가능성이 학종보다 더 높음
특징적 감정	-다양한 재능에 대한 존중 -계량화된 점수 서열에 대한 반대(분노)	- 주관적 입시부정에 대한 분노
덕목	- 배려(다양성에 대한 배려)와 자유(획일적 입시교육에 대한 반발. 다양한 비교과 활동 장려). 가정의 SES, 사회/문화자본이 낮은 학생들의 수능성취도가 낮은 문제점에 대한 지적은 배려의 시각이 더 강하게 작용하며 공정성과는 거리가 있음.	- 비례 기반 공정성을 충족

    따라서 학종은 공정성의 도덕 기반보다는 배려나 자유의 도덕적 기반을 만족시키기 위해 고안된 제도로서 실질적인 공정성의 측면에서는 여러 제도적 취약점을 가진다. 즉, 노력과 능력에 대한 비례적 보상, 입시부정/깜깜이 전형으로 인해 공동체의 결속력에 부정적 영향을 주는 등 공정성에 대한 문제로 인해 한국사회에서 신뢰성도 있고 타당성도 있는 입시제도로서 주장되기에는 어렵다.

    다만 학생들의 다양성(다양한 적성)에 대한 배려의 측면이 강조된 제도일 뿐이며, 이는 대학입시의 결과 갖는 노동시장에서의 수익률의 차이 등을 고려해 보았을 때 학부모의 입시제도에 대한 불만을 야기하고 교육체제에 대한 전반적인 신뢰도를 약화시켜 한국사회의 공동체를 약화시키게 되는 문제를 낳을 가능성이 높다.

5. 제5강좌 정리

제5강좌는 정의로운 교육체제, 혹은 교육제도에 대해서 살펴보았다. 사유의 폭을 넓히는 측면에서 철학적 논의 그리고 심리학의 이론을 소개했다. 관련 이론들이 교육사회학에서 다루는 교육불평등 문제에 주는 시사점이 있기 때문에 살펴보았다. 일단 조건에 대한 고려 없이 무조건 동일한 교육을 제공하는 것이 반드시 공정한 교육이 아님을 알 수 있다. 물론 출발선 상에서의 동일한 교육이나 보상적 교육이 필요하다. 이는 인간이 가지고 있는 다양한 역량을 증진하기 위한 기초적인 측면에서의 지원을 의미한다. 그리고 사회경제적 배경의 임의적 요인을 보완하기 위한 방안이다.

인간은 다 타고난 능력에서 차이가 존재하는데, 일종의 자연적 측면에서의 임의적 요인이 존재한다. 타고난 천부적 능력의 차이로 인해서 불평등이 발생할 수밖에 없다. 게다가 사회적 불평등의 문제, 특히 가족제도가 존재하기 때문에 삶의 출발점은 동일하지는 않다. 그로 인해서 발생하는 문제는 일단 전체 사회공동체가 최소수혜자, 즉 타고난 재능이 부족하고 취약한 지점에 놓여있는 구성원의 발전을 위한 지원체계가 이루어지는 체제를 만들면 정의로운 사회라고 여길 수 있다. 교육제도도 큰 틀에서는 그러한 체제의 일환인데 이에 대한 여러 쟁점들을 존 롤즈와 하이트의 이론에 근거해서 살펴보았다.

그럼에도 남는 문제는 교육제도의 '현실' 문제이다. 우리가 차등의 원칙으로 불평등을 허용하자고 말하며 뛰어난 인재가 거둔 성공이 취약계층의 상태를 향상시키도록 사회적 재분배제도를 만든다고 할지라도 어쩌면 정의 2−b)의 원칙이 실현되지 못함으로 인해 정의의 한계가 존재할 수 있다.

현실에서 기본적인 교육의 권리 보장과 기회균등을 통해서 가난한 집안의 학생들에게도 가정의 사회경제적배경과 상관없이 "동일한 능력과 동일한 동기를 가진 학생에게 동일한 사회적 성공의 가능성을 열어주고 있는지"에 대해서는 끊임없이 질문할 필요가 있다. 그렇지 않으면 단순하게 임의적 요인, 타고난 능력의 차이, 가족 간의 사회적 자본, 문화자본의 차이 등이 누적됨으로 인해서 차등의 원칙이 어쩌면 제대로 작동하지 않게 될 가능성도 존재한다.

다음 장에서 교육격차의 현실을 살펴보면서 논의를 계속 이어가도록 하자.

교육기회의 평등,
한국의 교육격차 실태 데이터

　　교육격차라는 표현은 교육불평등이란 말과 유사하게 통용된다. 우리는 일단 동일한 능력과 동일한 동기(열정)를 가진 학생이 동일한 사회적 성공을 거둘수 있는 정의로운 교육체제를 꿈꾼다. 그런 정의로운 교육체제 하에서도 발생하는 문제는 차등의 원칙으로 해결하도록 한다. 일단 현실은 그러한 정의롭고 능력에 따른 기회의 평등이 제공되는 교육체제를 만들고 있는지 교육기회의 평등을 위해서 무엇을 해야 하는지를 살펴봐야 한다. 교육기회의 평등과 관련해서 교육사회학에서 가장 유명한 연구물인 콜먼 보고서를 살펴보고, 한국의 교육기회의 평등에 관한 데이터들을 살펴보도록 한다.

1. 콜먼 보고서: 미국의 교육기회의 평등

　　교육사회학뿐만 아니라 교육학에서 가장 유명한 연구 중 하나는 제임스 콜먼의 교육기회의 평등(Equality of Educational Opportunity) 보고서이다. 앞에서 사회자본에서 나온 학자와 동일한 바로 그 콜먼이다. 존스 홉킨스 대학의 사회학과 교수였던 콜먼은 1964년도에 제정된 미국 민권법에 의거해서 미국의 교육기회의 형평성 현황을 조사해서 보고해야 하는 연구를 수행한다(이규재, 2020). 콜먼 보고서 발간연도는 1966년도이다. 이 보고서는 구글에 가서 검색하면 누구나 다운로드 받아서 읽어볼 수 있다.[1] 당시 민권법이 인종이나 지역 간 교육

1　2022년 8월 30일 기준으로 미국교육부 교육자료 링크(https://eric.ed.gov/?id=ED012275)에 콜먼

불평등 현황이 있는지를 파악해달라고 했기 때문에 보고서는 광대한 자료를 수집하였다. 설문조사 자료 수집기간은 1965년 9월이었으며 약 4천개 공립학교로부터 수합하였다. 설문조사에 참여한 학생들은 64만 5천명이었다. 1학년, 3학년, 6학년, 9학년, 12학년(고3)이 조사대상이었다.

그런데 기존에 학교교육이 학업성취도에 많은 영향을 준다는 인식, 즉 학교교육 효과가 클 것으로 인식했는데, 이 콜먼 보고서는 학생의 집안 배경, 정확히 말하자면 사회경제적 배경이 학업성취도에 더 많은 영향을 준다는 분석결과를 내놓았다. 사실 교육적 '결과'에 대한 분석보다는 기본적인 교육'기회'의 형평성에 대한 분석이 조사의 목적이었는데, 학계에는 결과에 영향을 주지 못한다는 부분이 주목을 받았다. 일단 보고서의 요약내용을 살펴보자. 보고서의 분량이 700여 페이지나 되는 관계로 완독한 연구자는 많지 않을 것 같다.

●● 표 6-1 콜먼 보고서의 주요 내용

▶ 사회경제적 배경을 통제하면, 학교 간 차이는 학업성취도 변량에 매우 적은 부분만 설명한다.

▶ 백인학생들의 성취도의 경우 학교시설, 학교 교육과정, 교사들의 영향력이 흑인학생들과 비교하면 적다. 예를 들면, 남부지역의 흑인학생들의 성취도의 20%는 학교와 상관이 있으나 남부지역 백인학생들은 10%만 상관이 있다. 즉, 흑인학생들의 학교에 대한 질적 개선이 흑인학생들의 성취도 향상에 더 기여할 수 있음을 시사해준다.

▶ 학교시설과 교육과정은 상대적으로 적은 효과를 보여준다. 그러나 일부 시설은 성취도와의 상관관계를 보여준다. 과학실험실 설치여부는 학업성취도와 적긴 하지만 일관된 상관관계가 있다. 특히 흑인학생들이 다니는 학교의 실험실이 부족하다.

▶ 학업성취도와 가장 강력한 상관관계를 보여주는 변수는 교사의 질이다. 학년이 높아질수록 이러한 교사 질의 누적효과는 커지며 특히 소수학생들에게 효과가 더 크다. 교사의 특성은 모두 측정되지 못했는데, 측정된 것 중에서 학생들의 학업성취도와 가장 높은 관계를 보여주는 것은 교사의 언어성취도 점수, 그리고 학력배경변수(교사의 자신의 학력수준과 교사 부모의 학력수준)이다. 문제는 흑인학생들을 가르치는 교사 수준(언어성취도와 학력배경수준)이 낮다는 것이다.

▶ 마지막으로 학교 내의 다른 학생들의 교육적 열정과 교육 배경(가정에서의 백과사정이 있는 학생 비율, 대학을 진학하고자 하는 학생 비율) 변수가 학생들의 성취도와 강한 관계가 있는 것으로 나타났다. 이 상관관계 역시 백인보다는 소수인종 학생들에게 더 강하게 나타난다. 즉, 만약 집안의 교육적 열정과 배경이 부족한 소수학생들이 강한 교육 배경(열정)을 가진 학생들이 있는 학교에 배정된다면 그 소수학생의 성취도는 증가할 가능성이 높다.

출처: 콜먼 보고서의 맨 앞의 Summary Report에서 필자가 발췌함.

보고서가 탑재되어 있다.

〈표 6−1〉은 학교효과가 거의 없다는 논의를 만들어낸 콜먼 보고서의 주요 내용이다. 그런데 요약 내용을 잘 읽어 보면 가정배경이 학업성취도에 미치는 영향이 크며 학교의 역할에 대한 의문이 많이 드는 최근의 상식으로 보자면 생각보다 희망적이다. 흑인학생들의 경우 학교 교육의 질적 개선이 성취도 향상에 더 기여할 수 있다고 적고 있다. 인종 간 교육결과의 격차해소에 있어서 어느 정도 학교가 기여할 수 있음을 제시하고 있다.

그리고 교사 질(Quality)의 중요성이 언급된다. 학교시설과 교육과정(Curriculum)은 생각보다 성취도에 영향을 주지 못하지만 교사의 언어 성취도 점수, 그리고 교사의 학력수준이 학생들의 학업성취도와 연관이 있다. 그런데 흥미로운 건 설문지를 통해서 교사 부모의 학력수준까지 조사했다. 교사 부모의 학력수준이 높은 경우 해당 학교 학생들의 성취도가 높았다. 흥미롭지 않은가? 보고서의 부록을 보니 정말로 부모의 학력수준을 조사했는데 관련 문항은 다음과 같다(아버지의 학력수준을 물어보는 9번문항이다. 10번 문항은 어머님의 학력을 물어보고 있다).

9. 선생님의 아버지는 몇 년 간의 교육을 이수했습니까?
  (A) 무학, 약간의 초등학교(Grade School)
  (B) 초등학교 졸업
  (C) 약간의 고등학교
  (D) 고등학교 졸업
  (E) 고등학교 졸업 후 기술 혹은 상업 학교
  (F) 4년 미만 전문대학
  (G) 4년제 일반 대학 졸업
  (H) 대학원 혹은 전문대학원 입학
  (G) 모름

그리고 교사의 언어 성취도 점수는 직접 교사들에게 시험을 봤다. 설문조사 맨 마지막에 73번부터 102번까지 30문항으로 된 언어 테스트를 직접 본 것이었다. 언어 시험 문항의 예를 들면 〈표 6−2〉와 같다. 이 책을 읽고 있을 교육사회학 수업을 듣는 학생들도 한번 풀어보자. 이 언어시험문제는 번역안하고 영어로 그대로 제시한다(약간 어

98. When the (_____) of universal suffrage based on universal ignorance was perceived, education was given a new significance.

    (F) equality   (G) danger   (H) loss   (J) usefulness   (K) success

102. In trying to build up a new style of design in opposition to the technical potentialities of the century, he was just as much an (_____) as the architect who disguises a modern town hall as a Greek temple.

    (F) explorer   (G) atheist   (H) introvert   (J) escapist   (K) optimist

출처: 콜먼 보고서(1966)의 교사 설문지

렵다. 정답이 무엇일지 교육사회학 수업시간에 한 번 같이 풀어보자). 콜먼 보고서가 나름 교사의 언어역량을 잘 평가한 것으로 보이는데, 이런 난이도가 있는 문항들로 언어 역량을 측정했으니 당연히 학생들의 성취도와 상관관계가 높게 나올 것으로 보인다. 교사들이 효과적인 수업을 하려면 어휘역량, 언어구사역량이 매우 중요하다.

보고서는 인과관계로 강하게 해석하지 않고 제한적으로 상관관계로 해석을 하고 있다. 분석 초점은 60년대의 미국의 학교 상황을 반영하고 있는데, 당시의 학교 간 지역분리, 인종분리 문제로 인해서 지역별 현황과 인종별 영향의 차이 분석을 많이 포함하고 있다. 즉, 당시 미국은 학교 간 인종 분리 문제가 심각하여 일부 학교는 백인 위주의 학교이며 일부 학교는 흑인 위주의 학생의 구성 등이 문제가 되고 있었다. 당시 민권법에 의거해서 정부가 콜먼의 연구팀에 요구한 것도 그러한 불평등 문제를 분석해 달라고 한 것이었다. 따라서 성취도와 학교 자원의 관계 분석에서도 흑인 밀집 학교의 현실 등이 고려되고 있다.

콜먼 보고서는 학교 수준의 변수 등을 이용해서 기초통계분석과 중다회귀분석을 하고 있기 때문에 정확한 분석인지에 대한 논의가 있었다. 1972년도에 하버드 대학에서 콜먼 보고서에 대해서 연구방법을 포함하여 여러 측면에서 분석하는 세미나가 개최되었고 세미나 내용이 책으로 발간된 바가 있다. 책 제목은 On Equality of Educational Opportunity이다. 책의 목차 일부를 보면 다음과 같다.

- A Pathbreaking Report Further Studies of the Coleman Report
- The Coleman Report and the Conventional Wisdom
- On the Value of Equality of Educational Opportunity as a Guide to Public

Policy

- … (중략) …
- The Urgent Need for Experimentation
- The Quality of the Data Collected
- The Measurement of Educational Opportunity

목차를 보면 후반부에서는 연구방법에 대한 집중적인 검토를 하고 있음을 알 수 있다. 우리가 중요시 여겨야 할 점은 교육학적으로 중요한 보고서나 논문에 대해서 방법론적인 측면을 포함하여 토론을 한다는 것이다. 그리고 개선을 위한 방안을 모색함으로써 양적 연구의 질적 발전을 도모하는 것이다.

콜먼 보고서에 대하여 몇몇 논란은 있지만 연구 자체가 잘못되었다고 보기에는 어렵다. 다만 설문조사에서 "약간의 측정오차"가 있었고, "제반 요인을 통제한 정교한 분석에는 한계가 있었다"는 정도로 정리될 수가 있다. 사상 최대 표집 인원 수(64만 명의 학생!)의 대규모 설문조사 데이터를 이용해서 미국 전체의 인종 간, 지역 간 교육격차 문제를 보여주는 우수한 보고서로 일단 정리해도 될 듯하다. 그리고 학교효과 관련해서는 여러 논란과 다음의 물음을 던진 보고서로 언급된다.

"학교가 학생들의 교육성취도 격차를 줄이고 교육기회의 형평성을 증진시키는 역할을 하려면 과연 어떠해야 하는가?"

그러나 서술을 더 복잡하게(?!) 롤즈의 교육기회 평등의 정의를 빌어서 수정해보면,

"동일한 능력과 동기를 가진 학생이 집안배경이나 인종, 성별 등의 임의적 요소와 상관없이 동일한 학업성취도와 동일한 사회적 성공을 할 수 있게 만드는 학교교육을 제공하고 있는가?"

라는 물음을 던지는 것이다. 물론 롤즈는 천부적 능력과 동기도 임의적 요인이라고 언급하긴 하지만, 이는 차등의 원칙의 필요성 혹은 정당성을 위한 언급이다. 일단 교육에

서는 위와 같이 능력과 동기(열정)가 동일할 때 학교가 동일한 성공을 할 수 있도록 동일한 질 높은 교육을 제공해야 하는지에 대한 질문을 던져야 한다. 매우 이상적일 수 있지만 개념적으로는 이렇게 질문을 던지도록 하자.

2. 한국의 교육기회의 평등 분석틀

그렇다면 한국의 교육기회의 평등과 관련된 현황은 어떠한가? 이론적으로 단위와 대상, 그리고 교육격차의 영역과 내용을 살펴보자. 마지막으로 간략한 교육격차 사례(구체적인 통계 값들)를 살펴보도록 한다.[2]

간략히 용어와 관련해서 '격차'와 '차이'의 개념에 대해서 언급해야 할 것 같다. '격차'는 급에 따른 차이로서 불평등함을 내포한다. '차이'는 말 그대로 다름을 의미하며 그 자체로서는 불평등함을 내포하지 않는 것으로 규정짓도록 하자. 차이가 불평등이 되는 것은 롤즈가 언급한 바대로 기본적인 정의의 원칙과 기대를 충족시키지 못할 때 발생한다. 즉 정의롭지 못한 제도로 인해서 발생한 차이는 불평등이 된다. 동일한 능력과 동기를 가진 경우 동일한 결과나 동일한 사회적 성공을 하지 못하고 결과나 성공에 차이가 발생할 경우 불평등성이 발생하고 이를 곧 정의롭지 못한 상태로 볼 수 있을 것이다.

가. 교육격차의 단위/대상

교육격차 실태 분석의 목적은 정책적으로 격차를 파악하여 교육기회의 격차 해소 정책을 수립하고자 하는 '대상'에 대한 고민에서부터 시작한다. 교육격차는 교육격차가 발생하는 지점 혹은 대상에 대한 파악부터 시작되며 이는 곧 분석의 단위(unit)로도 볼 수가 있다. 기존에 논의되는 교육격차의 발생영역 혹은 분석대상은 지역이나 사회계층(소득수준) 등이다. 단순히 학생 1인당 사교육비가 전년 대비 증가하였거나 감소하였다는 총체적인 개괄은 격차를 보여주지 못한다. 격차를 보기 위한 비교 분석 단위를 설정

---

2 가(교육격차의 단위/대상)와 나(교육격차의 영역과 내용)는 필자가 2018년도에 교육부와 한양대학교 주최 포럼에서 발표한 교육격차 실태 및 현황 분석 원고를 수정 보완한 내용이다.

해야 한다.

교육격차의 분석 단위의 사례들로는 가구소득수준, 부모의 학력수준, 지역단위 등이 있다. 이러한 단위들은 롤즈가 말한 '사회적 측면에서의 임의적 요인'들이다. 어느 분석단위를 선택할 것이며 해당 분석단위의 격차의 실태를 보여주기 위한 지점 혹은 구분을 어떻게 설정할 것인지는 사회적 합의나 정책적/전문적 판단에 의해서 설정할 수가 있다.

기존의 연구들(류방란 외, 2010; 이광현, 2007; 2008; 김경근, 2005)은 지역, 소득, 성별, 부모의 학력수준 등이 주요 분석단위가 되었다. 각 분석단위에서의 격차를 보기 위한 구분의 경우 성별의 사례(성별은 자연적인 측면에서의 임의적 요인으로 볼 수 있다)처럼 실질적인 구분이 남/여가 주가 되기 때문에 그다지 고민할 부분이 없는 경우가 존재한다. 지역규모 역시 대도시/중소도시/읍면, 혹은 시도, 기초자치단체 등 정책별로 설정하기 위한 단위구분들이 존재한다. 한편 소득(수준)에 따른 격차를 분석하고자 할 때에는 소득 상하위 몇 % 그룹 간의 비교와 같이 구간을 어떻게 설정할지에 대한 논의와 합의가 필요하다.

한편 〈표 6-3〉은 교육복지 정책 대상과 관련 과제를 제시하고 있다. 표를 보면 대상학생의 특성에 특수아동, 외국인 근로자 자녀, 학업중단자, 농어촌 학생 등 사회문제로 인해서 발생하는 특성들이 내포되어 있음을 알 수 있다. 외국인 근로자 자녀와 일

●● 표 6-3 교육복지 정책 대상과 과제

정책 목표	문제	대상 집단	정책 과제
국민기초 교육수준 보장	기초교육 수준, 기초학력 미달	장애인 및 병·허약자, 저소득층 아동·학생, 저학력 성인, 외국인 근로자 자녀, 기초학력 미달자	특수교육 강화, 유아교육 기회 확대, 저소득층 자녀 교육비 지원, 저학력 성인 교육기회 확충, 장애인·저소득층 고등교육 기회 확대, 외국인근로자 자녀 교육지원, 기초학력 보장
교육부적응 해소	학교부적응	학업중단자, 귀국학생, 북한이탈 청소년	학업중단자 예방 및 대책, 귀국학생 교육 지원, 북한이탈 청소년 대책
교육여건 불평등 해소	교육여건 불평등	도시저소득지역학생, 농어촌지역 학생, 정보화 취약 계층	도시저소득지역 학생을 위한 지원, 농어촌지역 교육여건 개선, 정보화 격차 해소, 방과후 교육활동
복지친화적 교육환경 조성	교육환경의 낙후	모든 학생-지역, 학교간 비교	밝고 즐거운 학교 만들기, 학생 건강 증진, 안전하고 건강한 교육환경 조성

출처: 류방란 외(2010). 교육복지 지수 개발 및 DB 구축 방안. 한국교육개발원

●● 표 6-4 교육격차 해소를 위한 교육안전망 정책 과제

정책목표	문제	대상 집단	정책 과제
지역간 교육격차 해소	지역간 교육격차	도시저소득밀집 지역. 농산어촌 지역	교육복지투자우선지역 지원 사업, 농산어촌 1군 1우수교,평생학습도시 조성 확대, 대학생 멘토링 지원
계층간 교육격차 해소	소득간 교육격차	기초생활수급가구의 자녀, 차상위계층자녀	저소득층 유아교육비 지원 저소득층 중고생 학비 지원, 급식 지원 저소득층 자녀 정보화 지원 방과후 학교 활성화, 정부보증 학자금 대출, 국가근로장학생 지원
소외계층 교육기회 확대	소수자 교육 격차	부적응 학생, 저학력 성인,장기입원 아동·청소년, 장애학생, 새터민 자녀, 다문화가정 자녀	대안교육의 활성화, 저학력 성인 문해 지원 병원학교 확대, 장애학생 교육지원 확대, 새터민 자녀 교육지원, 다문화가정 자녀 교육지원

출처: 류방란 외(2010). 교육복지 지수 개발 및 DB 구축 방안. 한국교육개발원

반 학생 간의 격차, 농어촌 학생과 도시 지역 학생간의 격차, 특수아동과 비장애아동과의 격차 등과 같은 격차의 단위는 격차의 대상의 특성에 대한 논의와 사회적으로 발생되는 문제를 포괄적으로 검토해서 정해야 한다.

격차에 대한 분석은 지역, 소득수준에 따른 격차 비교 등이 주로 논의되어 왔으며 실질적인 정책대상이 되는 저소득층이나 소외계층의 어려움을 개선하기 위한 방안으로 접근은 미시적으로 이루어져서 실태 현황 자료가 주로 제공된다(〈표 6-4〉는 격차해소를 위한 정책과제). 이런 지원 정책들이 일종의 보상정책이 될 것이다. 그리고 롤즈가 말한 차등의 원칙을 구현하기 위한 정책으로도 볼 수 있다. 물론 차등의 원칙은 더 포괄적인 사회 체제와 함께 고려해야 한다. 예를 들어 누진적 재산세 등의 조세구조 등이 마련되지 않으면 교육안전망 정책이 구현될 수가 없다.

우리가 조심해야 할 점은 대상집단으로 언급된 학생들에게 일종의 낙인 효과가 생기지 않도록 조심스럽게 지원해야 한다는 점이다. 〈표 6-4〉의 대상에 대한 언급은 나중에 학교 현장에 가서도 교사들 간에 조용히 학생들에 대한 지원 방안을 이야기할 때 사용해야 하며 학생들이 자신이 이러한 범주로 지칭되는 것을 듣지 않도록 조심해야 한다. 가급적 학생 개인으로서 이름을 불러줘야지, '다문화' '취약계층'으로 범주적 구별짓기 호칭을 쓰지 않아야 학생 개개인의 다양한 성장하는 모습이 보이지 않을까 싶다.

따라서 다문화 가정 출신의 학생에게 우리는 다문화라는 용어를 사용하지 않는 것

을 심각하게 고민해볼 필요가 있다. 다문화라는 용어는 부르디외(1979)가 언급한 구별 짓기를 하는 경향을 강화시키고 차별적 상황을 만들기도 한다. 최근 학교 현장에서 "너 다문화라서 이건 모르지"와 같은 학생간의 차별적 행태를 강화하는 구별짓기로 인한 문제가 발생되고 있다. 미국의 연구결과도 유사한 문제를 지적하고 있다.

"공통되고 통일된 믿음, 관습, 의례, 제도, 절차가 수없이 많이 존재하는 것. 궁극적으로 이것만큼 편협한 자에게서 더 커다란 관용을 이끌어내는 것도 없다. 그러나 유감스럽게도 다문화 교육 같은 활동만큼 사람들로 하여금 그들 안에 잠재된 성향을 더 표현하도록 확실히 부추기는 것도 없다."(Stenner, 2005) 즉, 차이가 부각되면 사람들은 인종차별적인 행동을 더 보여주게 되며 그러한 행동경향이 줄어들지는 않는다는 것이다(Haidt, 2012, p.546).

한국도 최근의 한 연구에서 시사하듯이 이주민의 표상을 보여주는 초등 교과서의 삽화나 사례들이 해당 학생들을 대상화(혹은 타자화)하며 구별짓기를 강화한다. 한국의 김치문화를 강조하고 이주민을 다른 문화를 가진 존재로 묘사하면서 김치를 함께 만드는 삽화가 있다(류영휘, 2022). 차라리 대한민국의 음식문화는 일본의 돈까스와 우동, 동남아시아의 쌀국수, 미국의 햄버거(미국의 대표 음식은 아무래도 햄버거다) 등 모두가 한국의 음식이며 이러한 모든 음식을 함께 요리하는 삽화가 필요하다. 용광로 정책이라고 비판받을 수도 있겠지만, 용광로가 아니라 '하나'의 모자이크를 지향하는 정책이다. 중요한 건 모자이크 각각의 색깔과 모양이 다르지만 큰 '하나'의 모자이크가 된다는 점이다. 모두가 한국인이라는 공동체적 가치를 더 강조하는 교육에 대한 진지한 고민이 필요하지 않나 싶다.

나. 교육격차의 영역과 내용

교육격차를 해소하기 위한 각 단위별로 구체적으로 어떠한 격차가 발생했는지에 대한 내용분석이 필요하다. 이러한 교육격차의 내용은 흔히 교육체제론으로 일컬어지는 프레임인 투입/기회, 과정, 산출/결과로 구분하여 제시되거나 여타 프레임에 근거하여 제시된다. 그리고 해당 영역에 점검해야 할 지표들이 선정된다.

격차의 내용은 일반적으로 지표(Indicator)로 수집·제공이 된다. 지표의 개념은 다양하지만 주로 사회적 조건의 측정치 혹은 계량적 자료로 정의된다(김창환 외, 2011; 류

●● 표 6-5 격차의 내용(예시)

영역	내용
투입/기회	교육재정(학생 1인당 교육비), 교육여건(학급당 학생 수), 가정배경(부모의 학력수준, 문화자본, 사회적 자본)
과정	교육과정, 교사 열의
산출/결과	학업성과(학업성취도, 진학률, 취학률)

방란 외, 2010). 따라서 교육지표는 교육조건의 측정치 혹은 계량적 통계자료로 정의될 수가 있다. 일부 자료들(교사열의, 학교만족도)의 경우 정성적인 측면을 측정하기 때문에 정성자료처럼 보이지만 Likert 척도에 의해서 계량적으로 수집되며 제공되기 때문에 결국은 양적자료로서 지표화된다고 볼 수 있다.

한편 지수(index) 역시 교육격차의 내용이 제시되는 자료제공의 양식이다. 지수는 지표들을 종합하여 산출하는 경우가 존재하며 계층 간 소득격차를 보여주는 지니계수나 맥룬지수처럼 여러 지표들을 종합해서 산출하지 않고 그 자체의 산출공식에 의해서 값이 제공되기도 한다. 지수들은 지표와는 달리 종합적인 정보를 제공해주기 때문에 세부적으로 구체적인 단위가 얼마나 뒤처져 있고 어려움을 겪는지는 보여주지 못하는 한계가 존재한다. 그러나 총괄적인 격차의 현황을 보여줌으로써 점검을 즉시적으로 할 수 있다는 장점이 존재한다(이광현, 2007).

교육격차의 영역과 내용을 측정, 체시해주는 지표는 가능하면 시계열적으로 비교가 가능하도록 산출기준을 통일해야 하며 매년 동일한 기준으로 산출해야 한다. 교육격차를 분석한다는 것은 한 시점에서의 점검에서 머물지 않고 정책적으로 개선을 위한 의도성을 가지기 때문이다. 따라서 향후 매년 비교 분석을 통해서 격차가 개선되고 있는지에 대한 점검이 동반되기 때문에 연도별 비교가능성(Comparability)을 가져야 한다.

〈표 6-6〉은 교육격차 분석 지표의 예시이다. 투입과 산출 영역에서만 예시를 제시하였는데, 교육과정은 적절하고 전국적인 데이터를 확보하기가 쉽지 않기 때문에 일반적으로 투입과 산출 분야의 지표를 많이 살펴보게 된다. 물론 한국교육개발원의 학교실태조사 자료에는 교사의 열정 등 교육과정과 관련되어서 측정한 데이터가 있긴 하지만 제한적이다.

교육격차 분석에서 다만 결과나 산출의 경우 존 롤즈의 정의론에 의하면 어쩌면 단순한 차이일 뿐 큰 문제가 안 될 수도 있다. 롤즈가 말한 차등의 원칙이 구현되면 교육결과의 차이, 예를 들어 타고난 천부적 재능이 뛰어난 학생이 높은 학업성취도를 거

단위/대상	투입 예시 - 교육비	산출 예시 - 학업성취도	격차 산출공식
성별	- 성별 평균 1인당 사교육비 격차	- 남학생과 여학생 간 성취도 격차	- 성별 점수 차이
지역	- 학생 1인당 교육비 지자체/시도 간 격차	- 성취도의 대도시, 중소도시, 읍면지역 간 격차	- 교육비: 그룹간 평균점수 차이(범위), 편차계수, 역맥룬지수 - 성취도: 그룹간 평균점수 차이
계층	- 소득수준별 학생 1인당 교육비 - 소득수준별 평균 사교육비	- 소득수준별 성취도 차이 - 사회경제적지위가 성취도에 미치는 영향 값(계수값)	- 교육비: 소득수준 그룹 간 평균 교육비의 차이 - 성취도: 소득수준 그룹 간 평균 성취도 평균점수 차이, 계수의 크기가 클수록 격차 증대

두고 사회에서 좋은 직장을 얻는 것이 문제가 되지는 않는다. 그러나 어려운 판단의 문제가 있는데, 동일한 능력과 동기를 가진 저소득층 학생이 그와 동일한(혹은 유사한) 능력과 동기를 가진 고소득층 집안의 학생과 비교해서 동일한 교육기회를 제공받고 그에 따라 동일한 성취도와 대학진학기회, 그리고 사회에서의 유사한 직업을 가질 확률이 동일해야 한다. 이러한 기준에 따라서 교육격차 데이터를 해석할 필요가 있으며 다양한 질적 사례들(필자와 교육대학교 학생들이 경험한 초중등 학교생활도 포함된다)과 함께 고려될 필요가 있다.

3. 데이터를 통해본 한국의 교육격차 실태

가. 교육기회 관련 데이터

구체적인 한국의 교육기회의 평등과 관련된 현황 데이터를 살펴보도록 하자. 너무 많은 자료들이 존재하기 때문에 일부 자료만 간략히 살펴보자.

(1) 취학률 데이터

먼저 〈표 6−7〉의 취학률 데이터는 어떻게 봐야 할까?

각 학교급별로 취학률이 제시되어 있는 〈표 6−7〉을 보면 유치원 취학률이 낮게 나타나고 있다. 50%가 안 되고 있다. 초중고등학교는 모두 90%가 넘는다. 초등학교와 비교하면 고등학교와의 취학률 차이는 7%p 차이가 난다. 그러면 이러한 차이가 보이는

●● 표 6-7 교육단계별 취학률

	유치원	초등학교	중학교	고등학교
2020년	49.0%	98.4%	95.7%	91.4%
2019년	48.7%	98.7%	96.7%	91.3%

출처: 교육부, 한국교육개발원(2021). 통계로 보는 한국의 교육.

취학률 데이터를 통해서 교육기회의 평등이 실현되지 않고 있다고 평가할 수 있을까?

먼저 유치원 연령대에는 어린이집에도 다닐 수 있기 때문에 유치원 취학률이 낮은 상황을 가지고 교육기회의 평등이 구현되지 않았다고 쉽게 평가하기에는 어려움이 있다. 그러나 지역별로 취원율에 차이가 존재한다면 교육기회의 평등에 문제가 있다는 평가는 가능하다. 유치원 단계에서는 동일한 능력과 동일한 동기를 가졌는지를 파악하기 어렵기 때문에 일단 누구나 원하는 유치원에 입학가능하도록 만들 필요가 있다.

그런데 유치원이 부족해서 어쩔 수 없이 집에서 교육(혹은 양육)을 해야 하거나, 어린이집을 보내야 하는 선택을 해야 한다면 기회가 제한되었다고 평가할 수 있다. 일반적으로 학부모들은 유치원을 더 선호하는 경향이 있다. 유보(유치원－보육기관)통합문제가 제기되는 상황은 그러한 유치원과 어린이집의 교육과정 등의 차이를 나름 줄이고자 하는 노력의 일환이다. 물론 유보통합은 여러 제도적인 문제(유치원은 교육부담당, 보육－어린이집은 보건복지부담당)와 이해관계(유치원 운영관계자, 어린이집 운영관계자)가 복잡하게 맞물려 있어서, 혹자는 남북통일보다 어렵다는 평가를 내리기도 한다.

두 번째로 초등학교와 고등학교의 취학률 차이를 가지고 교육기회의 평등에 문제가 있다고 평가하기에는 어려움이 있다. 이 두 학교급은 다른 대상에 대한 평가이기 때문에 직접 비교가 어렵다. 그리고 고등학교의 취학률이 낮은 것은 고등학교 입학기회가 부족하기 때문이 아니라 여러 다른 이유로 자발적으로 중도탈락한 경우도 있다. 따라서 데이터를 통해서 교육기회의 평등 여부를 살펴보려면 비교가능한 대상인지를 봐야 하고 실질적인 기회가 보장되는지에 대한 질적 평가도 필요하다. 초등학교와 중학교의 취학률 격차를 비교하는 것은 교육격차분석에서 핀트가 안 맞는 것이라는 의미이다.

그렇다면 [그림 6－1]에 제시된 취학률과 학업중단율은 어떠한가. 대상이 전체 학생, 그리고 다문화 가정 출신 학생으로 구분이 되어 있다. 즉 교육격차의 분석대상이 일단 제시되어 있다. 임의적 요인(다문화 가정 출신 여부)에 의한 차이를 보여준다. 앞에서 언급한 바대로 교육기회의 평등은 임의적 요인에 따른 격차를 어느 정도 보완해주

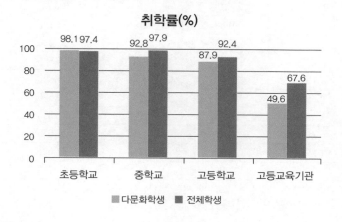

취학률(%)

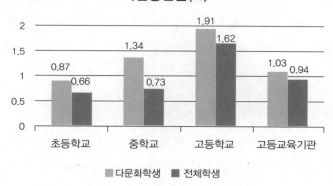

학업중단률(%)

출처: 교육부, 한국교육개발원 2021년 교육분야 이슈통계

는지를 고려해야 한다. 안타깝게도 다문화 가정 출신 학생들의 취학이 학교급이 올라 갈수록 낮아진다.

〈표 6-8〉은 시도별 유치원 취원율 현황이다. 2020년도에 취원율이 상승했다. 그런데 시도별로 보면 취원율의 차이가 많이 존재한다. 이 차이는 교육기회의 격차로 혹은 불평등으로 언급할 수 있을까? 최근에 행정도시개발이 이루어진 세종시의 경우 유치원 취원율이 97%에나 이르고 있다. 유치원에 굳이 안보내도 아동들의 성장과 발달의 기회가 제한되는 것이 아니라면 상관은 없다. 그러나 유아시기의 다양한 경험과 교육이 향후 아동의 사회성 발달 등에 영향을 줄 수 있다. 그리고 어린이집보다는 유치원에 보내고 싶은 학부모가 많으며 그러한 유치원 취원의 기회가 중요하다면 당연히 이러한

●● 표 6-8 시도별 유치원 취원율

	2017년	2020년		2017년	2020년
전국	24.8%	29.8%	경기	23.7%	29.4%
서울	16.9%	23.8%	강원	38.0%	43.2%
부산	15.1%	20.2%	충북	46.3%	53.4%
대구	16.5%	21.4%	충남	35.8%	36.4%
인천	22.9%	25.0%	전북	32.6%	36.1%
광주	17.8%	20.8%	전남	51.5%	53.3%
대전	19.0%	19.7%	경북	27.5%	30.7%
울산	19.9%	27.5%	경남	22.6%	27.0%
세종	95.3%	97.3%	제주	47.7%	53.3%

출처: 한국교육개발원 2017년 교육통계. 2020년 이은주 의원실 제공 교육부자료.
https://v.daum.net/v/20210813153600148

지역별 취원율의 차이는 교육기회의 평등의 제한을 보여주는 것으로 평가될 수 있다. 참고로 과거에 필자가 어렸을 때에는 유치원에 다니는 유아교육 경험을 가진 아동들이 많지 않았다. 교육열이 높은 가정에서 경제적 여건이 허락하는 경우 유치원에 자녀들을 보낼 수 있었다.

(2) 학교급별 학생 1인당 교육비

다음은 교육재정 데이터를 하나 살펴보도록 하자. 사립학교와 공립학교는 회계가 다르기 때문에 직접적인 비교가 어렵다. 따라서 공립학교회계 자료를 분석한 보고서의 데이터를 이용하여 학교급별(고교유형별 포함) 교육비의 격차 혹은 차이를 살펴보도록 한다. 먼저 공립학교 학교회계 기준 학생 1인당 교육비 현황을 보면 〈표 6-9〉와 같다. 학교회계에는 교직원 인건비가 제외되기 때문에 인건비를 제외한 일반 경상비로 볼 수 있다.

공립학교 학생 1인당 교육비는 초등학교는 334만원, 중학교는 328만원, 일반고는 370만원, 자율고는 425만원, 특목고는 1,131만원 특성화고는 705만원으로 산출된다. 즉, 학생 1인당 일반 경상비의 경우 고등학교 유형별로 보면 특목고가 가장 많음을 알 수 있는데 특목고의 학생 1인당 일반 경상비 금액이 일반고의 3배에 이르고 있다. 한편 학생 1인당 발전기금의 경우도 특목고가 약 16만 3천원, 특성화고가 12만 1천원, 일반고는 6만 5천원으로 나타나고 있다. 특수학교는 발전기금이 5만 8천원이다.

이러한 학교급별 학생 1인당 교육비 차이는 교육재정의 불평등을 보여준다고 말

●● 표 6-9 공립학교 학교회계 학생 1인당 교육비(2020년 기준)

학교급		교사1인당 학생 수	발전기금 (단위: 백만원)	학생1인당 발전기금 (단위: 천원)	학교회계 (단위: 백만원)	학생1인당 학교회계 (단위: 만원)
초		14.09	71,307	27	8,851,778	3,339
중		11.50	25,133	23	3,592,984	3,278
고	일반고	10.23	36,377	65	2,057,630	3,701
	자율고	9.92	10,055	149	287,279	4,249
	특수목적고	6.35	5,970	163	413,737	11,315
	특성화고	7.49	12,755	121	792,020	7,508
	소계	9.45	65,157	85	3,550,667	4,638
특수		2.60	862	58	216,891	14,525
전체		12.23	162,459	36	16,212,320	3,581

주: 학교회계는 세출자료. 발전기금회계는 세입자료.
출처: 한국교육개발원(2021) 공립학교 학교회계 분석 종합보고서.

할 수 있을까? 일단 초, 중, 고, 특수학교는 학급의 성격이 다르다. 학생의 발달상태도 다르기 때문에 그러한 다름을 고려해서 교육재정을 다르게 혹은 차이가 생기도록 지원해주는 것이 필요할 것이다. 특수학교의 경우는 가장 많은 교육재정 지원을 받는다. 이는 보상의 원칙이기도 하겠지만, 롤즈의 기회균등의 원칙을 구현하기 위한 지원에 따른 것으로 볼 수 있다. 따라서 이러한 차이는 불평등한 재정 지원이라고 볼 수는 없다.

그렇다면 같은 학교급 내에서의 차이는 어떻게 평가할 수 있을까? 일반고와 자율고, 특목고는 학생 1인당 발전기금이 2배 가까이 차이가 난다. 그리고 학교경상비도 많은 차이가 난다. 롤즈의 정의론의 원칙들에 의하면 이러한 불평등과 차이는 용인될 수 있다. 차등의 원칙에 의하자면 특목고를 졸업한 학생들이 사회경제발전에 기여한 바가 일반고의 교육재정 상태를 끌어올려야 한다. 현실은 그러한지 고민을 해보도록 하자.

나. 교육결과 관련 데이터

다음은 교육결과에 대한 데이터이다. 교육결과는 학업성취도라든가 주요 대학의 진학률, 그리고 향후 노동시장의 성공적 진출이나 향후 임금 등으로 측정될 수가 있다. 물론 보이지 않는 사회적 교육결과도 있다. 예를 들어 시민의식의 성장으로 사회질서 유지와 범죄율 감소 등도 교육의 결과가 되며 경제성장에도 일정정도 교육이 기여할 수 있다.

(1) 코로나19와 학업성취도 격차

일단 학업성취도 데이터를 살펴보자. 〈표 6-10〉과 〈표 6-11〉은 필자가 최근에 소득수준별로 학업성취도 현황을 부산교육종단자료 이용해서 분석해 본 결과이다(이광현·권용재, 2022). 분석대상은 중학생인데, 2019년도에 중1, 2020년도에 중2, 2021년도에 중3으로 진급한 동일한 학생을 대상으로 국어, 수학, 영어 성취도 평가결과를 분석한 결과이다. 참고로 표 내용의 균형을 맞추기 위해서 학생들을 대상으로 조사한 불안감도 포함시켰다.

불안감은 1-5단계의 리커트 척도로 측정한 값이다. 1은 전혀 불안하지 않다, 2는 불안하지 않다, 3은 보통이다, 4는 불안하다, 5는 매우 불안하다로 측정했기 때문에 평균점수가 2.5(2와 3의 평균) 미만이면 나름 괜찮은 상태로 볼 수 있다. 그러나 3.5점 이상이면 불안감을 느끼는 학생이 일정정도 존재하는 것이다. 아직은 전반적으로 2.5미만이기 때문에 다행이지만, 연도별로 잘 살펴보면 불안감 측정 점수가 증가하는 경향이 있다. 불안감은 코로나19의 영향이 있기 때문에 학교교육의 문제라고 볼 수는 없다. 참고 통계로 포함시킨 것이다.

표를 보면 * 표시가 있는 것을 알 수 있는데, 이 표시가 붙으면 통계적으로 유의한 차이가 있다고 해석한다. 많이 붙으면 매우 유의한 것이다. 통계적으로 유의하다는 말의 의미는 이 데이터보다 더 극단적으로 다르게 나올 확률이 매우 적다는 것이다. 따라서 현재 보여주는 데이터 값의 차이를 모집단의 차이로 해석하자는 의미이다. 물론

●●표 6-10 연도별 소득수준별 학업성취도 평균점수 변화: 국어, 수학

소득	국어				수학			
	2019년	2020년	2021년	연도간 F (사후검증)	2019년	2020년	2021년	연도간 F (사후검증)
상	25.338 (7.532)	24.700 (8.649)	24.435 (10.207)	1.270	17.013 (5.920)	17.005 (6.504)	17.264 (6.464)	0.240
중	23.876 (7.680)	22.627 (8.591)	21.550 (10.149)	25.180*** (19>20,21)	14.518 (6.236)	14.758 (6.868)	15.015 (6.891)	1.984
하	21.806 (8.067)	19.916 (9.177)	18.914 (10.253)	14.46*** (19>20,21)	10.649 (6.280)	11.063 (6.981)	11.588 (7.100)	2.744
소득간 F 사후검증	27.668***	41.5***	37.672***		141.173***	110.297***	90.217***	
	상>중>하				상>중>하			

주: 팔호안의 값은 표준편차. *** p<0.001, ** p<0.01, * p<0.05
소득수준구분: 상-700만원 초과, 중-300만원 초과~700만원 이하, 하-300만원 이하.

●● 표 6-11 연도별 소득수준별 영어 학업성취도와 불안감 평균점수 변화

소득	영어				불안감			
	2019년	2020년	2021년	연도간 F (사후검증)	2019년	2020년	2021년	연도간 F (사후검증)
상	23.436 (5.777)	22.305 (6.442)	20.285 (7.270)	26.839*** (19>20>21)	1.826 (1.136)	2.091 (1.286)	2.238 (1.273)	14.979*** (21,20>19)
중	21.041 (6.672)	19.322 (6.996)	17.397 (7.529)	95.087*** (19>20>21)	1.871 (1.151)	2.080 (1.230)	2.215 (1.282)	33.562*** (21>20>19)
하	16.996 (7.287)	15.572 (7.331)	14.256 (7.212)	20.07*** (19>20>21)	1.909 (1.133)	2.179 (1.299)	2.258 (1.306)	14.687*** (21,20>19)
F	127.663***	127.975***	83.296***		0.779	1.781	0.276	
사후검증		상>중>하						

주: 괄호안의 값은 표준편차. *** $p<0.001$, ** $p<0.01$, * $p<0.05$
소득수준구분: 상−700만원 초과, 중−300만원 초과~700만원 이하, 하−300만원 이하.

이 차이는 평균적인 차이이긴 하다.

〈표 6-10〉을 보면 국어와 수학성취도에서 코로나19 이전과 이후라는 시기와는 상관없이 일단 통계적으로 유의하게 상위소득계층의 점수가 높게 나옴을 알 수 있다. 흥미로운 점은 국어점수를 보면 상위계층은 코로나 이전과 이후와 통계적으로 유의한 차이는 없다. 그러나 중하위계층은 통계적으로 유의한 감소가 이루어졌다. 이는 곧 코로나19가 중하위소득계층의 국어성취도 하락에 영향을 주었다는 의미이다. 상위계층은 별 영향을 받지 않았다.

수학은 코로나19로 인한 연도 간 점수 차이에서는 모든 계층에서 통계적으로 유의한 차이는 없다. 흥미로운 결과이다. 그러나 소득수준 간에 각 연도 내에서는 격차가 유지되고 있다.

〈표 6-11〉의 영어성취도를 보면, 모든 소득계층에서 코로나19의 영향을 받고 있다. 연도 간 F 사후검증결과를 보면 모두 연도별로 점수가 통계적으로 유의하게 낮아졌음을 알 수 있다. 코로나19가 중학생들의 영어성취도 하락에 있어서 전 계층에 영향을 주었다. 한편 불안감의 경우 계층에 따른 차이는 존재하지 않는다. 대부분 모든 계층이 안정적인 심리 상태를 유지하고는 있다. 그러나 연도별로 보면 불안감이 통계적으로 유의하게 모든 계층에서 증가했다. 향후 코로나19와 같은 상황이 또 발생할지 모른다. 그에 대비하기 위해서 교사들의 심리상담 역량을 강화할 필요가 있을 것이다.

학교급	소득수준\조사연도	2005년	2008년	2011년	2014년
초등학교	200만원 미만	47.00	47.10	47.09	46.21
	400만원 미만	50.70	49.63	49.49	48.72
	600만원 미만	52.37	52.54	51.46	50.75
	600만원 이상	52.05	53.00	52.47	52.81
	차이(600만원 이상-200만원 미만)	5.1	5.9	5.4	6.6
	배율(600만원 이상/200만원 미만)	1.11	1.13	1.11	1.14
중학교	소득수준\조사연도	2004년	2007년	2010년	2013년
	200만원 미만	46.52	46.20	45.76	46.04
	400만원 미만	51.26	50.49	49.99	49.33
	600만원 미만	54.28	53.47	53.25	52.01
	600만원 이상	53.15	53.68	49.72	53.62
	차이(600만원 이상-200만원 미만)	6.6	7.5	4.0	7.6
	배율(600만원 이상/200만원 미만)	1.14	1.16	1.09	1.16
고등학교	소득수준\조사연도	2003	2006	2009	2012
	200만원 미만	-	46.53	46.78	46.79
	400만원 미만	-	49.38	49.23	48.90
	600만원 미만	-	51.99	50.88	51.07
	600만원 이상	-	52.98	51.84	52.54
	차이(600만원 이상-200만원 미만)	-	6.5	5.1	5.8
	배율(600만원 이상/200만원 미만)	-	1.14	1.11	1.12

출처: 박경호 외(2017). 교육격차 실태 종합분석. 한국교육개발원. 차이와 배율은 별도로 분석하여 포함시킴.
원자료는 각 해당연도 학교교육 수준 및 실태분석 보고서.

(2) 한국교육개발원 학교실태조사의 소득수준별 성취도 격차

한편 최근의 박경호 외(2017)는 소득수준에 따른 한국교육개발원의 학교교육수준 및 실태 분석연구 보고서에서 소득수준에 따른 수학성취도 격차에 대해서 비교분석을 제공한 바가 있다. 관련 자료는 〈표 6 – 12〉와 같다. 초등학교의 경우 소득수준에 따른 수학성취도 차이가 5.1점에서 6.6점으로 증가하고 있는 것을 알 수 있다. 배율 값 역시 1.11에서 1.14로 증가하는 추세를 보여준다. 중학교의 경우도 소득수준에 따른 수학성취도 차이가 6.6에서 7.6으로 증가한 것으로 나타나며 배율 값은 1.14에서 1.16으로 증가하였다. 고등학교 단계에서는 6.5점에서 5.8점으로 점수 차이가 감소하였으나 여전히 절대 값은 큰 편으로 나타나고 있다.

●● 표 6-13   학교설립유형별, 사회경제적배경변수가 성취도에 미치는 영향력(PISA)

구분	학교설립유형별 격차		사회경제적배경변수가 수학성취도에 미치는 영향력 계수	
연도	수학성취도격차 (국공립-사립)	수학성취도격차(국공립-사립) -사회경제적배경통제 후	한국	핀란드(참조)
2003	-28	-14(8.2)	37	28
2012	-17	-15(8.4)	42(3.3)	33(1.8)

출처: 2014년 OECD 교육지표.

(3) OECD PISA 데이터 사례

2014년도에 발간된 OECD 교육지표에서는 과거 PISA 자료를 이용하여 몇몇 교육 격차의 변화 현황을 보여주고 있다. 〈표 6-13〉은 2014년 OECD 교육지표에서 제공하는 수학성취도 격차 정보이다. PISA 자료는 2003년도부터 2015년까지 3년 주기로 시행되고 있으며 성취도 격차 지표를 설정하여 산출하면 3년 단위의 격차의 변화 양상을 보여줄 수 있는 중요한 정보이다. 〈표 6-13〉을 보면 한국의 고등학교 단계에서 학교설립유형별 격차가 커지고 있음을 알 수 있으며 사립학교의 성취도가 더 높게 나타난다. 이는 앞에서 살펴본 한국교육개발원의 일반계 고등학교 실태조사와는 차이가 있는 결과이다. 그 이유로는 교육개발원의 경우 일반계 공사립만 분석대상으로 한 것이나 PISA의 경우 일반계 공사립 고교뿐만 아니라 사립 특목고 등이 포함되었을 가능성으로 해석해 볼 수도 있다.

〈표 6-13〉을 보면 사회경제적배경에 의한 성취도격차의 경우 증가한 것으로 나타나고 있는데 한국은 37에서 42로 지난 2003년에서 2012년 사이에 5점이 증가하고 있다. 핀란드의 경우도 5점이 증가하고 있어서 전반적으로 사회경제적 배경에 의한 성취도 격차의 증가는 한국과 더불어 핀란드도 마찬가지의 상황으로 보인다. 다만 절대값이 아직 핀란드는 한국의 2003년도 값보다도 작게 나타나고 있다는 점은 핀란드로서는 안심할 만한 결과이긴 하다. 그런데 이러한 차이는 과연 학생의 타고난 천부적 재능의 차이로 인한 것일까?

이 부분에 대한 분석도 필요하나 안타깝게도 분석할 수 있는 관련 데이터는 존재하지 않는다. 추측건대, 재능이라는 요소가 시대적으로 균형 있게 분포되어있다고 가정한다면, 이러한 평균적인 성취도격차가 증가한다면 사회경제적 배경이라는 또 다른 임의적 요인(가능하면 사회정책으로 보완해야 할 요인)이 그 증가의 원인일 수 있다. 교육격차

해소를 위한 사회적 노력이 필요함을 시사해준다고 볼 수 있다.

(4) 한국의 20년간의 변화를 보여주는 연구 사례

교육격차의 변화를 보여주는 주요 논문 중 하나는 성기선(2010)의 논문이다. 중3 자료로서 1988년도와 2007년도의 교육격차 실태의 변화를 보여주고 있다. 다음 〈표 6-14〉는 관련 논문에서 일부 주요 변수만을 정리하였다. 앞에서 언급한 별(*)이 붙어야 통계적으로 유의한 결과라는 점을 반드시 기억하도록 하자. 〈표 6-14〉를 보면 성별 격차는 1988년도에 남학생이 여학생보다 3.229점이 더 높게 나타나고 있으나 2007년도에는 성별 격차가 사라진 것으로 조사되고 있다. 오히려 여학생들의 점수가 1.6점 더 높다. 물론 이 차이는 통계적으로 유의하지 않기 때문에 분석대상 표본에만 해당하고 모집단의 차이로 해석되지는 않는다.

부의 학력수준에 따른 성취도 격차는 0.92점에서 2007년도에 2.131점으로 커졌음을 알 수 있다. 사회경제적 지위와 관련된 한 변수인 부모의 직업지위변수의 경우 1988년도에는 통계적으로 유의하지 않게 나오나 2007년도에는 부모의 직업지위가 통계적으로 유의하게 나타나고 있다. 부모의 직업지위점수가 한 단계(혹은 1점) 높아지면 성취도가 2.409점이 높아지는 것으로 나타나고 있다. 사교육의 경우도 1988년도에는 사교육을 받은 학생이 성취도가 낮으나 2007년도에는 참여한 학생이 성취도가 더 높게 나타나고 있다. 지난 20년간 부모의 직업지위점수와 사회경제적 지위에 따른 학업성취도 격차가 증가했음을 확인할 수가 있다.

그렇다면 이 20년간의 성취도격차의 증가는 천부적 재능의 차이의 변화에 기인하

●● 표 6-14 성별, 부학력, 사교육여부에 따른 교육격차의 20년간의 변화

종속변수 : 중 3 성취도	1988년			2007년		
	계수	표준화된 회귀계수	p값	계수	표준화된 회귀계수	p값
성별(남)	3.229*	0.057	0.03	-1.601	-0.027	0.448
부학력	0.920**	0.103	0.007	2.131**	0.175	0.001
부모직업	0.653	0.023	0.466	2.409*	0.081	0.047
가구소득	-0.268	-0.010	0.743	1.249	0.042	0.278
문화자본	0.546	0.035	0.251	1.193	0.063	0.109
사교육	-4.149**	-0.072	0.005	9.154***	0.138	0.000
교육포부	5.341***	0.465	0.000	3.110***	0.214	0.000

출처: 성기선(2010). 일부 설명변수만 발췌함.

는가? 롤즈는 그러한 천부적 재능을 사회의 공동자산으로 여기고 그러한 재능이 꽃피우기를 바란다. 차등의 원칙을 통해서 사회가 상호 호혜를 받고 운이 안좋게 타고난 능력이 부족한 구성원에게 더 나은 교육과 자기개발의 기회를 제공해주면 된다. 그런데 이 격차는 과연 그렇게 해석할 수 있을지 의문이지만 천부적 재능을 계량화해서 측정하는 것은 학생들의 다양한 발달과정과 다양한 역량에 대해서 획일적으로 규정짓는 문제, 그리고 마이클 영이 예측한 IQ주의의 잔혹한 현실(앞의 제5강좌의 능력주의 부분 참조)의 발생가능성으로 인해서 어느 정도 제한되어 있다. 물론 IQ관련 연구는 진행 중이다. 일단 이 부분은 교사가 된 이후에도 고민해볼 문제로 남겨놓도록 한다.

(5) 마지막 생각해볼 사례

마지막으로 이 기사 제목을 보자. 어떤 사례일까?

"중학생이 수업 중에 교단에 누워 휴대전화 … 교권 침해여부 조사."

(2022년 8월 29일 언론보도)

충청권의 도 지역의 중학교에서 발생한 일인데, 지역 간 교육격차를 보여주는 사례일 수도 있다. 이런 상황은 학교교육의 효과를 낮추게 만들고 해당 지역 학생들의 교육적 성장을 방해할 것이다. 서울의 강남지역이라든가 사립학교에서는 이런 일이 발생하지 않을 것이다.

그러나 또 한편으로는 롤즈가 언급한 제1원칙－기본적인 인권과 자유의 보장 측면에서 보자면 교사의 교육권의 심각한 침해와 다른 학생들의 교육받을 권리도 침해당하고 있는 상황을 보여준다. 어쩌면 교육격차문제보다 학교현장에서 기본적 인권과 자유가 보장되고 있는지도 점검해보면 좋을 것 같다.

미국의 사례를 하나 간략히 언급하고자 한다. 1970년대에 학생의 권한을 강화하는 명목으로 교사와 학교를 상대로 소송을 걸 수 있는 권리를 학생들에게 주었는데, 이로 인해 학교에 대한 소송이 많아지고 학교가 학생들을 제대로 교육하기 어려워졌다. 문제는 그 피해는 모두 공교육에 의존하는 취약계층 학생들의 학업손실로 이어졌다는 것이다(Haidt, 2012). 이러한 소송권리는 당시 민권운동이 확산되는 과정에서 진보교육계에서 주장한 정책이었다.

한국도 혹시 진보교육계에서 주창한 정책들이 공교육의 붕괴와 그로 인해 취약계층 학생들의 학업손실을 야기하지 않는지 고민해볼 필요는 있다. 모든 정책들은 다양한 측면에서 고려될 필요가 있다. 균형적 시각이 필요하다.

다음 장에서는 교육격차의 원인에 대한 간략한 검토, 그리고 어쩌면 우리가 이상적인 교육을 추구하는 교육정책이 교육격차를 야기할지도 모르는 상황에 대해서 살펴보도록 한다.

교육격차 원인에 대한 검토와
교육격차문제를 야기하는 교육정책들[1]

필자는 교육사회학 강의를 하면서 "본인이 경험한 교육불평등 사례를 제시하라"는 리포트 과제를 내준 적이 있다. 다음에 제시되는 [사례 7−1]에서 [사례 7−4]는 학생들이 제출한 과제물의 일부 내용을 발췌한 것이다. 과제를 성실하게 제출해준 학생들에게 감사하다는 말을 전하고 싶다. 너무 많은 사례들이 있었다. 일단 이 사례들을 읽어보도록 하자. 이러한 사례들이 매우 예외적이고 극소수인 경우로 앞으로 사라지길 바라는 마음이다.

사례 7-1 **자유학기제의 현실** ●

"자유학기제의 첫 번째 교육 불평등은 진로 체험의 불평등이었습니다. 예를 들면 간단합니다. 잠재력이 비슷한 수준의 두 학생이 도시에서 중학생 생활을 하는 것과 촌락에서 중학생 생활을 하는 것을 비교해보면 어디가 학생에게 더 풍부하고 양질의 진로체험을 경험시켜줄 수 있을까요? 저는 2년 동안에 부산에 있는 영어학원에서 학원 보조업무를 하면서 중학교 1,2학년 학생들과 많은 이야기를 나누었습니다. 8~9명 정도의 학생들이 우연인지는 모르겠지만 체험한 진로가 하나도 겹치지 않았습니다. 이와는 반대로 명절 때 촌락에 살고 있는 2명의 중학생 사촌들과 자유학기제에 대해서 이야기 해봤을 때 진로 체험에 대해서 부정적인 반응을 보였었습니다.

그 촌락은 대부분이 농가로 이루어져 있는 곳이어서 진로 체험을 할 수 있는 분야가 농업밖에 없다고 했었고, 다양한 것을 체험해보지 못한다는 것에 대해 안타깝고 지루하다는 의견을 내었습

---

1 이 장의 내용은 필자의 2020년도 7월 22일 제2회 울산광역시 교육정책세미나에서 발표한 특강 원고(교육격차 분석 프레임, 교육격차의 원인과 대책)를 본 챕터에 맞춰서 수정보완하였다.

니다. 두 번째로 자유학기제로 전환함에 따라서 학생들은 학교에서 기존의 강의식 수업이 아니라 프로젝트, 실험, 실습, 토론, 토의, 역할극 등 자기계발 활동을 많이 할 수 있습니다. 하지만 학교 후에는 어떨까요? 여전히 학생들은 사교육을 받으러 갑니다. 오히려 자유학기제 때문에 중학생들의 사교육으로 인한 성적 격차가 심해졌습니다. 사교육으로 인한 성적, 교육격차는 이전부터 존재해왔지만, 자유학기제가 도입되고 난 이후에 그 정도가 더 심해졌다고 볼 수 있습니다." (교육대학교 학생 A)

사례 7-2 농어촌 학교의 현실 •

"OO교육대학교에 와서 가장 놀랐던 점은 잘 사는 집 친구들이 상당히 많다는 것이었습니다. 사실 제가 가난하다고는 생각해본 적이 없는데, '가계 곤란 장학금'이라는 이름의 장학금을 받고 충격을 받은 적이 있었습니다. 너무 놀라서 학교에 연락을 취해 잘못 받은 거 같다고 말씀드리자, 1분위부터 7분위까지 다 주고도 인원이 없어 8분위까지 줄 수 있게 되었다고 하셨습니다. 사실 저는 농어촌에서 자랐기 때문에 누구보다 교육기회의 불평등을 수도 없이 경험했다고 생각합니다. 우선 사교육을 받고 싶었지만 학원이 없어서 다닐 수가 없었습니다. 따라서 유명한 학원에 다니기 위해서는 시내로 가는 버스를 타고 왕복 1시간 30분 이상을 소모해야 했습니다.

그런데 이것보다 더 힘들었던 점은 10시 50분만 되면 제가 사는 지역으로 가는 버스가 끊기는 점이었습니다. 수업이 늦게 끝나는 날은 조마조마했던 기억이 납니다. 그러면 인터넷 강의를 들으면 되는 것 아니냐고 묻는 분들도 있을 텐데 인터넷 강의가 발달했다고는 하지만 현장 강의의 질을 뛰어넘을 수는 없다고 생각합니다. 학원은 빙산의 일각입니다. 소 똥 냄새(비료 냄새) 때문에 수업이 중단되는 일이 빈번했다고 하면 믿어지시나요? 심지어 승진 점수를 위해 오신 나이든 선생님들께서는 학교가 혁신학교라는 점을 악용하여 모든 영어수업을 조별 과제로 내신 분도 있었습니다. 1년 동안 그 분의 수업을 딱 두 번 들어봤다면 믿어지시나요? 농어촌 학교는 정말로 낙후되어있습니다." (교육대학교 학생 B)

사례 7-3 학교수업의 현실 •

"교육 불평등을 완전히 해결하는 것은 어렵겠지만, 조금이나마 개선할 방법엔 어떤 것이 있을까? 나는 첫째로 학교 수업의 질이 높아져야 한다고 생각한다. 수능을 대비할 때, 인기 있는 인터넷 강사의 강의를 듣는 것은 매우 효과적이다. 물론 인터넷 강의 자체가 학원이 적은 지역 학생들에게는 좋은 학습 기회이기 때문에 어느 정도 불평등 해소에 이바지한다. 사실 나는 고3 동안 학교 수업은 거의 듣지 않았다고 해도 과언이 아니다(이것대로 문제다).

그러나 비용의 문제로 분명히 이런 강의에 접근할 수 없는 학생도 존재한다. 사기업의 인터넷 강의는 확실히 EBS강의보다 자료가 풍부하고 경쟁력을 위해 차별점을 둔다. 몇몇 1타 강사의 강의를 들어본 학생으로서, 학교 교사 역시 노력한다면 이만큼의 수업의 질을 충분히 이뤄낼 수 있는 수준이라고 생각한다. 그나마 EBS에는 사기업 강의와 필적하는 강의가 많은 반면에 학교 수업은 갈 길이 먼 경우가 매우 많다고 생각한다." (교육대학교 학생C)

"내가 다닌 중학교에서는 수학, 영어의 수준별 수업을 성적에 따라 세 학급으로 나누어 진행하기도 했다. 그러나 같은 학교 시험을 치르는 상황에서 선택권 없이 다른 수업을 들어야 한다는 것은 또 하나의 차별로 다가올 수도 있다.

대신 나는 고등학교에서 경험한 수준별 방과 후 수업을 선호한다. 일차적으로는 수업을 다 같이 듣되, 수업이 끝난 후 성적에 따른 선발자가 아닌 원하는 학생이 모두 들을 수 있는 심화수업을 진행했다. 자신의 속도에 맞추어 필요한 학습을 선택할 수 있는 제도였다고 생각한다. 이외에 경험한 해결방안으로는 성적이 높은 학생과 낮은 학생 간의 멘토링 프로그램이 있는데, 나는 친구에게 영어를 가르쳐 본 경험과 친구로부터 과학을 배운 경험이 모두 있다. 양자에게 도움이 될 뿐만 아니라 학습 격차를 줄이는 데 효과적인 프로그램이었다고 생각한다." (교육대학교 학생 D)

존 롤즈는 자연적 임의성과 더불어 사회적인 임의성, 현실적으로 존재하는 사회적 여건(시장경제체제), 사회적 계층(다양한 직업군), 불평등한 교육기회와 여건이 맞물리면서 불평등이 발생하는 것으로 본다. 현실적으로 학생들을 가르치는 교사의 역량도 모두 동일하지는 않다. 때로는 정부의 정책이 의도치 않은 역효과를 발생시키기도 한다.

가능하면 이러한 사회적인 임의적 요인이 인생의 성공에 미치는 영향을 최소화하고 평등하고 정의로운 교육기회를 만들기 위해서는 무엇을 해야 할 것인가? 교육격차의 원인-사회적 임의성/임의적 요인에 대한 관련 이론들과 관련 연구들, 그리고 한국 현실의 일부 교육정책의 문제점들을 살펴보도록 한다.

1. 교육격차 원인에 대한 이론들 검토

가. 사회경제적 배경, 그리고 학교변수

교육학에서 널리 알려진 연구결과는 학생 가정의 사회경제적 지위/배경이 학업성취도에 결정적인 영향을 준다는 것이다. 이는 제임스 콜먼(1966)의 연구를 비롯한 많은 연구들에서 공통된 연구결과로 나타나고 있다. 한편 제임스 콜먼의 연구보고서는 학교변수가 학업성취도에 영향을 별로 주지 않는다는 결론으로 학교효과에 고민을 불러일으키기도 했다. 그러나 60년대 이후의 연구들에서는 학급규모감소가 교사의 교수법의 변

연구1(김경근, 2005)		연구2(김희삼, 2010)				연구3(김영철, 2011)	
설명변수	종속변수: 수능 3과목 합산점수	설명변수	종속변수(수능 각 영역 백분위)			설명변수	종속변수 (수능등급 역코딩)
			언어	수리	외국어		수능성적평균
사교육비	1.388	고2주당사 교육시간	0.269	0.855***	-0.075	월평균 사교육비	0.002
징계경험	-28.884***	고3주당사 교육시간	0.301	0.827***	0.009		
공부시간	1.020***	혼자공부시간 3_5시간 미만	1.116	8.239***	2.939	혼자 공부한 시간	0.017***
광역시	14.102***	5_10	3.877	10.705***	7.924***	서울	-0.094
중소도시	6.753*	10_15	8.93	11.250***	9.801***	중소도시	-0.093
읍면지역	-13.212**	15_20	5.456	11.871***	11.965***	읍면지역	-0.446***
수준별 이동수업	-5.900**	20_25	9.695	19.096***	14.185***		
수업분위기	5.740**	25_30	9.318	18.858***	12.757***	학습환경지수	0.347***
부모교육기 대수준	3.728***	30이상	15.709	26.345***	19.293***	일반고	0.415**
여학생	6.168**	여학생	4.659***	-1.161	3.684	남학생	-0.158
가계소득	1.751	월평균가구소득	0.002	-0.000	0.002	사회경제적 지위	0.049**
부교육수준	1.157*	부교육연수	0.754**	0.647*	1.158	지적능력의 상대순위	0.043***
사회자본	2.854*	모교육연수	1.051**	0.440	1.260	장래희망직업 등급	0.221***
상위정신노 동직보호자	12.458*						
학부모평균 경제여건	3.049*						
관측수	1,303	관측수	1,080			관측수	543
R-square	0.289	R-square	0.1467	0.2494	0.2273	R-square	0.571
KEEP 2004년 인문계 고3		KEEP 2004년 인문계 고3				KEEP 2004년 중3코호트. 2007년 수능	

출처: 이광현 외(2022)에서 기존 연구를 비교 정리한 표임.

화를 동반한다면 학업성취도 향상에 도움을 주며, 특히 취약계층 학생과 학교급이 낮을수록 학급규모 감축이 성취도에 미치는 효과가 더 발생한다고 보고 있다(이광현, 2005).
　　한편 한국의 연구들 몇 개를 한 번 살펴볼 필요가 있다. 한국고용정보원의 KEEP 데이터를 이용한 분석결과들에서는 가구소득수준과 사교육비지출, 사교육시간은 학생이 혼자 공부하는 시간, 그리고 부모의 학력변수를 포함하면 수능성취도에 영향을 주지 못하는 것으로 나타나고 있다(이광현 외, 2022). 즉 통제하기 어려운 변수 중에서 가구소득보다는 부모의 학력변수가 교육성취도 격차의 주요요인이라는 것이다. 부모의 학력변수는 학생들의 근면성에 영향을 줄 수도 있으며 여러 비인지적 역량에도 영향을 줄 수가 있다. 그리고 학력변수 속에 감추어진 보이지 않는 문화자본의 영향이나 부모로부터 물려받는 재능 등도 있을 수 있다.

학력변수가 소득변수를 능가하는 교육성취도에 미치는 영향력이 존재한다는 분석결과에 대한 해석은 다양할 수가 있으나 일단 학생이 혼자 공부(노력)하는 시간이 수능성취도에 영향을 주고 사교육비나 사교육시간은 영향력이 일부 사라지는 점은 교육격차 해소를 위한 방안 마련에서 주요하게 살펴볼 필요가 있다. 참고로 사교육비/사교육시간에 대한 투자는 일정정도 한계효과는 감소하지만(즉, 지나치게 많이 투자할 경우 성취도에 미치는 효과는 사라지지만), 일정정도 성취도에 미치는 영향이 존재한다는 연구도 있다. 사교육시간으로 보면 성취도가 낮은 학생에게는 대략 주당 4.9까지 효과가 있으며 성취도가 높은 학생에게는 주당 2시간대가 효과의 정점으로 나타난다(이광현·권용재, 2011).

그런데 영유아단계의 사회경제적 지위에 따른 가정의 양육방법의 차이에 대해서도 향후 좀 더 연구가 필요할 것으로 보인다. 양육방식은 집중적 양육과 방임적/자연적 양육의 두 유형으로 구분될 수 있는데 중상층은 종합적 양육, 즉 적극적으로 부모가 개입하고 자녀들을 관리해서 키우는 방식이 위주이며, 취약계층은 방임, 자유롭게 학생들이 스스로 자연히 알아서 성장하리라고 생각하며 키우는 경향이 있다(퍼트남, 2015). 이러한 양육방식의 계층 간 차이는 향후 교육격차로 이어진다. 영유아 단계에서 취약계층 아이들에 대한 양육에 대한 사회적 지원이 필요하며, 그리고 초중등학교에서 취약계층 아이들을 지도할 때 어떻게 지원하고 교육시킬지 되짚어볼 필요가 있다.

나. 사회자본론

"사회자본이란 개인들 사이의 연계, 그리고 이로부터 발생하는 사회적 네트워크, 상호호혜성, 신뢰의 규범을 가리키는 말이다."(퍼트남, 2000: 17)

교육격차의 원인에 대한 이론 중의 하나는 사회적 자본의 개념을 통한 분석틀이다. 퍼트남(2000)에 의하면 사회적 신뢰의 수준, 일상적인 유대 관계(친구나 이웃 간의 유대), 공동체 자원봉사활동(비영리단체 자원봉사활동), 공적 업무 참여도(투표율, 학교업무 참여), 공동체의 단체생활(시민단체 활동) 등의 사회적 자본의 수준은 학업성취도에 영향을 미친다. 즉, 가정이 보유한 사회적 자본의 격차가 학생들의 성취도의 격차에 영향을 주는 것이다. 또한 학업중퇴율에도 사회적 자본이 중요한 영향을 주는 것으로 보고 있다.

또 다른 사회적 자본과 관련한 유명한 연구는 제임스 콜먼의 사립학교 효과성 연구이다. 콜먼에 의하면 사립학교 연구에서도 카톨릭계 사립(고등)학교의 경우 공립고등학교 학생들보다 중퇴율이 1/3이 낮았고, 학업성취도 역시 높은 것으로 분석하고 있다. 이러한 학교 간 학업중퇴율이나 학업성취도 격차의 원인으로 학교를 둘러싼 사회구조, 사회적 자본의 형성으로 보고 있다. 카톨릭계 사립학교의 학부모 공동체는 신뢰와 다양한 네트워크를 보유하고 있어서 위기에 빠질 수 있는 학생들을 보호하고, 학교구성원이 협력하여 학생들의 성취도 등 역량을 잘 키워나갈 수 있는 교육기관으로서의 역할을 잘 할 수 있었다는 것이다(Coleman, et al., 1982).

한국에서도 사회자본이 학업성취도에 영향을 미친다는 연구들이 존재한다(한세리, 김안나, 2018; 원지영, 2009; 변수용·김경근, 2008; 김경근, 2000). 이러한 사회적 자본은 계층적 요인을 갖게 된다. 일반적으로 상위계층의 사회적 자본이 높은 경향이 존재한다. 그러나 예외적인 경우도 존재한다. 부모의 교육수준과 소득, 인종, 지역, 성별 등의 학업성취도에 영향을 주는 변수들을 통제한 후에도 사회적 자본이 성취도에 미치는 영향이 유의하게 나타난다.

예를 들어 위기취약계층의 경우에도 가족이 학생을 후원하는 강력한 네트워크를 갖고 있으며 모와 자녀간에 높은 수준의 감정적 버팀목이 있는 경우 해당 자녀는 향후 사회생활에서 안정된 직장을 얻을 가능성이 매우 높게 나타난다(퍼트남, 2000). 한편 학교 내의 사회적 자본, 예를 들어 교사간 신뢰, 학생과 교사간 신뢰가 높을수록 학생들의 성취도에 긍정적인 영향을 준다는 연구도 있다(이현철·김근진, 2014).

다. 문화자본론

문화자본은 사회자본론보다 상대적으로 이해하기 어려운 개념이다. 부르디외

(1984)에 의하면 문화자본은 "지배계층이 전수하려고 하는 언어적이고 문화적인 능력이며 문화적이고 사회적인 선별에 사용되는 고급 지위 문화의 신호로서 문화적 태도와 선호" 등을 의미한다. 학위증이나 자격증 등도 문화자본의 일부로서 존재하지만 태도나 언어역량 등 체화된 총체적인 역량의 의미가 강하다. 예를 들어 미국의 오바마 대통령의 경우 연설을 들어보면 상당히 고급영어를 구사하고 있으며 자세나 제스처 등이 흔히 말해서 세련되어 보인다. 하버드 대학을 졸업했으며 흑인이라는 점만 제외하면 상당히 상류층의 언어구사능력, 태도, 학력 등의 높은 문화적 자본을 체화한 인물임을 알 수 있다.

역으로 한국의 노무현 대통령은 학력수준, 태도 등을 보면 문화적 자본이 풍부하지는 않아 보인다. 서민적이며 때로는 거친 언어적 표현(물론 노무현 대통령의 연설은 한국의 역대 대통령 중에 호소력 등에서 전혀 뒤쳐지지는 않는 것으로 볼 수 있지만) 등 오바마 대통령보다 문화적 자본이 부족한 혹은 체화된 문화적 자본이 어찌 보면 낮은 대통령으로 볼 수가 있다(그래서 한국사회의 계층이동성의 역동성을 보여주는 인물이기도 하다).

문화자본은 최근 들어서 언급되는 소프트 스킬(soft skills, 대인관계, 지도성 등)을 포괄하는 개념으로도 볼 수 있다. 개념적 정의의 난해함으로 인해서 문화자본을 측정하는 방법에 대해서는 여러 이견이 존재한다(장상수, 2008). 결과적으로는 현재 연구소 등에서 구성한 설문지의 일부 내용을 이용해서 문화적 자본을 측정하고 변수로 설정하는 경우가 많다. 박현진·김영화(2010)의 경우 한국교육종단연구에서 조사한 부모의 언어소양(독서를 즐기는 편, 자녀가 읽는 책의 종류나 작가에 대해 조언여부, 영어 의사소통 여부), 부모의 문화예술적 취향(미술관, 박물과 관람, 연극 영화 관람, 지역사회의 문화프로그램에 참여, 좋아하는 화풍, 화가가 있음, 예술가와의 친분, 영화, 음악 연구에 대해 즐겨이야기함) 등을 문화자본으로 설정하여 학업성취도에 미치는 영향을 분석하고 있다.

장상수(2008)의 경우 OECD PISA자료에서 가족의 문화적 소유(고전문학, 시집, 예술작품) 등의 고급 문화적 대상물의 소유여부, 부모와 자녀가 함께 정치적 사회적 문제, 책이나 영화, TV 프로그램에 대해 토론하거나 고전음악을 청취하는 정도, 가족성원이 학생의 숙제나 학습을 도와주는 정도, 그리고 박물관 미술관 방문, 오페라, 발레, 고전음악회, 연주회에 참여하거나 관람하는 빈도 등으로 문화적 자본을 설정하고 있다.

미국의 사회적 자본을 연구하는 퍼트남 역시 최근의 저서 우리아이들의 제3장 양육에서는 언어상호작용, 저녁식사 상호작용 등을 계층에 따른 양육방식의 차이를 설명하고 있는데, 퍼트남(2015)은 저서에서 문화자본이라는 용어를 사용하지는 않고 있지만 '양육'방식에 대한 계층 간 차이를 보여주는 지표들(언어상호작용, 저녁식사 등)은 문화자본의 한 형태로 볼 수가 있다.

부르디외의 이러한 문화자본론은 계층의 문화자본과 연계되어 있다. 상류층의 문화가 학교 사회를 지배하고 그로 인해 중하층의 학생들이 학교교육에서 배제되거나 소외되고 자기발전의 기회가 박탈된다는 것이다. 이처럼 문화자본론은 교육격차의 원인을 설명해주는 이론으로 언급되나 현실 계량적 연구에서는 미약한 결과가 표출된다. 김경근·변수용(2008)의 연구에서는 고급문화활동이 일정정도 학업성취도에 영향을 미치지만, 영향이 제한적이라고 보고 있으며, 박현진·김영화(2010)의 연구에서도 문화자본보다는 사회자본이나 사회경제적 지위가 성취도에 더 큰 영향을 미치는 것으로 보고 있다.

이처럼 한국사회에서 문화자본의 성취도에 미치는 영향이 엇갈리게 나오는 결과를 본다면 부르디외가 당혹해 할 수도 있으나 조작적인 정의에 의한 설문조사 자료를 이용한 문화적 자본 변수들은 부르디외의 문화적 자본을 정확하게 측정하는 데에는 일정정도 한계가 존재한다. 문화적 자본의 교육격차에 미치는 영향은 계량적인 방법보다는 질적인 연구로 접근하는 것이 더 타당할지도 모른다. 앞의 3~4강좌의 주요이론 설명에서 제시된 부르디외의 언급처럼 매우 "은밀하게 전승되는 것"이 문화자본이기 때문이다.

2. 교육격차문제를 야기하는 교육정책들

가. 수준별 수업

교육격차의 원인으로 교육과정에서 언급되는 이슈는 학업수준별 학업역량에 따른 트랙킹(tracking)이다. 트랙킹은 수준별 수업으로도 일컬어지는데, 흔히 말하는 상, 중, 하 반을 만들어서 학생들의 학업수준에 따른 수업을 진행하는 제도를 말한다. 교육학계에서는 이러한 트랙킹으로 인해 교육격차 문제가 심화된다는 지적이 늘 제기된다(김천기, 2001; 황여정, 2010; 백병부, 2010). 학생들의 타고난 능력은 다를 수 있으며 이로 인해 이상적으로 트랙킹을 적절히 잘 운영하면 학생들의 역량을 적절히 잘 높이는 효과적인 교육과정운영체계일 수도 있다.

그러나 현실에서 학생들의 수준에 맞는 수업을 운영하는 과정에서 교수법이 뛰어난 교사를 상반(흔히 말하는 우수반)에 배치하고 기간제 교사나 경험이 부족한 교사를 하반(하위반)에 배치하는 등의 실질적 교육기회의 불평등한 처우가 발생하게 되면 이로 인한 교육격차의 심화 문제가 지적될 것이다. 현실에서는 이러한 분반별 차별화된 교육과정이 적용되고 있다는 지적이 있다(최윤진, 2016; 이광현 외, 2011).

한편 고교학점제는 교육기회의 평등 시각에서 볼 때 어떤 결과를 가져올까? 물론 롤즈는 뛰어난 능력을 가진 학생이 더 앞으로 나갈 수 있게 해주는 것을 반대하지는 않는다. 읍면지역이나 도시지역에 동일한 능력과 동일한 동기를 가진 학생이 동일한 역량 있는 교사를 만나서 다양한 고교학점(과목)을 잘 이수해서 유사한 사회적 성공의 기회를 제공하면 문제가 없을 것이다. 고교학점제 시행여부를 떠나서 이미 교육기회의 격차는 존재하는데 문제는 더 해당 정책이 심화시킬 것이냐 아니면 완화시킬 것인가를 고민해봐야 할 것이다.

나. 자유학기제

한국의 경우 중학교 교육과정에 자유학기제, 최근에는 자유학년제로 확대되어서 시행되는 독특한 교육과정 정책이 있다. 자유학기제 시행을 위한 기초연구에서도 자유학기제에 대한 연구가 극히 제한적이며 선행연구가 전무하다고 언급하고 있다(최상덕 외, 2013).[2] 즉, 선행연구가 전무하다는 것은 국내외 어디에서도 중학교 단계에서 자유학기제를 시행하고 있지 않다는 언급과도 같다. 사실 현재의 자유학기제는 초등학교 저학년 과정처럼 오전에만 수업하고 점심식사 이후에는 창의적 체험활동, 직업탐구 활동 등의 다양한 활동을 수행하는 느슨하고 좀 더 자유로운 교육과정의 도입으로 볼 수 있다. 이를 통해서 자신의 적성을 찾고 직업을 찾는 노력을 해나가는 취지를 갖고 있다. 그런데 결과적으로는 중학교 1학년 교육과정이 초등학교 교육과정 연장과 유사한 상황, 극단적으로 표현하자면 초등학교 교육과정이 7년으로 늘어나는 학제개편과 유사

---

2 영국의 섬머힐 학교 같은 자유학교가 아마도 자유학기제를 모든 학년에 전면화한 사례일 것으로 보인다. 실제로 자유학기제는 자유학교 이념에 근거하여 도입된 측면도 있다.

●● 표 7-2 자유학기제 시행에 대한 찬반 쟁점

쟁점	찬성	반대
목적 및 방향	*입시 교육 폐해를 변화시키고 학생 행복을 증진시키는 출발점 -연속적 변화를 일으키는 진앙지 -수업 평가 혁신 등 교육전반의 변화	*집중적인 진로직업체험을 위한 학기는 현행 입시 구조 하의 공백기 -한 학기만의 단절적 변화 -진로직업체험만을 위한 단편적 변화
학력수준	학력 증대 - 핵심 역량 중심의 학력관으로 전환 - 참여식·활동식 수업 및 체험으로 학력증대 - 진로탐색 활동으로 목표의식 증대	학력 저하 - 학습량 부족 및 '노는 학기'로 전락 - 기본 교과 감축으로 기초지식 부족 - 시험폐지로 학생들의 수업 소극적 참여
사교육	사교육 영향 미비 - 시험준비부담 감소로 사교육 요구 감소 - 기본적인 수업 운영으로 학업 결손 해소	사교육 확대 - 사교육에서 보충 욕구 확대 - 입시준비를 위한 사교육 시간으로 전락
지역별 격차	지역별 격차 약화 - 체험기관 확대로 농어촌 체험 기회 확대 - 교육기부 확대 등 사회적 지원, 인식개선	지역별 격차 심화 - 농어촌의 체험 인프라 취약 - 농어촌 지역 부담 가중

출처: 신철균·박민정(2015). 자유학기제를 경험한 세 학교에 대한 사례연구.

한 효과를 가진다. 즉, 자유학기제/학년제의 경우 초등학교 7학년처럼 운영되고 있는 측면이 존재한다.

자유학기제 시행에 따른 쟁점을 다시 한 번 살펴볼 필요가 있다. 찬반 쟁점을 정리한 〈표 7-2〉를 보면 반대로 제시된 의견이 현실화되고 있을 가능성이 높다. 자유학기제가 14년도부터 전면적인 확대로 인해 기초학력미달 학생의 비율이 증가되었을 가능성이 높다.

자유학기제의 경우 단순히 노는 학기로 전락되어서 학력이 하향될 것이고 기본 교과수업 내용의 축소로 학생들의 기초지식 부족, 교육격차 확대 등이 야기될 것이라고 자유학기제를 평가하는 입장도 존재한다. 신철균·박민정(2015)의 세 학교 사례연구에서도 이러한 학력저하 가능성이 언급된다.

"애들은 (자유학기제에 대한) 실 내용은 모르면서 방송이나 매스컴에서 떠드는 것만 보고 자유학기제 동안은 공부 안 하고 그냥 체험만 하면 된다고 생각하고 있어요. … 그래서 수업시간에 학습을 시키면 그건 자유학기제가 아니라고 반박해요. —나 중학교 교사A —"(신철균·박민정(2015))

자유학기제의 쟁점과 관련해서 이러한 노는 학년/학기로 전락된 상황이 개선되었는지를 평가하기 위해서는 많은 데이터가 축적되어야 한다. 최근에 이와 관련된 소수의 연구가 이루어진 바가 있다. 경기종단연구자료를 사용한 이필남(2020), 김위정(2017)의 연구에서는 자유학기제로 인한 학업성취도가 저하되었다는 실증연구를 제시한 바가 있다. 반면 문찬주 외(2020)의 연구에서는 학업성취도에 영향이 없는 것으로 분석하고 있다. 이 두 연구의 차이점은 데이터의 분석단위 등에 있다. 이필남(2020), 김위정(2017)은 학생 개인단위의 자료로 학생들이 자유학기제를 경험했는지 유무를 직접적으로 조사한 자료를 근거로 한 분석인 반면, 문찬주 외(2020)의 분석은 분석단위는 학교단위이긴 하지만 자유학기제에 대한 변수 설정은 시도단위로 시행비율 값을 설정하였다.

즉, 문찬주 외(2020)의 분석에 사용한 학교의 각 사례마다 자유학기제 시행비율이라는 동일한 변수를 사용하였기 때문에 이는 분석에서 한계가 존재한다. 이필남(2020), 김위정(2017)처럼 실제 분석대상이 자유학기제 시행여부가 확인되지 않은, 학교가 자유학기제를 시행하였는지를 분석하지 않았기 때문에 분석의 정확성이 떨어진다고 볼 수 있다. 따라서 질적 연구 자료와 학생 개인단위의 분석에 근거한 연구에 의하면 자유학기제가 2010년대 중반 이후에 심화된 기초학력저하와 학력격차의 한 원인일 가능성이 더 높은 것으로 보인다.

따라서, 자유학기제/자유학년제는 폐지하고 창의적 체험활동의 내실화를 위한 선별적 지원강화(읍면지역에 대한 지원 강화 등)가 교육격차해소를 위해서 더 필요한 교육과정 정책일 수가 있다. 정 자유학기제를 운영해야 한다면, 중장기적으로는 초등학교를 5년 과정으로 현재의 초등학교 6학년을 중1과정으로 학제를 개편한 후에 중1 과정에서 한 학기 정도만 자유학기제를 운영하는 것이 적절할 수 있다.

다. 잦은 교육과정 개정, 편향된 비인지 역량중심 교육과정 담론의 유행

2007년 교육과정이 발표된 이후, 정권이 교체되자 곧장 2년 만에 2009년 교육과정 개정이 이루어졌다. 이로 인해 학교 현장은 많은 혼란을 겪은 바가 있다. 4/5학년이 5/6학년으로 진학하면서 2년 만에 변화되고 적용되는 교육과정으로 인해 유사한 내용의 교육을 받게 된 상황이 발생하였다. 즉, 예를 들면 5학년 때 배운 내용을 6학년 때 또 배우게 되는 상황이 발생하게 된 것이다. 이는 아마도 교육과정 개편 과정에서 교육

내용의 부담을 줄이는 방향과 맞물리면서 생기는 문제로 보인다.

　　무엇보다도 이러한 교육과정의 잦은 개편의 문제는 결국은 학교에서 교사가 취약계층학생들의 학업에 관심을 기울이게 될 시간을 감소시키며 새로운 교육과정 내용의 적용/적응에 시간을 더 많이 사용하게 만든다는 것이다. 즉, (내용은 그대로 두고 포장지만 바꾸는 격인) 잦은 교육과정 개편은 결과적으로 학교교육에 의존을 많이 하는 취약계층 아동들의 성장에 더 부정적 영향을 많이 미치게 된다(중산층/고소득층의 학생들은 사교육이나, 부모의 다양한 사회적 자본, 정보력 등으로 이러한 급격한 교육과정 변화에 따른 충격을 덜 받게 된다).

　　한편 최근에 급격하게 유행하고 있는 역량중심교육과정에 대해서는 균형잡힌 접근이 필요하다. 일단 역량중심교육과정의 내용을 살펴보자. 〈표 7-3〉과 〈표 7-4〉가 관련 내용이다.

●● 표 7-3 2015교육과정이 추구하는 인간상과 관련 핵심역량

추구하는 인간상	영역			
	자주적인 사람	창의적인 사람	교양있는 사람	더불어 사는 사람
핵심역량	자기관리역량	지식정보처리 역량 / 창의적 사고 역량	심미적 감성 역량	의사소통역량 / 공동체역량

출처: 김경자 외(2015). 2015 개정 교육과정 총론 시안 개발 연구.

●● 표 7-4 OECD 핵심역량 프레임

범주	핵심역량
1. 자율적으로 행동하기	1-1. 넓은 시각(big picture)에서 행동하는 능력 1-2. 인생의 계획과 개인적인 과제를 설정하고 실행하는 능력 1-2. 자신의 권리, 관심, 한계, 욕구를 옹호하고 주장하는 능력
2. 도구를 상호작용적으로 활용하는 능력	2-1. 언어, 상징, 텍스트를 상호작용하도록 활용하는 능력 2-2. 지식과 정보를 상호작용하도록 활용하는 능력 2-3. 기술을 상호작용하도록 사용하는 능력
3. 사회적 이질집단에서 상호작용하기	3-1. 다른 사람들과의 관계를 잘 하는 능력 3-2. 협동하는 능력 3-3. 갈등을 관리하고 해결하는 능력

출처: OECD. 윤현진 외(2007; 3)에서 재인용.

〈표 7-3〉과 〈표 7-4〉에서 제시된 핵심역량의 내용을 보면 모두 소프트 스킬 혹은 비인지적 역량으로 구성되어 있음을 알 수 있다. 문제는 교육과정을 통해서 이러한 핵심역량을 구현하기 위한 방안이나 평가 점검 체계 등은 전혀 개발이 이루어지지 않았다는 것이다. 비인지적 역량에 대한 강조가 지나치게 편향적으로 흐르게 되면 '미래 역량은 지식을 잘 찾고, 잘 분석하고, 잘 활용하는 능력(역량)만 필요하다'는 주장과 '현재의 지식은 향후 쓸모없어질 것'이라는 극단적인 주장으로 이어지면서 지나치게 반지식주의 혹은 반주지주의로 흐르게 되는 문제점을 낳게 된다. 현재 상황에서는 잘 찾고 판단하기 위한 확실한 지적능력을 고양시키기 위한 방법에 대한 구체적인 내용/교수법/평가체제가 확립되어 있지 않다.

게다가 과연 기본적 지식 없이 비인지적 역량이 개발가능한지, 언어력, 수리력, 논리력, 과학핵심원리에 대한 지식과 이해 없이 지식을 잘 찾을 수 있고, 잘 분석하고, 잘 활용할 수 있는지에 대한 문제가 존재하고 있다(Hirsch, 2016). 이처럼 추상적인 수준(프레임, 개념정의 차원)에서의 비인지 역량에 대한 지나친 강조에 대한 피해는 취약계층학생들에게 더 가게 된다. 중상위계층 학생들은 가정에서 혹은 사교육을 통해서 기초지식, 어휘력, 논리력, 수리력을 갖춰서 학교에 오는 경우가 많으나 취약계층학생들은 기본적인 지식과 어휘력, 논리력, 수리력을 학교에서 학습해야 하는 상황이 많기 때문이다.

참고로 거꾸로 교실/수업(Flipped Learning)과 같은 교수방식, 즉 가정에서 필수 개념 지식이나 내용은 미리 학습해오고 학교에서는 사전 학습해온 지식을 바탕으로 토론식으로 수업하는 것은 그 자체로 매우 이상적이다. 그러나 현실적으로 가정에서 자녀를 잘 챙기지 못하는 취약계층학생들에게는 기본적 수업내용에 대한 학습점검이 방기됨으로 인해 교육격차문제를 심화시킬 수 있다. 학교교육이 결과적으로 중상위계층만을 위한 교육과정이 될 수도 있다.

학교 교육과정에서 기본적 교과에 대한 충실한 교육과 학생들의 인지역량을 강화시키기 위한 노력을 소홀히 하게 된다면 그리고 비인지역량의 강화에 대한 노력위주의 교육과정기반으로 전환된다면 그로 인한 교육성취도격차가 증가할 수밖에 없다. 과거 파편화된 무비판적 지식암기식, 주입식 교육은 당연히 문제가 있지만, 비인지 역량만을 강조하는 경향도 그에 못지 않은 폐해가 있다. 그 폐해는 계층 간 교육격차의 확대로 귀결되게 된다.

인지역량과 비인지역량에 대한 균형 있는 교육과정에 대한 강조가 필요하며, 앞에서 언급한 바대로 인지적 성취결과(학업성취도 – 수능, 내신등급)에 비인지적 역량이 상호 상관이 있음을 상기할 필요가 있다(Heckman et. al. 2006; Borghans et. al., 2016). 인지역량이 비인지역량에도 영향을 줄 수 있으며 비인지역량도 인지역량에 영향을 줄 수가 있는 상호성을 갖고 있는 것이다. 그리고 두 역량 모두가 학생 개개인의 사회적 성공, 특히 취약계층의 사회적 성공에 영향을 주기 때문에 균형잡힌 접근이 필요하다.

라. 학생중심교수법의 현실 적용 문제[3]

교육과정은 교수, 교육내용, 학습으로 이루어진다. 그런데 학생중심 교수법의 담론이 교육에서 강조되며 시행되는 과정에서 교수(가르침, Teaching)가 약화되거나 사라지고 학생의 학습(Learning)만 강조됨으로 인해 기초학력저하와 교육격차문제가 심화된다는 주장이 존재한다. 이러한 주장은 미국의 문학자인 Hirsch(1996; 2016)가 제기한 바가 있다. 미국의 기초학력와 교육격차가 발생되는 현상에는 학생중심이라는 담론의 과잉에 의한 것이라는 것이다. 즉, 학생중심이라는 진보주의 담론의 과잉으로 인해 교사가 중요한 내용과 지식을 학생에게 적극적으로 가르치는 과정이 약화됨으로 인해서 교육격차가 심화되었다는 것이다. 이러한 주장은 미국의 교육사학자나 교육사회학자 등에 의해서도 제기된 바가 있다(Labaree, 2004; Ravitch, 2010).

Hirsch(2016)는 학생중심교수법의 강조로 인해 핵심지식에 대한 교수(teaching)가 약화되고 그로 인해 학생들의 기초학력저하와 교육격차(증가)의 사례로 프랑스를 예를 들고 있다. 1989년도에 조스핀 법(Loi Jospin)의 도입으로 프랑스의 초·중학교에서는 공통교육과정보다는 학생 개별화교육, 그리고 학생 가정의 문화에 대한 다양성 존중, 각 지역의 특성에 맞는 교육을 추구하며 이른바 학생 중심의 교육을 강조하였다.

학생 중심교육은 "학생들은 자신들의 열정과 역량에 따라 자신만의 교육과정을 만들 것이다"라는 입장에 근거하고 있다. 이러한 학생중심의 사고는 학생들의 발달이 자연적으로 이루어진다는 자연주의적, 그리고 개별주의적 학습의 중심이 놓여 있다. 학생 중심의 발달주의, 개별주의 이론의 옳고 그름을 떠나 현실에서는 학생개별의 성장에

---

3 이광현(2021)의 내용을 수정보완하여 제시함.

●● 표 7-5 프랑스의 계층별 성취도(Z-score) 하락: 1987-2007

평가연도	전문가, 경영가 자녀	전문직 자녀	화이트 칼러 자녀	노동자 자녀	실업자 자녀
1987	0.6	0.3	0	-0.2	-0.4
2007	0.4	-0.1	-0.4	-0.8	-1.0

주: Z－score이기 때문에 0은 평균을 의미함. 출처: Hirsch(2016.145p).

초점을 맞추는 과정에서 학생 간 성취도의 격차, 기초학력저하가 발생했다는 것이다. 이에 따라 프랑스에서 시행하는 학업성취도 평가결과에서 모든 계층의 학생에서 1987년도 해당 법이 시행된 이후인 2007년도까지 성취도가 1/4 표준편차가 감소한 것으로 나타났다(〈표 7－5〉참조).

　　한국의 경우도 이러한 학생중심의 교수법이 실제 현장의 적용과정에서 학생들에게 중요한 학습개념을 이해시키는 데 있어서 한계가 있다는 사례가 제시되고 있다. EBS 다큐멘터리 '다시학교 1부'에서 제시되는 실험결과에 의하면 교사가 개념을 명확히 제시하고 설명한 학급에서의 학생들의 수업내용에 대한 이해도가 높았다. 반면 학생중심의 토론식 수업을 진행한 경우 이해도가 낮게 나타난 바가 있었다.[4] 이는 학생들이 45분 혹은 50분간의 수업시간에서 효과적인 학습을 이루어지기 위한 효과적인 수업 배분, 학생중심의 수업진행 시간, 교사가 개념에 대한 교수의 효과적인 배분이 현실에서 잘 이루어지고 있지 못함을 의미한다. 기초학력저하와 학업성취도 격차는 학생중심의 교수법이 현장에서 효과적으로 이루어지지 못함으로 인해서 발생했을 가능성을 보여주고 있는데 학계에서는 이런 문제(학생중심교수법 시행과정에서의 학생들의 효과적 학습의 손실 문제)에 관한 연구가 좀 더 이루어질 필요가 있다.

---

4 EBS 다큐멘터리 '다시 학교 1부' 가르치지 않는 학교 방영 내용 참조. 방영내용에서는 실험을 실시하는데, 강의위주 수업, 강의 및 학생 분임토론 복합수업, 학생토론(학생주도 활동형) 중심 수업으로 구분하여 수업을 진행한 후에 학생들의 학습이해도에 대한 평가 결과 강의형 수업의 학업성취도가 69.4점, 학생 주도 활동형 수업은 53.1점으로 강의형 수업이 학생들의 학업성취도에 더 긍정적인 것으로 나타났다. 그리고 마인드맵에서 학생들의 이해도 역시 강의형 수업이 더 우수한 것으로 나타났다. 강의식 수업이 단순 지식주입형 수입이랑 동일시해서는 안 되며 학생들에게 다양한 사례를 들고 흥미를 유발하면서 학생들의 수준에 맞는 강의가 이루어지면 학생들의 학업역량 향상에 토론식 수업 못지않게 효과적일 수 있음을 보여주는 사례이다.

마. 격차 점검 지표의 부재, 보편적 검사 혹은 시험의 중요성

교육격차를 점검하기 위해서는 지표, 데이터가 필요하다. 이명박 정부시절 교육격차를 확인하기 위해 기존 표집조사로 수행하던 국가수준학업성취도 평가를 전수평가로 시행한 적이 있지만 학교에 대한 시장주의적 책무성 강화, 그리고 교육과정의 왜곡 문제를 발생시켰다. 그러한 문제로 인해 국가수준학업성취도 평가를 표집조사로 전환하였다. 문제는 초등학교 국가수준학업성취도 평가 표집조사마저 폐지하고 중고등학교만 부분적으로 수행하고 있다는 점이다.

교육격차는 영유아, 저학년부터 시작되고 고착화될 수 있기 때문에 저연령대의 현황부터 점검할 필요가 있다. 따라서 현재 초등학교 단계에서의 표집을 통한 국가수준학업성취도 평가를 시행할 필요가 있다. 그리고 표집조사 시에 부모의 학력, 직업수준, 소득수준 등을 조사하여 계층 간 교육격차를 점검할 수 있어야 한다. 현재에는 이러한 계층간 교육격차를 국가수준에서 표집을 통해서 점검할 수가 없다. 다만 지역규모(대도시, 중소도시, 읍면)의 교육격차만 확인 가능한 상황이다.

게다가 초등학교 저학년 기초학력진단평가마저도 제대로 실시되고 있지 않다. 표준화 검사는 내부적으로 학생들의 발달현황을 파악하기 위한 기초자료로 삼으면 된다. 전수평가자료를 이용해서 학교통제나 교장교사평가를 위한 기제로 사용하지만 않으면 된다. 학교와 교사가 교육격차 해소를 위한 노력을 하기 위해서도 기초자료가 필요하며 교사의 주관적 평가는 제한적일 수 있다. 참고로 미국의 플로리다의 Broward 교육구에서는 과거 영재교육대상자 프로그램 진행시 교사의 추천을 받아서 학생들을 선발해서 운영하였다. 그러나 전체 학생들을 대상으로 한 동일한 평가시험을 통한 선발방식을 도입한 이후에 흑인, 히스패닉 학생들, 취약계층 학생들의 선발 비율이 증가한 바가 있다.[5] 보편적 시험은 교육격차를 해소하는데 중요한 역할을 한다.

미국의 경우 대학입학시험(SAT/ACT)이 학생들이 비용을 내고 선택해서 보는 시험이다. 미시간 주 등에서 모든 고등학생들이 대학입학시험을 보도록 의무화하고 시험응

---

5 Susan Dynarski의 2017년도 뉴욕타임즈 기고글: Simple Way to Help Low-Income Students: Make Everyone Take SAT or ACT Credit. 교사들도 실수를 할 때가 있다. Bias가 완전히 없는 인간은 존재하지 않는다. 문제는 교사의 실수로 인한 학생들의 인생에 미치는 피해를 최소화하기 위해 다양한 방안을 활용해야 한다.

시료를 무상으로 지원해준 이후에 학업역량이 뛰어난 취약계층 학생들의 (상위) 대학입학률이 더욱 높아졌다(Hyman, 2017). 기존에 역량있는 똑똑한 취약계층학생들이 SAT 시험을 보기 위해서 지불해야 할 시험응시료에 대한 부담 때문에 SAT 응시를 포기하고 커뮤니티 칼리지로 진학하는 경우가 많았던 것이다. 참고로 고등교육기관에서 학업역량을 평가해서 학생을 선발하지 말고 창의성, 대인관계 등의 비인지적 역량만으로만 선발하라고 요구하는 것은 적절치 않다. 이러한 비인지적 역량을 비교가능하게 정확한 평가를 하기에는 쉽지 않기 때문이다. 앞에서 언급한 바대로 인지적 역량을 보여주는 표준화성취도(수능), 고교내신성적 등이 비인지적 역량을 간접적으로 보여준다는 점을 상기할 필요가 있다.

바. ICT에 대한 만능주의

코로나19로 인해 2020년도에 온라인수업을 전국적으로 시행하는 상황이 발생했다. 미래교육이 현재교육으로 앞당겨진 것이다. 한국의 경우 인프라는 잘 갖추어져 있었지만, 사실상 온라인 교육을 초중등에서 처음 실시한 상황이라서 어려움이 많았다.

온라인교육에 앞서 ICT 디지털교육의 대표적인 사례인 디지털 교과서를 한 번 살펴보자. 과거 디지털 교과서 개발을 위해서 몇 십억(혹은 몇 백억?)의 예산을 투입해왔지만 디지털 교과서는 현재 보편적으로 활용되고 있지 못하다. 몇 가지 이유가 있겠지만, 상식적으로 생각해보면 어려움이 많다. 우리가 매일 밤 스마트폰을 충전시키는 데 신경써야 하듯이 디지털교과서 배터리 충전을 매일 신경써야 한다. 그리고 책은 떨어뜨려도 큰 손상이 없지만, 디지털기계는 잘못 들고 다니다 떨어뜨리면 화면 액정이 부서지거나 해서 사용하기가 어렵다.

당장 수업을 해야 하는데, 수리하러 맡기게 되면 학생은 교실에서 하루, 이틀은 친구의 디지털 교과서를 함께 보거나 해서 이래저래 수업집중도가 떨어진다. 어느 계층의 학생들이 디지털 교과서를 더 많이 떨어뜨릴 것인가? 혹은 어느 계층의 학생들이 충전하는 걸 깜박하고 방전된 디지털 교과서를 교실에 더 자주 들고 올 것인가? 물론 학생들의 모든 책상에 전기코드를 설치하는 방안이 있을 수 있다. 그런데 충전코드를 들고 오지 않은 학생들이 많아서 교사가 충전코드를 챙겨주느라 수업이 지연된다면? 이래저래 불편이 많다. 게다가 요즘 스마트폰도 최첨단이라고 해도 2년 정도 되면 속도가 느려진다. 디지털 교과서의 내구성은 과연 몇 년일지 생각해봐야 한다.

그리고 학생들에게 프로젝트를 진행하면서 발표문을 작성해오라고 할 경우 물론 여러 디지털 교과서를 이용할 수도 있겠지만, 개인 프로젝트로 넘어가면 사실상 어렵다. 그리고 인터넷을 뒤져서 자료를 검색하는 일을 해냈다고 해서, 일반적으로 그런 활동으로는 인지능력이나 정보처리능력이 크게 개발되지 않으며, 취약계층학생들의 성취도 향상에도 긍정적인 영향이 없어서 교육격차감소를 가져오지도 않는다(Toyama,2015). 문제는 컴퓨터 등 ICT기술이 그 자체로서 혼자 작동하지 않는다는 것이다. 그건 도구일 뿐이며 '손으로 다루어야 한다'는 것이다. 즉 ICT를 활용하는 가정의 역량, 학생의 역량과 연계되어서 효과를 가져오는데, 중상위층 학생들의 경우 부모의 도움 등으로 ICT기술을 이용한 교육이 일정정도 효과를 낳지만, 취약계층의 학생들은 여러 불리한 환경으로 인해 게임에 주로 사용하게 됨으로 인해 오히려 교육적 성취가 낮아지는 경향을 보이게 된다.

온라인 수업, 원격교육, 가상학교와 같은 경우는 학생들의 수준에 맞는 다양한 컨텐츠를 제공함으로써 농촌, 도서벽지 등 양질의 교육을 받지 못하는 학생들에게 교육적 효과를 가져올 것이라는 낙관적인 시각이 존재하지만, 현실적으로는 앞서 언급한 바와 같이 온라인교육 역시 가정의 역량, 개인의 역량에 의존하기 때문에 낙관적으로만 볼 수는 없다(Hart, et al., 2019; Bettinger, E. & Loeb, S. 2017; Jacob et al., 2016; Kizilcec & Halawa, 2015). 최근 코로나19 바이러스 상황으로 인한 온라인 수업, 원격교육 시행은 전반적인 학습저하와 그에 따른 교육격차 심화를 가져올 가능성이 높다. 최근에 보고된 미국의 한 사례와 최근 실증연구를 살펴보도록 한다. 학계의 연구결과와 관련해서 온라인 교육의 효과에 대한 연구결과는 대체적으로 부정적인데, 문제는 온라인 교육이 고등교육기관위주로 이루어지고 있으며[6] 초중등교육에서의 실질적인 운영이 상대적으로 적기 때문에 초중등교육에서의 온라인 교육 효과에 대한 면밀한 연구는 드물다는 것이다(그러나 코로나19상황이 안정되면서 곧 쏟아져 나올 것으로 생각한다).

먼저 최근 코로나19 이후의 학생들의 온라인 읽기 학습현황에 대한 미국의 한 민간교육기관의 연구보고서는 다음 그림과 같다. 전반적으로 코로나19 이후로 학습량이

---

6 온라인 학습/교육 효과 등은 고등교육 자료를 이용해서 많이 진행되어 왔는데, 대부분 학생들의 이탈률/탈락률이 대면수업보다 매우 높고 GPA도 낮은 것으로 나타나고 있다. 그에 따른 지역 간, 성별, 계층 간 교육격차도 증가하게 될 것으로 보고 있다.

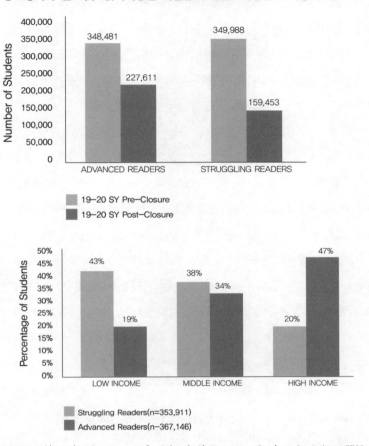

●● 그림 7-1 미국의 소득계층별 학업(읽기)에 어려움을 겪는 학생과 능숙한 학생 비율과 코로나19로
등교정지가 된 이후 읽기역량별 학습문해 민간교육컨텐츠 이용자 수

출처: McNulty & Baird(2020), The Impact fo School Closures on Student Learning. SPN

저하된 것을 알 수 있다. 특히 저소득층일수록 학습량이 더 감소된 것으로 보고 있다.

　　미국의 경우 대부분의 주가 온라인 수업을 강제하진 않지만, 플로리다 주의 경우
고등학교 졸업을 위해서 최소한 한 교과를 온라인 가상 수업(virtual course)을 통해 의
무적으로 수강하게 해왔다(Jacob et al, 2016; Hart et al, 2019). 2016년도에 수행된 Jacob
et al(2016)의 연구에서 2005/6~2013/14학년도의 고등학교 자료를 이용하여 분석하였
는데, 취약계층(비백인, 저소득층, 기초학력부진) 학생들의 경우 온라인 가상수업을 수강하
는 경우가 상대적으로 적은 것으로 나타나고 있다. 효과에 대한 분석결과에서는 세계
사 수업의 경우 온라인 가상수업이 취약계층학생들의 성취도에 약간의 긍정적인 상관
관계를 보여주고 있으나, 수학(algebra, geometry)에서는 온라인 수업을 듣는 학생들의

성취도가 더 낮은 것으로 나타나고 있다. 다만 인과관계로 해석하기에는 어려움이 있으며 결과적으로는 온라인 수업 컨텐츠의 질과 교사나 학부모의 추가적 도움이 없이는 온라인 가상 수업이 교육격차를 줄이기에는 한계가 있음을 언급하고 있다.[7]

최근의 Hart et al.(2019)의 온라인 학습에 대한 연구 역시 플로리다 자료를 이용하여 분석하였다. 2006/7~2013/14년의 고등학교 자료를 이용하였는데 첫 온라인 코스를 수강하는 경우 모든 계층과 인종집단에서 유사한 결과를 보여주고 있다. 그러나 취약계층 학생들의 경우 온라인 수업을 듣는 경우 상대적으로 졸업가능성과는 부정적인 상관관계를 보여주고 있다. 그리고 수업보완을 위해 재수강하는 경우에는 무료급식학생(저소득층)의 경우 상대적으로 비무료급식학생과 비교하면 부정적인 성취결과를 보여주는 것으로 나타나고 있다. 즉, 상대적으로 취약계층의 학생이 온라인 수업을 재수강할 경우에 학습효과가 더 낮은 것으로 나타나고 있다(Hart, et al., 2019).

한편 미국의 경우 차터스쿨 중 일부가 가상학교(Virtual School)로서 온라인으로만 수업을 진행하는 경우가 있다. Bueno(2020)는 온라인/Virtual 차터스쿨과 대면 수업을 하는 기존의 차터스쿨 등과의 학습효과를 비교한 연구를 수행하였다. 2007~2016년의

●● 표 7-6 온라인 초중학교의 교육효과

과목	일반 중다회귀분석		고정효과모델	
	온라인 학교에 다녔던 경험이 있었던 학생도 포함한 비교	전년도에도 비온라인(non-virtual) 학교에만 다닌 학생과만 비교	온라인 학교에 다녔던 경험이 있었던 학생도 포함한 비교	저소득층학생
영어	0.011 SD 감소	0.061 SD 감소	0.119 SD 감소	0.121 SD 감소
수학	0.169 SD 감소	0.266 SD 감소	0.309 SD 감소	0.319 SD 감소
과학	0.107 SD 감소	0.208 SD 감소	0.265 SD 감소	0.273 SD 감소
사회	0.190 SD 감소	0.348 SD 감소	0.396 SD 감소	0.402 SD 감소

출처: Bueno, C.(2020). Bricks and Mortar vs. Computers and Modems: The Impacts of Enrollment in K−12 Virtual Schools. (EdWorkingPaper: 20−250)

조지아 주의 종단자료를 이용하여 분석한 결과 온라인 가상학교의 경우 초중학교의 경

---

7 지역적으로 보았을 때 취약지역에 첨단 인프라를 제공하고 온라인 수업 컨텐츠의 내용적 질을 강화하고 교사들의 적극적인 대면 수업 지원(그리고 우수교사 배치 등을 포함)을 함께 수행한다면 장기적으로는 취약계층학생에게도 도움이 될 가능성도 완전히 배제할 수는 없는 것으로 보고 있다(Hart et al.(2019). 그러나 문제는 현재적 여건에서는 그렇지 못하다는 점에 있다.

우 영어, 사회, 과학, 수학 등의 과목에서 0.1~0.4표준편차의 낮은 성취도를 보여주고 있으며, 고등학교를 졸업할 가능성이 2~10%p가 감소하는 것으로 나타나고 있다. 즉, 전체 수업을 온라인으로 진행하는 경우 학생들의 학업성취도나 졸업률에 부정적 영향을 주는 것을 알 수 있다. 다만 온라인 학교에서 중간에 기존 대면수업을 진행하는 학교에 재입학하는 경우 성취도가 다시 회복되는 것으로 분석되고 있다. 한편 저소득층 학생들의 경우 온라인 수업으로 인해 학업성취도가 더 감소하는 것으로 나타나고 있다.

사. 기타 교육정책: 교사의 열정과 효능감의 하락

시대의 흐름을 보면 여러 영역에서 민간영역이 확대되어 왔음을 부정할 수가 없다. 예를 들어 주민들의 생명과 안전 등을 지키는 보안/치안 역할을 하는 경찰 대신, 고소득계층의 경우 민간 보안경비서비스업체를 추가적으로 이용한다. 물론 최근에는 고소득층만 아니라 일반 아파트 단지들(중산층이 거주하는 지역으로 볼 수 있다)도 민간 보안업체를 통한 경비시설을 운영하기도 한다. 과거 경찰이 하던 역할의 일부를 민간업체가 커버하고 있는 것으로 볼 수 있다. 그렇다면 공적 재원으로 운영되는 경찰은 서민들의 안전, 치안에 더욱 집중해야 할 필요가 있다. 만약 경찰이 중상위계층 동네 치안에만 더욱 관심을 기울이고 취약계층이 거주하는 소위 달동네의 치안은 등한시한다면 치안/보안의 형평성은 더더욱 무너지게 된다.

20세기에 들어서 민간교육을 대신하여 교육기회의 평등을 실현하기 위한 공교육이 확대되어왔고 무상의무교육이 확대되어왔다. 공교육의 이상은 호레이스 만의 언급이 대표적이다. 물론 중상위계층의 경우 과거나 지금이나 과외, 사교육 등을 통해 자녀의 교육을 보완/심화한다. 민간교육업체 확대를 강제적으로 막기가 어려워진 상황이다[8]. 취약계층, 서민들의 경우 자녀의 교육과 성장을 주로 의지해야 하는 곳은 공교육, 즉 학교가 된다. 학교 현장 교사들의 열정과 효능감이 약화되면 그 1차 피해는 취약계층 학생이 되지, 중상위계층자녀들에게 미치는 피해는 상대적으로 적을 수밖에 없다. 따라서 교사의 열정과 효능감의 감소와 그로 인한 공교육 질의 하락은 결과적으로 교

---

8 80년대 과외금지조치는 위헌판결을 받았다. 그러나 중앙정부(교육부)가 주도적으로 학원/과외 일요휴무제, 평일 9시 혹은 10시 이후 금지 등의 정책 등은 아동의 행복권 보장 등을 위해 수립할 수는 있다. 이를 위해서는 학원관리 관련 법률개정이 필요하다.

육격차의 주요 원인이 된다고 볼 수 있다.

그렇다면 현재 한국의 학교는 어떠한가? 공교육의 질은 교사에 의해 결정된다는 이야기를 누구나 주장한다. 그런데 최근 한국 교사의 효능감과 만족도는 OECD 국가 평균에 미치지 못하는 낮은 수준이다(이동엽 외, 2019). 여러 연구들에서는 교사의 석사 학위가 학생들의 효능감이나 학업성취도에 긍정적이라는 연구들이 있다(홍창남, 2006; Ferguson & Ladd, 1996). 그런데 최근 들어서는 한국 교사들의 석사학위 취득 비율이 낮아지고 있다(교육부, 한국교육개발원, 2019). 이에 대해서는 여러 요인이 있을 것이다. 행정업무도 많으며, 학부모들의 민원 증가, 학생인권이 강조되는 과정에서 교사의 수업권 하락 등 교사들의 열정과 효능감, 만족도를 떨어뜨리고 석사학위 취득 등 자신의 전문성 개발에 대한 열정을 감소시키는 여러 요인이 있다. 게다가 교원능력개발평가제와 교원성과급제를 통해서 가르침을 학생에 대한 애정과 헌신, 사랑이 아닌 평가와 돈에 의한 무감정적, 기계적 업무로 변환시킨 정책의 문제도 존재한다.

학기 중에는 국회나 교육부 등에서 공문을 보내서 행정조사를 하는 것을 법으로 금지시켜서 교사들의 행정업무를 줄여주고, 온갖 특별교부금목적사업, 혹은 교육청의 목적사업들을 최소한으로만 시행하고 대폭 줄이고, 최소한으로 수행해야 할 목적사업 들의 경우 계획서와 결과보고서 등은 예를 들어 1~2쪽 이내로만 작성하게 해서 교사들의 행정업무를 대폭 줄이는 등 학교가 사업기관이 아닌 교육기관이 되도록 할 필요가 있다. 이처럼 행정업무를 줄이지 않은 상태에서, 그리고 효용성이 거의 상실된 교원능력개발평가제나 교원성과급제(현재로서는 어려운 일을 맡은 고생한 교사에게 지급되는 직무급제로 거의 변화된 것으로 보인다)를 폐지하지 않고, 과연 학생(특히 취약계층 학생들)에 대해서 애정과 헌신을 가지고 교육에 임해달라고 요청할 수 있을지 진지하게 돌이켜볼 때이다.

3. 간략한 정리

교육격차해소를 위한 방안에 대해서 요약정리를 해보도록 한다. 이는 필자의 의견이다. 학생들도 함께 교육격차해소 방안을 고민해보면 좋을 것 같다.

가. 교육과정 관련 방안:

▶ 수준별 수업을 하더라도 교육격차가 심화되지 않도록 각 학급에 균형 있는 교원 배치(향후 고교학점제를 실시하더라도 현장에서 고려되어야 할 사항)

▶ 방과후프로그램을 취약계층학생들을 고려하여 심화/보충과목을 중심으로 적극적 운영

▶ 자유학기제/학년제 폐지: 자유학기제는 균형 잡힌 교육과정 운영과 거리가 멈. 특히 취약계층과 취약지역의 학생들의 인지적 역량의 성장에 도움이 되지 않으며 기존 교육과정에서 창의적 체험활동을 내실 있게 운영하는 것이 필요

▶ 잦은 교육과정 개편 지양: 포장지만 바꾸는 식으로 되고 있으며 기존 교육과정에 대한 내실 있는 평가에 기반할 필요(2022년도 개정을 2024~2025년에 해야 함)

▶ 지나친 비인지역량 중심의 담론 지양: 인지역량, 핵심지식에 대한 검토를 포함한 균형잡힌 교육과정 방향 마련이 필요

나. 기타 교육정책에 대한 몇 가지 방안

▶ 교원평가제, 교원성과급제 폐지

▶ 교원행정업무 경감: 학기 중 공문금지. 목적사업의 최소화(사업계획서 및 결과보고서 업무 등 최소화 간결화)

▶ 교원역량의 전반적 강화: 석사학위 및 제반 자격증 취득에 대한 폭넓은 재정적 지원 강화. 이를 위해서는 소수에게만 지원되는 학습연구년제는 폐지하고 해당 예산으로 더 많은 교사들의 전반적 역량 강화를 위한 재정 지원 확대. 교사들의 자발적 전문적 학습공동체 모임 지원 강화

▶ 유아교육단계, 저학년에 대한 집중지원: 학급규모 감축(유아 교육단계: 10명 미만, 초등 저학년 15명 내외), 보조교사 배치

▶ 학습진단평가 도구 적극적 활용: 유아교육단계에서 언어발달진단 등 적극 활용. 초등학교 저학년 기초학력진단 전수평가(학교평가활용하지 않음), 국가수준학업성취도 평가 초등학교 표집조사 부활 및 초중고 표집조사 시 부모교육수준, 직업수준, 소득수준 등 조사하여 교육격차 요인에 대한 연구 분석 강화. 학교에서 필

요시 국가수준학업성취도 평가 전체 학생 대상 평가도구로 활용

▶ 드림 스타트 등 지자체 취약계층 청소년지원사업과 연계: 영유아단계에 취약아동에 대한 적극적 개입 및 지원 추진

교육격차해소를 위한 적극적 조치

제8강좌에서는 교육격차를 해소하기 위한 정부의 적극적 조치에 대해서 간략히 살펴보도록 한다. 정부에서는 보상적 측면에서 관련 제도를 운영하고 있는데, 앞에서 언급했지만 이는 롤즈의 차등의 원칙과는 다르다는 점을 상기하도록 하자. 하지만 교육기회의 균등의 원리를 구현하기 위해서는 롤즈가 언급한 사회정의론의 120페이지의 언급을 우리는 충분히 염두해볼 필요가 있다.

"진정한 기회 균등을 제공하기 위해서 우리 사회는 마땅히 불리한 사회적 지위에 태어난 자나 천부적 자질이 부족한 이에게 더 많은 관심을 가져야 한다는 것이다. 기본 사상은 평등으로의 방향을 향해서 우연적 여건의 불편 부당성을 보상해주자는 것이다. 이러한 원칙을 따르는 데 있어서는 적어도 어느기간 동안, 예를 들어 저학년 동안만이라도 역량이 높은 자보다 낮은 자의교육에 더 많은 교육재정을 지원하도록 하자."(롤즈. 정의론. p.120)

사실 많은 취약계층에 대한 지원 정책과 프로그램들이 존재한다. 그 중 중요한 사업과 적극적 (우대)조치 혹은 긍정적 차별정책(혹은 소수자우대정책, Affirmative Action)에 대해서 간략히 살펴보자.

1. 미국 교육격차해소 프로그램: 저소득층 지원 정책, Affirmative Action

가. 헤드 스타트와 기타 프로그램

미국에서 가장 대표적인 교육격차해소를 위한 노력을 보여주는 대표적인 정책은 헤드 스타트 프로그램이다. 물론 각 주와 지역마다 여러 프로그램들이 존재하지만 연방정부 차원에서 수행하는 대표적인 프로그램이다. 역사가 오래된 프로그램인데 1965년도에 시작해서 현재까지도 이어지고 있는 프로그램이다. 대상은 저소득층에서 이민자 자녀, 인디언 원주민 등으로 확대되었다. 헤드 스타트 프로그램의 경우 최근 영유아기의 취약계층에 대한 양질의 조기교육과 건강지원이 강조되고 있는 데 관련해서 제시되는 방안은 다음과 같다(Reeves, 2017).

◆ 영유아기 헤드 스타트 가정방문을 통한 영유아 보육 및 교육지원
◆ 간호사-가정 파트너십: 의료 전문가가 가정을 방문해 아기 발달 상태 확인, 모유수유도움, 수면, 영양상태 등 아동과 더불어 부모에 대한 전반적 건강 컨설팅
◆ 취학 전 아동의 부모를 위한 가정방문 독서지도 프로그램

한편 미국은 소규모 인구의 농촌지역 학교에 대한 지원 프로그램을 ESSA법안에 포함시켜서 운영하고 있다(김현욱·정일환, 2018). 첫 번째 프로그램은 600명 이하의 학생, 또는 평방마일당 10명 미만의 농촌지역 학교에 2만 달러에서 6만 달러 사이에서 보조금을 지원하고 있다. 그리고 주에 공식(Formula)을 통한 보조금을 지원하고 있는데, 해당 보조금은 저소득층이 20%이상이 있는 농촌지역 교육청에 보조가 이루어지게 된다(김현욱·정일환, 2018). 따라서 미국의 경우 학업성취도를 중심으로 한 취약계층에 대한 지원, 그리고 저소득층이 밀집된 농촌지역에 대한 지원 등을 보조금 형식으로 지원하고 있음을 알 수 있다.

나. 고등교육에서의 취약계층 지원 정책

한편 고등교육에 있어서 취약계층에 대한 지원 방안으로는 먼저 저소득층 장학금

지원 제도인 펠 그랜트 제도가 있다. 이 제도는 미국의 저소득층의 대학학비 지원 제도 이다. 2013년도 기준으로 337억 달러를 지원하고 있는데 환율을 단순하게 1,000원으로 계산해도 33조에 달하는 금액이다(고장완, 2016). 그러나 미국의 고등교육에 대한 등록금 부담은 너무 큰 관계로 고등교육기회의 형평성에 대한 문제제기는 지속적으로 이루어지고 있다(스티글리츠, 2013).

최근에 이루어진 펠 그랜트 장학금 제도에 대한 미국의 효과 연구를 한번 살펴보면 다음과 같다. Hoxby & Turner(2014)의 연구에서는 펠 그랜트 등의 저소득층 지원 장학금제도가 학생들이 대학을 선택할 때 졸업률이 3%p가 더 높아지고 대학생 1인당 교수학습비가 1,418달러 더 많은 대학을 지원하게 유도한다는 분석을 발표한 바가 있다. Carruthers & Welch(2019)의 연구에서는 Hoxby & Turner(2014)의 연구보다 좀 더 효과가 낮은 결과를 보여주고 있는데, 펠 그랜트 제도 등으로 인해 학생들이 선택하는 대학이 졸업률이 1.8%p가 더 높고 대학생 1인당 교수학습비가 341달러가 더 많은 대학을 지원하게 유도한다고 분석하고 있다. 그러나 이러한 대학의 질적 차이는 크지 않다고 보고 있다. 즉 펠 그랜트제도가 학생들로 하여금 좀 더 우수한 대학에 진학하는 데 영향력이 크지 않다는 것이다. 다만 Carruthers & Welch(2019)는 예외적으로 다음과 같은 연구결과를 보여주고 있다.

◆ 펠 그랜트에 수혜 대상자 남학생의 경우 펠 그랜트 수혜비대상자 남학생보다 좀 더 상위권(selective) 대학에 입학할 가능성이 제한적이나마 높은 것으로 나타나고 있음
◆ 펠 그랜트 수혜대상자 여학생들의 경우 타 주의 4년제 공립대학을 자기 주의 공립대학대신에 입학할 가능성이 높음

즉, 비록 자료상 큰 차이는 아니지만 펠 그랜트가 남학생들에게 좀 더 상위권의 우수한 대학에 입학할 가능성을 높이며 여학생들의 경우 생활비가 더 소요되는 다른 주의 4년제 공립대학에 입학할 가능성을 높이는 효과가 존재한다는 것이다. 따라서 펠 그랜트의 경우 전반적인 대학입학률에는 영향이 거의 주지 않으나 일부의 경우 선택적인 대학교, 즉 상위권 대학에의 입학이나 타 지역의 공립대학에 입학을 유도하는 데에는 약간의 영향을 주는 것으로 분석되고 있다.

대학명	학부생수	총장학금	1인당 평균 장학금	In-state등록금 (2017/18)	실질부담금 (In-state)	실질부담금 (Out-state)
하버드	9,950	$208,288,011	$20,933	$48,949	$28,016	좌동
예일	5,964	$160,956,344	$26,988	$51,400	$24,412	좌동
MIT	4,602	$134,765,387	$29,284	$49,892	$20,608	좌동
UCLA	31,577	$399,856,599	$12,663	$13,226	$563	$19,644
FSU	32,472	$253,878,904	$7,818	$5,656	-$2,162	$3,150
MSU	39,423	$279,852,565	$7,099	$14,460	$7,361	$22,456

출처: 미국 연방교육통계청 college navigator. UCLA, Florida State University, Michigan State University 등의 주립대의 경우, In-state 학비임. out-state학비, 즉 타 주 출신의 경우는 등록금이 각각 $32,307, $10,968, $29,555임.

참고로 2018년도 기준으로 장학금을 제외한 평균 실질부담금은 연간 유명 사립대학은 3천만 원에 이른다. 다만 미국의 주립대학은 자기 주 출신 학생에게는 상대적으로 저렴한 학비를 지원한다. 〈표 8-1〉을 보면 플로리다 주립대학의 경우 플로리다 주 출신 학생에 대한 많은 지원이 있어서 실질부담금이 오히려 없으며 추가로 장학금 2천 달러 정도의 혜택이 있는 것을 알 수 있다. 다만 이 값은 평균이기 때문에 조심해서 해석해야 한다. 여하간 학비부담은 어머어마한 것은 사실이고 미국의 고등교육의 불평등 문제를 심화시키고 있다.

한편 대학 입학관련해서 미국은 소수자(소수인종)입학우대정책 혹은 적극적 우대정책(Affirmative Action)이 시행되고 있다. 특히 소수인종에 대한 우대 정책은 미국에서 많은 논란을 일으키고 있다. 미국은 2003년도에 대법원에서 미시건 대학 로스쿨의 소수인종 우대정책 소송에서 5:4로 소수인종우대정책 지지가 이루어졌다. 그러나 여전히 일부 주에서는 금지하는 경우도 존재한다.

연합뉴스(2015)의 보도에 따르면 미국에서 미시간, 캘리포니아, 플로리다, 워싱턴, 애리조나, 네브래스카, 오클라호마, 뉴햄프셔 등 8개 주가 '공립대'의 소수인종입학 우대정책을 금지하고 있는 상황이다(연합뉴스, 2015). 마이클 샌델의 정의란 무엇인가에서 소수입학우대정책 관련 논쟁을 다루고 있는 챕터를 읽어보기를 추천한다.

2. 한국의 사례: 한국에도 적극적 우대조치가 있다.

가. 교육복지우선지원 사업

한국의 경우 헤드 스타트와 유사한 드림 스타트랑 영유아 지원 프로그램이 있는데, 이는 교육청에서 운영하는 것이 아니라 일반 시군구청, 즉 지자체에서 운영한다. 미국이나 일본 등의 많은 국가들이 일반행정기관과 교육기관(교육청)이 지역 단위에서 통합되어 있다. 따라서 미국의 헤드 스타트는 초등 저학년에 대한 지원에서 영유아 지원까지 일반행정과 교육행정이 함께 지원하는 경우로 볼 수 있다. 그러나 한국은 영유아단계에서는 유치원만 교육청에서 관할한다. 따라서 영유아지원 프로그램은 복지적 시각에서만 바라보고 교육적 지원은 이루어지긴 해도 교육청과의 연계성이 부족하다는 한계점이 존재한다. 그리고 드림 스타트 프로그램 운영과 관련해서 해당 업무를 담당하는 사회복지사의 처우가 좀 더 개선될 필요가 있다. 한 교육청에서 일하는 사회복지사(교육복지사)분을 우연히 만났는데, 지자체(시군구청)의 사회복지사들에 대한 처우가 좋지 않아서 사회복지학 전공자들이 일반 지자체가 아닌 교육청에 취업하기를 원한다는 이야기를 전해들은 바가 있다.

한편 초중등에서는 교육복지우선지원 사업 등 취약계층을 위한 여러 지원사업들이 존재한다. 교육복지우선지원 사업을 취약계층 지원의 대표적인 사업으로 볼 수 있다. 이 사업은 프랑스의 교육우선사업을 벤치마킹한 사업이다. 지역사회가 함께 취약지역의 학교를 지원하는 시스템을 만드는 것을 지향한다. 그러나 현실은 교육복지사를 한명 배치하여 위기 학생에 대한 지원을 하는 방향으로 이루어지므로 지역과의 연계에 한계점을 보여주고 있다. 그리고 각 시도교육청과 지역사회의 연계 측면에서도 분절적 한계의 모습이 일정정도 존재한다(이광현, 2018).

프랑스의 교육우선정책의 최근 운영 현황은 한국의 교복우 사업에 주는 시사점이 있다. 2014년도 이후 프랑스 교육우선사업은 취약계층이 밀집한 지역의 유치원과 초등학교에 추가예산을 지원하고 있다. 그리고 우선교육네트워크에 속한 유치원－초등학교 학급에 필요한 경우 한 학급에 2명의 교사를 배치하여 기본학습역량 제고 및 초등학교 1학년은 학급당 학생 수를 12명 배치 정책을 추진하고 있다. 즉, 유아교육, 초등학교 저학년 단계에서의 적극적 개입을 추진하고 있다(김민·이영란, 2020). 한국도 가급적 인지발달이 이루어지기 시작하는 영유아기와 초등저학년 때부터 조기개입을 통해서 아동들의 성장을 도와야 할 것이다.

나. 한국의 고등교육 소수자 지원 정책

미국의 펠 그랜트와 같은 저소득층에 대한 대학 학비 지원 정책은 한국에서도 2009년도 이후에 마련이 되었다. 한국장학재단이 설립되고 국가장학금 제도가 시행되고 있다. 국가장학금에서 소득연계 I유형(학생직접지원형)이 대표적인 취약계층 지원 장학제도로 볼 수 있다. 소득연계 II유형 장학금보다 규모도 크고 모든 학생들에게 지원을 하는 보편적 지원제도이다. II유형은 각 학교가 기준을 별도로 정하지만 I유형은 정부의 일괄적 지원 기준이 있다. 지원 기준은 다음과 같다.

●● 표 8-2 국가장학금 지원현황

구분	기초차상위	1~3구간	4~6구간	7~8구간	9-10구간
지원금	700만원	520만원	390만원	350만원	해당없음

출처: 한국장학재단 홈페이지. 2022년도 8월 기준

이 국가장학금 지원은 해당 학기 등록금 필수 경비(입학금, 수업료)만을 포함하는 범위 내에서 지원하는 방식을 취하고 있다. 예를 들어 교육대학교의 경우 연간 수업료와 등록금이 300만원일 경우 기초/차상위 계층의 교육대학교 학생은 300만원만 지원을 받게 된다. 그런데 장학금 연구에서는 정부의 취약계층에 대한 국가장학금 연구로 인해서 학생들이 생활비를 벌기 위한 아르바이트 시간의 감소와 그로 인한 학업에 집중하는 시간의 변화를 연구하기도 한다(이필남·곽진숙, 2013; 이희숙, 2020).

현실적으로 취약계층이 대학에 경제적 부담 없이 입학하는 것을 도와주는 것 못지않게, 대학에서 학업에 매진하여 대학원 진학 및 취업 등 여러 분야로 진출할 때 도움이 되도록 지원하는 것도 필요하다. 따라서 정부의 예산범위가 허용된다면 기초/차상위 계층의 경우 대학 수업료, 입학금의 필수 경비가 해당 기준보다 낮은 금액일 경우 생활비로 사용될 수 있도록 위 표에서 제시된 금액을 모두 지원해도 좋을 것으로 보인다(물론 이는 결과적으로 국립대학에 재학하는 학생들에 대한 추가 지원의 결과로 이어지게 될 것이다).

한편 한국의 경우도 소수 혹은 취약계층 입학배려정책이 존재한다. 대학입학전형은 고등교육법에 일반전형과 특별전형으로 구분하고 있었는데, 최근 2021년도에는 법

개정을 통해서 사회통합전형으로 구체화하였다. 미국으로 보자면 Affirmative Action이 존재한다. 〈표 8−3〉은 관련 조항이다.

●● 표 8-3 고등교육법에 신설된 사회통합전형 조항

고등교육법 제34조의8(사회통합전형의 운영)의 1항에 의하면 "차별없는 고등교육 기회 제공을 위하여 차등적인 교육적 보상이 필요한 사람을 대상으로 하는 입학전형의 모집인원이 전체 모집인원이 100분의 15의 범위에서 설립목적 등을 고려하여 대통령령으로 정한 비율 이상"이 되도록 정하고 있다. 그리고 3항에서 지역균형선발의 시각에서 "수도권에 소재한 대학의 장은 대학입학전형시행계획의 전체 모집인원 중 지역균형발전을 목적으로 하는 입학전형의 모집인원이 일정 비율 이상이 되도록 노력하여야 한다"고 정하고 있다.

관련 시행령에서는 국가보훈대상학생, 국민기초생활보장 대상 학생, 장애 또는 지체로 인하여 특별한 요구가 있는 학생, 북한이탈주민 및 부모가 모두 외국인인 외국인, 도서벽지 학생 등 사회적 취약계층 학생으로 10%를 의무선발하도록 규정해두고 있다. 다문화 학생의 경우는 이 범주에는 포함되지 않는다. 이러한 취약계층 학생의 10% 의무선발 인원수는 전체 모집인원과 별도로 정하고 있어서 대학들에게 입학정원을 10%까지 증가시켜주는 효과가 있다.

그리고 지역인재선발은 시행령에서 전체 모집인원의 5% 이내로 포함하도록 규정하고 있으며 수도권 대학의 경우는 지역균형발전 목적으로 기회균형전형을 모집인원의 10% 이상이 되어야 하는 것으로 규정하고 있다.

한편 교육대학교의 경우 다른 대학과는 달리 입학생들의 성별 균형 입학제도를 두고 있는 경우도 있다. 앞 1장에서 [사례 1−1]의 내용에 해당된다. 워낙 초등교사의 경우 여성의 직업선호도가 높긴 하지만 인위적으로 최소 입학생 성별 비율을 정하는 것이 적절한 것인지에 대한 논쟁이 있을 수 있다. 논의에 참고가 될지 모르겠는데, OECD 교육지표에서 제공하는 초중등학교의 교사 성별 비율 자료를 제공하면 〈표 8−4〉와 같다.

●● 표 8-4 주요 국가의 학교단계별 여성교원 비율(2019년 기준 자료)

	유아교육	초등학교	중학교	고등학교	대학(전문대포함)
OECD 평균	96	82	68	60	44
EU22 평균	97	86	71	63	45
OECD 회원국					
한국	99	77	71	54	35
핀란드	97	80	75	61	52
프랑스	91	83	60	60	45
독일	95	87	66	56	39
이탈리아	99	95	77	64	38
일본	97	64	43	31	28
스위스	97	83	56	45	35
영국	95	86	63	60	46
미국	93	87	67	58	50

출처: 2021년 OECD 교육지표.

이러한 성비 불균형의 원인은 다양할 수 있는데, 일단 교직에 대한 성별적 편견, 일종의 가르치는 일은 여성이 하는 일이라는 문화적 요인으로 보는 해석이 존재한다. 경제적 시각에서는 사회적으로 여성에 대한 (임금이나 승진 등에서의) 차별이 클 경우 여성의 입장에서는 상대적으로 안정되고 임금과 정년도 보장되는 교사로 진출하는 것이 더 좋을 것이다. 이러한 사회경제적 노동시장의 상황도 여성이 교직을 더 선호하게 만든 것일 수 있다(Lortie, 1975).[1]

남성에게는 상대적으로 교사보다 기업 등 다른 분야로 진출해도 충분히 성공가능성이 높고 더 많은 소득을 얻을 수 있다면 당연히 남성은 교직으로 진출하지 않을 가능성이 높을 것이다.

한편 남교사를 더 선발해야 한다는 주장을 뒷받침할 만한 교사의 성별이 학생의 성취도에 미치는 영향력에 대한 근거는 찾기 어렵다(OECD 2021, p.453). 그러나 이러한 학술적 연구결과가 과연 우리의 판단에 적절한 내용일까? 만약 남교사가 더 성취도에 긍정적인 영향을 주면 남교사를 더 뽑아야 할 것인가? 이러한 연구결과에 근거한 정책

---

1 Lortie는 미국 시카고 대학의 사회학에서 직업사회학을 전공한 교수이다. 학교교사: 사회학적 연구라는 1975년도 저서는 한국에서는 2017년도에 새롭게 번역되어서 출간되었다. 책 제목은 미국과 한국의 교직사회: 교직과 교사의 삶(양서원)이다. 교직에 대한 사회학적 접근이라서 교육사회학에서 다뤄야 하는 책이기도 하다.

판단이 혹시나 기본적인 평등한 직업선택의 자유와 권리를 침해하는지를 따져봐야 할 것이다.

다음 내용은 필자가 발견한 한국의 Affirmative Action의 추가 사례들이다. 고등교육분야에서 교수채용과 관련해서 한국의 특수한 상황 때문인지 학사학위 출신의 다양성을 고려하도록 하고 있다. 〈표 8-5〉에 제시된 교육공무원 임용령의 제4조의3을 보자.

●● 표 8-5 교육공무원 임용령: 교수 채용 시 학사학위 편중 해소 관련 조항

제4조의3(대학교원의 신규채용) ① 대학교원을 신규채용하는 경우에는 법 제11조의2제1항에 따라 특정 대학의 학사학위 소지자가 「고등교육법 시행령」 제28조제1항의 모집단위별 채용인원의 3분의 2를 초과하지 아니하도록 하여야 한다. 다만, 신규채용된 대학교원이 해당 대학에서 학사학위를 취득하였다 하더라도 그 학사학위 전공분야가 그 대학에 채용되어 교육·연구할 전공분야와 다른 경우에는 그 대학에서 학사학위를 취득한 사람으로 계산하지 아니한다

그리고 양성평등조치계획과 관련해서 2020년도에 다음의 〈표 8-6〉 조항도 교육공무원법에 신설되었다.

●● 표 8-6 교육공무원법의 양성평등 관련 조항

국가가 설립·경영하는 전체 대학(「고등교육법」 제2조제1호부터 제3호까지 및 제5호의 학교를 말한다. 이하 제4항 및 제5항에서 같다) 교원 중 특정 성별이 4분의 3을 초과하지 아니하도록 노력하여야 한다. 이 경우 교원의 성별 구성에 관한 연도별 목표 비율은 대통령령으로 정한다. <신설 2020. 1. 29.>

법을 잘 보면 알겠지만 양성평등조치계획은 국가가 설립하고 경영하는 대학에만 해당된다. 시행령으로 정한 해당 목표 비율은 다음과 같다.

"2022년도 19.1%, 2023년도 19.8%, 2024년도 20.6%, 2025년도 21.4%, 2026년도 22.2%, 2027년도 22.9%, 2028년도 23.6%, 2029년도 24.3%, 2030년도 이후 25%."

이러한 사회통합전형에 대해서 어떻게 생각하는지에 대해서 토론해보도록 하자.

PART

03

교육사회학 연구의 주요 쟁점들

교육과 경제성장의 관계-어느 방향인가?[1]

교육을 경제학적 시각으로 연구하는 분야를 요즘 교육경제학(Economics of Education)이라고 일컫는다. "교육과 경제성장의 관계", "교육재정과 관련 투입 요소의 효과성", 그리고 제3장에서 밀턴 프리드만이 제기한 "학교선택권 효과"가 주요 연구주제들이다. 그런데 이 주제들은 교육사회학에서 보아도 매우 중요한 연구주제로 볼 수 있다.

이 세 주제는 교육과 경제에 대한 전통적인 연구주제로 볼 수 있다. '전통적'이라는 표현을 쓰는 것이 정확하지는 않을 수 있지만 과거 60년대 이후 경제학자들이 많이 다루고 있는 교육관련 연구주제라는 의미에서 사용하고자 한다. 지속적으로 등장하고 있다는 말은 논쟁이 이루어지고 있다는 의미로 보는 것이 적절할 것이며 해결되지 않은 주제라고도 볼 수 있다.

이러한 연구주제들은 노동경제학이나 재정학, 계량경제학의 기본교과서에서도 간혹 등장하는데, 인적자본론과 선별이론 간의 교육의 인적자본의 축적에서의 역할(그로 인한 경제성장의 기여도), 학교 자원(school input 혹은 school resource)이 학업성취도나 향후 임금에 영향을 미치는지, 학교선택권이 학업성취도에 미치는 영향 등에 대한 연구결과 소개가 이루어지고 있다.

이 9강좌와 11강좌까지는 이러한 전통적인 세 주제들의 연구 혹은 논쟁 진행 현황에 대해서 살펴보고 교육사회학에 시사하는 바를 논하고자 한다. 먼저 교육과 경제성장의 관계에 대한 연구이다.

---

1 본 장은 이광현(2011)를 바탕으로 본 책에 맞춰서 수정보완하였다.

1. 미국의 연구: Barro와 Hanushek 등의 연구

교육과 경제성장은 경제학 연구에서 중요한 영역이며 교육사회학에서 보자면 기능주의 연구의 일환이다. 이른바 인적자본론을 제창한 슐츠(1960)에 의해서 교육을 통한 인적자본의 축적이 경제성장을 견인한다는 주장은 Nelson and Phelps(1966)과 Becker et al.(1990)에 의해서 지속적으로 연구가 이루어졌다. 이들 연구들은 이론적인 측면에서 주로 이루어졌는데, 인적자본을 가진 국가의 경우 새로운 아이디어와 생산물을 흡수하는 데 있어서 더욱 유리하기 때문에 이러한 기술적 리더(고급 인적자본)들로 인해서 국가의 경제성장이 견인된다고 주장하고 있다.

경제성장에서 인적자본의 중요성을 강조하는 일련의 이론적 연구들의 논의를 뒷받침하는 실증분석 연구는 각 국가들의 초중등학생등록률(취학률) 자료를 이용하여 초중등교육이 국가경제성장에 정적인 영향을 주는지를 살펴본 거시경제학자로 유명한 Barro(1991)에 의해서 제시되었다.

Barro(1991)는 1960년부터 1985년까지의 98개 국가들의 연간 평균 실질 1인당 GDP 성장률 자료와 1950년, 1960년, 1970년의 초등학교 등록률, 중등학교 등록률 자료를 이용하여 중다회귀분석을 수행하여 1960년도의 초기 성장률과 1960년도의 문해율, 평균 민간 투자율 등을 통제한 후에 1960년도의 초등학교와 중학교 등록률이 1960년도-1985년의 연간 평균 실질 1인당 GDP 성장률에 통계적으로 유의하게 정적인 영향을 미치고 있음을 보여주었다. 초등과 중등의 이수율이 1표준편차가 증가하면 경제성장률이 1.4%p 증가하는 것으로 나타나고 있다. 그리고 1960년도의 학생-교사 비율도 모형에 통제변수로 포함시켜서 분석해본 결과 학생-교사 비율이 감소할수록, 즉 질적 측면의 교육투자개선이 평균 경제성장률에 역시 통계적으로 유의하게 정적인 영향을 미치고 있음을 보여주고 있다.

한편 한국과 대만의 경우 실제 회귀분석모형을 보면 예측값과 실질값(fitted value)의 차이가 많이 존재하고 있어서 비록 초중등교육 등록률이 일정정도 성장률이 정적인 영향을 미치지만 초중등교육 등록률이 설명하지 못하는 다른 요인들이 존재하고 있다고 언급하고 있다. 이는 분석모형에 포함되지 않은 국가주도의 성장정책이나 국제기구로부터의 지원, 혹은 측정되지 않은 인적자본의 여타 요인2 등 여러 변수가 있을 것으로 보인다. 한편 학생－교사 비율의 경우도 감소하면 역시 경제성장률에 정적인 영향을 미치는 것으로 나타나고 있어서 교육투자를 통한 질적 개선이 필요함을 보여준다.

Barro는 이후 초중등교육 이수율 자료를 이용하여 패널자료 분석을 통해서 추가 연구를 수행한다(Barro and Lee, 1993). 1991년도의 연구와의 주요한 차이는 패널분석이라는 차이와 더불어 변수설정에서 초중등 교육이수율을 남성과 여성을 구분하여 분석했다는 점에 있다. 분석결과 남성의 중등교육 이수율은 통계적으로 유의하게 1인당 GDP 경제성장률에 정적인 영향을 미치는 것으로 나타났다. 남성의 중등교육 이수율이 1표준편차가 증가하게 되면 연간 경제성장률이 1.1%p가 증가하는 것으로 나타났다.

그러나 여성의 중등교육 이수율은 음의 계수를 보여주고 있으며 통계적으로 유의하지 않게 나타나고 있다. 한편 이 연구에서는 각 10년의 기간 동안의 교육에 대한 정부지출비율이 증가하면 1인당 GDP 경제성장률이 통계적으로 유의하게 증가하는 것으로 나타났다. 정부지출에서 교육투자비율이 1표준편차가 증가하면 경제성장률이 0.3%p가 증가하는 것으로 나타나고 있다. 이는 교육의 질적인 측면을 보여주는 대리변수를 포함시키는 것이 필요함을 보여주고 있다. Barro의 연구는 경제성장률의 측정에서의 오류(measurement error)가 있을 수 있다는 한계점이 지적되고는 있으나 교육의 경제성장에 긍정적인 영향을 미친다는 대표적인 실증연구이다. 1991년도의 연구가 횡단분석이라는 한계가 존재한 반면 1993년도의 연구는 종단자료를 이용하여 인과관계가 있음을 보여주고 있다.

교육과 경제성장 간의 관계와 관련한 실증 연구에 있어서 초중등교육 이수율의 교육에 대한 양적 변수를 중심으로 살펴본 연구에 이어 2000년대 들어서는 각 국가의 국제학업성취도 평가자료를 이용한 연구가 이루어지기 시작하였다. Hanushek and Kimko(2000)와 Hanushek and WoBmann(2007)은 기존의 인적자본을 측정하는 대리변수인 초중등교육 이수율 변수의 경우 노동력의 질적 측면을 잘 포착해내기 어려운 변수로 본다. 그리고 학업성취도 변수가 교육의 질적인 측면을 잘 보여주는 변수로서 학업성취도 자료와 각 국가의 경제성장간의 관계를 살펴보는 것이 필요하다고 주장한다. Barro가 교육의 질적 측면을 반영하는 것으로 제시한 교사 1인당 학생수의 변수는

---

2 세부적인 연구는 이루어지지 않았지만 사교육에 대한 투자도 하나의 요인일 수 있다.

통계적으로 유의하지 않게 나오는 결과를 보여주고 있어서 교육의 질을 반영하기에는 한계가 있다는 지적이다. Hanushek and Kimko(2000)는 60년대부터 90년대 초반까지 시행된 국제수학과학성취도 자료를 모두 모아서 분석한 결과 1표준편차의 성적 향상은 1%p 이상의 연간 실질경제성장을 이끌 수 있다고 분석하고 있다. 아시아의 네 마리 용을 제외하고 분석한 결과에서도 계수의 유의성과 부호가 변하지 않는다는 것을 보여주고 있으며 학생들의 학업성취도가 국가경제성장에 긍정적인 영향을 미치는 것은 동아시아 국가들만의 현상이 아니라 보편적인 현상으로 분석하고 있다.

Hanushek and WoBmann(2007)은 그러나 단순한 학생 1인당 교육비의 증가가 성취도의 증가로 이어지지 않기 때문에 책무성정책, 교사인센티브 제도 등을 통한 성취도 향상을 위한 교육개혁이 동반되어야 함을 강조하고 있다.

Barro and Lee(1993)의 연구에서는 정부지출에서 교육투자비율이 1표준편차가 증가하면 경제성장률이 0.3%p가 증가하는 것으로 제시하고 있기 때문에 교육투자의 증가가 경제성장에 영향을 미치는지에 대해서는 Hanushek and WoBmann(2007)과는 의견차이가 있는 것으로 볼 수가 있다. Hanushek and WoBmann(2007)은 학생 1인당 교육비와 학업성취도간의 관계만 분석하였지 학생 1인당 교육비증가가 경제성장에 긍정적인 영향을 주었는지는 제시하고 있지는 않고 있기 때문에 Barro and Lee(1993)의 연구와 비교가능하기 위해서는 학생 1인당 교육비나 정부 지출의 교육투자비율이 경제성장률에 미치는 영향을 추가적으로 보여줄 필요가 있다.

이러한 Barro와 Hanushek의 연구결과에 대해서 반박 역시 이루어진 바가 있다. Bils and Klenow(2000)의 경우 교육이 경제성장에 미치는 영향을 과도하게 평가하고 있다고 비판하고 있다. Bils and Klenow(2000)는 Barro의 자료들을 재분석하며, 연령별 인적자본 자료를 포함하고 경제성장률이 초중등이수율에 미치는 영향들에 대한 분석을 통해서 기존의 연구들에서 제시된 교육(초중등이수율)이 경제성장률에 미치는 영향력이 최소 1/3 수준 이하에 불과하다고 반박하고 있다. 그리고 역의 인과관계, 즉 경제성장이 교육의 성장을 야기했을 수 있다고 제시하고 있다. 그리고 분석에서 누락변수(omitted variable)가 존재할 수 있기 때문에, 즉 교육과 경제성장 사이를 매개하는 누락된 매개변수-예를 들어 더욱 강한 소유권 시행, 국가간 교육개방으로 인한 빠른 총경제성장요인들의 증가-가 존재할 수 있으며 이러한 변수들을 포함시키지 못한 기존의 연구들, 그리고 1960년대의 과거의 교육변수자료만을 이용한 연구들은 한계가 있다는 지적이다.

Bils and Klenow(2000)의 지적은 일정정도 타당성이 있으며 경제성장에 미치는 여타 요인들에 대한 실증자료를 확보하여 분석하는 것이 필요함을 시사해준다. Bils and Klenow(2000)의 지적이 타당하긴 하지만 교육과 경제성장의 연구들을 잘 살펴보면 Barro(1991)의 경우 각 국가의 특성을 국가그룹의 더미변수(0 혹은 1로 변수를 코딩하는 것을 의미함)로 통제하고 있으며 초기 성장률을 통제하고 초기성장률과 초기 교육변수간의 상관관계를 분석함으로써 최대한 인과관계를 보여주기 위하여 노력하고 있다. 한편 Hanushek and Kimko(2000)와 Hanushek and WoBmann(2007)의 연구처럼 성취도라는 구체적인 교육의 질적 성과 변수를 이용한 연구들이 최근에 이루어지면서 교육과 경제성장간의 관계 연구가 지속되고 있다. 따라서 Bils and Klenow(2000)의 연구에서 언급된 바대로 인과관계나 누락변수의 지적이 있긴 하지만 전반적으로는 교육이 일정정도 경제성장을 견인한다는 의견이 지배적이라고 볼 수 있다.

교육으로 축적된다고 볼 수 있는 인적자본의 증가가 경제성장을 견인한다는 긍정적인 평가는 이론적으로는 선별이론(Screening Theory)의 비판에 의해서 논쟁이 된 바가 있다. 선별이론은 교육이 인적자본을 축적하고 경제성장을 이끈다기보다는 능력이 있는 사람과 그렇지 않은 사람을 걸러내는 장치로서 역할을 한다고 본다. 예를 들어 고용주가 볼 때에는 단순히 고등학교 졸업학위를 받았는지 여부만을 살펴보지 지원자가 고등학교에서 무엇을 배웠는지는 살펴보지 않는다는 것이다(Altonji, 1995). 따라서 구체적인 교육내용과 상관없이 학위수여 여부만을 보기 때문에 교육을 통한 인적자본의 축적이 개인의 임금상승과 경제성장과는 거리가 있다는 주장이다. 이러한 교육에 대한 선별이론의 대표적인 학자는 Stiglitz이다. 그러나 Stiglitz(1975)도 교육이 경제성장에 일정정도 긍정적으로 영향을 미칠 수 있다고 보고 있다. 따라서 교육과 경제성장과 연관된 연구에서는 대체적으로 인적자본론의 시각이 우세하다고 볼 수 있다.

World Bank에서 발간한 Hanushek and WoBmann(2007)의 경우도 PISA 자료를 기존 데이터에 추가하여 이용하여 분석한 결과 PISA 성취도의 1표준편차 증가가 1960~2000년의 실질 국민 1인당 GDP 성장률의 2%p 증가로 이어진다는 분석을 제시하고 있다. 이러한 분석결과는 2000년도의 분석보다 2배 정도의 성취도의 경제성장에 미치는 영향력이 더 클 수 있음을 시사해주며, Barro의 연구에서 제시된 교육의 양적 지표, 즉 초등과 중등이수율이 1표준편차 증가할 경우 경제성장률이 1.4%p가 증가한

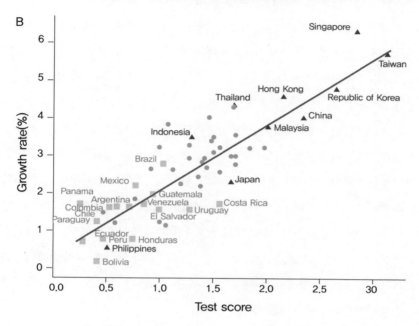

●● 그림 9-1 학업성취도와 경제성장과의 상관관계
　　　　　(특히 동아시아 국가들의 높은 학업성취도와 높은 경제성장률: 오른편 위를 보자)

출처: Hanushek, E.A. and Woessmann, L.(2016).

다는 91년의 연구와 남성의 중등이수율이 1표준편차 증가하게 되면 1.1%p 증가하게 된다는 분석과 비교하면 영향력이 더욱 크게 나타남을 보여주고 있다.

　　참고로 이 두 학자는 2016년도에 Science 학술지에 학업성취도와 경제성장과의 상관관계에 대한 자료를 정리하여 게재하였다. 특히 동아시아 국가들의 높은 학업성취도와 높은 경제성장률의 상관관계를 제시하고 있다. 한국도 우수한 학업성취도와 높은 경제성장률의 상관관계를 보여주는 국가로 언급된다([그림 9-1]참조).

2. 한국의 연구: 4대강 대신 교육에 투자했다면?

　　한국의 연구는 쟁점형태로는 이루어지고 있지는 않으며 연구가 간헐적으로 시행되어 왔다. 교육과 경제성장의 경우 과거 80년대의 한국교육개발원의 연구(김영철·공은배, 1983)가 진행된 이후, 1997년도에 교육재정경제학회지에서 특집으로 "교육의 경제발전에 대한 기여 – 회고와 전망"이란 주제로 네 편의 논문이 수록된 바가 있다.[3] 특집호에서 주목할 만한 논문은 김영화(1997)와 최강식(1997)의 논문이다. 김영화(1997)는 UNESCO의 교육관련 지표자료들과 성장률 자료들을 잘 취합하여 분석하여 제시하고 있으며 한국의 각 경제발달시기에 따른 교육의 역할, 초등교육의 보편화로 인한 인력양성, 그리고 70년대 산업성장시기에서의 실업계 고등학교의 성장과 역할 등을 잘 제시하고 있다. 즉 국가가 경제성장을 위해 필요한 인력양성을 위하여 효과적인 교육제도의 운영과 이를 통한 인적자원양성의 성공적인 사례가 바로 한국임을 보여준다.

최강식(1997)에 의하면 80년대부터 94년도까지의 경우 대학교육의 양적 팽창 정책은 66년도부터 75년도까지의 초중등 교육의 양적성장으로 인한 경제 기여도와 규모 면에서는 비슷하며 질적 기여도는 더욱 높아졌다고 보고하고 있다. 그러나 80년대 후반의 대학교육의 양적 성장은 실제 대학교육의 1인당 경제성장기여도는 임금감소 부분이 반영되어 과거와 같은 큰 효과는 없다고 분석하고 있다.[4] 향후 교육정책은 미래산업의 수요와 환경의 변화를 고려하여 새로운 교육을 받을 수 있도록 평생학습사회 체제를 구축하는 것이 중요하다고 제시하고 있다.

97년도의 특집호 이후에는 곽영우(1998)의 선행연구 분석과 인적자본투자의 경제적 효과에 대한 인식수준연구(김정희·정일환, 2002)가 수행된 이후 백일우 외(2007)가 교육과 경제성장에 대한 연구를 수행한 바가 있다. 그러나 백일우 외(2007)의 연구는 초중등이수율과 고등교육이수율의 양적 측면을 보여주는 교육변수를 이용하고 있어서 미국의 교육과 경제성장간의 관계에 있어서 점차적으로 질적 변수(학급규모, 학업성취도)를 분석하는 경향과 거리가 있다. 분석에서 사용한 변수는 60년대의 연구자가 만든 복합교육지수를 따라서 만든 변수로서 좀 오래된 느낌이 나는 것이 사실이다. PISA와 TIMSS 자료들이 점차적으로 가용되어지는 상황 속에서도 한국과 아시아 국가들의 경제성장과 질적 교육변수들 간의 관계에 대한 연구를 기대해볼 수 있을 것이다.

한편 한국의 경우에는 사교육이 만연한 상황 속에서 사교육이 경제성장에 미치는

---

3 1997년도에 발간된 한국교육개발원의 연구보고서 "한국의 교육과 국가발전" 보고서의 내용과 연계하여 특집내용을 발간한 것으로 보인다.

4 Hanushek(2016)도 고등교육의 양적 성장은 경제성장과 상관관계가 없다고 분석하고 있다. Hanushek(2016). Will more higher education improve economic growth?. Oxford Review of Economic Policy, 32(4), 538–552.

영향과의 관계 문제, 그리고 학교교육비에서 민간부담의 비율이 큰 상황 속에서 민간부담 비율 혹은 공적 재원 투자비율이 경제성장에 긍정적인 영향을 미치는지 등의 주제에 대하여 연구할 필요성이 있다. 사교육비 연구의 경우 아직까지 상당히 제한적인 주제들, 예를 들어 성취도에 미치는 영향이나, 사교육비 감소 요인으로만 미시적인 접근에 머무르고 있는 상황이다. OECD에서는 한국이 다른 국가들과 교육효율성을 측정하기가 어려운 국가로 선정한 바가 있다. 이는 한국의 경우 OECD에서 수집하고 있지 않은 사교육비에 대한 지출이 상당히 많이 이루어지고 있기 때문에 사교육비 자료가 없는 상황 속에서는 국가 간 효율성 비교에서 이상치(outlier)로 매우 효율적인 국가로 나타나고 있다고 분석하고 있다. 따라서 사교육비 연구의 경우도 경제성장에 어떠한 영향을 주는지에 대한 연구가 필요할 것으로 보인다.

GDP와 같은 지수로 교육성장과의 관계를 직접 보여주지는 않지만 교육투자의 경제적 파급효과에 대한 연구도 이루어진 바가 있다. 박경호(2009)는 한국은행자료와 기획재정부 자료들을 수합하여 교육선진화사업과 4대강 살리기 사업을 비교 분석한 결과 교육선진화사업이 상대적으로 부가가치창출과 취업유발 효과, 그리고 고용유발 효과가 4대강 살리기 사업보다 높게 나타나고 있음을 보여주었다. 다만 한 분야, 생산유발 효과 면에서만 4대강 살리기 사업이 교육선진화 사업보다 높게 나타났다. 따라서 재정규모가 세 배 가까이나 큰 4대강 살리기 사업보다는 교육선진화사업이 경제적 파급효과가 더욱 효율적이며 긍정적이라고 제시하고 있다.

한국에서의 선별효과와 관련해서는 많은 연구가 있지는 않지만 장수명(2006)의 연구를 살펴볼 필요가 있다. 〈표 9-1〉을 보면 한국의 경우 SKY 대학 등 상위그룹에 속하는 대학의 졸업자들이 그 이하의 순위에 속하는 대학졸업자들보다 수능점수의 분포 상의 차이보다 임금차이가 더 크게 나타나는 현상이 존재하고 있다(장수명, 2006).

수능점수로 측정된 능력차이는 탑5 대학과 6-10권 대학 사이에는 1.8점 밖에 안 된다. 그런데 평균임금차이는 31%나 된다. 너무 심하지 않은가? 대학서열의 문제가 심각하다는 의미이기도 한데, 어쩌면 사회직업구조의 임금분포(임금격차)가 이러한 서열문제와 맞물려 있을 수도 있다. 이러한 데이터는 양피지효과(sheep-skin effect)로서 스크리닝 이론이 한국의 현실을 일정정도 설명해주고 있음을 보여준다.

●● 표 9-1 대학 입학성적 백분위 순위 범주별 평균성적과 월임금

대학순위	수능 백분위 점수	차이	비율	평균임금 (만원)	차이	비율
1-5위	98.0	1.8	1.9%	232.91	55.1	31.0%
6-10위	96.2	3.36	3.6%	177.81	4.63	2.7%
11-30위	92.84	6.34	7.3%	173.18	12.85	8.0%
31-50위	86.5	5.68	7.0%	160.33	8.27	5.4%
50-100위	80.82	8.34	11.5%	152.06	6.71	4.6%
101위-	72.48			145.35		

주: 장수명(2006; p.92)에서 제시된 표에 차이와 비율을 연구자가 추가함. 차이는 바로 아래순위그룹의 점수
와의 차이를 의미하며 비율은 해당 차이가 수능점수와 임금에서 차지하는 비율을 의미함

　　한국의 경우 교육과 경제성장과 관련해서 실증연구가 더 필요한 상황이다. 교육과
경제성장의 경우 전문가 의견을 종합분석하거나 기존 경제정책과의 효과적인 연계성을
살펴보면서 교육이 한국경제에 기여한 점에 대해서는 연구가 이루어져 왔다. 앞에서
언급했듯이 향후 사교육과 관련해서 사교육시장이 한국경제에 미치는 효과, 인적자본
축적에서의 긍정적인 혹은 부정적인 측면에 대한 연구도 향후 이루어질 필요성이 있을
것으로 보인다.

학급규모, 교육비 등의 교육투입은
왜 효과가 잘 안 나타나는가?

1. 미국의 연구: Hanushek 교수의 문제제기와 논쟁

가. 미국 실증연구의 논쟁과 한계점

교육 연구에서 중요한 논쟁은 바로 학급규모를 비롯한 교육투입요소의 효과성 문제이다. Hanushek(1987)의 연구로 시작된 교육투입요소의 효과성 논쟁은 90년대 교육학계를 뜨겁게 달구었다.[1] Hanushek(1987)은 소위 단순 집계방식(vote-counting method)을 이용하여 기존의 33개의 논문을 분석하여 그 중 147개의 분석 계수를 종합한 결과 학생-교사 비율 변수의 계수 중 89개는 통계적으로 유의하지 않은 것으로 드러났으며, 오직 9개만의 계수가 유의하게 나왔다고 주장하며 학급규모 축소의 효과가 없다는 주장을 하고 있다. 1997년도의 Hanushek 논문에서는 59개의 선행 논문들에서 377개의 측정계수에 근거하여 역시 통계적으로 유의하게 나오는 계수의 숫자가 많지 않다는 주장을 한다.

---

1 사회학의 연구인 콜먼 보고서(1966)에 의해서 이미 학교효과성 논쟁이 시작되었으나 기존 연구들을 종합적으로 문헌분석을 수행하여 경제학계과 교육학계에 다시 한번 파급을 일으킨 연구로서 교육생산성과 관련한 교육경제학연구에서 가장 많이 인용되는 논문으로 볼 수 있다.

●● 표 10-1 학교투입변수 계수의 통계적 유의성 비율: Hanushek(1997)

재원	측정계수 숫자	통계적 유의		통계적으로 비유의		
		긍정적(+)	부정적(-)	긍정적(+)	부정적(-)	알 수 없음
학급관련재원						
학생교수비율	277	15%	13%	27%	25%	20%
교사교육	171	9%	5%	33%	27%	26%
교사경력	207	29%	5%	30%	24%	12%
재정관련변수						
교사임금	119	20%	7%	25%	20%	28%
학생1인당 교육비지출	163	27%	7%	34%	19%	13%
교사성적	41	37%	10%	27%	15%	12%
행정적 투자	75	12%	5%	23%	28%	32%
시설	91	9%	5%	23%	19%	44%

출처: Hanushek(1997)

〈표 10-1〉은 Hanushek(1997)이 제시한 학교투입변수계수들의 통계적 유의성과 비유의한 비율을 보여주고 있다. 학급규모의 대리변수인 학생-교사 비율의 경우 통계적으로 비유의한 비율이 더 많게 나타나고 있으며 그나마 교사경력이 통계적으로 유의하게 긍정적인 계수의 비율이 29%이며 비록 비유의하더라도 긍정적인 계수의 숫자 비율이 30%에 이르고 있다. 전반적으로 통계적으로 유의하지 않더라도 투입변수들이 성취도에 긍정적인 영향력을 주는 계수의 비율은 50%를 넘는 경우가 많다. 그러나 Hanushek(1997)은 통계적으로 유의하게 부정적인 영향을 미치는 계수들도 존재하며 유의하지 않게 나오는 계수들이 대부분 절반이 넘기 때문에 학교투입변수들이 체계적인 영향력이 없다고 결론짓고 있다.

이에 대해 Hedge et al(1994)의 경우 각 연구들의 유의확률(p-value)들을 종합하여 유의성을 분석하는 메타분석방법을 통해서 학생-교사 비율이 학업에 미치는 효과가 있다는 주장을 하고 있다. 이러한 학급규모와 학교 투입변수들이 학업성취도에 긍정적인 영향을 주는지에 대한 Hanushek과 Hedge et al. 간의 논쟁은 Educational Researcher(1994), Review of Educational Research(1996), Educational Evaluation and Policy Analysis(1997) 등을 통해서 지속적으로 이루어져왔다.

그러나 문헌종합분석 연구에 기반을 둔 이러한 논쟁은 무엇보다도 방법론에서, 그리고 그 연구물들의 질적 수준에 대한 세밀한 분석이 없이 이루어졌다는 데 한계가 있다(Ferguson and Ladd, 1996; Krueger, 2002; Murnane and Levy, 1996). 먼저 Hanushek(1986; 1997)의 연구자료의 문제점의 경우, 프린스턴 대학의 경제학과 교수인 Krueger(2002)에 의해서 제시되었다. Krueger(2002)에 의하면 Hanushek(1986, 1997)은 vote counting에 근거한 적합한 문헌분석이라고 주장하고 있으나 실제로는 한 논문의 결론을 하나씩 종합한 것이 아니라 기존 문헌들에서 제시된 모든 등식을 다 합산함으로 인해서 몇몇 소수의 연구논문에서 제시된 등식을 많이 포괄하여 균등한 문헌종합이 아니라는 문제를 내포하고 있다.

예를 들면, Hanushek(1987, 1997)의 문헌분석에 포함된 Link and Mulligan(1986, 1991)의 두 연구는 Hanushek이 제시한 측정수의 17퍼센트를 차지하고 있다(Krueger, 2002). 그리고 문헌분석은 대부분 학급당 학생 수 대신에 학생-교사 비율을 그 대리변수로 사용함으로써 통계학적으로 측정 오류(measurement error)에 따른 편의(bias)를 발생시키는 연구물들에 기반하고 있다는데 문제가 있다.2 반면 경제학의 최고 저널로 평가받는, American Economic Review에 실린 Summers and Wolfe(1977)의 연구는 여러 학년을 대상으로 한 회귀분석모델들을 제시했지만, 오직 하나의 측정수로서 Hanushek의 문헌종합에서 합산되었다(Krueger, 2002). 이처럼 Hanushek의 문헌분석은 주관적인 선택의 오류와 문헌자료들의 질적인 측면을 고려하지 않는 문제를 안고 있다.

〈표 10-2〉는 Krueger(2002)가 분석한 Hanushek(1997)의 측정계수 출처 현황이다.

●● 표 10-2 Hanushek(1997)의 측정계수 출처 현황

한 논문에서 추출된 계수의 수	논문 수	총 계수 합	논문 비율	계수 비율
1	17	17	28.8%	6.1%
2-3	13	28	22.0%	10.1%
4-7	20	109	33.9%	39.4
8-24	9	123	15.3%	44.4%
총합	59	277	100%	100%

출처: Krueger(2002)

---

2 설명변수의 측정오류(measurement error)에 의한 계수의 편의(bias) 발생과 관련해서는 Wooldridge(1999) Introductory Econometrics, 남준우 & 이한식(2004) 계량경제학, 이병락 역 (2003) 계량경제학 등을 참조.

Hanushek(1997)의 측정계수 출처현황을 보면 9개의 논문에서 무려 123개의 계수가 추출되어서 종합되었음을 알 수가 있다. 17개의 논문에서는 1개의 계수만이 추출되어서 종합되었기 때문에 결과적으로 9개의 논문이 실질적인 논문수에서 차지하는 비율은 15.3%이지만 계수로 합산된 Vote-counting에서는 44.4%라는 상당수의 비중을 차지하게 된다. 즉 결과적으로 Hanushek은 단순한 집계합산이 아니라 일정 논문들에게 가중치를 부여한 가중 집계합산임이라는 문제점을 안고 있다.

학급규모의 대리변수인 학생-교사 비율변수만을 단순하게 합산한 Vote-counting 방법이 아니라 논문에 동일한 가중치, 저널 영향력, 회귀분석 조정 가중치를 통해서 Krueger(2002)가 재분석한 결과를 보면 오히려 통계적으로 유의하게 성취도에 미치는 영향력이 커짐을 알게 된다. 다음 〈표 10-3〉은 Krueger(2002)가 제시한 가중치 변화에 따른 학생-교사 비율의 통계적 유의성의 집계결과의 변화이다.

〈표 10-3〉을 보면 학급규모의 대리변수인 학생-교사 비율 변수가 학업성취도에 미치는 영향력이 일정정도 존재함을 알 수 있다. 비록 통계적으로 유의하지 않더라도 정적인 계수의 비율은 모두 60%를 넘게 된다. 우리가 만약 정책적 판단을 해야 한다면, 결론적으로는 우세한 결과물들에 의존할 수밖에 없다. 즉, 성취도에 부정적 영향을 준다는 연구가 적기 때문에 학급규모를 감축하는 것이 필요할 수 있다는 것이다.

(1)은 앞에서 제시된 Hanushek이 제시한 연구결과. (2)는 각 연구논문에 동일한 가중치를 부여. 즉 한 연구물에서 2개의 계수를 뽑아냈고 또 다른 연구논문에서 한 개를 뽑아내서 사용했으면 2개의 계수를 뽑아낸 연구물은 1/2로 해서 각 논문마다 동등

●● 표 10-3 가중치의 변화에 따른 학생-교사 비율의 통계적 유의성 비율의 변화

	(1) Hanushek's weight	(2) 논문에 동일한 가중치	(3) 저널영향력에 따른 가중치	(4) 회귀분석 조정가중치
정적, 통계적으로 유의	14.8%	25.5%	34.5%	33.5%
정적, 통계적으로 무의미	26.7%	27.1%	21.2%	27.3%
부적, 통계적으로 유의	13.4%	10.3%	6.9%	8.0%
부적, 통계적으로 무의미	25.3%	23.1%	25.4%	21.5%
통계적으로 무의미한 계수. 방향 모름	19.9%	14.0%	12.0%	9.6%
비율(정적/부적)	1.07	1.57	1.72	2.06
P-value	0.500	0.059	0.034	0.009

출처: Krueger(2002).

하게 가중치를 부여함. (3) Journal Impact를 고려한 가중치. (4) 회귀분석을 통한 가중치.

　　Hedge et al(1994; 1997)의 메타분석 역시 학계에서는 동의가 완벽히 이루어지지 않은 연구방법으로서 한계를 지니고 있다(Levin, 1988; Mosteller, 1995). Hedge et al.(1994; 1997)의 메타분석에서 사용된 문헌 역시 Krueger(2002)가 Hanushek의 연구들을 분석 비판한 구체적인 질적 측면에서의 문제점에 오히려 더 노출되어 있다고 볼 수 있다. Hedge et al.(1994; 1997)의 경우 학계의 검증(peer review)이 되지 않은 ERIC의 연구물 등을 모두 종합함으로써 기존 선행연구물들의 기본적인 통계방법론의 질적 측면의 검토가 미비한 약점을 가지고 있다. Hedge et al.(1996)은 Hanushek이 종합한 연구물들이 오래된 것들이어서 적합성이 떨어진다는 비판을 하지만 이러한 비판은 결국 본인의 메타분석의 근거가 된 연구논문들에게도 일정정도 해당되는 사항이기도 하다.

　　나. Lazear(2001)의 이론적 연구와 Betts and Shkolnik(1997)의 모형

　　학급규모축소 정책의 효과성에 대해서 교육경제학에서 이론적 뒷받침을 해주는 Lazear(2001)의 연구는 매우 중요한 정책적 시사점과 연구에서의 방향성을 제시해준다.3 기존 연구들이 데이터를 중심으로 한 실증연구과정에서 소홀히 된 경제학의 수리모형을 통한 Lazear(2001)의 이론적 논증이 상당한 시사점을 제공해주기 때문이다. Lazear(2001)는 학생들이 학습에 집중하고 다른 학생들의 학업에 방해를 주지 않을 확률을 $p(0 \leq p \leq 1)$로 상정한다. 그에 따라 학급당 학생 수, n에 따른 학업의 효과는 p^n이 된다. 유・초등의 저학년 학생들처럼 학습에 있어서 고학년이나 중・고등학교 학생들에 비해 상대적으로 집중하지 못하고 옆 학생들의 학업을 방해할 확률이 높아서 p의 값이 작아지고 그에 따라 p^n의 값이 작아지는 경우에는 n, 즉 학급당 학생 수를 많이 삭감시켜야 학업효과가 생긴다고 말한다.

　　따라서 유초등 저학년의 학급당 학생 수가 작아야 한다고 말한다. 그리고 현실에서 고등학교나 대학교의 학제에서는 학급규모가 커도 학생들의 학업성취도는 크게 나올 수 있으며 유치원의 경우 학급당 학생 수를 작게 해도 그 효과가 상대적으로 미비

---

3 Lazear(2001)에 대한 본문의 논의 내용은 이광현(2005)의 내용을 수정 보완하여 제시하였음.

할 수 있다. 이러한 점으로 인해서 기존의 실증 연구물들이 학급당 학생 수의 효과를 찾기가 어려웠음을 보여준다(Lazear, 2001).

Lazear(2001)는 적정 학급규모에 대한 경제학적 이익 등식을 다음과 같이 상정한다.

$$\text{교육의 사회경제적 이익(혹은 효과)} = Z \times V \times P^{z/m} - W \times m \tag{1}$$

$V=$ 학습가치(value of learning), $W=$ 교사 한명의 월급 혹은 학급 1개 신설을 위한 토지구입비와 학교건물신축(혹은 증축)비, $m=$교사, 혹은 학급수. $Z=$ 학교의 학생 수(학급당 학생 수는 따라서 Z/m), $p=$ 학생이 학업에 집중할 확률

이 공식에서 이익을 최대화하기 위해서는 m으로 미분을 하면 다음의 등식을 얻는다(Lazear, 2001).

$$- V \times (Z^2/m^2) \times P^{z/m} \times \ln(p) - W = 0 \tag{2}$$

공식 (2)는 이익 극대화를 위한 적정 학급규모(optimal class size)는 교사들의 임금이나 학급 신설비용(W)이 증가하면 커지게 되며, 교육에 대해 사회가 여기는 가치(V)가 커지게 되면 학급규모는 작아지게 됨을 보여준다.4 이 공식이 함축하는 바는 따라서, 토지가격이 비싸서 학급신설비용이 많이 드는 지역, 즉 신도시나 여타 고소득층이 사는 지역은 학급당 학생 수를 타 지역에 비해 크게 줄이지 않는 것이 효율적이라는 것을 의미한다. 교사들의 월급(W)은 한국에서는 단일호봉제로서 지역 간 차이가 없다고 가정할 수 있다. 따라서 공식(2)와 관련된 논의에서 학급신설비용에 가장 큰 영향을 미치는 토지가격에 대한 고려가 학급규모 감축에서 가장 큰 고려사항이 될 것이다. 사회적으로도 교육투자에 대한 관심이 커지게 되면, 즉 V가 커지게 되면 역시 학급규모가 감축이 될 것이다. 특히 교육에 관심이 더욱 많고 가정환경이 좋은 집안의 아이들이 학업에 집중할 확률, p가 1에 가깝다고 상정한다면, 상대적으로 그렇지 않은 저소득층이 밀집해있는 지역의 학급당 학생수를 중점적으로 축소시키는 것이 교육의 전체 사회

---

4 세부 증명은 Lazear(2001)의 부록(appendix)을 참조.

경제적 효과를 극대화시킬 수 있게 한다.

　예를 들어 토지매입비가 저렴한 지방 소도시 지역의 토지가격이 $W = 5 VP^{z/m}$ 이라고 가정해보자. 즉, 토지매입비는 학습가치와 학급규모에 따른 학생들이 학업에 열중할 확률로 인한 학습효과의 다섯 배로 상정하고 지방소도시보다 상대적으로 토지매입비가 두 배 비싼 지역, 예를 들어 서울이 그렇다고 가정하면 서울의 토지가격은 $W = 10 VP^{z/m}$이 된다. 학생들이 학업에 집중할 확률 P가 0.99로 모두 상정한 후 이를 식(2)에 각각 대입해서 최적 학급규모 $Z/m (= n$: 학급규모)를 계산해보면 토지매입비가 저렴한 지방 소도시의 교육의 사회경제적 이익의 극대화를 위한 최적 학급규모는 약 22.3명이 나오고, 토지구입비가 상대적으로 비싼 서울은 31명이 나오게 된다. 만약 서울 지역의 P를 0.99가 아니라 그보다 약간 더 높은 0.995로 가정할 경우 적정 학급규모는 44.7명이 나온다. 반면 지방 소도시의 경우 P를 0.98로 낮게 상정할 경우에는 적정 학급규모가 약 15명으로 나오게 된다. 이처럼 Lazear의 경제학적 수리모형에 따르면 P가 낮은 유치원과 초등학교 저학년의 경우 혹은 가정배경에 문제가 있어서 학업에 상대적으로 집중하지 못하는 저소득층에 대한 적정 학급규모는 중, 고등학교나 고소득층의 자녀들보다는 더 작아야 효과를 거둘 수 있다는 점을 보여준다.

　또 다른 경제학적인 이론적 모형을 제시한 Betts and Shkolnik(1997)의 시간 예산 제약 그림은 또 다른 시사점을 제공해준다. Betts and Shkolnik(1997)에 따르면 교사 개개인이 주어진 수업시간에서 집단 교육과 개인지도교육을 할애하게 되며 이는 자신

●● 그림 10-1 학급규모 감축으로 인한 개인지도시간의 증가(예산제약선 이동)

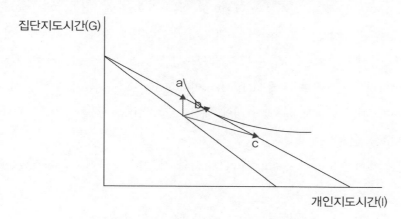

의 선호도에 따라서 결정된다고 교사의 수업행동을 분석한다. 학급규모가 감소하게 되면 집단의 규모가 작아지기 때문에 집단교육시간보다는 개인지도교육시간을 더욱 확보할 수 있게 된다. 이를 그림으로 나타내면 [그림 10-1] 같다.

교사에게 주어진 주당 수업시간(T)의 경우 집단지도시간(G)과 학생 개인별 지도시간(I)에 학생개별 숫자를 곱한 합으로 주어진다고 볼 수 있다. 즉 $T = G + I \times N$이다. 학급규모가 작아지면 N이 감소하게 되고 전체 T는 유지되는 상황 속에서 교사는 I, 즉 개인별 지도시간을 증가시킬 수 있다(그림에서 b나 c로 이동). 이렇게 될 경우 학생개개인의 성취도가 증가할 가능성은 더욱 커지게 된다. 그러나 대부분의 학생을 추가적으로 개별지도하기 보다는 일반적으로는 성취도가 낮은 학생들에 대한 개별지도를 더 많이 하게 된다는 것이 Betts and Shkolnik(1997)의 지적이다(이 경우는 c에만 해당).

가장 적정한 지점은 전체 학생들의 평균을 높이기 위한 집단 교육도 적정히 늘려나가는 것이 필요한 것이다(b로의 이동이 적절). 그러나 실제 수업시간에는 학생들에 대한 수업이 개별지도와 집단지도의 두 유형과 더불어서 훈육, 시험 등도 존재한다. 그리고 개별지도나 집단지도 역시 단순 반복수업을 하느냐, 기존 교과서와 수업방식대로 운영할 것인지, 새로운 자료들을 제시하면서 새롭게 수업을 할 것인지 역시 포함된다. 이러한 수업방식의 경우도 학급규모감축에 따라 생기는 여유에 대한 각 수업방식에 대한 추가 시도에 대한 한계 생산 효과가 동일할 경우로 선정해야 할 것이다.

Betts and Shkolnik(1997)의 실증 분석 결과 학급규모감축으로 일정정도 교사들이 학생개인지도에 수업시간을 더 많이 할애하는 것으로 나타났다. 그러나 실제 수업방식에서는 새로운 수업자료의 활용이 특별히 증가하지 않았으며, 기존과 같이 반복학습, 훈육, 시험 등에 주로 시간을 할애하고 있는 것으로 나타났다. 이는 교사들이 위험기피(risk averse) 성향을 보여주는 사례[5]로서 수업방식의 변화를 추구하지 않고 동일한 교수학습방식을 유지함으로 인해 학급규모 감축의 효과가 사라지게 만드는 것으로 해석한다. 이러한 사실은 기존에 Hanushek이나 Krueger가 새롭게 분석한 학급규모의 효과에서 여전히 학급규모감축의 효과에 대한 부정적인 연구물들이 일부 존재하는 현실적인 이유를 설명해준다.

이러한 해석은 Murnane and Levy(1996)의 현장방문연구에서도 나타났는데, 텍사

---

5 McNeil(1983)의 방어적 수업(Defensive teaching)과 유사한 의미를 갖는다.

스 주의 15개 학교에서 학급규모를 크게 13~15명으로 감축시킨 학교에 방문하여 교사들의 수업을 관찰해본 결과 학급규모가 크게 감축되어도 대부분의 교사들이 기존의 수업방식대로 칠판 앞에 서서 강의식의 전통적인 수업방식을 유지하고 새로운 수업교재 채택과 수업방식을 도입하고 있지 않고 있는 상황에서는 학급규모 감축이 효과가 발생할 수 없다는 지적과도 동일하다. 결국 학급규모의 경우 감축하더라도 교사의 수업방식의 변화를 동반해야 효과가 존재하며 학생들의 학업집중률을 높이기 위한 방안이 강구되어야 함을 시사해준다.

2. 한국에서의 학교투입변수 효과 연구

학급규모를 포함한 학교투입변수들의 효과 연구 역시 한국에서는 비록 많지는 않지만 최근에도 지속적으로 이루어지고 있다. 한국에서는 김영철·한유경(2004)이 학급규모가 학업성취도에 미치는 효과를 국가수준학업성취도 평가와 TIMSS(Trends in International Mathematics and Science Study)결과를 이용하여 분석을 수행하였다. 국가수준학업성취도 평가결과는 초등학교 6학년, 중학교 3학년, 고등학교 2학년을 대상으로 한 자료로서 지역규모별로, 즉 특별시, 광역시, 중소도시, 읍면지역으로 국어, 수학, 영어, 사회, 한자 등의 네 과목과 총점에 대해서 분석을 수행하였다. 분석결과 중소도시에서만 초등학교와 고등학교 단계에서 총점이 통계적으로 유의하게 계수가 음(−)의 값을 갖는 것으로 나타나고 있었다.

그러나 대부분 다른 지역들에서 각각의 과목에서는 통계적으로 유의하지 않거나 통계적으로 유의하게 양(+)의 값을 갖는 경우도 나타나고 있었다. 즉, 학급규모가 클수록 학업성취도가 높다는 결과가 부분적으로 나오고 있으며, 중소도시에서만 일부 학급규모가 감소할수록 성취도가 높아지는 것으로 분석되고 있다. 그러나 이 분석에서는 성별, 부모의 사회경제적 수준, 학급규모 이 세 변수만을 설명변수로 포함시켜서 여타 학업성취도에 미칠 수 있는 변수들이 포함되지 않았다는 한계가 존재한다. 한편 TIMSS 결과의 분석에서는 학급규모가 클수록 성취도가 통계적으로 유의하게 높아지거나 통계적으로 유의하지 않아도 성취도가 높게 나오고 있었다. 그러나 이 역시 연구자들이 지적한 바대로 여타 학생배경관련 변수나 학교변수를 포함시키지 않은 단순 상관분석의 한계를 갖는다.

우명숙(2010)의 최근 연구는 교육종단 자료를 이용하여 중학교 3학년 국어, 영어, 수학 성취도의 평균점수를 종속변수로 하여 2학년 평균성취도와 학생부모의 평균교육연한, 소득, 사교육비, 학습시간 등의 학생수준 변수와 학급당 학생 수, 교사평균교육연한, 교사경력, 교사 사기 열의, 교사능력, 학생 1인당 교육비, 학생 1인당 교수학습활동비, 설립유형, 지역, 기초수급자 비율 등의 변수를 포함시켰다. 이 연구에서는 학급당 학생 수와 학생 1인당 교육비는 통계적으로 유의하지 않게 나타나고 있다. 그러나 학생 1인당 교수학습활동비는 정적으로 유의하게 성취도에 영향을 주는 것으로 나타나고 있다. 이는 단순히 교육비를 늘리는 것보다는 실질적인 교수학습활동에 들어가는 비용을 증가시키는 것이 성취도 향상에 중요함을 시사해주고 있다.

권용재·이광현(2010)의 연구 역시 교육종단 자료를 이용하여 학급당 학생 수의 제곱변수(square term)를 넣어서 분석을 수행하였다. 분석결과 학급당 학생 수 변수는 국어와 영어성취도에서만 U-모양의 영향력을 가지는 것으로 나타나고 있었다. 그러나 수학성취도에는 영향을 미치지 못하는 것으로 나타나고 있다. 일반적으로 학급규모가 수학성취도에 더 영향을 미친다는 미국의 연구들(Ferguson & Ladd, 1996, Mosteller, 1995)과는 차이가 있는 결과로 나타나고 있다. 한국의 경우 수학성취도에서 이러한 결과는 향후 여타 학교급의 자료를 이용한 분석에서도 유사한 결과가 나오는지에 대해서 지속적인 검토가 필요할 것으로 보인다. 한편 교사의 사기와 열의, 지식 변수는 성취도에 통계적으로 유의하게 긍정적인 영향을 미치는 것으로 나타나고 있다. 다만 학생 1인당 교수학습비 변수는 우명숙(2010)의 연구와는 달리 통계적으로 유의하지 않게 나타나고 있어서 향후 추가적인 연구가 필요할 것으로 보인다.

교육자원의 효과성의 경우 최근 들어서 종단자료의 축적과 성취도 자료의 가용성이 높아지면서 연구가 본격화되기 시작한 것으로 볼 수 있다. 특히 학업성취도 자료와 나이스(NEIS) 등의 학교단위의 재정자료가 공개되고 활용될 수 있게 된 상황에서 교육투입자원들, 학생 1인당 교육비, 교사관련 변수, 학교관련 변수들이 학업성취도에 미치는 영향력에 대한 연구들이 더욱 활발하게 이루어질 필요성이 있다. 이를 통해서 교육자원이 더욱 효과적으로 혹은 효율적으로 이용될 수 있도록 교육자원 활용에 대한 정책 방향이 논의되는 것이 필요할 것이다.

학교선택권 논쟁-공교육에 경쟁시스템 도입은 과연 성공할 것인가?[1]

1. 미국에서의 끊이지 않는 치열한 논쟁

가. Friedman과 Hirschman

초중등 분야에서의 미국에서 가장 많은 연구가 이루어지고 있는 부분은 학교선택권과 관련된 쟁점이다. 먼저 이론적인 측면에서 학교선택권을 제창한 Friedman과 그에 반박하는 Hirschman의 저서가 있다. 이 내용은 앞의 제3~4 강좌에서 제시한 바가 있다. 그래도 반복해서 설명을 해보도록 한다.

Friedman은 교육이 갖고 있는 이웃효과(neighborhood effect-혹은 경제학에서 흔히 말하는 외부성)로 인해서 초·중등 교육에 대한 정부의 공적인 재원지원이 필요하다고 언급하고 있다. 그러나 정부가 교육재정을 지원할 수는 있지만, 반드시 학교를 소유하고 운영할 근거는 없다고 주장하며 학생들에게 바우처와 비슷한 방식으로 지원을 해주고 학생들이 사립학교 등을 선택하게 하자는 내용을 적고 있다. 이를 통해서 사립학교에 대한 간접적인 지원도 정부가 할 수 있을 것이며 기존의 공립학교들의 경우 학생들을 유인하기 위한 경쟁을 통해서 학교교육의 질이 높아질 것이라고 주장하고 있다.[2]

---

1 필자의 논문(학교선택이 수학학업성취도에 미치는 영향 분석, 교육사회학 17(4), 87 – 107)의 일부 선행연구 내용을 수정 보완하여 작성하였음.

2 고등교육에 대해서는 사적 수익률(private return to education)이 높기 때문에 정부가 굳이 재정

●● 그림 11-1 기존 학교배정 제도와 바우처 제도의 행·재정 흐름의 차이

즉, 현행제도는 학생이 학교에 무작위로 배정되고 정부가 일률적으로 재정지원을 하는 양태이나 학교선택제도에서는 바우처를 통한 학부모의 선택권의 행사를 통한 학교의 교육개선노력이 발생한다는 것이다. 이를 그림을 통해서 살펴보면 [그림 11-1]과 같다

최근에 Friedman은 교육에서의 학교선택권 도입과 더불어 교육에서의 민영화(privatization)에 대한 주장을 재강조한다(Kane, 2002). 특히 대표적인 공공분야였던 우편산업의 경우도 운송기술의 발전으로 인하여 UPS 등의 사설 우편기관이 등장함으로써 공공우체국의 설 자리가 줄어들게 되고 있다는 점을 지적하면서, 공교육도 기술발달로 인해서 기존의 독점적 지위를 차지하기 어려울 것이라고 주장하고 있다. 민영화를 통한 학교 선택권의 확산은 관료주의적 공교육체제에 경종을 울릴 것이라고 말하며 자신과 같은 노벨경제학을 수상한 사람이 교사자격증이 없기 때문에 중고등학교에서 교사가 될 수 없는 현재의 관료적 공립학교체제는 개혁되어야 한다고 말하고 있다(Kane, 2002).

교육에서의 경쟁체제도입을 주창한 학교선택권 확산에 반대하는 이론적 입장은 Hirschman(1970)에 의해서 제기된 바 있다. Hirschman(1970)은 Voice, Exit and Loyalty 라는 그의 유명한 저서에서 조직이 개선, 발전되기 위한 방안이 두 가지가 있는데, 한 가지는 조직구성원의 참여와 의견개진[3](voice)을 통한 조직개선과 조직으로부터의 이탈(exit)을 통하여 조직에 자극을 주는 방식이 있다고 말한다. 여기서 의견개

적 지원을 할 필요는 없다고 Milton Friedman은 주장한다. 즉, 고등교육의 수업료 등의 부담을 개인에게 맡길 것을 주장한다. 그러나 초·중등 교육은 공적 수익률(public return to education)이 존재하기 때문에 정부가 의무교육을 지원하는 것을 인정하고 있다.

3 혹은 항의로 번역될 수 있다.

진(혹은 항의)은 정치적인 프레임이며 이탈은 시장에 의한 자극제라고 볼 수 있다.

　Hirschman은 공교육의 경우 exit, 즉 소비자들의 이탈로 인해서 조직이 개선되고 발전하지 않는다는 점을 지적하며 학교체제를 변화시키기 위한 학부모들의 적극적인 의사개진(voice)을 통한 개혁이 필요하다고 주장하며 미국의 시장최고주의의 학문적 전통으로 인한 교육에서의 시장원리 도입은 오히려 교육을 발전시키지 못할 것이라며 Friedman을 비판하고 있다.

　특히 Friedman이 언급한 표현 "학부모들이 자퇴시켜 다른 학교로 전학시킴으로써 학교에 직접적으로 의사표현을 할 수 있었고, 이 점은 지금보다 예전에 훨씬 쉬웠다. 오늘날 일반적으로 학교를 옮기기 위해서는 주소지를 옮겨야 한다. 그렇지 않을 경우 학부모들이 의사표시를 할 수 있는 길이란 오직 성가신 정치적 채널을 통해서만 가능하다"에서 경제학자들이 보여주는 항의에 대한 무조건적인 거부감, 즉 성가신 일로 취급하는 즉 자신의 불호(不好)의 견해를 직접적으로 표현함으로서 우리 사회의 또 다른 메카니즘인 항의자체가 전혀 필요없다고 보는 편견을 드러내고 있다고 반박한다. 대도시 공립학교의 개선에서 학생들과 학부모의 참여 없이 단순 이탈만으로 개선이 되겠는가 하는 것이다. 결국 이탈 역시 또 다른 곳에서의 참여, 즉 일종의 Voice의 또 다른 형태의 하나인 참여와 개혁이 동반되지 않는다면 성공하기 힘들다. 이탈로 인해서 학생을 잃고 문을 닫는 학교에서 과연 개혁을 위한 기회, 학생과 학부모의 참여와 목소리를 통한 발전의 기회는 계속 사라지게 하는 시스템이 100% 옳겠는가이다.

　나. 바우처와 차터스쿨

　학교선택제도는 학군내 선택(거주지 선택에 의한 학교선택), 학군간 선택, 차터스쿨, 바우처 등의 제도가 존재한다. 이 중 바우처제도와 차터스쿨 제도는 가장 대표적인 학교선택제도이며, 앞에서 언급된 Friedman과 Hirshman의 논쟁은 바우처제도를 중심으로 한 논의로 볼 수 있다. 바우처제도와 차터스쿨제도의 이론적 논의를 살펴보면 다음과 같다.

　학교 선택권의 확장을 통한 학교교육의 개선에 대한 이론적 논쟁은 1990년도에 Chubb과 Moe 두 학자가 저술한 Politics, Markets, & America's Schools 책자가 브루킹스 연구소에서 발간되면서 학계에서 학교선택권에 대한 긍정적인 시각이 다시 크게 주목을 받게 되었다. Chubb and Moe(1990)는 사립학교와 공립학교의 자료를 비교하면서 사립학교가 전반적으로 교장의 리더십을 비롯해서 공립학교보다 더욱 학생 중심적으로 효과적으로 학교를 운영하게 된다고 주장한다. 이와 같은 사립학교의 우월성은 바로 시장의 원리에 따라서 움직이기 때문이라고 주장한다. 즉 사립학교들은 학생들을 유치하기 위해서 다양한 노력을 시도하며 교사와 교장도 자유롭게 고용하게 됨으로써 평균적으로 보면 모든 조직적인 특성에서 소비자 중심적이 된다는 것이다. 따라서 공립학교에 시장원리를 도입하기 위해서 바우처 제도를 적극적으로 도입할 것을 주장한다.

Chubb and Moe(1990)의 저서 이후 90년대의 학교선택권운동에 대한 적극적인 지지자들이 생겨나게 되었다. 그러나 바우처와 다른 차터스쿨(Charter School) 운동도 전개되기 시작한다. 차터스쿨의 시작은 아이러니한데, 미국의 교사연합회(한국으로 치면 전교조와 유사한 조직)의 위원장이었던 Albert Shanker(섕커)의 학교 내의 자율적 공동체 활동 아이디어에서 출발했다(Ravitch, 2019). 당시 섕커는 독일의 홀바이데 학교를 방문하고 미국에 돌아왔는데, 학생들이 교사들과 한 팀이 되어 3~4년을 함께 보내도록 조직되어 있었다고 한다. 그래서 학생과 교사가 협력하면서 학생의 발전이 잘 이루어졌다는 것이다. 그래서 한 가지 아이디어를 냈는데, 대규모 학교 안에서 한 그룹의 교사들이 학생들을 모집해서 '학교 안의 학교'를 형성하기 위해서 동료 교사들에게 승인을 얻고 학교운영위원회로부터 승인을 얻어서 다양한 실험적 교수법을 수행해보자는 제안을 하게 된다. 이 그룹, 즉 학교 안의 학교운영은 대규모 학교의 경우에 시도되는 것인데, 아무래도 초등학교 단계에서 더 효과적일 수 있어 보인다. 그래서 완전히 모든 기존의 교육과정과 온갖 교육행정규제로부터 벗어나 자유학교를 구현해보자는 아이디어였다.

따라서 차터스쿨의 아이디어는 경제학자들만의 전유물은 아니다. 자율과 자치의 측면에서 미국에서 1970년대 뉴잉글랜드의 교육자인 Ray Budde가 소수의 교사를 중심으로 기존 공립학교와 경쟁해서 개혁하자는 일종의 계약학교(Charter School)를 운영하자는 제안 글을 하필 읽게 된 섕커는 자신이 언급한 선택학교의 명칭을 버디교수가 언급한 명칭이었던 차터스쿨로 부르게 된다. 그에 따라 학교 내 학교가 갑자기 학교 외 학교의 아이디어로 변화되어서 확산되었다(Ravitch, 2019). 따라서 초반에 제안된 차터스쿨운동은 공립학교를 민영화하는 측면에서의 경제학적인 학교선택운동이 아니라 교육학적인 측면에서의 자율과 자치의 자율학교 운영이었다.

그런데 문제는 '학교-내-학교'라는 아이디어가 별도의 독립된 민영화하는 학교를 만들자는 아이디어로 변환되었다는 것이다. 다양한 교육과정을 운영하고 싶은 개인이나 단체가 교육청의 승인을 얻어서 모든 교육행정규제로부터 벗어나서 교육과정을 운영하고 자유롭게 교사를 채용해서 운영하는 차터(Charter-계약이라는 의미가 있다)학교를 만들자는 운동으로 바뀌게 되었다.

차터스쿨은 1991년에 미네소타에서 처음 법이 제정되어서 시행된 이후 점차적으로 거의 미국의 대다수 주로 확산되어 왔다. 민주당도 자율학교라는 취지에 공감하면서 관심을 보였고, 공화당은 시장주의적 성격, 즉 기존 공립학교 체제를 민영화와 경쟁을 통해서 근본적으로 개혁할 수 있다고 보았다. 그러한 양 정당의 관심으로 인해서 각 주에서는 차터스쿨을 승인하는 제도를 도입한다. 2021년도 기준으로 미국에는 약 7,700여 개의 차터스쿨이 있다. 그리고 약 3백 40만 명의 학생이 재학중이다. 50개주에서 차터스쿨 승인과 운영에 대한 법이 마련되어 있다(edreform.com).

차터스쿨의 운영 원칙은 다음과 같다. 선택, 혁신, 책무성, 자유. 이러한 원칙은 상당히 매력적으로 보인다. 이 중 혁신과 자율(혹은 자유)은 교육학계에서도 선호되며 선택과 책무성은 경제학계에서 선호된다. 선호도에 따라서 차터스쿨에 대한 입장은 〈표 11-1〉과 같이 나뉜다.

●● 표 11-1 차터스쿨에 대한 입장

입장	내용	운용규모	비고
무용론	차터스쿨은 공교육을 파괴하는 신자유주의 교육운동. 폐지되어야 할 정책	반대. 1개교라도 허가하면 안 됨	교육학계의 다수 입장
실험론	차터스쿨은 소수만 운영하면서 자율적이며 다양한 교육방법, 교수법을 시도. 모든 자율권을 주고 일종의 실험학교처럼 운영.	매우 소수만 허가 (1% 정도? 1%는 필자의 해석임)	교육학계와 경제학계 일부 입장
경쟁론	차터스쿨을 일정정도 많은 학교를 운영해서 공립학교와 (치열한) 경쟁이 발생하게 함.	허가 학교 수 제한을 두지 않음.	경제학계 다수 입장
대체론	모든 공립학교를 차터스쿨로 전환시켜서 공교육 혁신을 추구	모든 공립학교를 차터스쿨로 100% 전환	정치학계 일부 소수 입장

출처: Hassel(1998).

차터스쿨 운동에 적극적으로 앞장서고 있는 연구자 중 한 명은 Harvard 대학에서 정책학 박사학위를 받고 현재 차터스쿨 컨설팅 사업을 수행 중인 Brian Hassel이다.[4] Hassel은 Chubb과 Moe의 저서를 늘 인용하며 그에 근거하여 학교선택권운동의 필요성을 강조한다(Hassel, 1998). 그의 이론적 입장은 전체 공립학교를 계약학교로 민영화시켜서 공교육에서의 경쟁체제를 확립해야 한다는 시장주의적 입장이다. 이를 통해서 학교 간 경쟁이 본격화되고 자율적인 민영화된 계약학교에서 교육의 질이 향상될 수 있다는 것이다(Hassel, 1998).

Hassel(1998)은 차터스쿨에 대한 자율과 자치학교로서의 실험학교 운영시각은 한계가 있다고 비판한다. 그리고 완전히 모든 공립학교를 차터스쿨로 대체함으로써 전면적인 경쟁체제 구축, 전면적인 민영화를 이루어내야 차터스쿨이 가지고 있는 진정한 개혁의 힘이 발산된다고 보는 경제학적 시각에서 추진하고 있다. 현재 일부 미국의 주에서는 이러한 경제학적인 시각에서 차터스쿨이 학교간 경쟁을 지나치게 야기하는 것을 방지하기 위해서 차터스쿨 개설 학교수를 제한하고 있는 상황이다. 이러한 제한적 운영 입장은 교육학의 실험학교적 시각에 근거하고 있다고 볼 수 있는데, 이에 대해서 Hassel은 차터스쿨에 대한 제한조치를 풀어야 한다고 주장한다.

한편 Hassel(1998)은 바우처에 대해서 매우 비판적이다. 〈표 11 – 2〉는 바우처가 갖고 있는 차터스쿨과 비교했을 때의 문제점과 그에 반한 차터스쿨의 장점으로서 Hassel(1998)이 바우처에 대해서 반대하는 이유로 제시한 내용들이다.

〈표 11 – 2〉를 보면 중요한 사안들에 있어서 바우처의 경우 사립학교를 선택해서 갈 경우 상당히 사립학교의 편의를 도모해줌을 알 수 있다. 예를 들어 입학기준의 경우도 자체 선발기준을 갖고 학생을 선발할 수가 있다. 그리고 입학금과 학비의 경우도 정부가 제공해주는 바우처의 액면금액을 초과할 경우 별도로 추가적인 수업료나 입학금을 부여할 수가 있다. 그러나 이럴 경우 바우처가 실질적인 학교선택권 행사에 제한적이 됨을 Hassel(1998)은 강력히 비판하고 있다. 이 점에서는 Chub and Moe(1990)의 경우 추가적인 학비 부과를 못하게 해야 한다는 입장이지만, 현재 학교선택운동을 이끌고 있는 하버드 대학의 Peterson(1998)의 경우는 학생이 초과 학비를 부담할 수 있다

---

4 https://publicimpact.com/ : 차터스쿨 운동의 적극적인 옹호자인 Hassel 이 운영하는 비영리 교육운동조직의 홈페이지이다. 한편 Center for Education Reform의 경우 차터스쿨 홍보 지원 센터로서 홈페이지는 www.edreform.com이다.

●● 표 11-2 바우처와 차터스쿨 간의 중요한 정책적 요인들에 있어서 차이

사안	바우처(사립학교 선택시)	차터스쿨
입학기준	자체 선발기준을 가지고 학생을 선발할 수 있음. 물론 객관적이며 법적으로 문제가 없어야 함(남녀차별금지, 인종차별 금지 등)	학교는 자체 선발기준(학업, 체육 등)을 제시할 수 있음. 그러나 학생들이 정원을 초과하여 지원하였을 경우는 무작위 추첨을 통해서 선발해야 함.
입학금/학비	학교가 추가적인 수업료를 부과할 수 있음.	학교는 입학금이나 기타 추가 수업료를 부담하지 않아야 함. 일반공립학교와 동일.
승인	특별한 계약이 필요없음. 학교로서의 요건을 갖추고 있으면 됨.	학교는 공적 자금을 받기 위해서는 정부와 계약을 맺어야 함.
수행계약	특별한 책무성 요구사항 없음.	정부와의 계약상에서의 책무성 수행내용을 이행하지 못할 경우 계약취소.
종교성	종교교육제공가능.	특정종교를 강요하면 안 됨. 정교 분리 원칙 적용.

출처: Hassel(1998).

는 입장으로 엇갈리고 있다.

한편 바우처의 경우 시장제도를 통해서 자체적으로 책무성이 보장될 수 있다는 입장이다. 앞에서 언급된 Friedman의 경우처럼 정치적 해결책을 극도로 멀리하는 학자들의 경우 단순한 이탈 자체가 책무성을 포함하고 있는 것이다. 즉 학생들이 해당 사립학교의 교육의 질이 떨어지면 다른 학교로 전학을 감으로써 학교가 자극을 받게 되며 학생을 잃게 되는 것 자체로 책무성을 지닌다고 보는 것이다. 그러나 Hassel(1998)의 입장에서는 바우처의 경우 특별한 책무성 요구사항이 없으며 결국 학생들에게 사립학교가 열의를 다하지 않고 단순히 학생채우기를 위해서 광고를 적극적으로 수행하여 학생모집에만 성공했다면 그 피해는 학생에게 고스란히 넘겨진다는 것이다. 이를 위해서는 책무성이 필요하며 차터스쿨은 이 점에서도 바우처보다 월등히 우수한 시스템이라는 것이다. 특히 사립학교 선택에 있어서 논란이 되어온 바우처를 통한 사립학교 선택시 종교교육이 이루어지는 학교에 선택하는 것이 미국대법원에서 가능한 것으로 판결이 난 바 있지만(Zelman case), 여전히 공공재원으로 종교재단을 뒷받침한다는 논란이 지속되고 있으며 이러한 점이 바우처 제도의 약점이라고 주장하고 있다.

경제학적인 측면에서의 한계점을 지적한 Lubienski(2003)의 논문 역시 이론적인 측면에서 살펴볼 필요가 있다. Lubienski(2003)는 제도주의적(Institutional) 시각에서 교육에서의 시장논리가 교육개혁의 만능치료제가 아님을 이론적으로 그리고 실증적으로 논의하고 있다. 무엇보다도 그는 학부모들의 취향(preference)을 볼 때 보수적인 소비자

들이며 정보에 대해서 객관적인 취득을 하지 않는 경향이 있다고 주장한다. 예를 들어 학교가 지나치게 극명한 혁신과 변화를 하는 걸 원하지 않을 수가 있으며 교육의 질을 정확히 보여주는 과정들에 대해서 살펴보기보단 일시적인 성과물만 보고 학교를 선택 하게 될 수 있다는 점을 말한다.

특히 학부모들이 학교가 이루어낸 학생들의 학업성취도의 증가를 이룬 과정을 보기보단, 기존 학교가 유치하던 학생들의 사회적 지위만을 보고 학교를 선택하게 될 가능성이 높고 진정한 학교의 내부개혁과정에 대해서 등한시 하게 되는 경향이 있다고 본다. 더구나 교육은 일종의 유사 시장(quasi-market)으로서 가격신호체계를 통한 소비와 공급이 원활이 이루어지 못한다고 말한다. 바우처의 경우 학비가 공교육에서는 정해져 있고 학교 선택권을 늘린다고 해도 이는 공급자와 소비자가 학생 1인당 정해진 공교육비 가격신호체제하에서 원활한 공급움직임과 기술개선 움직임을 하기가 어렵다는 것이다.

Lubienski(2003)는 특히 학교 조직을 둘러싼 환경이 이처럼 친시장적인 면보다는 제도주의적인 제약이 강하기 때문에 학교조직을 표준화시키는 요소들이 있다고 말한다. 그는 학교들이 DiMaggio & Powell(1983)이 주장한 동형주의(Mimetic Isomorphism)적 현상을 많이 보여준다고 주장한다. 즉 교육학에서의 어느 한 교수방식이 효과적이라고 발표되면 모든 학교가 공사립을 막론하고 그 교수방식을 본따서 실행하게 되는 경향, 조직 문화도 그에 따라서 서로 비슷한 방식을 모방하고 유사한 형태를 유지하게 되는 경향을 보여준다는 것이다. 특히 학교 선택제도 하에서의 경쟁적인 분위기 속에서도 다른 학교가 시행하는 방식을 모방하여 방어적인 측면에서 학교를 유지시키게 되지 다른 인근 학교와 너무 다른 혁신(innovation)과 변화를 취하게 됨으로써 학생들을 잃을 위험을 감수하지는 않으려는 경향을 가질 수밖에 없다고 주장하며 학교선택권의 확산을 만능처방전으로만 인식하면 위험할 수 있다고 논한다.

다. 실증연구에서의 논쟁

(1) Hoxby(2000)연구의 오류

이러한 일반적인 고전적인 시장경쟁체제의 시각에 근거한 학교선택권 확산을 주창하는 이론적 시각이 퍼져 있는 상황에서 Hoxby(2000)는 Tiebout 모형에 근거하여 학군 내 지역이동을 통한 선택이 성취도의 향상에 통계적으로 유의하게 긍정적인 영향을 미친다는 실증연구를 수행한 바가 있다. Tiebout(1957) 모형은 학부모들이 거주지 선택을 통해서 공공재인 학교를 선택하게 됨으로써 효율적인 공공재의 배분이 이루어진다는 이론이다. 기존의 Tiebout 선택을 확산시키는 관점에서 바우처 프로그램을 적극 도입하여 학교선택을 강화함으로서 학생들의 학업성취도가 증가한다고 Hoxby는 주장하고 있다.

Hoxby(2000)의 논문은 도구변수(instrumental variable)로서 강(stream)의 숫자를 이용하여 선택권 지수의 효과의 편의를 조정하여 측정하였다. 분석결과 읽기점수의 경우 1 표준편차의 약 40% 정도의 성취도 증가, 그리고 12학년의 읽기점수에서는 표준편차의 50% 이상의 점수를 향상시키는 것으로 나타나고 있다. 수학의 경우에도 표준편차의 약 30%정도의 점수를 향상시키는 것으로 나타나고 있어서 학교선택권이 더욱더 확산되어야 한다고 주장하고 있다.

그러나 그 이후 Rothstein(2007)에 의해서 Hoxby(2000)의 데이터를 재분석한 결과가 제시되었다. Rothstein(2007)에 의하면 학교선택의 효과가 상당부분 과장되었으며 특히 도구 변수로 사용한 강의 숫자에서 데이터의 오류가 상당히 나타나고 있어서 재분석 결과 학교선택이 학업성취도에 통계적으로 유의한 영향을 주지 못하고 있다고 분석하고 있다.

(2) 밀워키 바우처 프로그램에 대한 평가 논쟁

1990년도에 미국에서 최초로 시행된 위스콘신(Wisconsin)주의 밀워키(Milwaukee) 시에서 실시중인 바우처 프로그램에 대한 평가도 역시 매듭지어지지 않은 채 논쟁이 된 바가 있다. 밀워키 바우처 프로그램은 사립학교도 선택할 수 있도록 했기 때문에 실질적인 의미에서 Friedman이 의미한 학교선택권 실시의 원모형에 근접한다고 볼 수 있다. 그러나 밀워키 바우처 프로그램은 저소득층 학생을 대상으로 하고 있으며 정교분리의 원칙에 입각해서 사립학교 중에서는 비종교학교(non-sectarian)에 선택하는 것만을 허용하고 있다는 점에서 제도적 제한이 있다.

이와 같은 밀워키의 바우처 프로그램에 대한 평가는 위스콘신 대학의 Witte, et al.에 의해서 집중적으로 이루어졌다. Witte, et al.(1995)은 바우처를 받아서 학교선택권을 행사한 학생들과 나머지 전체 공립학교에서 무작위로 추출된 학생들과의 학업성취도 비교결과 학업성취도 향상에 큰 차이가 없음을 보여주었다. 그러나 이러한 분석 결과에 대해서 Greene et al.(1996)은 비교집단이 학교선택권을 행사한 학생들보다 사회경제적 배경이 높기 때문에 표집이 잘못되었다고 지적하고 있다. 즉 바우처를 지원 받은 학생들은 대부분 저소득층 자녀인데 그 비교대상으로 무작위로 선발된 일반 공립학생들을 선정하는 것은 적절한 비교평가가 아니라는 점이다. 따라서 일반 공립학교학생들을 표집하는 것보다는 교육바우처를 받기 위해서 지원했다가 탈락한 학생들을 비교집단으로 선정하는 것이 더 타당하다고 주장하고 교육바우처를 지원했다가 받지 못한 학생들과의 성적 향상 분석결과 바우처를 받은 3학년과 4학년 학생들의 읽기와 수학점수가 향상되었음을 보여주었다.

이에 대해서 Witte, et al.(1997)은 비교집단으로 바우처 프로그램에 지원을 했다가 선택되지 못한 저소득층 학생들과 무작위로 선정한 밀워키 지역의 학생들의 두 집단을 비교 집단들로 정해서 바우처 프로그램에 지원해서 선발된 저소득층 학생들과 학업성취도 향상에 대해서 전년도 학업성취도를 독립변수로 넣는 가치 향상 평가(Value-added assessment) 모델을 사용하여 비교 분석을 재시행하였다. 분석결과 바우처 프로그램에 선발된 학생들의 학업성취도와 밀워키 지역전체에서 무작위로 선발된 학생들과의 성취도 향상 비교에서는 수학과 읽기 모두 통계적으로 차이가 없는 것으로 나타났다. 그리고 바우처를 받기 위해서 지원했다가 탈락한 학생집단과 학업성취도 비교결과 읽기점수 향상에서는 차이가 없는 것으로 나타났다. 그러나 수학 성취도의 경우 바우처 프로그램을 받은 학생들이 통계적으로 유의한 학업성취도 향상이 있는 것으로 분석되었다. 이에 대해 Witte, et al.(1997)은 바우처 프로그램에 지원했다가 탈락한 학생들의 경우 저소득층이 아닌 중산층이 많으며, 누락된 학생들이 많기 때문에 비교 집단으로 활용하기 어렵다고 다시 반박하였다.

한편 Rouse(1998)는 Greene et al.(1996)과 Witte, et al.(1997)과 마찬가지로 바우처 프로그램을 지원했다가 탈락한 학생들과 밀워키 지역 학생들로부터 무작위로 추출한 학생들 두 집단을 역시 비교집단으로 하여 고정효과모형(fixed effect model)을 사용하여 분석하였다. 분석결과 바우처 프로그램에 선택된 학생들이 수학에서 바우처 프로그램에 탈락한 학생들과 일반 공립학교 학생들보다 1.5~2.3백분위 점수(percentile points)가 향상된 것으로 나타났다. 그러나 읽기점수는 통계학적으로 유의한 차이를 보이지 않는 것으로 나타났다. 따라서 Rouse(1998)는 자신의 분석결과가 Greene et al.(1996)과 Witte, et al.(1997)과 차이가 생기는 이유는 개인의 특성들을 통제하는 고정효과 모델을 사용했기 때문이라고 보고 있다. 하지만 바우처로 인한 효과가 과목별로 왜 성취도에 차이가 생기는지 그리고 선택권이 일관된 효과를 내지 못하고 있는지에 대한 설명에서의 한계점이 존재한다. 따라서 향후 연구가 더 진행되어야 함을 보여주고 있다.

(3) 플로리다주의 학교선택권 효과 논쟁

현재 미국에서 광범위하게 주차원에서 시행되고 있는 플로리다주의 학교 책무성 정책인 A−plus 프로그램은 학교에 대한 평가와 더불어서 학교 선택권을 혼용하는 정책으로 알려져 있다(Greene, 2001; Ladd, 2002). 이 A−plus 프로그램은 학교를 A에서 F까지 5등급으로 학생들의 학업성적에 근거하여 평가를 한 후, 4년 동안 가장 낮은 등급인 F를 두 번 받는 학교의 학생들에게는 바우처를 제공하여 다른 학교를 선택해서 옮길 수 있는 기회를 제공해준다. 이런 면에서 플로리다에서 시행되는 이 정책은 바우처가 덧붙여진 책무성 제도이다.

Greene(2001)은 가장 낮은 F등급을 받은 학교성적이 이듬해에 가장 큰 성취도 향상을 보이고 있다고 주장하며 이는 바로 바우처 때문이라고 주장하고 있다. 이에 대해서 Camilli & Bulkely(2001)은 학교 평균을 이용한 성취도향상 측정은 집합편의(aggregation bias)가 발생하게 되며 특히 단순한 학업성취도의 증가만을 고려한다면 평균으로의 회귀(regression to the mean)로 인해서 적절한 평가를 하기가 어렵다고 말하고 있다. 그리고 성적의 잔차 증가(Residual gain)를 분석하여 Greene(2001)과는 달리 A−Plus 제도하에서 낮은 등급을 받은 학교의 학생들의 학업성취도 잔차 증가가 그다지 크지 않음을 보여주고 있다.

Camilli & Bulkely(2001)의 논문이 발표된 이후 Ladd(2001)의 Greene에 대한 반박이 계속 이어졌는데 Ladd(2001)의 경우는 학교 책무성 정책과 혼합되어 있는 바우처 프로그램만의 효과를 적절히 분리해서 평가하기가 힘들다는 점을 들어 Greene(2001)을 비판하고 있다. 예를 들어 노스 캐롤라이나주의 경우 학교 책무성 정책으로 인해서 학업성취도가 낮은 학교들의 학생들의 성적이 향상된 사례를 보여주며 플로리다주의 경우도 바우처 프로그램의 효과로 인해서 F등급을 받은 학교들의 학업성취도가 증가한 것이 아니라 책무성 정책으로 인한 것으로 봐야 한다는 것이다(Ladd, 2001).

이러한 플로리다의 바우처 프로그램의 효과 논쟁은 그 이후 Ladd(2002)와 Greene(2001; 2003) 등에서 계속 이루어지고 있는 상황이나 좀 더 정교한 연구자료와 방법을 통해서 시행되는 연구결과물들을 지켜 봐야 할 것으로 보인다. 현재 어느 한 입장이 설득력을 얻고 있는 편은 아니나, Greene의 경우 정식 저널에 출판된 글이 아니라서 향후 동료평가를 통한 연구내용과 방법론에 대한 평가를 받아야 하는 것이 필요할 것으로 보인다.

(4) 뉴욕시 바우처 프로그램 효과 논쟁

바우처 프로그램의 효과에 대한 최근의 논쟁은 뉴욕시에 집중된 바가 있다. 하바드 대학의 Peterson 교수는 뉴욕시의 바우처 프로그램에 대한 효과 연구를 지속적으로 수행해오면서 뉴욕시에서의 바우처 프로그램이 비아프리칸 아메리칸(non-African American)과 전체 학생들에 대해서는 별다른 눈에 띄는 학업성취도 향상 효과를 보이지는 못하고 있다고 분석한 바가 있다(Howell and Peterson, 2002). 그러나 아프리칸 아메리칸에게는 3년간의 추적 조사결과를 보면 상당정도의 유의하고도 긍정적인 성취도 효과를 보여주고 있다고 주장하고 있다. 이에 대한 논박이 Hanushek(1987)의 연구를 심층분석하여 논박한 Krueger에 의해서 수행되면서 뉴욕시 바우처 프로그램에 대한 효과 논쟁이 이루어졌다.

Krueger and Zhu(2004)는 Peterson과 그의 동료연구자들이 뉴욕시 학생 자료를 랜덤하게 표집을 하는 과정에서 층화 통제(strata control)에 문제가 있으며, 추적 조사할 때 가중치에 오류가 있었으며, 기본 성취도가 누락된 학생을 제외함으로써 실제 표집에서 40% 이상의 표본을 제외시키는 문제점을 안고 있다고 지적하였다. 초기 기본 성취도가 누락된 학생을 포함시켜서 재분석해보면 실제로 아프리칸 아메리칸에 미치는 효과가 통계적으로 무의미하게 된다는 분석을 수행하였다. 그리고 미국 정부의 기준과 부합하지 않은 어머니의 인종에 근거한 인종구분을 수행하여 자료를 수집하였으며, 2단계 회귀분석 모형 역시 사립학교 등록에 대한 측정오류로 인하여 상당부분 편의가 존재함을 보여주었다. 이에 대해 Peterson and Howell(2004)은 랜덤하게 표집을 하는 과정에서 층화 통제(strata control)에 대한 문제점과 추적 조사할 때 가중치에 오류가 있었음을 인정하였지만, 다른 지적은 인정하지 않고 반박을 수행하였다. 그러나 Peterson and Howell(2004) 역시 바우처 프로그램이 전체 학생들에 대해서 그리고 비아프리칸 아메리칸 학생들에게는 전반적인 효과가 없음을 인정하고 있다. 따라서 바우처 프로그램의 뉴욕시에서는 큰 성과가 나타나지 않고 있는 것으로 해석될 수 있다.

  (5) 차터스쿨 효과 논쟁

  차터스쿨이 학업성취도를 향상시키는 데 기여하는가 역시 중요한 실증 연구 주제이다. 세 번째 논쟁은 미시간주의 차터스쿨(charter school)의 경쟁효과를 둘러싸고 이루어졌다. Hoxby(2003)는 학교단위의 시계열단위의 자료를 수합하여 차터스쿨이 속한 학군의 학교들의 학업성취도가 그렇지 않은 학군들의 학교들과의 학업성취도와의 차이를 이중차감(difference-in-difference) 회귀분석을 통해서 비교하였다. 이때 Hoxby(2003)는 차터스쿨에 등록된 학생들이 6% 이상인 학군들을 더미 변수로 만들어서 그 계수를 차터스쿨의 경쟁효과로 보았다. 그 결과 6% 이상의 학생들이 차터스쿨에 등록한 학군의 학교들의 성적이 높다고 보고하고 있다.

  한편 Bettinger(2005)는 미시간 주의 차터스쿨의 인근 직경 5마일 이내의 학교의 학생들의 성적향상도와 그 외의 학교의 성적향상도를 비교하였으며, 별도로 차터스쿨 학생들 자체의 성적 향상도를 추가적으로 살펴보았다. 분석단위로는 학교단위와 학생단위 모두를 살펴보았으며 분석방법론은 이중차감 회귀분석을 사용하였다. 분석결과 차터스쿨 학생들의 성적이 유사한 초기성적을 가진 공립학교 학생들의 성적보다 향상하지 않았다. Hoxby와 다른 분석결과를 가져온 Bettinger의 연구논문은 학생단위의 자료를 분석함과 동시에 비교를 위한 기준으로서 차터스쿨에 등록된 학생비율을 6%를 기준점으로 하지 않고 구체적인 지리적 위치를 사용했다는 점에서 더욱 정교한 분석으로 평가할 수 있다(Ladd, 2002).

  노스캐롤라이나 주의 자료를 이용하여 차터스쿨 효과를 평가한 Bifulco and Ladd(2006)의 연구는 Hirschman이 염려한 현상을 보여주고 있다. 차터스쿨로 인하여 인종간 구성비율의 차이, 즉 학교를 통한 인종간 격리현상이 심화되고 있는 것으로 나타나고 있다. 그리고 학업성취도 효과에서도 인종간 격차를 더욱 심화시키고 있으며 특히 흑인 학생들에게는 매우 큰 부정적인 효과를 차터스쿨이 미치는 것으로 나타나고 있다. 이러한 분리 효과의 야기와 성취도에 있어서 인종간 격차 증가에 대한 해석으로 차터스쿨을 통해서 학생과 학부모들이 학교선택시에 자신의 계층과 인종에 기반하여 유사한 동료집단을 선택하려는 경향이 있으며 이러한 경향은 소위 말하는 시장 실패의 대표적인 경향으로 볼 수 있다. 실제로 2018년도 자료 기준에 의하면 미국 차터스쿨 통계에 의하면 차터스쿨에는 흑인 학생 비율은 평균 26%, 일반학교는 15%, 히스패닉 학생 비율은 차터스쿨은 33%, 일반학교는 26%로 나타나고 있다. 따라서 소수인종이 더 많은 경향을 보여주고 있다. 따라서 결국 차터스쿨의 경쟁효과보다는 Hirschman이 지적한 바대로 학교교육의 개선을 위한 항의와 참여를 위한 정책도 함께 고민이 될 필요가 있다.

2. 한국의 학교선택권 효과 연구

학교선택권의 효과 연구는 한국에서는 이론적인 연구와 논의들이 주로 이루어져 왔다. 예를 들어 외국의 학교선택권 현황 소개 및 개념 혹은 한국에서의 정책논리 분석 등의 연구들이 주를 이룬다(송기창, 2007; 김수경·김주영, 2008). 다만 평준화 정책이 학교 선택권의 한국적 논의라고 볼 수도 있을 것이다. 한국에서의 평준화 정책은 근거리 배 정원칙의 정치적 표현이다. 비평준화 정책은 근거리 배정이 아니라 학생들이 원하는 고등학교에 지원하여 면접이나 내신점수, 그리고 필기시험(고입연합고사로 평가하여 선발하는 정책을 의미한다. 한편 중학교 단계의 사교육비 감소를 위하여 특목고 입학시 각 특목고에서 수행하던 지필고사는 폐지되고 면접과 내신으로만 선발한다)을 통해서 학생들을 선발하는 제 도로서 일정정도 학생들의 선택권이 수행되는 형태이다. 그러나 이는 제한된 선택권 행사이다. 즉, 학업성취도가 우수한 중학생들에게만 학교선택권을 주는 방식으로서 일 종의 고등학교단계에서의 성적에 따른 학교단위에서의 선발을 통한 교육을 하는 트래 킹(Tracking) 제도로 볼 수 있다. 따라서 한국적 논의이기는 하지만 평준화 정책의 효과 분석은 학교선택권보다는 분류(Tracking)에 대한 효과 논쟁으로 봐야 한다.

학교선택권의 효과 논쟁은 최근에 한국에서도 관련 논문이 있다. 고교선택제도(선 지원 후추첨 제도 시행)의 수행과 PISA 자료의 제공 등으로 인해서 한국에서의 학교선택 권 논의가 제한된 형태로 이루어졌다. 전우홍·양정호(2005)의 연구는 선지원 후추첨 제도를 고려해서 선지원 후추첨 지역의 학생들과 그렇지 않은 지역의 학생들과의 학업 성취도 차이를 분석함으로써 학교선택이 학업성취에 미치는 영향을 분석하였다. 분석 결과 학생들에게 학교선택이 주어진 지역의 학생들의 경우 학업성취도가 그렇지 않은 지역의 학생들보다 학업성취도가 높게 나타나고 있음을 보여주었다. 그러나 이 연구에서는 실질적으로 학생들이 자신이 원하는 학교에 입학했는지의 여부를 독립변인으로 본 것이 아니라 단지 학교를 선지원하는 지역에 거주하는 학생들인지의 여부로 살펴본 것이기 때문에 개인단위의 학교선택여부에 대한 정확한 정보에 바탕을 두고 있지 않다는 한계점이 존재한다.

이광현(2007)의 연구는 PISA 자료에서 제공되는 현재 고등학교에 다니게 된 이유, 즉 현재 고등학교에 입학하게 된 이유가 "현재 다니고 있는 학교가 우수하다고 알려져서", "이 학교는 특별한 학습프로그램들을 제공하기 때문에"로 응답한 학생들을 1로 그렇지 않은 학생들은 0으로 더미변수로 코딩하여 여타 사회경제적 배경변수와 학교변수들을 통제한 후에 수학성취도에 미치는 효과분석을 수행하였다.5 한편 비학업적 이유(종교, 가족이 다녔기 때문에 현 학교에 다니고 있음)로 현재 학교에 다니고 있는 경우도 포함한 학교선택변수를 추가로 만들어서 분석을 수행하였다. 이 설문 문항은 정확하게 학교선택권을 행사하는지를 직접적으로 묻지는 않았지만 간접적으로 학교선택권 행사 여부를 보여주는 대리변수로서 볼 수가 있다.

분석결과 학업적 이유로 선택한 학생이 그렇지 않은 학생보다 수학성취도가 약 2.99점이 높게 나타났으나 이는 통계적으로 유의한 차이가 아닌 것으로 나타났다. 한편 여러 이유를 모두 포함한 선택변수의 경우는 오히려 음의 계수로 나타났으며 통계적으로 유의한 차이가 없는 것으로 나타났다. 학교선택변수 자체가 상향 편의, 즉 학업에 더욱 적극적이거나 성취도 수준이 높거나 가정배경이 좋은 학생들이 행사할 가능성이 높기 때문에 부모의 교육과 직업지위, 그리고 학생들의 학업기대수준과 내적 동기 등을 모두 통제하고 분석을 수행하였기 때문에 굳이 도구변수를 사용할 필요는 없을 것으로 보고 분석을 수행한 결과이다. 향후 더욱 정교한 설문과 자료를 이용하여 분석할 필요성이 있으나 전우홍·양정호(2005)의 연구와 대비되는 결과로서 볼 수 있다.

한편 미국에서 차터스쿨의 학업성취도에 관한 영향력과 관련한 연구사례를 한국에서 메타분석한 연구가 있다(정제영·신인수, 2009). 이 연구의 경우 미국 차터스쿨이 일반 공립학교보다 성취도가 낮게 나타나고 있는 것으로 정리하고 있다. 이는 Levin and

---

5 다른 문항들은 근거리 학교이기 때문에, 특정 종교철학을 가지고 있는 학교이기 때문에, 예전에 가족 중에서 이 학교를 다녔기 때문에 등이다. 이들 문항, 즉 비학업적 이유에 의한 선택이나 근거리 배정에 의해서 다니게 되었다는 경우는 0으로 코딩하였다.

Belfied(2002)와 Rouse and Brarrow(2009)의 연구결과와도 동일한 결론이다.6

학교선택권의 경우 최근 고교선택제가 보편화되어가면서 미국의 연구들이 시사하는 바를 고려하여 부정적인 면을 최소화하면서 학생들과 학부모들의 학교에 대한 만족도를 높이는 방향으로 고민이 필요할 것으로 보인다. 미국에서는 앞서 살펴본 바대로 아직까지 학교선택제도, 바우처나 차터스쿨이 학생들의 성적을 전반적으로 끌어올리지는 못한 것으로 나타나고 있다.

그렇다면 한국에서도 성취도가 아니라 학교에 대한 만족도를 높이고 학교 간 경쟁이 아니라 단위 학교에서 다양한 교수방법을 도입하기 위한 측면에서 실험적인 형태에서 한국형 차터스쿨에 대한 고민이 필요할 수도 있을 것이다. 이는 필자의 개인적 견해이다. 학생들의 의견이 어떨지 함께 토론해보면 좋을 것으로 보인다.

---

6 Levin and Belfield(2002)의 문헌종합 분석의 경우도 차터스쿨과 바우처 등 학교선택권의 성취도에 미치는 효과에 대한 종합문헌 분석결과에서도 학업성취도에 긍정적인 영향을 준다는 연구가 많지 않으며 효과가 있는 연구물들의 경우에도 그 효과의 크기가 매우 작다고 분석하고 있다. Rouse and Brarrow(2009)의 바우처의 학업성취도에 미치는 효과에 대한 문헌종합분석 결과에서도 바우처 프로그램이 Friedman의 가정처럼 그다지 효과적이지는 못한 것으로 나타나고 있다. 가장 최선의 연구물들이 매우 작은 성취도 향상만을 보여줄 뿐 대부분의 연구물들이 바우처 프로그램이 학업성취도에 미치는 영향이 통계적으로 유의하지 않게 나타나고 있다고 분석하면서 현재까지의 차터스쿨과 바우처의 학업성취도에 미치는 효과는 낙관적이지 않다고 보고하고 있다.

사교육은 필수재?

1. 사교육의 또 다른 이름-그림자 교육(Shadow Education)

사교육은 한국사회에서 뜨거운 감자이다. 저출산의 원인으로도 언급되기도 하며, 단순반복 선행학습을 시키면서 공교육의 정상적 운영을 가로막는다는 비판도 있다. 이러한 논쟁으로 선행학습금지법 도입이 논의되고 2021년도에 "공교육 정상화 촉진 및 선행교육 규제에 관한 특별법"이 제정되었다. 경제성장에도 부정적인 영향을 준다는 시각으로 80년대에 과외금지조치가 시행된 적도 있었다(Seth, 2002).

이처럼 공공의 적, 혹은 사회악처럼 취급되긴 하지만 정작 모든 학생들은 재정적 여건만 되면 학원과 과외 등 사교육을 받는 것을 당연하게 여긴다. 이에 따라 당연하게 누구나 다 사교육을 받는 상황에 대해서 제도화(Institutionalization)된 측면이 있다는 언급도 있다(이수정, 2007). 그러나 제도화란 반드시 다녀야 하는 법과 규정 등 제도가 갖추어져 있어야 성립하기 때문에 제도화되었다는 분석은 과도한 측면이 있다.

제도화보다는 필수재(Necessary Good)가 되었다는 경제학의 용어를 사용하는 것이 더 이해하기 쉬울 수 있을 것 같다. 한편 영어로는 사교육을 Shadow Education이라고도 표현한다(Bray, 1999). 그림자 교육으로 직역되는데, 해가 뜨면 모든 사물엔 그림자가 생긴다. 그림자는 없어지지 않고 늘 같이 사물에 따라다니듯이, 사교육도 공교육과 함께 늘 같이 존재한다는 의미로 사용된 영어 표현이다. 사교육을 없앨 수 없다는 의미를 가진다. 역사적으로 보면 공교육보다 사교육이 더 오래된 전통을 가진다. 게다가 시장의 영역에서 움직이기 때문에 치열한 학원 간의 경쟁도 존재하면서 공교육을 압도하는 측면도 존재한다.

한국의 교육열에 대한 원인 분석에서 성리학의 합리주의적 통치체제를 구현하기 위해서 시행된 능력주의적 선발체제인 과거시험제도에서 원인을 찾고 그러한 교육열이 현재의 사교육의 팽창 원인으로 보기도 한다(Seth, 2002). 세밀하게 입증하기에는 좀 어려움이 있긴 하지만 이러한 문화적 역사적 설명도 상당한 설득력을 갖는다.

한국은 국가기관인 통계청에서 초중등교육단계에서의 사교육비를 조사하는 세계 최초국가이자 유일한 나라이다.1 참여정부 마지막 해인 2007년쯤에 조사가 시작되었으며 현재까지 매년 조사를 하고 있다. 사교육 실태 조사 예산은 예전에 매년 20억 전후가 든다고 전해 들었다. 굳이 통계청에 전화해서 20억이 드는지 30억이 드는지 확인해볼 필요는 없을 것이다. 중요한 건 정부가 공식승인통계로서 사교육비(참여 등 포함) 조사를 한다는 사실은 그만큼 한국 사회의 큰 이슈라는 것이다. 12강좌에서는 통계청 사교육 조사 결과를 살펴보고 발생요인에 대한 이론들을 살펴보고 해결방안이 있는지 고민해보도록 한다.

2. 통계청의 사교육 실태 조사

교육부와 통계청이 발표한 2021년 사교육비 실태조사 결과를 보면 〈표 12-1〉과 같다. 먼저 학교급별 학생 1인당 월평균 사교육비이다.

참여학생은 사교육을 받은 학생만을 대상으로 분석한 결과이며 전체 학생은 말 그대로 모든 학생들을 대상으로 분석한 결과이다. 〈표 12-1〉을 보면 학교급이 높아질수록 학생 1인당 사교육비 지출 금액이 증가한다. 아무래도 대학입시준비 때문으로 해석해볼 수 있다. 그리고 2020년도에는 코로나19 절정기 상황으로 인해 초등학교 단계에서의 사교육이 약간 감소하였다. 그러나 중학교와 고등학교의 경우는 2020년도에 큰 영향을 받지 않았다. 한국의 사교육이 코로나19를 이긴 것으로 해석해볼 수 있을 것이

---

1 혹시 필자가 잘못 알고 있다면 알려주시길 바란다. 국가통계기관이 공식적으로 사교육비만 별도로 조사하는 경우는 없는 것으로 알고 있다. 물론 경제산업조사할 때 학원산업을 조사할 수는 있지만 초중등교육단계에서의 사교육비만 별도로 하는 것은 매우 예외적이다.

●● 표 12-1 학교급별 학생 1인당 월평균 사교육비(단위: 만원)

구분		전체학생				참여학생			
		전체	초등학교	중학교	고등학교	전체	초등학교	중학교	고등학교
2019년		32.1	29.0	33.8	36.5	42.9	34.7	47.4	59.9
2020년		30.2	23.5	34.2	39.6	45.0	33.8	50.8	64.3
2021년		36.7	32.8	39.2	41.9	48.5	40.0	53.5	64.9
	증감률	21.5	39.4	14.6	6.0	8.0	18.5	5.5	1.0

출처: 통계청의 2021년도 사교육비 조사결과 보도자료.

●● 표 12-2 가구소득수준별 전체 학생 1인당 월평균 사교육비 및 참여

구 분		사교육비(만원, %)				참여율(%, %p)			
		2019년	2020년	2021년	증감률	2019년	2020년	2021년	전년차
전 체		32.1	30.2	36.7	21.5	74.8	67.1	75.5	8.4
200만원 미만		10.4	10.3	11.6	12,8	47.0	40.4	46.6	6.3
200 ~ 300만원 미만		17.0	15.8	18.0	14.1	60.4	51.1	57.6	6.5
300 ~ 400만원 미만		23.4	20.4	25.3	24.1	70.7	60.9	70.0	9.1
400 ~ 500만원 미만		30.0	26.9	33.2	23.6	78.0	68.4	77.2	8.7
500 ~ 600만원 미만		35.4	32.5	38.1	17.1	79.8	72.5	80.3	7.9
600 ~ 700만원 미만		40.4	37.2	44.4	19.2	83.6	75.2	83.5	8.3
700 ~ 800만원 미만		46.4	44.1	48.6	10.3	87.0	80.2	84.9	4.7
800만원 이상		53.9	52.6	59.3	12.8	85.1	80.8	86.0	5.2

출처: 통계청의 2021년도 사교육비 조사결과 보도자료.

다. 그리고 학교의 원격교육의 질 격차는 아무래도 학생들의 공정한 교육기회의 균등에 일정정도 악영향을 주었을 것이다.

〈표 12-2〉에서 제시되는 가구소득 수준별로 보면 너무나 당연하겠지만, 소득수준이 높아질수록 사교육비 지출 금액이 높아진다. 경제학에서는 이러한 경우에 해당하는 재화를 Normal Good(정상재)이라고 부른다. Inferior Good(열등재)은 소득이 높아지면 소비를 줄이는 재화를 의미하는데, 소위 말해서 인스턴트 불량식품이 그에 해당한다고 보면 된다. 즉, 사교육은 정상적인 재화이고 소득수준에 따른 사교육비 격차가 존재함을 보여준다. 사회학의 입장에서는 지위획득을 위한 수단재(Instrumental good for acquiring social status)라고 부를 수도 있을 것 같다.

〈표 12-3〉을 보면 외벌이인 경우 상대적으로 맞벌이 가정보다 사교육비 지출

●● 표 12-3 가정의 경제활동 현황에 따른 사교육비 지출 현황

구 분	사교육비(만원, %)				참여율(%, %p)			
	2019년	2020년	2021년	증감률	2019년	2020년	2021년	전년차
전 체	32.1	30.2	36.7	21.5	74.8	67.1	75.5	8.4
- 외 벌 이	30.6	27.7	34.6	24.9	73.7	64.3	73.1	8.8
아 버 지	32.6	29.1	365	25.5	76.2	66.2	75.5	9.4
어 머 니	20.3	19.7	23.5	19.2	60.4	53.5	58.9	5.4
- 맞 벌 이	33.9	32.7	38.8	18.6	77.0	70.4	78.2	7.9
- 경제활동 안함	11.9	10.8	14.9	36.8	37.4	33.0	45.1	12.1

출처: 통계청의 2021년도 사교육비 조사결과 보도자료.

●● 표 12-4 지역규모별 사교육비 지출 현황

구 분	전체학생					참여학생				
	전체	서울	광역시	중소도시	읍면지역	전체	서울	광역시	중소도시	읍면지역
2019년	32.1	45.1	31.0	32.1	20.3	42.9	56.3	41.4	42.1	31.4
2020년	30.2	45.3	29.3	29.3	19.2	45.0	60.5	43.8	43.2	33.1
2021년	36.7	52.9	35.8	35.9	24.7	48.5	64.9	47.1	47.1	36.7
증감률	21.5	16.6	22.4	22.4	28.4	8.0	7.2	7.6	8.9	10.8
초등학교	32.8	47.3	32.0	32.0	23.5	40.0	54.0	38.9	38.7	31.3
중학교	39.2	52.6	39.6	38.7	26.8	53,5	67.1	52.8	52.8	41.4
고등학교	41.9	63.4	39.7	40.9	25.0	64.9	86.4	61.6	62.2	48.5

출처: 통계청의 2021년도 사교육비 조사결과 보도자료.

이 적다. 아무래도 맞벌이면 가구 소득이 더 높아지는 경향이 있고 자녀를 집에서 부모 중 한 명이 돌보기에 어려운 관계로 학원에 더 많이 보내게 된다는 해석이 가능하다.

〈표 12-4〉는 지역규모별로 살펴본 결과인데, 왼편의 전체학생을 기준으로 한 통계를 보면 광역시, 중소도시, 읍면지역 모두 20년도에 사교육비가 감소했다. 읍면지역은 아무래도 소득수준이 낮을 것이며 학원들도 많지 않을 것이다. 코로나19 시기에도 서울지역 전체학생들의 사교육비는 줄지 않았다. 그런데 오른편의 참여학생을 기준으로 보면 코로나19 시기에도 모든 지역의 참여학생 1인당 사교육비가 증가했다. 한국의 사교육이 코로나19를 누르고 모든 지역에서 승리했다고 봐야 한다. 그러나 전체 학생을 보면 서울을 제외하고는 그렇지가 않다. 이 데이터를 통해서 참여율이 감소하고 참여한 학생은 더 많은 사교육을 코로나19 시기에 받은 것으로 쉽게 유추할 수가 있다. 사교육 받는 학생과 그렇지 않은 학생 간의 사교육비 격차가 심화된 것이다.

3. 사교육발생요인에 대한 이론들[2]

　　사교육 발생 요인에 대한 연구들은 이론적 측면에서 다양하게 논의되고 있다. 임천순 외(2007)의 경우 OECD에서 제시하는 일종의 학습보충론(Remedial)과 미래투자론(Enrichment 혹은 Investment)의 두 이론적 관점으로 구분한 후 미래투자론에는 경제학의 인간자본이론, 지위경쟁이론을 포함시켜서 제시하고 있다. 전창완(2006)은 적극적 입장과 소극적 입장으로 구분하여, 적극적 입장에는 공교육 민영화론과 학습보충론을, 그리고 소극적 입장에는 게임이론으로 구분해서 사교육비 요인을 분석하고 있다. 이종구 외(2009)는 사교육비 지출 동기와 지출이후의 결과에 둔 접근으로 구분하여 지출동기 측면에서는 기대이론과 게임이론에 근거하여 지출요인에 대한 이론적 설명이 가능하며, 결과에 초점을 둔 이론적 설명으로는 인적자본론, 선별가설, 이중노동시장 가설, 급진론적 연구 등이 포함된다고 제시하고 있다.

　　이수정(2007)의 경우는 교육 내적 원인과 교육 외적 원인으로 구분해서 사교육비 요인을 제시하고 있다. 내적 요인으로는 학교교육의 부실, 대학입학제도의 한계 등을 지적하고 있으며 외적 요인으로는 고용조건의 불평등, 교육을 출세의 수단으로 보는 가치관, 학력중시 풍조 등을 들고 있다. 이처럼 사교육비 원인에 대한 접근 프레임은 연구자들마다 차이가 있다. 그러나 크게 보면 학문분과별로 사회심리·문화적 측면에서의 이론적 접근과, 경제학에서의 접근, 교육학연구에서의 접근, 사회학연구에서 접근으로 재구조화해서 살펴볼 수 있다.

가. 역사문화적 시각: 교육열 등

　　먼저 사회심리·문화적 접근은 사교육비 지출요인이 한국사회의 역사적 측면에서 그리고 사회제도와 문화적인 측면에서의 과열입시경쟁 등으로 형성된 교육열 때문이라는 시각이다(양정호, 2003; 노현경, 2006; 김현진, 2004a; 강태중, 2009). 양정호(2003)와 Bray(1999)의 경우 아시아 국가들의 교육열이나 유교적 문화가 국제학업성취도에서의 높은 성과와 더불어 아시아 국가들의 사교육시장을 크게 확장시킨다고 보고 있다.

---

2 사교육비 발생 요인에 관한 이론 검토는 이광현(2012)의 내용을 본 장에 맞춰서 수정보완하였음.

'Byun & Park(2011)이 수행한 연구에서도 유사한 내용이 소개되고 있다.

Byun & Park(2011)이 미국교육종단자료(Education Longitudinal Study)를 이용하여 분석한 결과 동아시아 아메리칸 학생들의 경우 아프리칸 아메리칸을 제외하고 여타 인종집단보다 미국의 수학능력시험(SAT)을 대비하기 위한 사교육의 일환인 상업적 시험준비 과정을 이수할 확률이 더 높게 나타나고 있었다. 특히 성취도가 높은 경우 미국수학능력시험 대비 상업적 과정을 더 많이 이수하고 있어서 학습심화 목적이 사교육의 주된 이유로 나타나고 있었다. 아프리칸 아메리칸 학생들의 경우도 사교육을 다른 인종보다 많이 받고 있었으나 학습보완적인 목적으로 주로 받는 것으로 나타나고 있어서 다른 양상을 보여주고 있다. 이처럼 미국에서도 성취도가 높은 동아시아 아메리칸 학생들의 대입대비 사교육을 받을 확률이 높은 현상은 동아시아 공동체의 교육열이 반영된 결과로 볼 수가 있다.

미국 자료를 이용한 연구에서 동아시아 학생들이 사교육을 받을 확률이 높다는 분석결과에 비해 한국에서의 실증연구 결과는 교육열이 사교육비 지출에 영향을 주는지는 확실하지 않다. 노현경(2006)의 경우 대학진학에 대한 학부모 의식의 세 변인들을 교육열로 설정하여 한국교육개발원의 고등학교 학교실태조사 자료를 가지고 구조방정식 모형을 이용하여 분석한 바가 있다. 분석결과 교육열을 측정한 세 변인들이 사교육비지출에 통계적으로 유의한 관계를 보이고 있지 못한 것으로 나타났다.

이수정(2007)의 경우 한국교육고용패널조사 자료를 이용하여 희망대학의 명성도와 명성 위주 대학선택의 두 변인을 명문대 중심 대입관으로 설정하고 명문대 중심 대입관이 교육열의 대리변인으로 보고 분석하고 있다. 이 연구에서 위계선형모형을 이용하여 분석한 결과 명성위주의 대학선택변인은 최종 모형에서 통계적으로 유의하게 사교육비 지출에 정적인 영향을 주는 것으로 나타났으나 또 다른 명문대 중심대입관 변인인 희망대학 명성도는 통계적으로 유의하지 않게 나타났다. 따라서 교육열 변인들은 사교육비 지출에 큰 영향을 못 미치는 경우가 존재함을 알 수 있다. 이러한 결과가 나오는 이유는 교육열의 편차가 적기 때문일 수도 있으며 교육열에 대한 변인설정이 학자들마다 차이가 존재하기 때문일 수도 있다. 따라서 교육열에 대한 추가 연구가 필요할 것으로 보인다.

한편 특목고에 대한 진학이 향후 명문대학으로 입학하는 데 유리한 조건을 형성한다면 특목고 진학에 대한 자녀들의 초, 중학교 때부터의 사교육투자 역시 교육열의 맥락에서도 볼 수 있을 것이다. 이광현(2012), 이광현·권용재(2019), 박현정·이훈호(2009), 김성식·송혜정(2009), 김희삼(2009)의 연구는 모두 특목고 진학계획이 있는 초중학생들의 사교육비 지출이 진학계획이 없는 학생들보다 통계적으로 유의하게 높음을 보여주고 있다. 자사고와 특목고로 인하여 학력에 따른 학교단위에서의 집단화가 이루어지고 입시 위주의 진학지도가 이루어지는 상황에서는 특목고나 자사고와 같은 수월성 위주의 고교다양화 정책이 기존 대학입시 사교육을 넘어서 고교입시 준비를 위한 사교육을 확산시키고 있음을 시사해주고 있다.

그런데 OECD에서 예전에 2003년도에 제시한 국가별 만 15세 학생들의 사교육시간조사결과를 보면 당황스럽기도 하다. 주당 사교육시간 평균이 한국은 4.73시간으로 나온다. OECD 평균 사교육시간은 주당 1.14시간으로 매우 적다. 그런데 그리스가 6.93시간으로 1등을 했으며, 아시아 국가가 아닌 멕시코가 한국을 누르고 4.82시간으로 2등을 했다. 터키도 4.48시간으로 만만치 않게 사교육시간이 높게 나온다. 그런데 같은 아시아 국가인 일본은 0.62시간으로 주당 사교육시간이 매우 낮다. 참고로 한국학생들은 숙제하는 시간이 주당 3.49로 OECD 평균인 5.92시간보다 적다. 혼자 공부하는 시간이 좀 적은 것으로 해석된다. 같은 아시아권 문화인 일본은 왜 사교육시간이 적을까? 아시아적 유교문화나 교육열이 부족한 것일까?

2012년도의 OECD 분석결과(방과후 상업적 조직에 의해 구성된 수업 참여 주당 평균시간)에서는 한국이 3.6시간으로 1등을 했다. 그리스는 약 3.1시간 터키는 약 1.9시간으로 한국에 역전당하긴 했다(이 두 국가의 시간은 히스토그램 그림을 통해서 본 추정치이다). 아시아 국가인 일본은 여전히 사교육 시간이 주당 0.6시간으로 적다(유진성(2021)에서 재인용). 아시아 국가들은 사교육문제로 난리인데(2022년도에 중국에서는 사교육금지조치를 시행하느라 떠들썩하다3), 일본만은 예외인 듯 싶다. 그리고 아시아 국가가 아닌 남미의 멕시코와 남유럽국가인 그리스의 경우 아시아 국가 못지않게 사교육에 대한 국민들의 수요가 많은 상황으로 보인다.

---

3 연합뉴스(2022.7.27.). 중국 사교육 금지 1년… 지하시장 형성, 교육양극화 심화.

나. 경제학적 분석: 인적자본론, 게임이론, 선별이론

(1) 인적자본론의 해석

두 번째로는 경제학의 이론에 근거한 사교육비 지출요인에 대한 해석이 있다. 대표적인 이론들은 흔히 우리가 알고 있는 인적자본론(Human Capital Theory)과 게임이론(Game Theory), 선별이론(Screening Theory) 등이다. 이 세 이론이 인간의 행동에 대한 경제학적 해석 이론들이다. 인적자본론은 학부모들이 자녀들의 향후 소득을 증가시키기 위해서 사교육에 대해서 투자를 한다는 이론이다.

이은우(2004)는 인적자본론 시각에 근거해서 자녀수와 자녀의 성별, 그리고 출생순서에 따른 사교육비를 통한 인적자본투자의 형태를 분석한 바가 있다. 자녀수의 경우 자녀의 수가 증가할수록 가구의 전체 사교육비 총액은 증가하지만 자녀 1인당 사교육비는 감소함을 보여주고 있다. 그리고 성별의 경우 차이가 없게 나타나고 있어서 현재 학부모들은 자녀의 성별과 상관없이 자녀에 대한 사교육비 투자를 통해서 향후 자녀의 임금향상, 소득 증대를 추구하는 것으로 나타나고 있다.

한편 출생순서의 경우, 출생순서가 내려갈수록, 즉 첫째보다는 둘째, 둘째보다는 셋째 자녀에 대한 사교육비 지출이 감소하는 것으로 나타났다. 이는 자녀의 질과 양의 상호관계, 즉 자녀의 수가 감소하게 되면 자녀의 질에 대한 수요가 증가함으로써 첫째 자녀에게 더욱 투자를 집중하는 경향이 있음을 보여준다. 첫째로 태어나는 것이 여러 모로 유리한 것이다.

한편 강태중(2009)의 경우 중학교 때에는 남학생에 대한 사교육비 지출이 더 많으며 고등학교 때에는 여학생에 대한 사교육비 지출이 더 많아 자녀의 성별에 따른 사교육비 지출 패턴에 차이가 있다고 분석하고 있다. 중학교 때의 사교육비 지출의 차이는 남아선호사상과 유사하게 해석할 수 있으나 고등학교에서는 예술계로 진학하는 여학생이 많아서 여학생에 대한 지출이 더 많다고 분석하고 있다. 인적자본투자에 있어서 성별 차이가 있다고 주장하고 있다. 따라서 인적자본론의 프레임에서의 접근도 연구결과가 엇갈리고 있기는 하다.

한편 사교육비가 학업성취도에 긍정적인 영향을 준다면 이 역시 인적자본론의 시각에서 사교육비 지출이 합리적이라고 판단될 수 있다. 이광현·권용재(2012)의 한국교육종단 자료 연구 결과 일부를 정리해보면 〈표 12-5〉와 같다.

●● 표 12-5 사교육시간과 학업성취도(이광현·권용재, 2011)

국어 과목	영어과목	수학과목	비고
- 최상위권 학생은 주당 2.4시간이 최적. 중상위권 학생은 주당 4.95시간이 최적, 그 이상은 성취도에 영향이 없음 - 하위권 학생에게도 일부 영향. 그러나 최하위권은 긍정적 영향 없음.	선형관계. 하위권은 10% 사교육시간 증가시키면 1.5점 상승, 상위권은 0.9점 상승.	하위권 학생은 주당 4~7시간. 중위권 이상의 학생은 주당 7~11시간이 최적. 그 이상은 특별히 증가시키지 않음.	참고로 중3 때 사교육시간의 효과가 증가함. 아무래도 입시를 앞둔 시점이기 때문으로 해석 가능.

국어와 수학과목의 경우 일정 시간 이상 사교육시간이 증가하면 효과적이지는 않다. 그렇지만 사교육이 일정정도 학업성취도향상에 긍정적인 역할을 하고 있는 것으로 분석되고 있다. 흥미로운 점은 영어과목의 경우 사교육 시간 증가가 학업성취도에 미치는 효과가 일정 시간 이후에 감소하지 않고 지속되는 경향이 존재한다. 즉, 아무래도 외국어 어학역량은 투자 시간과 지속적으로 비례하는 경향이 있다.

다른 연구들도 일반적으로 성취도에 미치는 효과의 크기에 대한 논쟁은 있지만 어느 정도 사교육이 학업성취도에 긍정적인 영향을 주는 것으로 나타난다(양정호·김경근, 2003; 김경식, 2003; 상경아·백순근, 2005; 이은우, 2006; 이수정·임현정, 2009). 따라서 인적자본론 시각에서 보면 사교육을 통한 학업성취도를 향상시키려는, 즉 인적자본을 축적하려는 측면에서 사교육 투자 현상이 설명될 수 있다.

(2) 게임이론의 해석

경제학의 게임이론을 이용한 연구들도 간헐적으로 제시되고 있다. 백일우(1999), 백일우·김지하(2003), 김지하·백일우(2006)는 사교육비 지출원인을 분석하는 이론 틀로서 죄수의 딜레마 게임을 제시하고 있다. 죄수의 딜레마 게임이론에 따르면 사교육비 지출을 모두 하지 않을 경우 전체가 이익을 얻게 되지만 한쪽이 사교육비를 지출하여 과외를 받고 다른 한쪽이 받지 않을 경우 사교육을 받는 플레이어가 더 큰 이익-예를 들어 명문대 입학-을 얻게 되는 상황을 설정하여 분석하고 있다.

즉 과외를 선택하는 전략이 가져다주는 향후 이익(payoff)이 크기 때문으로 내쉬균형이 과외 참여 쪽으로 이동하는 것이다. 게임이론은 사교육비감소에 대한 정책적 함의를 과외를 받아도 효과가 없도록 하는 정책들, 예를 들어 수능을 쉽게 출제하거나 입학시험전형을 다양화하여 과외를 선택하지 않고서도 대학에 입학할 수 있도록 학부모간 협조체제 구축 등(백일우, 1999)이 과열과외의 해소방안으로 제시되고 있다. 그러나 이러한 해소방안은 이상적이어서 실현가능성은 낮아보인다.

(3) 선별이론의 해석

선별이론의 시각에서 대학 졸업장 효과로 인한 사교육비 지출 원인 해석이 존재한다. 장수명(2006)의 연구가 대표격으로 볼 수 있는데 장수명(2006)은 노동패널 자료 분석을 통해서 상위 5위권 대학에 입학할 경우 6~10위권에 입학하는 경우보다 향후 노동시장에서의 임금향상 효과가 매우 크기 때문에 사교육을 통해서 최상위대학에 입학하도록 노력하는 것이 현재 노동시장 구조상 합리적 선택이라고 분석하고 있다. 1~5위권의 대학의 수능성적 차이와 6~10권의 수능성적 차이는 예를 들어 2~3분위 차이밖에 나지 않는데, 향후 노동시장에서의 임금차이가 50% 이상 차이가 나기 때문에 치열한 입시경쟁과 그에 따른 대입 사교육시장이 팽창할 수밖에 없다고 본다.

이는 한국의 대학이 단순한 서열 효과, 혹은 선별기능을 주로 수행하고 있으며 특히 선별의 경우도 지나치게 왜곡되게 나타나는 점, 즉 대학에 입학하는 학생들의 수능에 따른 능력의 차이는 크게 나지 않지만 대학의 서열에 의해서 능력차이보다 더 많은 임금차이를 가져오는 왜곡된 노동시장의 구조로 인해서 사교육에 대한 투자가 증가하게 된다고 보고 있다. 따라서 사교육비 지출을 감소시키기 위해서는 서열이 어느 정도 완화되어야 하며 서열에 따른 노동시장에서의 지나친 임금차이를 양산하는 노동시장 체제가 변화해야 한다.

다. 갈등주의 교육사회학 시각에서의 분석

세 번째로는 (교육)사회학의 갈등주의 이론에서 사교육비 지출에 대한 분석이 존재한다. 이는 사회지위가 높은 계층이 사교육에 대한 투자를 통해서 명문대학에 입학하고 그에 따라 다시 상위계층의 지위를 유지한다는 이론이다. 일종의 학교교육이 계급 재생산을 한다는 Bowles and Gintis(1976), 혹은 Collins(1977)의 이론을 사교육지출 요인분석에 그대로 적용한 시각이다. 즉, 교육을 통해서 사회적 지위가 높은 집단이 자신의 일정한 지위를 유지시킨다는 것이다(임천순 외, 2008). 이는 현재 사교육비 지출원인에 대한 대부분의 연구결과들이 사회경제적 지위변인이 사교육비 지출에 통계적으로 유의하게 정적인 영향을 가짐과 동시 가장 큰 효과를 행사한다는 결론으로부터 뒷받침되고 있다. 강태중(2009), 박현정(2008), 송경오·이광현(2010) 등 대부분의 사교육비지출요인에 대한 연구들에서는 부모의 사회경제적 배경이 가장 영향력이 큰 변인 중의 하나로 나타나고 있다. 한편 Park, et al.(2011)의 연구에 의하면 학부모의 여러 활동들 중에서 사교육관련 활동(사교육에 대한 정보수집, 자녀의 학업성취도 향상을 위한 학원 강사나 과외 교사로부터 정보 습득)이 많은 경우 학생들의 영어와 수학 성취도가 높아지는 것으로 분석되고 있다. 이는 자녀에 대한 투자 활동에서 더욱 적극적인 경우, 특히 사교육에 관련된 정보수집 활동이 적극적인 학부모의 경우 효과적인 사교육투자를 이끌어 내고 그에 따라 학생들의 성취도 역시 높아지는 것으로 해석될 수 있다. 특히 사회경제적 지위가 높은 학부모의 경우 사교육관련 정보 취득 활동이 더욱 적극적이고 이로 인해서 학업성취도의 격차가 더욱 벌어지게 되어서 성취도에서 양극화가 더욱 심화되는 문제가 있다고 지적하고 있다(Park, et al., 2011).

라. 학교교육에 대한 불만족, 학교 교육내적 문제

마지막으로 학교교육에 대한 불만족, 학교교육의 낮은 질 등의 문제로 인해서 사교육에 대한 수요가 발생한다는 시각이 존재한다. 이른바 학습보충론으로 일컬어지는 시각으로서 학교교육을 다양화하고 특성화하거나 수월성교육을 강화함으로써 사교육을 감소시킬 수 있다는 입장이다(김영철, 1997; 김희삼, 2009). 김희삼(2009)의 연구는 교사에 대한 개별 학생의 평가지수가 높을 때, 교사의 학력수준이 높을 때, 그리고 수준별로 운영되는 교과교실이 해당과목의 사교육비 지출을 감소시키는 것으로 분석하고 있다.

송경오·이광현(2010)의 연구도 직업능력개발원의 한국교육고용패널 자료를 이용하여 분석한 결과 방과후학교가 사교육비 지출을 감소시키고 있음을 보여주고 있다. 또 다른 일부 연구들은 학교교육에 대한 불만족이 사교육을 증가시키는 것이 아니라는 점을 보여주고 있다(전창완, 2005; 이수정, 2007; 김성식·송혜정, 2009). 김성식·송혜정(2009)의 연구는 한국교육개발원의 교육종단자료를 이용하여 분석한 결과 학교불만족 변인은 사교육비 지출에 영향을 못 미치고 있음을 보여주고 있다. 따라서 관련 연구결과는 엇갈리고 있어서 향후 학교교육관련 변인들이 사교육비를 얼마나 감소시킬 수 있을지에 대한 지속적인 추가 연구가 필요한 상황이다.

4. 어느 이론의 분석이 맞을까?

한국의 사교육비 지출이 전반적인 경제성장에 부정적인 영향을 주는지, 그리고 실질적인 인적자본 투자에 한계가 있는지에 대해서는 논란이 있을 수 있다. 이에 대해서는 명확한 데이터 입증은 어렵지만, 일정정도는 사교육에 대한 투자가 성취도에 긍정적 영향을 주는 것으로 보인다. 일부 연구는 하위권 학생에게 더 큰 긍정적 영향을 준다는 연구도 존재한다(이은우, 2006). 이는 중간으로의 회귀 현상 때문일 수도 있겠지만, 반드시 사교육을 악으로만 바라보는 것도 해결책은 아닐 수 있음을 시사해준다.

한국의 저출산 문제도 워낙 치열한 사회구조 문제 때문이지 사교육비 지출이 진정한 원인이 아닐 수 있다. 필자의 개인적인 시각으로는 한국의 초저출산(출산율이 0.8로 내려간 상황)은 도시국가(홍콩, 싱가폴 등)를 제외한 국가 중에서 가장 인구밀도가 높은 국가이며 서울/수도권으로의 인프라 집중 때문이라고 보고 있다. 그리고 개인의 삶을 중시하는 문화적 흐름과도 연관이 있을 것이다.

한국은 OECD 국가 중에서 인구밀도가 1위이다. 인구 천만 명이 넘는 국가 중에서는 방글라데시가 1위이며 대만이 2위, 한국이 3위이다. 게다가 문제는 서울 일극체제인 관계로 삶의 여건이 너무 균형적이지 못하다. 수도권의 인구밀도는 2,100여 명($1km^2$ 기준)으로 도시국가 중에서 홍콩다음으로 순위가 높다(나무 위키 참조). 인구감소는 재앙이 아니라 희망이라는 총균쇠의 저자 제럴드 다이아몬드의 입장이 맞다는 생각이다.[4]

앞에서 제시된 다양한 시각들은 사교육을 둘러싼 여러 모습에 대한 이해를 도와주기 때문에 어느 시각 하나만 맞다는 식의 평가는 어렵다. 복합적으로 여러 원인들이 작동하고 있다. 다만 게임이론 부분은 잘 읽어보면 좀 단순한 분석이고 제시된 대안이 현실과는 맞지 않는 측면이 있다.

갑자기 영화제목, "지금은 맞고 그때는 틀리다"가 생각나긴 하지만, 사교육에 대한 극단적 시각(선과 악의 이분법적 시각)과는 일단 거리를 둘 필요가 있을 것으로 보인다. 모든 현상에는 명과 암이 있는 것이 아닐까 싶다.

---

4 유발 하라리, 재레드 다이아몬드 외(2019). 초예측(웅진지식하우스) 참조.

대학입시제도 쟁점
-입학사정관제(학생부종합전형) 문제점 분석

입학사정관제도는 1900년대 초반에 하버드 대학 등에서 학업역량을 기준으로 학생을 선발하는 과정에서 능력 있는, 즉 학업역량이 뛰어난 유대인들이 많이 입학하자 유대인들의 입학을 제한하기 위해서 만든 "주관적 정성평가"제도이다. 다양한 여러 재능을 평가하여 선발한다는 취지로 만든 제도인데, 말이 다양한 재능을 본다는 거지, 공부를 잘하는 유대인의 입학비율을 줄이기 위해서 만든 제도이다(Karabel, 2006).[1]

그 후 이 입학사정관제도는 주관적 정성평가이기 때문에 법적으로는 어떠한 제재도 모두 피해갈 수 있게 되었다. 이러한 점을 악용해서 동문자녀 기여입학제, 교직원 자녀 특혜입학 등, (능력이 부족해도) 상위계층의 고등교육의 입학기회를 보장해줌으로써 사회경제적 지위를 유지할 수 있게 만든 현대 미국사회의 (보이지 않는) 귀족주의의 유지 수단이 되었다. 한국의 교육학계는 그러한 사실도 모른 채 다양한 능력과 잠재력을 뽑는다는 허울 좋은 수사에 속아 입학사정관제도에 대한 찬사만을 보내고 있다.

퓰리쳐 상을 수상한 다니얼 골든이 쓴, '왜 학벌은 세습되는가?(원제: The Price of Admission)'는 미국 입학사정관제도의 민낯을 밝히고 있다. 입학사정관

---

1 출처는 The Chosen이다. 누가 선발되는가(이종삼 옮김, 한울아카데미)의 제목으로 한국어로 번역된 미국 대학입학제도의 역사에 관한 귀중한 서적이다. 총 2권으로 번역되어 있다.

제도가 미국에서 얼마나 상류층의 계급2재생산 도구로 이용되는지를 보여주는 책으로 교육연구자들과 예비교원들이 필독할 필요성이 있다.

　　마이클 샌델 교수는 최근의 저서 공정하다는 착각에서 뜬금없이 하버드 대학 등 상위권 대학에서 추첨으로 (물론 성적이 좋은 학생들 중에서) 학생을 선발하는 제안을 한다. 이러한 제안은 샌델 교수가 제일 존경하는 존 롤즈가 들으면 상당히 당황하지 않을까 추측해본다. 임의적 요인(무작위 추첨)으로 인해서 불평등이 발생하는 상황을 야기시키는 주장에 실현가능성도 없고, 무지의 장막 하에서도 아무도 동의할 수 없는 터무니없는 주장이지 않은가 싶다. 서두가 길었다. 이 장에서는 입학사정관제도, 현재 한국의 학생부종합제도(학종)의 쟁점과 문제점에 대해서 살펴보도록 한다.3

1. 학종(입학사정관제)을 둘러싼 논란

　　학생부종합전형(이하 학종)을 둘러싼 대입제도(이하 대입) 개편 논란이 진행 중이다. 사교육걱정없는 세상에서 여론조사 전문기관인 리얼미터를 통해 실시한 전국단위의 설문조사결과 학종 축소와 폐지가 50% 이상으로 조사되고 있으며(사교육걱정없는세상, 2018.4.19), 서울시 조희연 교육감의 경우도 학종은 대폭 수술이 필요하며 선발비율을 3분의 1로 축소하여 학생부교과전형과 수능전형 비율을 상향 조정해야 하다는 주장도 제기한 바가 있다(연합뉴스, 머니투데이, 2018.2.6.). 민주당의 정책연구소인 더미래연구소에서도 학종은 폐지하고, 학생부교과(혹은 내신) 1/3, 수능 1/3, 수능＋내신 1/3로 대입제도를 조정해야 한다는 주장을 제기하기도 하였다(동아일보, 2018.3.30.). 이러한 학종관련 논의는 학종의 공정성(타당성)과 신뢰성에 대한 문제제기가 계속됨에도 불구하고, 학종의 대입에서 차지하는 비중이 과도하게 증가함으로 인해서 대입의 공정성이 더욱 악화될 가능성에 대한 문제제기를 바탕으로 하고 있다(안선회, 2018).

2　필자는 계급이란 표현이 봉건시대의 타고난 신분이라는 임의적 요인이 결정짓는 caste의 의미를 내포하고 있어서 계층이란 표현을 계속 써왔다. 그러나 입학사정관제도는 미국에서 문제가 너무 심각해서 계층재생산이라고 쓰기에 민망했다. 그래서 미국에서 실시하고 있는 입학사정관제도는 계층재생산이 아니라 계급재생산 도구라고 명명했다.

3　이 장의 내용은 이광현(2018). 학생부종합전형 쟁점분석과 대입제도 개선방향 논문을 본 장에 맞추어서 수정보완하였다.

학종이 신뢰받지 못하는 여러 이유 중의 하나는 소위 말하는 깜깜이 전형이라는 표현으로 대표되는 평가의 기준 문제이다. 이는 합격한 학생이 왜 합격했는지, 불합격한 학생은 왜 본인이 불합격했는지에 대한 객관적 기준 혹은 정보가 학생과 학부모에게 설득력있게 제공되지 못하기 때문이다. 대학들은 구체적인 평가기준을 제공하는 것 자체를 기피하고 있는데, 대학들이 학종의 평가 기준에 대한 구체적인 정보를 제공하는 것은 대학의 주요한 입시정보의 누출로 인해 불공정성 논란을 더 불러일으킬 가능성이 존재하기 때문일 수 있다. 혹은 관련 입시정보가 누출될 경우 그에 맞는 소위 맞춤형 학생부 작성으로 인해서 사실상 변별력을 상실하게 될 가능성도 존재하기 때문으로 볼 수도 있다. 롤즈가 강조한 기본적인 절차적 공정성이 확보되지 못한 제도임을 알 수 있다.

학종에 대한 불신을 가져오는 또 다른 이유는 금수저 전형, 현대판 음서제도라는 비유를 통해서 알 수 있다. 학부모의 인식조사, 그리고 서울대와 주요 대학들의 입학생들에 대한 특성 분석에서 학종이 확대되었음에도 불구하고 강남이나 자사고 특목고 학생들의 입학비율은 학종을 통해서 증가되었을 뿐만 아니라 고소득 상위계층의 비율은 여전히 매우 높음으로 인해서 학종이 대학입학기회의 형평성을 악화시킨다는 것이다 (안선회, 2018). 학종은 부모의 관심, 문화역량 등 가정 배경, 혹은 사회계층 지위가 높은 경우 여러 비교과 활동의 준비도도 높으며 자기소개서 준비 등이 고액 컨설팅을 통해서 더 내실 있게 이루어지므로 수능 못지않게 집안배경의 영향력이 높기 때문에 제한적으로 실시되어야 한다고 주장한다(주영효·김상철, 2016; 황여정·김경근, 2012).

이와 같이 사회적 논란의 중심에 서있는 학종에 대해서 학계의 연구는 크게 세 주제에 대해서 집중적으로 이루어지고 있다. 첫 번째 주제는 학종과 일반 수능전형 학생들의 대학진학이후의 성취도(학점), 대학생활 적응에 대한 분석에 대한 연구이다(이광현·권용재, 2014; 오성배, 2015; 2016; 전경희·김자영, 2017). 이는 학종의 학생선발기제로서의 적정성/타당성을 검토하기 위한 연구로 볼 수 있다. 두 번째는 학종 도입의 목적이 실현되었는지를 점검하는 연구들로서 구체적으로는 사교육비 감소 효과 연구들(이수정·조원기, 2014; 안선회, 2015; 이기혜·최윤진, 2016)과 고교교육의 변화에 대한 연구(허정은·원효헌, 2015; 김보경 외, 2015; 강기수·박소영, 2017), 대학신입생의 다양화 등에 대한 연구들(임진택 외, 2015; 안선회, 2018)이 있다. 세 번째로는 가장 많이 연구되는 주제이기도 한 학종의 공정성(김회용, 2011; 한우석 외, 2012; 윤소정 외, 2015; 최정묵, 2016)과 평가의 신뢰도(김현수·안성진, 2016; 류영철, 2016)에 대한 연구 등이 있다. 이 장에서는 대입제도에 대해서 현황을 살펴본 후 현재 학종을 둘러싼 언급된 세 주제에 대한 기존의 연구들4 에 대한 분석을 통해서 학종 연구결과에 대한 정리, 그리고 향후 대입제도 개편의 방향에 대한 간략히 시사점을 살펴보고자 한다.5

2. 대학입학전형제도의 학생 평가 현황

일반적으로 대학마다 약간의 차이는 존재하지만 주요 전형은 다음의 자료에 근거하여 학생을 선발한다. 이러한 대학입학 전형에서 학생부종합전형은 대학마다 차이는 존재하지만 원칙적으로는 내신등급도 정성적인 평가를 하게 되어 있다. 그러나 일부 대학은 내신등급을 계량화해서 입력하고 대학이 자체적으로 정한 평가영역(예를 들어, 인성, 리더십, 대인관계 등)별로 비교과자료를 정성적인 평가를 통해서 서류평가를 수행하기도 한다. 즉 학생부 기록에서 내신등급을 제외한 출결사항, 수상기록, 창의적 체험활동, 봉사활동, 동아리 활동, 독서활동 등의 내용과 자기소개서와 교사추천서에 근거하여 정성평가를 한 서류평가 점수와 면접에 근거하여 학생을 선발하는 것이다.6

●● 표 13-1 전형 유형별 활용 자료

전형유형	전형 활용자료	모집시기
학생부종합전형	1단계: 학생부기록(내신포함), 자기소개서, 교사추천서 2단계: 면접	수시 위주
학생부교과전형	1단계: 학생부에서의 교과성적자료(내신성적) 2단계: 면접	수시 위주
수능	수능시험자료(면접, 내신 정량화 일부 반영 경우 존재)	정시 위주
논술	논술시험자료(상동)	수시 위주

주: 대학마다 학종의 경우 서류평가를 1,2단계로 하는 경우도 존재한다(김병진·김시라, 2013).

---

4 학종에 대한 연구들은 RISS를 통해서 학술지를 중심으로 검색하였다.

5 본 논문의 제목은 대입제도 개선방향이지만 절대평가/상대평가, 수시/정시 통합 등의 여러 대입제도 개선방향 논의보다는 학종에 대한 기존 연구에 대한 분석을 통해서 학종의 비중 등에 대한 논의로만 대입제도 개선방향의 논의를 진행하였다. 대입제도는 가급적 변화를 주지 말고 매우 점진적으로 변화시키는 것이 필요하다.

6 학생부종합전형에서 내신등급과 관련해서 진주교대는 입시요강에 내신등급은 계량화해서 반영한다고 명시하고 있다. 다른 대학들은 일반적으로는 내신등급도 평가자들이 정성적으로 평가한다고

학생부교과전형은 면접반영 여부 등이 대학마다 차이가 존재하긴 하지만 학생부 교과자료, 즉 내신등급을 정량화하여 학생들을 선발하는 경우가 일반적이며 계량화된 내신등급점수의 순위로 입학이 결정된다. 이 경우 일반고에 다니는 학생이 아무래도 특목고나 자사고에 다니는 학생보다 유리할 수밖에 없다. 일반고 학교 수가 월등이 많기 때문에 확률적으로 내신등급을 정량화하여 선발하는 학생부교과전형에서는 내신등급이 불리한 특목고나 자사고 학생은 입학확률이 낮아지게 된다.

예를 들면 2016년도 4월 1일자 기준 한국교육개발원 교육통계데이터베이스에 의하면 일반고는 1,661개교, 자사고는 46개교, 특목고는 152개교이다. 만약 서울대학교에서 최근 수시 학생부종합전형 선발인원 1,600여 명을 학생부교과전형으로 모두 선발한다면 일반고에서 내신성적 1등을 한 학생이 모두 지원할 경우 자사고와 특목고 학생 중 내신성적 1등인 학생이 모두 합격한다는 가정 하에 자사고 46명, 특목고 152명, 일반고 학생은 1,402명이 입학하게 된다. 그러나 수시 학생부종합전형을 통해서 2016학년도 서울대 입시결과에서는 자사고 학생은 285명, 특목고 학생은 697명, 일반고 학생은 630명이 합격했다(교육부 국정감사 자료). 학생부교과전형과 학생부종합전형의 경우는 어느 전형을 운영하는지에 따라서 학생들의 합격여부는 크게 달라지게 된다. 내신등급 위주의 계량적 평가와 주관적 정성평가의 차이는 큰 것이다.

수능전형은 대학마다 면접과 내신등급점수를 부분적으로 반영하는 대학과 전혀 반영하지 않는 경우 등 운영상에 차이는 있지만 면접과 내신등급점수를 부분적으로 반영할 경우도 실질 반영 비율이 낮은 경우가 많아 사실상 수능점수 위주로 학생을 선발하는 전형으로 볼 수가 있다.

논술전형은 대학이 전공별로 학생들의 역량을 파악하기 위한 대학별 고사이다. 우리가 일반적으로 논술이라고 하면 작문논술, 즉 논리적 글쓰기 시험을 보는 것으로 여긴다. 그러나 현실은 그렇지 않다. 참고로 〈표 13-2〉는 서울시립대학교의 자연계열 논술고사 문제 예시이다. 예시를 보면 알 수 있듯이 과거의 대학별 본고사와 유사한 형태임을 알 수 있다.

하지만 정확한 상황은 대학들이 공개하고 있지 않기 때문에 확인하기는 어렵다. 일반적으로 학종은 내신도 정성평가를 하는 것으로 알려져 있다.

자연수 n에 대하여 연립부등식

$$\begin{cases} 0 < x < 10n \\ x^2 - 14nx + 48n^2 > 0 \\ \sin\dfrac{\pi x}{4n} - \cos\dfrac{\pi x}{4n} < 1 \end{cases}$$

을 만족하는 x의 집합을 S_n이라 하고, 다음 조건을 만족하는 순서쌍 (p, q)의 개수를 a_n이라 하자.

$$p, \ q, \ \frac{p+q}{2} \text{는 모두 집합 } S_n \text{에 속하는 서로 다른 자연수이다.}$$

(a) 일반항 a_n을 구하여라. (70점)

(b) $\displaystyle\sum_{k=2}^{n} \frac{k^2 - k}{a_k a_{k+1} - 2a_k - 2a_{k+1} + 4}$ 의 값을 구하여라. (30점)

출처: 서울시립대학교 홈페이지. 2018년도 기준. 현재 논술이 폐지되었을 수도 있다.

최근 입시제도를 단순화하기 위해서 논술전형 폐지 논의가 나오는 것은 위와 같이 논술이 본고사와 유사하게 출제되기 때문이며 대학마다 다양한 논술평가가 운영되기 때문으로 볼 수 있다. 어떤 전형제도를 대학이 도입하느냐에 따라서 학생들의 대입 준비 방향이 변화될 수밖에 없고 학생들의 합격여부가 엇갈리게 될 수가 있다. 학생부교과전형과 학생부종합전형 중 어느 전형을 대학이 운영하느냐에 따라 대학합격자는 큰 변동이 발생할 수밖에 없으며 고교체제에 큰 영향을 줄 수가 있다.

3. 학생부종합전형의 평가 현황과 문제점

각 전형마다 대학별로 차이가 있지만 학생부(비교과)서류평가점수와 내신등급점수(학생부교과점수), 면접평가점수, 수능점수, 논술채점점수 등 평가결과를 계량화한 '점수'에 근거하여 대학합격여부를 결정한다. 이러한 평가기제에 따른 입학전형을 살펴보면 다음과 같다.

●● 표 13-3 대입전형 유형별 적용되는 주요 평가 요소

| | 정량평가 | 주관적 정성평가 | | 정량평가 | 정량평가 |
	내신점수 (내신등급)	비교과서류평가점수	면접평가점수	수능점수	논술점수
학생부교과전형	○				
학생부종합전형	○*	○	○		
수능전형	△		△	○	
논술전형					○

주: 세모 표시는 일부 대학 부분 반영. 학종의 경우 수능최저학력기준이 적용되는 경우가 있기 때문에 수능점수에 세모 표시함.
*학생부종합전형에서 내신등급은 대학마다 반영방식이 계량화해서 일괄 반영하는 경우도 있으며, 내신점수도 서류평가처럼 주관적으로 정성평가하여 점수를 산정하는 경우도 존재한다.

〈표 13−3〉을 보면 학생부교과전형과 수능전형, 논술전형은 계량화된 점수를 이용하여 선발하기 때문에 주관적 평가요소가 존재하지 않는다. 주관적 정성평가에 기반을 둔 전형은 학생부종합전형이다. 그러나 주관적 정성평가라고 하더라도 리커트(Likert) 척도를 이용하여 실제로는 계량적인 점수부여를 통해서 학생들의 순위를 매긴다는 점을 염두에 둘 필요가 있다(류영철, 2016; 김현수·안성진, 2016; 김수연 외, 2013; 강인구, 2012; 이호섭·김정의, 2011; 김현수, 안성진, 2016). 류영철(2016), 김현수·안성진(2016), 김수연 외(2013), 강인구(2012), 이호섭·김정의(2011) 등 학종 평가의 신뢰성 관련 연구들은 학생부종합전형이 서류평가와 면접평가를 정성적인 평가결과를 정량화해서 학생들에게 점수를 부여하고 있음을 보여준다. 이들 연구 중에서 일종의 대외비(?)라고 볼 수 있는 구체적인 평가척도를 제시한 논문은 김현수·안성진(2016)의 논문과 이호섭·김정의(2011)의 논문이다. 〈표 13−4〉는 김현수·안성진(2016)의 논문에서 공개된 G대학의 학종 면접 평가 척도이다.

●● 표 13-4 G대학교의 학생부종합전형 면접평가 척도

| 평가 항목 | 평가척도 | | | | | 실질반영비율 | |
	A	B	C	D	E	A-E	반영비율
전공적합성	250	225	200	175	150	100	36%
진취성	200	180	160	140	120	80	29%
창의성	100	90	80	70	60	40	14%
공동체의식	150	135	120	105	90	60	21%

출처: 김현수·안성진(2016). 실질반영비율은 별도 계산함.

위 G대학은 면접평가 항목이 네 영역이다. 면접평가자들은 A~E까지의 5단계로 평가를 해야 한다. 평가척도의 경우는 동일한 급간으로 구성되어 있지 않다. 전공적합성이 가장 반영 비율이 높다. 창의성은 상대적으로 반영비율이 가장 낮다. G대학의 경우 전공적합성, 진취성, 공동체 의식, 창의성 순서대로 평가항목에 차등적인 비중을 두고 있는 것을 알 수 있다. 창의성의 경우 평가비중이 왜 제일 낮아야 하는지에 대해서는 해당 대학의 자율적 판단이겠지만 그 근거가 합리적인지에 대해서는 문제제기가 있을 수 있다.

한편 G대학의 경우 면접평가자들이 과연 위의 평가반영 비중을 인지하고 그러한 비중을 고려한 평가를 하는지에 대한 문제가 존재한다. 만약 위의 면접평가 척도에서 부여되는 차등적인 점수반영 비중을 모르고 평가했을 경우 두 명을 면접했을 경우 한 학생에게 전공적합성을 A로 평가하고 다른 항목은 B로 평가했을 경우, 그리고 또 다른 학생의 경우 진취성을 A로 평가하고 다른 항목을 B로 평가했을 경우 실제로는 A 하나 B 세 개로 동일하게 평가하였기 때문에 두 사람에게 동일한 점수를 주었다고 면접평가자들은 생각할 수가 있다. 그러나 실제 평가 결과는 다르게 나오게 된다.

현실적으로는 평가항목에 따른 평가비중이 다를 경우 면접평가자들이 평가척도의 비중을 고려해서 면접대상자들의 면접을 통해서 상대적인 순위를 매기기는 더욱 어렵다. 이처럼 평가항목의 비중을 다르게 주는 대학들의 경우는 면접평가자들이 정교한 상대평가를 하기에 매우 어렵게 된다. 면접평가자들의 개인적인 기억력이나 평가역량에 따라서 입학여부가 결정되기에도 어려울 수가 있으며, 결과적으로는 평가자들의 의도와는 다른 입시결과(합격해야 할 학생이 불합격하고, 불합격해야할 학생이 합격하는 사례)가 나올 가능성도 충분히 존재하게 된다.

●● 표 13-5 A대학교의 학생부종합전형 서류평가, 면접평가 정량화 사례

평가단계	평가항목	최소값	최대값	평균	표준편차	척도
1단계 서류평가	고교 교육과정 참여충실성	1.00	7.00	3.54	2.05	7단계
	자기주도학습의 우수성	1.00	7.00	4.46	1.37	
2단계 서류평가	자기주도학습의 우수성	1.50	7.00	4.85	1.05	
면접평가	자기주도학습의 우수성	1.00	4.00	3.11	0.75	4단계
	전공선택의 적절성	1.00	4.00	3.03	0.82	

출처: 이호섭·김정희(2011).

〈표 13 – 5〉는 학생부종합전형의 서류평가와 면접평가의 척도를 보여주는 또 다른 대학의 사례이다(이호섭·김정희, 2011). A대학의 경우 G대학과는 달리 평가척도마다 부여되는 평가값이 1~7, 1~4로 동일한 급간을 보여주고 있다. 즉, 평가항목이 모두 동일한 가중치, 혹은 동일한 반영비율을 가지고 있음을 알 수 있다. 상대적으로 G대학보다는 상대적 서열이 객관적으로 매겨질 가능성이 높아진다. 다만 그 가능성이 높아지기 위해서는 서류평가자와 면접평가자들이 본인이 담당한 입학지원학생들의 서류와 면접을 꼼꼼히 상대적 순위를 잘 기억하면서 고려할 수 있는 역량을 가지고 있다는 가정이 역시 필요하다.

그런데 이 A대학은 평가항목이 그다지 다채롭지는 않다. 자기주도학습성을 상당히 강조하고 있는데, 결국은 학생의 학업역량을 파악하기 위해서 노력하는 것으로 보인다. 이 경우 서류와 면접보다는 수능점수가 자기주도학습역량을 파악하기에 더 쉬울 수가 있다. 아니면 차라리 자기주도적으로 학습해야 풀 수 있는 사고력을 측정하는 철학적, 수리적 논술 문제가 더 객관적인 평가를 해낼 수가 있을 것으로 보인다.

한편 이처럼 학종에서 서류평가와 면접평가를 리커트 척도를 이용하여 정량화해서 평가하는 것이 타당한지에 대해서는 심각하게 논의해 볼 필요가 있다.[7] 학종 평가의 핵심은 학생의 여러 역량에 대한 주관적 정성평가이다. 정성평가라고 한다면 합격과 불합격, 혹은 입학자격이 되는 학생인지를 질적으로(Qualitatively) 평가해야 하는 것이다. 그러나 현실적으로 많은 학생들이 지원함으로 인해서 경쟁률이 높기 때문에 순위를 매겨야 하는 현실에서 리커트 척도를 이용해 정량화해서 평가하여 합격여부를 가리고 있는 것을 알 수 있다.[8]

이런 현실 속에서 수능전형이 수능점수로 일렬로 줄 세우기를 하고 몇 점 차이 때문에 불합격되는 것이 문제가 있다는 비판은 학종에도 그대로 적용된다. 왜냐하면 학종 역시 서류평가와 면접평가를 평가자들의 주관적 평가이긴 해도 계량화한 점수에 근거하여 면접대상자와 최종합격자를 판단하기 때문이다. 학종에 지원한 학생도 합격점

---

7 그러나 합격/불합격으로 질적 평가를 하는 것조차도 결국은 지원자가 많은 상황에서는 판단하기가 쉽지 않다. 대학들은 결국 점수화해서 탈락자를 가려내는 수밖에 없다. 학종의 정성평가는 현실적으로 실행하기 어려운 제도일 수도 있다.

8 교육만족도를 5단계로 정성적으로 평가해서 정량화해낸 자료 역시 정량평가적 성격을 갖는다. 정성평가라고 한다면 해당 평가대상자에 대해서 장단점을 "서술해서" 합격여부를 결정해야 한다.

●● 표 13-6 B대학교의 2018학년도 수시 학종 입학생 점수 통계

전형유형			내신등급	서류평가점수	집단면접점수	개인면접점수
수시 학종	남	최고	1.37	591.08	195.00	194.00
		평균	1.76	561.85	185.87	186.55
		최저	2.75	551.32	174.00	174.00
		표준편차	0.32	9.60	4.35	4.45
	여	최고	1.00	596.80	195.00	196.00
		평균	1.51	577.06	186.76	187.37
		최저	2.69	567.53	176.00	176.33
		표준편차	0.34	7.03	4.87	4.88

출처: B대학교의 홈페이지

수 근처에 있는 경우 소수점 차이로 합격여부가 결정될 수 있다. 〈표 13-6〉은 수시 학종 합격자의 성적 현황(최종등록자 기준)을 대학 홈페이지에 공개하는 한 대학의 사례이다.9 학종도 소수점 단위로 합격 여부가 결정되는 상황을 보여준다.

따라서 수능이 소수점 차이로 당락이 결정된다는 비판은 학종에도 해당된다. 그러나 학종의 더 큰 문제는 그 소수점 차이가 주관적 점수라는 것이다. 수능 역시 학생의 실수나 착오로 자신의 실력이 잘 반영되지 못하는 측면도 존재하지만 학종 역시 면접 당일의 컨디션 등으로 자신의 진짜 실력이 발휘되지 못해서 탈락되는 경우도 발생할 수 있다. 게다가 서류평가자들과 면접관들의 역량과 당일 컨디션도 학생들의 평가점수에 영향을 줄 수가 있다. 수능이나 내신점수보다 학종을 통해 (자기소개서와 비교과 서류와 짧은 시간의 면접으로) 더 정확하게 학생들의 역량을 객관적으로 비교·판단(혹은 측정)이 가능한지에 대해서는 심각한 논의와 숙고가 필요하다.

---

9 많은 대학들은 B대학교와 달리 합격자들의 점수통계를 공개하지 않는 것이 현실이다. 평가점수를 공개하는 대학들은 극히 소수의 대학들에 불과하다.

4. 학생부종합전형 연구 검토를 통한 쟁점 검토

가. 학생부종합전형 입학생들의 입학 후 성과 분석

(1) 대입전형 유형에 따른 성취도(GPA) 분석

학종 입학생들의 입학 후 대학생활 적응, GPA로 대표되는 대학에서의 성취도 분석은 학종이 적정한 입학제도로서 자리매김했는지를 검토하기 위한 연구들이다. 현재까지의 여러 연구들은 학생부종합전형으로 입학한 학생들의 GPA가 일반전형 혹은 수능입학전형 학생보다 더 낮은 것으로 대부분 분석되고 있다(고정환·송준협, 2014; 이광현·권용재, 2014; 오성배, 2015; 2016; 김진영, 2017; 전경희·김자영, 2017). 한편 소수 연구들은 다른 결과를 보여주고 있는데 김준엽 외의 연구는 GPA의 차이가 없는 것으로 연구되고 있다.

일부 연구는 학생부교과전형 입학생들의 GPA가 다른 전형보다 더 높은 경우도 존재한다(남궁경현 외, 2015; 김진영, 2017). 양은목 외(2016)의 경우는 인문사회계열의 경우 학생부위주전형이 수능전형보다 더 GPA가 높은 것으로, 자연계열에서는 수능전형 학생들이 GPA가 더 높은 것으로 나타나고 있어서 계열별 차이가 존재하는 것으로 분석하고 있다. RISS를 통해서 학생부종합전형, 혹은 입학사정관제를 검색어로 해서 조사한 전형유형별 학생들의 GPA 분석관련 학술논문들을 정리하면 〈표 13–7〉과 같다.

●● 표 13-7 대입전형유형과 GPA 성과 분석 연구들

연구자	연구자료	연구방법	주요결론	비고(자료시기)
최석준·김병수 (2010)	A대학의 2009학년도 입학생	t-test, 중다회귀분석, 경향점수매칭	- 일반전형 학생들의 토익점수와 수학점수가 더 높음. - GPA는 일반전형 학생이 약간 더 높으나 통계적으로 유의한 차이는 없음.	입학사정관 전형 입학생 수가 39명 밖에 안 됨.
김준엽 외 (2013)	한국교육종단자료 (대학 1학년)	다층모형	- GPA는 차이가 없으나 비수도권 대학에서는 GPA가 낮게 나타남. 수업참여도와 자발적 학습활동은 입학사정관전형 학생들이 더 많음.	2011학년 입학생
고정환·송준협 (2014)	지방 A대 2011~2012 학년도 입학생	F-test, 상관관계분석	- 학생부종합전형 평균 2.993, 수능입학생 평균 3.131. - 학생부종합전형 입학생보다 수능 입학생들의 수능점수와 GPA와 상관이 더 높음: 학생부서류평가점수+면접평가점수와 GPA 상관관계는 0.163, 수능점수와 학생부점수와 GPA 상관관계는 0.243, 수능점수와 GPA 상관관계는 0.282	그룹비교뿐만 아니라 실질적인 입학 전형요소의 점수와 GPA 상관관계도 비교

연구자	연구자료	연구방법	주요결론	비고(자료시기)
이광현·권용재 (2014)	한국교육종단자료 (대학 1,2학년)	중다회귀분석, 무선효과모형, 경향점수매칭 분석	- 학생들의 제반 변수들 대학변수들(수도권여부 등)을 통제한 후에 입학사정관제 입학학생들의 GPA가 일반전형학생들보다 통계적으로 유의하게 낮음. - 학교만족도 등은 통계적으로 유의한 차이가 없음.	4년제 일반대학 입학생 자료. 2011-2012학년도 종단 대학 1,2학년 자료
최현석·박철용 (2013)	2011, 2012학년도 K대학교 입학생	t-test	- 일반전형 학생이 입학사정관전형 학생보다 평균평점이 더 높음. - 정시(여)>수시(여)>정시(남)>입학사정관(여)>수시(남)>입학사정관(남) 순서로 학점이 높은 것으로 분석됨.	
최현석·박철용 (2014)	2011학년도 입학생 종단 분석	잠재성장모형	- 성별, 모집단위 차이 분석결과 일반전형의 GPA 초기값이 입학사정관 전형보다 크게 나타남. 여학생의 평균 GPA의 기울기가 크게 나타남	
남궁경현 외 (2016).	K대학교 (2010, 2011, 2012학년도 입학생)	F-test와 사후분석	- 인문계열 전공: 학생부교과전형>수능, 입사 - 인문계열 비전공: 학생부교과전형>수능 - 인문계열 연도별로 차이. 2010년도는 전공은 교과, 비전공은 수능, 2011년도에는 전공은 논술, 수능, 입사, 비전공은 수능, 입사, 2012년도에는 전공은 논술, 교과, 비전공은 논술, 입사, 교과 - 자연계열은 교과전형이 전공, 비교과 모두 우수 - 자연계열 연도별로 보면 2010년도에는 교과가 전공 비전공 모두 우수, 2011년도에는 전공은 모두 유사 비전공만 입사가 우수, 2012년도에는 전공은 모두 유사 비전공은 교과가 제일 우수.	계열별로, 전공비전공 분리하여 분석
양은목 외 (2016)	K대학교 (2011~2014 학년도 입학생)	F-test와 사후분석	- 학종 3.16, 학생부교과 3.27, 수능위주(수능, 학생부) 3.32, 수능전형 3.27 - 인문사회계열은 학생부 교과>학종>수능위주>수능 - 자연계열은 수능, 수능위주>학종 - 남학생의 경우 자연계열은 수능위주, 수능, 학생부교과, 학종 순. 예체능: 수능위주, 학생부교과, 학종, 수능 - 여학생의 경우 인문사회는 학생부교과, 수능위주, 수능, 학종, 자연계열은 수능, 수능위주, 학생부교과, 학종, 예체능계열은 수능, 학종, 학생부교과, 수능위주 순	인문계열은 글쓰기와 말하기가 중요함으로 학종이 유리, 자연계열은 수학 과학 등의 기초학업능력을 중요시 고려해야
김진영(2017)	K대학교 (2012~2016 학년도 입학생)	중다회귀분석	- 학생부교과전형이 4학기까지 우수한 GPA를 보여줌. 그러나 5학기 이후에는 큰 차이는 없음. 내신점수, 수능의 외국어 수리 영역의 점수 등이 대학 입학 후 GPA와 상관이 크게 나타남.	
전경희, 김자영(2017)	A대학교 (2011~2013년 종단자료)	잠재성장모형	- 정시전형 입학생들의 GPA가 입학사정관전형 입학생들보다 더 높고 성장 속도 역시 빠른 것으로 나타남.	
오성배(2016)	A대학교 (2014~2015년 종단자료)	F-test	- 학종입학생보다 수시일반, 정시일반입학생들의 GPA가 높게 나타남. 대학생활 적응과 진로수준에서는 차이가 없음. 수업태도에서는 학종입학생들이 더 좋은 것으로 나타남.	

한편 오성배(2015; 2016)와 김병진·김시라(2013)의 연구는 학종 입학생들의 교육만족도 등이 더 높은 것으로 분석하고 있다. 그러나 GPA 외의 정성적인 변수들의 경우에는 학종 제도의 성과를 입증하기 위한 근거자료로 활용되기에는 어려움이 있다. 학생들의 기대수준에 따라서 만족도는 차이가 발생하기 때문이다. 상대적으로 수능으로 지원한 학생들의 학교에 대한 기대수준이 높다면 만족도는 낮게 나올 수 있다. 게다가 전형유형은 자기선택편의(self-selection bias)가 존재하기 때문에 관련 편의를 통제해주지 않으면 단순 유형별 학생들의 만족도 비교는 해당 입시제도유형의 성과를 보여주기에는 한계가 존재한다.

중도탈락율의 경우도 학종 입학생들이 낮은 것으로 나타난다는 언론보도들과 일부 연구가 있다(머니투데이, 2018. 5.7). 그러나 수능입학생들이 대학을 이동하기 위한 욕구가 높아서 나타나는 현상이라면 학종이 더 우수한 제도라는 근거로 삼기에는 어려움이 있다.[10] 게다가 최근 수시로 상당수가 입학하는 상황이기 때문에 중도탈락률 역시 자기 선택편의를 통제해주지 않고 단순 그룹 간 평균비교는 입학제도의 성과를 보여주는데에 한계가 있다.

따라서 주관적 만족도와 중도탈락률보다는 GPA는 나름 학생들의 역량을 측정하는 객관적 자료로서 각 대입제도의 대학 입학 후의 성과에 대한 타당성을 측정하기 위한 적절한 변수일 수 있다. 학점을 이용한 연구는 좀 더 면밀히 이루어져야 하는데, 학종입학생과 수능전형입학생들 혹은 학생부교과전형 입학생들과의 그룹 간 단순 평균 GPA 비교로는 한계가 존재한다. 왜냐하면 단과대학 혹은 학과별 요인들 그리고 학생 개인 특성들(성별 등)이 GPA에 영향을 미치기 때문에 이러한 외생적 변수들을 통제해주어야 하기 때문이다. 기존 연구들 중에서 학과, 단과대, 학생의 성별 등 학점에 영향을 줄 수 있는 여타 변수들이 통제된 정교한 연구들은 김진영(2017), 이광현·권용재(2014), 김준엽 외(2013) 등의 소수연구들만 존재한다.[11] 이들 연구들의 결과는 엇갈리

---

10 학종을 옹호하는 연구들은 학종입학생들의 GPA가 낮으면 추수 지도가 필요하다는 식으로 결론을 맺는다(오성배, 2015; 2016). 학생부종합전형보다 학생부교과전형의 GPA가 높은 경우에는 학생부 교과전형을 확대하는 것은 좀 더 신중해야 한다고 결론 맺는다(김진영, 2017; 남궁경현 외, 2015). 학종 입학생들의 GPA가 높으면 학종이 성공적으로 시행되고 있다고 주장할 수는 있지만 안타깝게도 GPA가 높게 나오는 연구는 매우 드물다.

11 수시 학종 입학생들이 학점이 높다는 일부 대학들(서울대, 한양대)의 주장(머니투데이, 2018.5.7)은 단순 평균 비교로서 학종 확대의 근거가 되기 어렵다. 이 대학들에서 입학전형요소들의 자료들, 즉 수능점수, 내신등급, 학종서류평가점수, 학종면접평가 점수, 학생성별, 학생단과대학/학과

지만 김진영(2017)의 연구는 여러 변수들을 통제한 후에 학생부교과전형제도가 대학입학 후의 성과가 더 우수하다는 점, 그리고 수능점수와 내신등급이 대학입학 후의 성과를 예측하는 데 상당한 예측력을 가진 전형요소라는 분석결과를 염두해 둘 필요가 있다. 이광현·권용재(2014)와 김준엽 외(2013)의 연구는 동일한 한국교육종단 자료를 분석하였으나 이광현·권용재(2014)의 연구는 대학교 1,2학년의 종단자료를 이용한 분석이라는 장점을 가진다.

(2) 입학전형 구성 요소 분석

한편 기존 연구들에서 간과되는 부분이 있는데, 해당 입학제도의 적정성은 입학제도에 포함된 세부적인 요인의 영향력을 분해해서 살펴보는 것이 필요하다. 예를 들자면 학종과 학생부교과전형의 학생들의 비교 분석을 한다고 가정해보자. 이때 학종을 구성하는 전형 요소를 분해해보면 교과내신과 서류평가점수, 면접평가점수로 이루어진 입학제도임을 알 수 있다. 학생부교과전형은 교과내신에 근거한 선발제도이며 학종은 교과내신과 서류평가, 면접평가 등으로 구성되어 있기 때문에 이 두 제도의 비교는 공통된 평가요소인 교과내신을 제외한 비교과실적에 대한 서류평가와 면접평가의 적정성에 대한 평가를 수반한다. 만약 학생부 교과전형 입학생들의 GPA가 여러 변수들을 통제한 후에도 학종 입학생들보다 높다고 한다면 학종 서류평가와 면접평가가 학생들의 역량 평가에 실패했다는 것을 시사해준다. 따라서 좀 더 심밀한 평가를 하기 위해서는 학종 입학생 vs 학생부 교과전형으로 분석하는 것보다는 내신등급점수, 서류평가점수, 면접평가점수 등을 모형에 포함시키는 방법이 필요하다. 학생부 교과전형 학생의 경우 서류평가와 면접평가가 없는 경우가 많기 때문에 단순하게 학종 입학생들만을 대상으로 내신등급, 서류평가점수, 면접평가점수를 회귀분석 모형에 넣어 GPA에 미치는 영향력을 보는 분석 방안이 있다.

수능입학생과 학종입학생 두 그룹 간의 비교 역시 세부 전형요소인 수능점수와 서류평가점수와 면접평가점수의 (학점에 대한) 예측 타당성에 대한 비교일 수가 있다. 여러 변수들을 통제한 후에 학종 입학생들의 GPA가 낮다면 학종의 서류평가, 면접평가

변수들을 학생단위로 연구자들에게 제공을 해서 좀 더 정교한 분석을 통해서 과연 어느 변수가 학생의 GPA에 더 영향력이 있는지를 분석해볼 필요가 있다. 게다가 단과대학, 성별 변수 등이 통제되지 않은 단순 그룹 간 평균 비교는 학종 평가의 타당성을 정밀하게 볼 수가 없다.

의 타당성에 한계가 있음을 보여주는 것으로 해석될 수 있다. 역으로 학종 입학생들의 GPA가 높다면 서류평가와 면접평가에서 학생들의 역량을 나름 성공적으로 측정·평가한 것으로 볼 수도 있다. 그러나 만약 이 경우 학종 입학생들의 수능점수가 수능입학생들보다 높은 경우라면 어떤 해석이 가능할 것인가? 수능으로 측정되는 학업역량이 GPA를 설명하는 혼동변수(confounding factor)일 경우라고 한다면 문제는 달라진다. 따라서 분석 모형에서 학종 입학생들의 수능점수와 내신등급점수도 설명변수에 포함시켜서 분석을 해야 실질적으로 학종 전형요소(서류평가, 면접평가)의 효과성이 파악될 수 있다. 분석에서 입학유형별 두 집단의 평균이 아니라 중다회귀분석을 통해서 학생들의 서류평가점수, 면접평가점수, 수능점수를 포함시켜서 분석해야 학종의 평가요소의 실효성에 대한 분석이 가능하다.[12]

기존의 연구들은

$GPA = f$(입학유형, 성별, 단과대학)의 공식을 주로 사용하였지만,

가능하다면,

$GPA = f$(내신등급, 학종서류평가점수, 학종면접평가점수, 수능점수, 성별, 단과대학)

위 모형을 통해서 분석이 이루어져야 한다.

이처럼 입학유형별 그룹이 아니라 입학유형의 세부 요소들을 변수로 포함시켜서 분석해야 전형유형의 실질적인 학점에 대한 효과를 학생들의 교과내신과 수능점수 등에 반영되는 역량이 통제될 수가 있다.

비록 완벽하지는 않지만 각 평가요소를 분해해서 분석한 연구가 일부 있다(김진영, 2017; 윤형식·강창완, 2015). 먼저 윤형식·강창완(2015)의 연구는 D 대학의 사례를 제공하고 있다. 분석 결과를 보면 〈표 13-8〉과 같다.

---

12 각 대학에서는 학종 입학생들의 수능 점수를 갖고 있는 경우가 많다. 특히 수능최저학력기준 대학일 경우는 확실하게 DB화되어 있다고 볼 수 있다.

●● 표 13-8 전형평가 요소가 GPA에 미치는 영향

설명변수	학생부종합전형		학생부교과전형		수능전형	
	계수	t	계수	t	계수	t
내신등급점수	0.134***	3.094	0.147***	5.255	0.107***	3.291
서류평가점수	0.082	1.896				
면접평가점수	0.103*	2.568	0.189***	6.751		
수능점수					0.192***	5.887
R-square	0.036		0.045		0.033	

출처: 윤형식·강창완(2015)

　　더 정교한 분석이라고 한다면 학생들의 성별, 단과대학 변수도 모형에서 설명변수로 포함되어서 통제가 되었으면 좋았을 것으로 보인다. 그래도 각 전형유형별로 세부 평가요소의 GPA에 미치는 영향을 회귀분석을 한 경우는 이 연구 외에는 없는 것으로 보인다. 학생부교과전형과 수능전형으로 입학한 경우 수능점수와 내신등급점수가 GPA에 통계적으로 유의한 영향을 미치는 것을 알 수 있다. 반면 학종의 서류평가점수는 GPA에 영향을 미치지 않고 있다. 면접점수는 통계적으로 유의한 영향을 주는 것으로 나타나고 있으나 상대적으로 유의성은 약하다. 세 분석 모형에서 모두 내신등급 점수는 효과의 크기도 상대적으로 크게 나타나며 모두 통계적으로 유의하다. D 대학의 경우 학종 서류평가의 타당성이 낮음을 시사해주고 있는 연구이다. 따라서 위 분석결과를 보면 학생부교과전형이나 수능전형으로 학생을 선발하는 것이 학종을 통해서 선발하는 것보다 더 적절함을 보여준다.[13]

　　김진영(2017)의 연구도 전형유형별 단순 그룹 간 평균비교와 더불어 중다회귀분석을 통해서 GPA에 영향을 주는 요인들을 분석하고 있다. 설명변수로 먼저 학생부내신(교과전형)전형, 학생부종합전형, 논술전형 세 더미 변수를 포함시키고 일반수능전형을 기본 비교 그룹으로 설정하였다. 그리고 여학생변수, 수능언어, 수능수학, 수능외국어, 내신국어, 내신수학, 내신영어 등을 모형에 포함시켰다. 이 분석 모형은 입학생들의 성별변수와 수능점수와 내신점수를 통제한 후에 어느 전형유형의 학생이 GPA가 높은지 혹은 낮은지를 보여준다. 분석결과를 보면 모든 분석 모형에서 일관되게 학생부내신전

---

13 R-square의 값이 학종이 수능전형보다 0.03이 더 높지만 이는 설명변수가 하나 더 추가되었기 때문으로 볼 수 있다. R-square는 설명변수의 제곱값 등 많이 포함시키면 1에 근접한다. 설명변수의 통계적 유의성을 확인하는 것이 중다회귀분석에서는 더 중요하다.

형 학생의 GPA가 통계적으로 유의하게 산출되고 있다. 즉, 수능점수와 내신등급점수가 동일한 두 학생이 있다고 한다면 이 중 학생부교과전형 입학생의 GPA가 수능일반전형 입학생보다 통계적으로 유의하게 높음을 의미한다. 5, 6학기 차에는 성별을 제외한 대부분의 설명변수의 통계적 유의성이 사라지긴 하지만, 이는 분석대상 표본 수의 감소, 그리고 전공위주의 수업으로 GPA의 일반적인 인플레이션 현상 등이 맞물려서 사라졌을 수가 있다.

이 분석에서 동시에 주의해서 봐야 할 부분은 어느 전형 유형으로 입학했는지와 상관없이, 즉 입학전형유형을 통제한 후에 수능수학, 수능외국어 점수가 높은 학생이 GPA가 높게 나타나고 있다는 것이다. 학생부종합전형으로 들어온 학생이라고 할지라도 수능점수가 수능전형 입학생보다 높은 경우에는 GPA가 높다는 의미가 된다. 입학전형유형보다는 수능점수로 측정되는 학생의 역량이 GPA에 더 중요하게 정적인 영향을 준다는 의미다. 이는 학업역량을 전국단위로 비교가능한 정보를 제공하는 수능점수를 고등교육기관에서 학생들을 선발하는 데 중요한 전형요소로 활용해야 함을 시사해준다.

그런데 만약 김진영(2017)의 연구에서 학종 입학생들의 학종서류평가점수와 학종면접점수를 변수로 포함시킨다면 어떤 결과가 나왔을 것인가? 회귀분석결과에서 타 전형보다는 학생부종합전형 학생들보다 GPA가 높게 나오지 않은 것을 봐서는 통계적으로 학종서류평가점수와 학종면접점수 역시 GPA에 별다른 영향을 주지 않을 가능성이 높다. 학종의 서류평가와 면접평가가 부실하게 이루어지고 있을 수 있음을 보여준다. 즉 학생부 기록과 학생의 자기소개서와 추천서를 이용한 서류평가가 학생들의 역량과 잠재력을 평가하기에는 정보재(information good)로서의 효용가치가 낮음을 보여준다. 제한된 짧은 시간의 면접평가는 수능점수보다는 학생의 잠재력을 측정하기에는 상당한 한계가 있음을 보여준다.

(3) 입학유형별 핵심역량 분석

최근에 직업능력개발원에서는 대학생 핵심역량 진단(K-CESA) 자료를 이용하여 입학전형에 따른 핵심역량의 차이를 비교 분석한 연구가 발표된 바가 있다(황지원 외, 2017; 강윤정·배현주, 2017). 이 두 연구는 학점이 아니라 대학생들의 자원정보, 기술활용역량, 의사소통역량, 종합적 사고력 역량 등을 진단하고 있으며 전국적 차원의 자료로서 기존 GPA를 성과로 보고 개별 대학 차원에서 진행된 연구보다 전국 단위의 상황을 진단할 수 있는 연구결과로 볼 수 있다. 그리고 학종을 통해서 학생의 잠재력, 사고력, 의사소통역량 등이 얼마나 취지대로 잘 선발되고 있는지를 보여주는 연구이다. 즉, 학종의 실제적 운영의 타당성(정말 서류평가와 면접평가를 통해서 학생의 사고력, 의사소통역량 등이 타당하게 평가되고 있는지)을 보여줄 수 있는 자료이다.

황지원 외(2017)의 연구에서는 정시 모집 학생들이 대인관계역량, 자원정보기술활용, 글로벌역량, 의사소통역량에서 수시입학사정관제, 수시 타 전형, 기타 전형 입학생보다 통계적으로 유의하게 점수가 높은 것으로 조사되었다. 자기관리역량과 종합적 사고력도 가장 높은 점수를 보여주고 있다. 다만 이 연구는 중다회귀분석이 이루어지지 못한 한계가 있다. 강윤정·배현주(2017)의 연구는 단순평균비교와 더불어 중다회귀분석을 역시 제시하고 있다. 학생의 출신고, 진로계획, 학점, 경제사정 등을 통제한 후에 의사소통역량이 수시 학생부종합전형 학생들이 가장 낮은 것으로 분석하고 있다.

이장익(2012)의 연구는 위의 두 연구보다 입학사정관제도 실시 초기, 즉 2009년부터 2010년도의 직업능력개발원의 대학생 핵심역량 진단자료를 이용한 연구이다. 이 연구에서도 유사한 결론이 도출되고 있는데, 자원, 정보, 기술활용역량과 의사소통역량, 종합적 사고역량에서 통계적으로 유의하게 정시전형, 수시전형(수능 위주) 입학생들이 입학사정관 전형 입학생들보다 역량이 더 높게 산출되고 있다.

요약하자면 학생들의 수능점수와 내신등급을 설명변수로 통제해서 분석한 GPA에 대한 영향을 미치는 연구들과 대학생 핵심역량 진단을 통한 분석들은 학종, 즉 서류평가와 면접평가를 통해서 학생들의 역량을 정밀하게 측정해서 선발하는 데에 현재까지는 성공하지 못하고 있음을 시사해준다.

나. 학생부종합전형 도입 목적의 실현

학종의 성과평가에 있어서 과연 도입목적이 실현되었는가에 대한 연구들이 존재한다. 사교육비경감에 기여했는지, 고등학교 교육의 정상화에 기여했는지 등이다. 먼저 사교육비경감에 기여했는지를 살펴보도록 한다.

(1) 사교육비 경감 효과

대학입학제도의 변화를 통해서 사교육비 자체를 경감시킨다는 것은 적절한 정책 목표인지에 대한 논란이 있을 수 있다. 대학입학을 초등학교처럼 거주지에 근거한 무작위 배정을 하지 않는 이상, 대학입학정원은 제한되어 있고 지원자가 많을 경우에는 일정정도의 경쟁이 발생하며 그로 인한 사교육비 발생은 필연적일 수밖에 없기 때문이다. 일단 이러한 거시적 논란은 논외로 하며 학계의 기존 연구들의 결과를 살펴볼 필요가 있다.

학부모나 교사들에 대한 인식 연구들은 일반적으로 수능이나 논술전형이 사교육비를 더 유발한다고 보고 있다(강기수·박소영, 2017).[14] 그러나 인식은 객관적 사교육비 통계와는 거리가 있다. 실제 사교육비 지출현황을 분석하는 것이 실제 사교육비 경감 효과가 있었는지를 진단해준다.

안선회(2015), 안수진·안선회(2015)는 통계청 사교육비 조사결과 학생부종합전형

●● 표 13-9 연도별 통계청 사교육비 조사결과: 과목별 고등학생 1인당 사교육비

연도	전체 고교생	일반교과					예체능 취미	일반고
		합계	국어	영어	수학	사회/과학		
2007년	19.7	17	2	5.7	7.2	1.1	2.4	24.0
2008년	20.6	17.6	2	6.2	7.7	1	2.8	24.9
2009년	21.7	18.5	2.1	6.3	8.4	1.1	3	26.9
2010년	21.8	18.4	2.1	6.2	8.6	0.9	3.1	26.5
2011년	21.8	18.5	1.9	6.5	8.7	0.8	3	25.9
2012년	22.4	19.3	1.8	6.6	9.3	0.9	2.8	26.5
2013년	22.3	18.9	1.8	6.9	8.8	0.6	3.2	26.2
2014년	23	19.4	1.8	7	9.3	0.7	3.3	26.9
2015년	23.6	20.2	1.8	7.2	9.7	0.8	3.1	27.6
2016년	26.2	22.1	2.3	7.7	10.4	1.1	3.7	30.4
2017년	28.4	23.3	2.7	7.7	10.9	1.2	4.5	33.0

주: 일반고 특성화고를 모두 합산한 전체 고등학생 1인당 사교육비. 맨 오른쪽 일반고는 일반고 학생 1인당 사교육비.
출처: 각 연도별 통계청 사교육비 조사결과 자료.

---

14 강기수, 박소영(2017)의 연구에서도 수능과 논술이 사교육영향을 받는다고 응답한 비율이 학종보다 상대적으로 높았지만, 학종에 대해서도 74.1%에 달하는 교사가 사교육기관의 영향을 받거나 보통이다라고 응답하였다. 학종이 사교육 영향을 받지 않는다는 응답은 25.9%에 불과했다.

중심의 대학입학전형 개선 정책이 사교육비를 경감시키는 데 효과가 없다고 제기하고 있다. 이 주장은 최근 통계청의 사교육비 조사결과를 검토해봐도 여전히 설득력이 있는 것으로 보인다. 〈표 13-9〉는 통계청에서 발표한 고등학생 1인당 사교육비 조사결과이다. 표에서 제시된 과거 11년 동안의 고등학생 1인당 사교육비를 살펴보면 대입제도 개편이 사교육비경감 효과를 가져왔다고 보기에는 어렵다.

2007년도 통계청 사교육비 조사 이후 전체 고등학생의 사교육비는 꾸준하게 증가추세에 있다.[15] 2009년도부터 2014년도까지는 일반고 학생 1인당 26만원대에 머물고는 있지만 최근 3년간은 33만원까지로 급격하게 증가하고 있는 것으로 나타나고 있다. 특히 2013년도부터는 학생부종합전형의 확대가 적극적으로 추진되던 시기이다(안선회, 2018).

●● 표 13-10 대입전형과 사교육비 관계 분석 연구

연구자	연구자료	연구방법	주요결론	비고(자료시기)
이필남 (2011)	한국교육종단자료	토빗모형, 경향점수매칭 모형	입학사정관전형 지원 계획이 있는 학생의 사교육비 지출이 낮으나 주요 변수들을 통제하면 사교육비 지출규모에 유의한 영향이 없음.	2010년 고3학생 3,600여 명. 사교육 수요가 낮은 학생이 입사제 지원 가능성고려
강태중 외 (2012)	A대학. 입학사정관 전형 119명, 일반전형 194명 비교.	차이분석, 중다회귀분석	고교 1-2학년 때에는 입학사정관전형 학생들의 수능내신대비 사교육비 지출이 많으나 통계적으로 유의하지는 않음. 3학년 때에는 수능/내신 사교육비 지출이 적음. 특별활동 사교육비는 입학사정관전형 학생들이 36만원으로 일반전형 17만원보다 두 배 이상 많음.	개별대학의 사례. 사교육의 유형의 차이 주목. 입사제가 사교육비를 줄일 것으로 확신하기에는 어려움 주장.
이수정, 조원기(2014)	한국교육고용패널 조사. 분석 대상 468명	중다회귀분석	수시모집 175명이 정시모집 293명보다 평균적으로 사교육비를 적게 지출함	2007년 고3시기의 학생자료 이용. 학생부종합전형, 입학사정관제도가 실제로 시행되기 이전. 표집인원 수가 상당히 적은 문제.
이기혜, 최윤진(2016)	한국교육종단자료	다항로지스틱 모형	입학사정관 학생이 정시일반 학생보다 논술사교육을 더 많이 받음. 사교육비는 통계적으로 유의한 차이는 없음.	사교육비는 고3 때 지출한 금액만 비교
이기혜, 전하람, 최윤진(2017)	서울교육종단연구	로짓 모형	고교 3년 동안 주요과목에 투자하는 사교육비가 많을수록 정시전형보다 학종으로 대학에 입학할 확률이 1.69배 더 높음.	2015년 고3. 정시 316명, 수시 학종 120명. 학종 부모의 커리어 컨설팅이 더 많음

15 사교육비는 물가의 영향을 상대적으로 덜 받는다. 예를 들면 대학생 과외비의 경우도 1990년대 초에 적게는 월 20만원에서 많으면 40만원이었으며 현재도 그 수준이다(주 2회 두 시간 씩 등 시간에 따라 다르게 적용됨). 물가지수를 적용하지 않고 직접 명목 값을 비교하는 것이 현실적이다.

한편 회귀분석 등을 수행한 학술연구 논문은 주로 입학사정관제(구 학생부종합전형)의 사교육비 경감효과에 대한 연구가 있다. 이들 연구들은 학종의 사교육비 경감효과에 대해서 대체적으로 부정적으로 보고 있다. 〈표 13 – 10〉은 학계의 연구들의 연구방법과 결론 등을 정리한 표이다. 표를 보면 이수정·조원기(2014)의 연구는 2007년도 자료라 입학사정관제가 도입되기 이전이기 때문에 학종의 사교육비 경감여부를 보여주기에는 어려운 논문이다. 다만 수시전형과 일반전형의 비교연구일 뿐이며 이 연구결과로 입학사정관제나 학종의 사교육비경감효과를 파악하기에는 불가능하다.

이필남(2011)과 강태중 외(2012)의 연구는 학종 혹은 입학사정관제도의 사교육비 경감효과가 없는 것으로 분석하고 있다. 이기혜·최윤진(2016), 이기혜 외(2017)의 두 연구는 종합하면 고3때의 사교육비는 학종을 준비하는 학생들이 덜 지출할 수 있으나 고 1~2 때에는 교과내신을 위해서 교과 사교육비가 더 많이 지출될 수 있다고 분석하고 있다. 그리고 강태중 외(2012)의 연구 역시 특별활동으로 학종대비 사교육비는 더 많을 수 있음을 보여주며 학종을 통해서 사교육비 경감이루어지기 어려울 수 있다는 점을 제기하고 있다. 따라서 통계청 사교육비 조사결과나 학계의 연구를 종합하면 학종 도입을 통해 사교육비 경감효과는 실현되지 않은 것으로 볼 수 있다.

(2) 고등학교 교육 정상화 효과

학종 도입에 따른 고등학교 교육의 변화나 정상화에 대한 연구는 주로 인식조사를 통해서 수행되어 왔다. 한우석 외(2012), 허정은·원효헌(2015), 김보경 외(2015), 강기수·박소영(2017)의 연구들이 관련연구들이다. 이 네 연구를 종합 정리하면 〈표 13 – 11〉과 같다.

2012년도에 발표된 한우석 외(2012)의 연구는 결론에서 입학사정관제의 만족도가 15점 만점에 9점으로 높다고 평가하고 있다. 그러나 사실 5점 만점 리커트 척도 세 문항의 평균점수를 합산해서 9점이기 때문에 만족도는 높지 않으며 평균수준 밖에 되지 않는다. 만족도 문항 중 입학사정관제가 본래의 취지에 부합하는지에 대한 점수는 2.83 밖에 되지 않는다. 고교교육정상화에 기여하는지는 2.67로 평균에 못 미치고 있다. 입학사정관제 도입 초기에 입학사정관제도의 고교교육정상화에 대한 기여부분에 대해서는 대전 지역 진학교사와 고3 담임교사는 대체적으로 긍정적이지는 않은 것으로 볼 수 있다.

허정은·원효헌(2015)의 연구를 보면 대입전형 다양화 특성화는 3.27점, 교내활동 활성화에는 3.4점으로 긍정적으로 평가하고 있다고 언급하고 있다. 그러나 5단계 척도에서는 보통(3)과 긍정(4)의 평균인 3.5가 넘어야 보통보다는 긍정적 평가에 가깝기 때문에 3.5 미만의 평가점수로는 확실한 효과가 있는 것으로 판단하기에는 어렵다. 그리고 학종이 중요하게 학교 내 활동에서 연계되어야 할 부분은 교과활동(3.63)으로 보고 있으며 동아리 활동과 학교수상 순으로 조사가 이루어지고 있다. 결국 학종도 교과활동이 중심이 되어야 함을 보여준다.

●● 표 13-11 고등학교 교육 정상화 효과 관련 연구

연구자	연구자료	연구방법	주요결론	비고(자료시기)
한우석 외 (2010)	대전지역 인문계고 진학담당 및 고3담임교사 총 150명	설문조사	입학사정관제 기대효과: 적성위주 학과선택(3.58), 대학별 입학전형 특성화(3.5), 고교교육 정상화(2.67), 사교육비 감소(2.48). 입학사정관제 만족도: 입학사정관제가 본래 취지에 부합(2.83) 개선방향: 선발과정의 공정성 확보(88%)	2010년도 10월 조사자료
허정은 ·원효헌 (2015)	부, 울, 경남 지역 소재 고교 교사 324명 설문조사.	설문조사. 5단계 리커트 척도	학종의 교육격차완화, 사교육비감소에는 부정적. 대입전형 다양화 특성화, 교내활동 활성화에 대체적으로 긍정적(3.27점, 3.4점). 교과활동(3.63점), 동아리활동(3.42), 학교수상(3.37) 순으로 학종이 중요하게 연계해서 봐야 할 활동으로 인식.	부, 울, 경남지역으로 제한됨.
김보경 외 (2015)	6개 고교의 교사 321명 설문조사. 4명 면담	설문조사, 면담조사	복수응답: 수업내용에 변화(175명, 55.2%), 수업방법에 변화(121명, 38.2%), 평가방법에 변화(83명, 12.3%), 무변화(39명, 12.3%). 구체적인 서술문항에서는 수능에 맞추어 진행, 학생중심수업방법 도입, 학생부 비교과 활동 강화, EBS 연계, 대입정보제공 순. 비교과 영역활성화는 동아리, 진로탐색, 독서활동 순. 대입전형서류 준비 학생이 작성하고 교사가 검토(58.6%), 학생이 작성할 때부터 교사가 안내(27.4%), 자소서 신뢰성 매우 낮음. 면접 강화 필요. 학종으로 교내행사 많아져서 교과활동 운영에 부담.	표집의 지역 등이 정확히 명시 안 됨.
강기수 ·박소영(2017)	고교 교사 401명(서울, 전국진학지도 협의회, 대교협 대입상담교사단, 전국진로진학상담 교사협의회 회원교사 대상)	설문조사	대입전형 중 학종이 고교교육과정 정상화에 기여한다는 응답이 81% 보통이다 13%, 도움이 되지 않는다는 응답은 5.9%로 다른 전형보다 정상화 기여도 인식이 높게 나옴. 학생부 교과전형은 73.6%, 수능위주전형은 35.9%, 논술은 9.7%, 실기는 6.7%가 도움이 된다고 응답.	983명 대상으로 이메일로 조사. 응답률은 41.8%. 2016년 11~12월 조사. 대교협 수탁연구결과.

김보경 외(2015)의 연구는 학종의 도입에도 불구하고 여전히 수능에 맞추어서 교육과정이 운영된다고 많은 교사들이 기술하고 있으며, 학종으로 비교과영역이 활성화되는 측면이 존재한다고 응답하고 있다. 이 연구에서는 대입전형서류 준비에 대부분 학생이 작성하거나 교사가 안내하여 실제로는 학생이 주로 서류전형을 대부분하는 것으로 조사되고 있다. 그리고 자기소개서의 신뢰성은 매우 낮아서 서류평가보다는 면접이 더욱 강화될 필요가 있다고 응답하고 있다.

강기수·박소영(2017)의 논문은 응답대상자가 전체 교사가 아니라 진학지도, 진학상담교사로만 제한이 되어 있다. 진학, 진로 상담교사들은 학종, 학생부교과, 수능, 논술, 실기 순으로 고교교육과정 정상화에 기여한다고 응답하고 있다. 그러나 전체 교사나 학부모 혹은 학생의 인식과는 거리가 있을 수 있는 한계가 있다. 조사대상이 상당히 편향(bias)되어 있는 연구이다.

고등학교 교육이 지나치게 수능준비로만 매몰되지 않고 학생들이 학종을 통한 대학입학을 위해서 비교과활동에 많이 매진하게 될 것이라는 예상과는 달리 이들 연구들은 학종이 비교과활동의 활성화를 일부 유도하고 있지만 고등학교 교육을 크게 변화시키지 못하고 있는 것으로 분석하고 있다. 고등학교 교육의 정상화의 개념(정의) 혹은 이상(理想)이 학생들이 학교의 제반 교육과정에 충실한 것이라고 본다면 그동안 대입에서 무시되어온 비교과활동(동아리, 독서 활동 등등)의 활성화가 이루어짐으로 인해 정상화가 일정정도 달성되었다고 볼 수 있으며 이점은 어느 정도 긍정적으로 평가할 수도 있다.

그러나 학생들이 비교과활동에 충실한 것이 교육의 본질을 회복한 것인지에 대해서는 여러 의견이 있을 수 있다. 입시를 위해서, 즉 외재적 목적을 위해서 비교과활동이 시행되는 것은 과연 바람직한 것인가이다. 수능시험도 외재적 목적에 기인한 것이 아닌가라는 질문도 가능하지만, 수능은 고등교육기관의 목적상 학업이수능력을 검증하기 위한 필수불가결한 통과요소로의 의미를 부여할 수가 있다. 그러나 비교과활동이 고등교육기관에서의 학업을 위해서 교육적으로 반드시 입시전형에 현재처럼 큰 비중을 차지해야 하는가에 대해서는 재차 질문을 할 필요가 있다.

이 부분은 별도의 연구가 필요할 것으로 보이는데, 최근의 언론보도16와 한 연구

---

16 한국일보 (2015. 5.16) 수능내신 벅찬 고3, 봉사까지 챙겨야 하나요?
https://blog.naver.com/777byung/221277195542
MBC 뉴스(2018.3.26.). 1천만원 내고 컨설팅 '금수저 전형?' 불신의 학종.

비교과활동항목	서울대		경희대 (2014)	비고
	2016	2017		
교내수상실적	25	27	6.74	서울대는 최다 120개 교내수상학생존재
봉사활동시간	129	135	168.98	
동아리활동시간	110	113	3.55(횟수)	
독서활동			26.19(권)	경희대 철학과는 1인당 평균 46권으로 가장 높음

서울대 자료출처: 김병욱 국회의원 홈페이지의 국정감사자료. 경희대 자료는 김이지 외(2014).

(김이지 외, 2014)에서 제공되는 수시학종 합격자들의 비교과활동내역을 보면 상당한 고민이 필요할 것으로 보인다.

〈표 13−12〉는 서울대 수시학종 입학생들에 대한 국정감사 자료와 학술지에서 발표된 경희대의 학종 합격자들의 비교과활동 자료이다. 〈표 13−12〉를 보면 많은 고등학교에서 교내수상을 남발한다고 밖에 볼 수가 없다. 서울대의 경우 교내수상실적이 120개인 학생도 존재한다. 경희대는 최근 연구자료가 없지만 2014년도에는 평균적으로 7개의 교내수상실적이 있는 것으로 나타났다. 대학에 들어가기 위해서 자발적이지 않은 시간을 채우기 위한 봉사활동을 고교시절 평균 168시간(경희대), 135시간(서울대)을 하는 것은 과연 교육적인지에 대한 고민도 필요하다. 경희대의 경우 입학생들의 평균 독서량이 26권인 것으로 나타나고 있다. 심지어 경희대 철학과 학종 합격생들의 독서량은 학생 1인당 평균 46권이다. 경희대 철학과 입학생들이 책을 깊이 고민하면서 읽었는지는 면접을 통해서 확인, 혹은 평가가 가능하다. 그러나 혹시 서류평가에서 10권의 책을 심도 깊게 읽은 학생은 탈락한다면 이 학생은 자신의 역량을 면접에서 보여줄 기회마저도 사라진다. 학종(서류평가와 면접평가)보다는 차라리 프랑스의 바칼로레아에서 나오는 문제[17]를 출제하는 것이 책을 심도 깊게 읽었는지를 평가하는 데 효과적일 수 있다.

수시모집에서는 고등학교 3학년 2학기의 기록은 평가에서 제외되기 때문에 만약

---

http://imnews.imbc.com/replay/2018/nwdesk/article/4567751_22663.html
베리타스(2018.5.8.) [2019 수시] '학종 막판 뒤집기' 자소서 '차별화' 4번 문항… 연대 등 5개 대교육환경 삭제.http://www.veritas−a.com/news/articleView.html?idxno=115309

17 2014년 바칼로레아철학시험 주제: 행복하기 위해서 무슨 일이든 해야 하는가?(인문영역 문제), 선택권을 가진다는 것만으로 우리는 충분히 자유로운가?(경제사회영역 문제), 우리는 행복하기 위해 사는가?(자연영역). 출처: https://blog.naver.com/storychunjae/220282831579

이 데이터가 3학년 1학기까지의 5학기 동안의 활동이라면 비교과활동에 대한 부담이 매우 심한 것으로도 볼 수 있다. 과연 내실 있게 독서활동, 봉사활동, 교내수상이 이루어진 것인지, 이러한 비교과활동의 풍성한 기록이 고교교육과정의 정상화로 봐야 할지에 대해서 교육학적으로 진지한 고민이 필요할 것으로 보인다.

다. 학생부종합전형의 공정성

언론과 학계에서 지속적으로 제기되는 문제는 바로 학종이 내포하는 정성적 평가의 공정성 부분이다(류영철, 2016; 김현수·안성진, 2016; 윤소정 외, 2015; 김회용, 2011). 공정성에 대한 문제제기는 평가자의 역량(입학사정관의 경력 등), 평가의 객관적 조건 혹은 절차(입학사정관 1인당 평가자 수), 평가의 신뢰도 문제(서류내용의 신뢰도, 평가자의 서류평가와 면접평가 결과의 신뢰도) 등이 있다.

(1) 평가자의 역량과 객관적 조건·절차

학종에서 학생을 평가하는 평가자인 입학사정관의 역량에 대한 연구는 별로 없는 것으로 보인다. 일단 언론보도에서 입학사정관의 경력 자료를 제공하여 역량을 간접적으로 보여주는 보도가 이루어진 바가 있다. 2016년도에 언론보도를 통해서 알려진 바에 의하면 서울대가 78.3개월로 입학사정관의 평균 경력이 제일 많은 것으로 나타났으며, 부산가톨릭대는 17.5개월로 가장 짧은 것으로 조사된 바가 있다(동아일보, 2016.8.22). 평균 경력은 3.4년으로 대부분의 학종을 운영하는 대학의 입학사정관의 경력이 많지 않은 것으로 조사되었다. 입학사정관의 역량은 경력이나 학력 외에 좀 더 내실있는 평가가 이루어질 필요가 있는데 입학사정관들이 수행한 평가데이터의 신뢰도 분석 자료가 입사사정관들의 평가안목/역량을 보여줄 수가 있다.

평가의 객관적 조건과 절차 역시 공정성을 진단하는 데 있어서 중요한 요소이다. 이에 대한 학술적 연구는 윤소정 외(2015)가 있다. 이 연구는 2012년도에 31개 대학의 입학사정관이 인식한 공정성 실태 조사연구이다. 연구결과를 보면 응답 대학 중 38.7%가 다수 다단계 평가에서 면접평가 시 평가자별로 일정 수준의 통계적 편차가 발생하면 재심을 진행하지 않는 것으로 조사되었다. 서류평가 시에는 평가자 사이에 편차가 많이 발생하면 재심을 하는 것이 일반적이나 면접평가의 경우 편차가 크게 발생해도 검토를 하지 않는 경우가 많은 것을 알 수 있다. 평가조직(입학사정관 조직)과 회피 제척 제도 운영기관(행정기관)이 분리되어 있지 않은 경우도 36.7%로 조사되었다. 입학사정 관들의 신분안정이 이루어지지 않은 대학은 30%, 다수 다단계 평가 영역에서 평가자별 평가 성향(엄격성, 관대성, 중심화 경향)에 대한 분석 자료가 있지 않은 경우가 29%로 조사되었다. 따라서 평가 절차 상 기피제척이 이루어지도록 운영 기관의 분리, 평가 편차의 조정 절차, 평가자의 성향 분석에 따른 개선 등 평가절차에서 입학사정관제도, 혹은 학종을 시행하기에는 여건이 부족한 대학이 많은 것을 알 수 있다.

학술연구는 아니지만 절차의 공정성의 문제를 보여주는 국정감사 자료가 있다. 최근 국정감사 자료에 의하면 고교교육 기여대학 지원사업비를 받는 60개 대학의 전임사 정관의 서류평가자 수가 조사된 바가 있다. 전임사정관과 위촉사정관을 합한 입학사정 관이 지원자를 평가한 통계는 〈표 13-13〉과 같다. 학종은 심사의 공정성을 강화하기 위해서 보통 다수 다단계평가를 진행한다. 서류평가 시에는 지원 학생 한 명에 대해서 3명 정도가 평가하는 것이 일반적이다. 표를 보면 60개 고교교육 기여대학 지원사업비를 받는 대학의 평균 입학사정관 수(전임, 위촉 모두 포함)는 63명으로 조사되고 있다. 전임 입학사정관 수는 평균 12.6명으로 조사되었다. 이들 대학의 평균 학종 입학경쟁률은 8.2:1이고 평균 서류 평가일수는 32.9일, 대략 33일로 한 달 정도 서류평가를 수행하는 것으로 조사되고 있다. 입학사정관 1인당 서류평가 학생 수는 평균 302명, 하루에 서류평가 대상 학생 수가 평균 9명이 넘는 것으로 나타났다.

하루에 9시간 동안 서류를 진행한다고 가정하면 1시간에 한 명씩을 평가하는 셈이다. 한 시간 동안 학생부 기록과 자기소개서, 추천서를 꼼꼼히 읽고 지원한 학생들의 서류평가 통과여부를 본인이 평가하는 302명을 대상으로 상대적 순위를 매기는 것은 과연 현실적으로 가능한 것인지 심각하게 고민할 필요가 있다.[18] 절차상 한국에서 할 수 있는(Doable) 입학평가 시스템인지에 대한 문제제기가 생길 수밖에 없다. 준비된 제도가 아닌 준비가 안 된, 전국의 입시생을 대상으로 실험만 하고 있는 제도로서의 성격이 강한 것이다.

---

18 면접평가 역시 마찬가지다. 학생 1인당 면접평가가 몇 분씩 수행하는지 역시 조사될 필요가 있다. 짧은 면접시간, 예를 들어 15분 정도의 면접을 통해서 대학입학의 당락여부가 결정되거나 간단한 구두평가, 토론평가로 당락이 결정되는 것은 절차의 공정성을 담보하기 어려울 수가 있다.

●● 표 13-13 학생부종합전형 운영 대학의 평균 입학사정관 1인당 서류평가 학생 수,
　　　　평균 입학사정관 1인당 1일 서류평가 학생 수

	학교 수	평균	표준편차	최소값	최대값
전임사정관 수	60	12.6	4.6	5	25
전임사정관 + 위촉사정관 수	60	64.1	23.5	16	136
모집인원	60	793.3	473	115	2,589
지원인원	60	6,661.3	4,898.9	602.0	22,165
입학경쟁률	60	8.2	3.2	3	17
평가일수	60	32.9	13.3	6	71
입학사정관 1인당 서류평가 학생 수*	60	302.7	172.7	64	778
입학사정관 1인당 1일 서류평가 학생 수*	60	9.3	3.7	5	24

주: 다수 다단계 평가로 지원 학생 한 명에 대한 서류평가자 수가 세 명인 것으로 설정하여 산출함.
출처: 2017년 교육부 국회국정감사 자료를 연구자가 재분석함. 2017학년도 학생부종합전형 서류평가 현황
　　(2016년 고교교육 기여대학 지원사업 60개교 대상).

(2) 평가의 신뢰도

평가의 신뢰도는 일단 서류 자체의 신뢰도의 문제부터 시작된다. 최근 지속적인 언론보도에서 나타났듯이, 학생부 기록의 조작, 무단정정 등은 학생부기록의 신뢰도의 약화시킨다(연합뉴스, 2017. 10.31; 중앙일보, 2018.5.15.). 이러한 학생부기록의 조작, 무단정정의 문제는 한국 사회의 온정주의(혹은 인정주의) 문화 때문으로 볼 수가 있다. 학생부기록의 객관성, 신뢰도의 문제는 지속적으로 제기되어 왔기 때문에 학생부기록을 간소화하기로 결정이 된 것으로 보인다. 그럼에도 여전히 학생부기록의 신뢰성 문제는 지켜봐야 할 것으로 보인다.

그렇다면 평가자의 신뢰도에 대한 검토를 해볼 필요가 있다. 학생들조차도 본인이 왜 합격했는지, 혹은 왜 불합격했는지를 모르는 건 각 대학들이 서류평가채점 기준과 면접평가 기준을 투명하게 공개하지 않기 때문이기도 하지만, 실제로 공개되었을 경우 문제점이 드러날 수도 있기 때문으로 여겨진다. 학계에서는 학종 평가의 신뢰도에 대한 연구는 흔하지 않다. 그러나 최근 학종 평가자 간 신뢰도 분석 연구가 있다(류영철, 2016; 김현수·안성진, 2016).

류영철(2016)의 연구는 C대학교의 2014~2016년도 서류평가의 신뢰도(ICC)를 분석하고 있는데 주요 결론은 평가영역별 신뢰도계수가 "높은 값은 아니지만", (한두 항목이 0.6 미만인 경우가 있긴 하지만) 대부분 0.6 이상이기 때문에 전반적으로 신뢰할 수 있

●● 표 13-14 2016학년도 학생부종합(일반)전형 모집단위와 평가영역별 평가자간 신뢰도 분석

모집단위	평가자		평가인원	자기주도	지원전공	잠재능력	공동체의식
인문학부	A	B	228	0.785	0.716	0.721	0.817
철학	C	D	34	0.659	0.488	0.405	0.875
종교학과	E	F	23	0.8	0.592	0.718	0.868
사회과학부	G	H	460	0.584	0.696	0.719	0.85
사회학	I	J	65	0.417	0.606	0.745	0.741
경영학부	K	A	159	0.838	0.696	0.716	0.883
법정경학부	D	E	142	0.775	0.581	0.646	0.928
특수교육	F	G	92	0.453	0.717	0.642	0.929
국제학부	H	I	127	0.547	0.727	0.645	0.819
동아시아문화학부	J	K	121	0.759	0.725	0.761	0.899
영미언어문화학부	D	B	112	0.646	0.84	0.785	0.841
프랑스어문화학과	C	A	39	0.686	0.611	0.512	0.892
인문계열			1,602	0.587	0.69	0.661	0.858
자연과학부	H	F	93	0.45	0.649	0.818	0.789
물리학	G	E	27	0.158	0.598	0.537	0.717
생활과학부	A	J	184	0.745	0.808	0.651	0.908
정보통신전자공학부	K	I	53	0.237	0.648	0.646	0.76
컴퓨터정보공학부	E	C	61	0.541	0.77	0.693	0.697
생명환경공학부	D	B	229	0.628	0.851	0.703	0.763
미디어기술콘텐츠과	H	F	122	0.713	0.734	0.635	0.876
자연계열			769	0.602	0.764	0.61	0.791
전체			2,371	0.594	0.72	0.656	0.837

출처: 류영철(2016)

다고 적고 있다.

그러나 0.6은 평가 신뢰도 기준으로서는 낮은 것으로 볼 수가 있다. 입시자료평가의 신뢰도는 엄격한 기준이 적용되어야 하며 최소 0.8 이상은 되어야 논란의 여지가 없다. 미국의 경우도 서류평자 간에 평정의 일치도를 향상시키기 위해서 엄격한 훈련을 시행한다(윤소정 외, 2015). 즉, 어느 서류평가자가 평가하더라도 해당 학생에 대한 평가점수가 거의 차이가 나지 않도록 해야 한다는 것이다.

류영철(2016)의 논문에서 세부 모집단위별로 신뢰도를 살펴보면 많은 문제가 보인다.

●● 표 13-15 2016학년도 학교장추천전형 모집단위와 평가영역별 평가자간 신뢰도 분석

모집단위	평가자		평가인원	추천도	인성, 대인관계	공동체 의식	전공 적합성	발전 가능성
인문학부	A	B	35	0.835	0.862	0.641	0.885	0.746
종교학과	C	D	17	0.000	0.179	0.673	0.675	0.774
사회과학부	E	F	131	0.418	0.166	0.595	0.495	0.431
경영학부	G	H	48	0.517	0.586	0.483	0.764	0.829
법정경학부	K	A	43	0.871	0.806	0.497	0.719	0.671
특수교육	B	C	21	0.797	0.859	0.511	0.464	0.437
국제학부	D	E	27	0.878	0.82	0.736	0.773	0.733
동아시아언어문화학부	F	G	18	0.726	0.81	0.92	0.846	0.773
영미언어문화학부	H	I	19	0.886	0.81	0.676	0.893	0.791
인문계열			359	0.693	0.58	0.562	0.661	0.631
자연과학부	C	A	22	0.49	0.637	0.08	0.732	0.674
생활과학부	E	G	51	0.798	0.735	0.763	0.713	0.828
정보통신전자공학부	F	H	16	0.866	0.625	0.759	0.35	0.793
컴퓨터정보공학부	I	K	15	0.91	0.923	0.347	0.658	0.886
생명환경공학부	J	A	51	0.831	0.831	0.694	0.585	0.76
미디어기술콘텐츠학과	C	E	17	0.914	0.921	0.552	0.874	0.86
자연계열			172	0.81	0.772	0.594	0.714	0.803
전 체			531	0.742	0.647	0.482	0.649	0.689

출처: 류영철(2016).

류영철(2016) 논문에서 제시된 2016년도 학종 평가의 신뢰도 분석결과인 〈표 13-14〉를 보면 0.6 이하의 신뢰도 값을 보여주는 학과와 평가영역을 확인할 수가 있다. 철학과, 종교학과, 사회과학부, 사회학, 법정경학부, 특수교육, 국제학부, 프랑스어문화학과, 자연과학부, 물리학 등 12개 학과 혹은 학부의 평가에서 신뢰도가 낮은 항목들이 발견되고 있다. 게다가 자기주도평가항목은 전체 평균이 0.6 미만이다. 신뢰도 기준을 엄격하게 0.8로 설정하면 모든 과의 평가항목이 최소 한 개 이상이 0.8 미만으로 산출되고 있기 때문에 학종을 통한 서류평가가 입학사정관들의 주관적 평가의 불일치로 인해서 신뢰하기 어려운 입시결과(서류평가 통과 여부)가 산출되고 있는 것으로 볼 수 있다.

이 C대학은 2016학년도 학종으로 선발하는 학교장추천전형의 서류평가 역시 신뢰도가 매우 낮은 상황이다. 〈표 13-15〉을 보면 공동체의식 항목의 서류평가자의 신뢰

●● 표 13-16 G대학의 신뢰도 분석결과

신뢰도	2013		2014		2015	
	평가단위수	비율	평가단위수	비율	평가단위수	비율
매우 낮음(Poor)	2	1.47	0	0.00	2	1.89
낮음(Slight)	12	8.82	3	4.92	7	6.60
보통(Fair)	24	17.65	9	14.75	17	16.04
중간(Moderate)	44	32.35	20	32.79	24	22.64
높음(Substantial)	33	24.26	19	31.15	30	28.30
매우 완벽 (Almost Perfect)	21	15.44	10	16.39	26	24.53

출처: 김현수·안성진(2016). 매우 완벽은 신뢰도 계수가 0.81 이상, 높음은 0.61~0.8, 중간은 0.41~0.6, 보통은 0.21~0.4, 낮음은 0.0~0.4, 매우 낮음은 0.0 미만. 학종이 공정성에서 한국의 학부모들과 입시준비생들을 설득하기 위해서는 0.8 이상, 즉 매우 완벽이 나와야 할 것으로 보인다. 이에 대해서는 엄격하게 기준을 적용해도 충분하지 않다.

도는 평균이 0.5에도 못 미친다. 인성, 대인관계, 전공적합성, 발전가능성도 겨우 0.6을 넘고 있으며 사회과학부의 경우는 모든 항목이 0.6이 되지 않는다. 종교학과, 사회과학부, 경영학부, 법정경학부, 특수교육, 자연과학부 등 10개 학부의 경우는 공정성 시비를 피할 수가 없다.

　김현수·안성진(2016)의 논문은 G대학의 2013~2015학년도 학종 면접평가의 신뢰도를 분석하고 있다. G대학의 경우 3인의 면접평가자들은 서류평가를 통과한 20명의 지원학생들을 평가한다. 연도마다 차이가 있지만, 2013학년도의 평가단위의 수는 136개, 2014학년도는 61개, 2015학년도는 106개이다. 즉, 2015학년도는 106평가단위 × 20명 = 2,120명이 서류평가를 통과하여 면접대상자가 된 것으로 볼 수 있다. 김현수, 안성진(2016)이 분석한 신뢰도 분석결과는 〈표 13 – 16〉과 같다.

　2015년도의 경우 2013년도보다 높음과 매우 완벽의 비율은 39.7%에서 52.8%로 높아졌다. 그러나 여전히 많은 평가단위에서의 신뢰도가 중간 이하로 나오고 있다. 김현수·안성진(2016)은 결론에서 "일치정도가 낮은 집단의 비율이 거의 줄어들지 않고 있다. 일치정도가 낮은 집단들의 비율을 줄이기 위해서는 교육과 훈련 등 여러 가지 방법을 통해 평가자들에게 평가기준을 명확하게 제시하고 유지할 수 있도록 해야 할 것이다."고 언급하고 있다. 면접평가자들의 평가의 신뢰도에 문제가 있다는 것이다. 그리고 평가기준의 신뢰도에 문제가 없는지 등 다방면의 분석이 필요하다고 지적하고 있다.

　(3) 교직원 자녀 입학현황

　평가자의 역량과 객관적 절차, 그리고 평가의 신뢰도는 대학입시의 공정성과

구분	내신등급	수능등급	서류평가	집단면접	개인면접
학종 입학생만 비공개한 대학 수	10	2	2	2	3
전체 비공개 대학 수	4	4	5	5	5
계	14(42.4%)	6(18.2%)	7(21.2%)	7(21.2%)	8(24.2%)

*집단면접(토론면접)을 보지 않는 대학들도 있음. 출처: 2016년도 국회 국정감사 자료.

관련한 기본적인 이슈들이다. 그와 더불어 기타 이슈, 사례들이 존재한다. 먼저 언론에서 보도된 교수들의 학술논문에 자녀들이 공저자로 참여한 사례이다. 교육부는 2007~2017년 발표된 논문을 조사한 결과 49개 대학이 심사한 138개 논문에서 미성년 자녀를 공저자로 등록했다고 발표했다(연합뉴스, 2018.4.4.). 그러나 이는 자발적 보고 위주로 조사한 경우가 많기 때문에 실제 수는 더 많을 수도 있다.[19]

또 다른 사례 역시 교수 자녀와 관련이 있다. 지난 2016년도 말에 송기석 의원실에서 국공립대 33개 대학의 교직원 자녀 학종 관련 대학입학자료 국정조사를 수행한 바가 있는데, 당시 교직원 자녀의 자료를 제출하지 않은 대학들이 많았다. 관련 통계자료는 〈표 13-17〉과 같다.

사립대학은 조사 자체가 어렵기 때문에 33개의 국공립대학들만을 대상으로 교직원 자녀 입학 통계 현황을 조사하였으나, 일부 주요 거점국립대학들이 자료 제출을 (매우 완강히) 거부하였다.[20] 교직원 입학 통계 자료를 제출하지 않은 일부 대학들은 공정성에 문제가 있을 가능성이 높다. 특히 국정감사에서 학종 입학관련 자료들을 비공개한 대학들은 학종 운영에 심각한 공정성 문제가 있을 가능성이 높다고 볼 수 있으며, 전체 자료를 비공개한 대학들은 수능입학생들의 자료조차도 비공개한 경우이기 때문에 더 석연치 않은 경우로도 볼 수 있다.[21]

대니엘 골든(2010)에 의하면 미국의 경우 입학사정관제도를 통해서 교수자녀들이

---

19 해당 교수가 자녀가 논문에 기여했다고 주장하면 문제 삼기가 어려울 수 있다. 도의적인 윤리적인 문제는 존재하지만 법적으로는 큰 문제가 없을 수 있다.

20 서울대도 자료제출을 완강하게 전면 거부하였는데, 언론에 보도된 바와 같이 안경환 전 법무부장관 후보의 아들도 서울대의 자유전공학부에 입학하였다.

21 교수들은 본교 대학의 학종 서류평가와 면접평가에 참여하기 때문에 서류평가의 세부 기준, 면접평가의 세부 기준을 잘 숙지하고 있다. 따라서 교수의 경우 자녀들을 본인이 근무하는 대학의 학종기준에 맞추어 서류와 면접 대비를 잘 할 수 있는 가능성이 높다. 교수 자녀가 부모가 재직하고 있는 대학에 학종을 통해 입학할 경우에는 공정성 논란을 피할 수가 없다.

다른 학생들보다 평균적으로 SAT 점수가 낮고 내신성적이 낮음에도 불구하고 입학하는 사례들이 제시되는데, 미국의 교수들은 자녀들이 본인이 재직하고 있는 대학에 (입학할 역량이 되지 않음에도 불구하고) 입학시키는 것을 일종의 교직원 복지처럼 생각하고 있다고 비판하고 있다.

한 예로 노트르담 대학의 입학생 SAT 평균점수는 1390점이나 교수 자제인 피터 카바디니의 경우 1,240점으로도 입학했다. 카바디니 교수는 인터뷰에서 다음과 같이 언급한다. "노트르담 대학이 주는 교수 자녀에 대한 입학 특혜가 다른 아이들을 가르치는 노고에 대한 보상이라고 생각합니다."

SAT 점수가 낮고 고교평균 학점이 B 밖에 되지 않은 아들을 컬럼비아 대학에 입학시킨 컬럼비아 대학의 세이들 교수는 다음과 같이 언급한다. "아무런 연줄이 없다면 성적도 뛰어나야 하고 추천서도 평범한 것으로는 불가능합니다. 하지만 교수 부모를 두었다는 것은 꽤 도움이 되지요. 우리 부부 모두 심사하는 이들을 알아요. 완벽하게 공정한 경기라는 것은 존재하지 않아요. 세상이 그렇고, 구직 현장이 그렇고, 하물며 대학도 마찬가지입니다."

대니얼 골든(2010)은 수능위주로, 즉 학업역량위주로 학생을 선발하여 교육기회의 평등을 실현하고자 노력하는 칼텍의 사례를 대안으로, 모범적 사례로 제시하고 있다.

한국사회는 미국보다 더 온정주의(nepotism) 문화가 강하기 때문에 교직원 자녀가 지원할 경우 오히려 입학처에서 실질적인 기피제척을 시행하기가 어려울 가능성이 높다. 대학 측에서 교직원 자녀의 본교 지원 현황을 조사함으로써 해당 교직원이 입시업무에 관여하는 것을 기피 제척하는 노력을 하지만, 문제는 오히려 입학처에서 교직원 자녀의 지원 사실을 인지하게 됨으로 인해 입학팀 직원들이 서류평가 시에 공정한 평가를 수행하기에 어려울 수도 있다는 점이다.

과연 온정주의적 평가를 하지 않을 가능성이 더 높을지는 한국의 주요 대학에서 교직원 자녀 입학통계(일반 학생 대비 교직원 자녀의 합격률, 교직원 자녀의 입학전형 유형별 지원자 수 및 합격자 수, 합격생들의 내신등급, 서류평가 점수와 면접평가 점수 등)를 공개하지 않는 이상 확인할 길이 없다.

5. 정리: 공정한 선발체제를 위하여

언론(동아일보, 2018. 5.8)에서 보도된 수능선발인원을 증가시키면 일반고에 불리하게 될지 혹은 자사고나 특목고에 불리하게 될지를 논의하는 것은 학생을 공정한 경쟁을 통해 역량을 객관적으로 비교·평가하여 선발하는 문제에서 벗어난, 즉, 본질에서 벗어난 논의로서 그다지 적정한 논의는 아니다.[22] 입시전형을 고등학교의 유형에 대한 고민으로부터 정하는 것이 아니라 학생들의 역량을 잘 측정하고 그에 따라 대학에서 공정하고 타당하게 선발할 수 있는 기제를 만들기 위한 시각에서 접근해야 한다.[23] 그

---

[22] 게다가 면밀한 분석이라고 보기에도 어렵다. 앞의 본문에서 논의된 것처럼 서울대에서 합격생들의 배경변인들(성별, 고교유형, 출신지역)과 수시 학종 입학생들의 서류평가점수, 면접평가점수, 수능점수, 그리고 일반 수능위주 전형 입학생들의 수능점수를 학생 단위로 (학생 ID는 제외하고) 연구자들에게 제공해서 신뢰도 분석과 중다회귀분석 등을 수행할 필요가 있다.

[23] 서울대의 경우 고교유형별로 수시 학종 입학생 수의 경우 일반고는 600명선, 자사고는 200명 후반선, 특목고(예고, 체고 등 포함)는 700명대로 2015학년도 이후에는 나름 일관성을 보여주는 듯하다. 특히 학교당 합격률, 혹은 학교당 합격자 수(2017년도와 2018년도의 학교 수는 2016년도와 동일하다고 가정)는 일반고는 0.35~0.38, 자사고는 6.0 전후, 특목고는 4.59~5.16이다. 일관성이 있는 것처럼 보이는 수시 학종의 고교유형별 합격자 수와 학교당 합격자 수(학교당 합격률)는 고교유형에 따른 선발 정원을 어느 정도 선으로 정해놓고 서류평가를 수행하고 있을 가능성을 보여준다. 그렇지 않고서는 일반고 중에서 잠재력을 가진 학생들이 선발될 확률이 학교당 0.35~0.38로 꾸준히 유지되는 현상을 설명하기가 그리 쉽지 않다. 예를 들면, 서류평가 역시 상대평가일 수밖에 없는데, 일반고 출신 지원 학생들끼리 묶어서 서류평가를 수행하여 순위를 매기고, 자사고 출신 학생들을 묶어서 서류평가를 수행하고 순위를 매겨 각 고교유형별로 학생들의 서류평가 순위를 칸막이를 쳐서 정하고 있을 가능성이다. 서류평가를 만약 일반고 학생들과 자사고 학생들을 섞어서 하게 된다면 해마다 일반고 학생들의 합격률이 높아지거나 매우 낮아지거나 하는 등 변동의 폭이 클 가능성이 높아진다. 그러나 그렇지 않은 상황이라는 것은 칸막이를 치고 평가하는 상황이거나 다른 표현을 빌자면 흔히 말하는 고교등급제를 하고 있을 가능성에 대한 충분한 의심의 여지가 발생할 수 있다는 것이다. 서울대가 학종에서 시행하는 다수 다단계 평가는 1차 서류평가와 2차 서류평가 등 단계를 많이 만들어 놓은 것처럼 보이지만 실제로는 한두명의 소수의 서류평가자가 평가하는 상황으로서 다수, 다단계라고 보기에도 어렵다. 어쩌면 1차, 2차 서류평가 단계가 고교유형별 칸막이를 치고 평가하는 방편을 의미할지도 모른다. 즉, 1차 서류평가에서 일정정도의 일반고 출신, 일정정도의 자사고 출신을 선발한 후 2차 서류평가는 각 유형별 합격선의 비율을 나름 조정하는 과정일 수도 있다. 자세한 내막은 서울대가 평가원자료를 공개하지 않는 한 확인할 길이 없다.

서울대학교 수시 학종 입학결과: 학교당 합격자 수(괄호는 합격자 수)

입학년도	2014	2015	2016	2017	2018
일반고(자공고포함)	0.35(578)	0.38(633)	0.38(630)	0.35(582)	0.36(601)
자사고	7.14(350)	5.59(274)	6.20(285)	5.98(275)	5.96(274)
특목고	6.01(859)	4.91(726)	4.59(697)	4.85(737)	5.16(785)

출처: 교육부 국정감사 자료

래야 교육을 통한 계층이동이 실현될 수 있다. 그리고 학교유형을 고려한 입학전형제도나 지역인재선발전형의 경우는 앞에서 하이트의 도덕심리학에서 이미 언급한 바대로 '배려'를 기준으로 하는 논의이지 '공정성'을 기준으로 하는 주장도 아니다.

대학마다 학생들의 다양한 성장환경을 고려해서 출신학교를 고려하고 배려할 수는 있다. 그러나 능력에 따른 기회균등의 원칙을 고려할 때 대학입학기회의 1차적 원칙은 고등교육기관에서의 수학능력이 되어야 한다. 학종을 통한 학생의 여러 잠재력이 신뢰성 있게 측정가능하지 않은 상황인 경우에는 학종선발인원을 소수로 제한하고 신뢰성 있는 평가체제 구축에 집중해야 한다.

수능점수 역시 완벽하지는 않지만 현재로서는 학생의 대학입학 후의 수학능력의 예측력이 가장 강한 정보재로서의 역할을 하고 있다는 점을 보았을 때 수능위주전형(수능, 혹은 수능＋내신, 수능＋학생부＋면접) 선발 인원을 확대하고 학종 선발 인원은 신뢰성과 타당성 있는 현실적인 평가역량의 수준에 맞추어 선발인원을 제한할 필요가 있을 것이다. 그리고 당연히 각 대학이 학과의 특성에 맞춰서 수능과목에 비중을 달리 할 수도 있을 것이다. 예를 들어 수학과는 수능 수학점수와 수학과목의 내신등급 등을 보고 선발해도 무방할 것이다. 대학에서 수능과 내신의 입시에서의 활용방안에 대한 세부적인 결정사항까지 정부가 개입할 필요가 없다. 단 정부는 수능시험이 적절한 난이도로 출제되도록 해야 할 것이다. 지금은 수능시험 출제범위도 너무 제한되어 있으며 너무 쉽게 출제하게 만드는 지침들이 존재하는데 이는 제고되어야 한다.

교육과 계층이동, 다문화 대신 우리 교육, 학교는 사라질 것인가?

14강좌는 교육과 계층이동, 다문화 교육, 미래교육이 제시하는 학교의 모습 등에 대해서 간략히 소개하고자 한다.

1. 교육은 계층이동의 통로가 될 것인가?

집안은 가난한데 본인의 능력과 노력으로 사회경제적 성공을 하는 경우, 계층이동을 한 것으로 본다. 경제학에서는 이를 세대 간 소득이동성(Income Mobility), 사회학 등에서는 사회이동(Social Mobility)이라는 표현을 사용한다 (Solon, 1992: OECD, 2018). 필자 개인적으로는 계층이동이라는 표현이 더 이해가 쉬운 것으로 보여서 계층이동이라는 단어를 사용하고자 한다.

부자는 망해도 삼대는 간다라는 말이 있듯이, 상위계층이 상위지위를 유지할 확률은 높다. 개천에서 용이 나는 경우가 점차적으로 사라져가는 현실(이 고착되는 상황)에 대한 문제를 교육사회학에서는 매우 심각하게 생각한다. 그래서 개천에서 용이 나는지에 대해서 학계에서는 관심을 가진다.

가. 계층이동성을 보여주는 지수들

계층이동에서 교육의 역할은 지대하다. 물론 교육을 받지 않고도 자수성가한 경우도 있다. 그러나 이는 확률적으로 매우 드문 아웃라이어이다. '하버드' 대학을 중퇴한 빌 게이츠를 언급하지만 그는 아주 예외적인 사례이며 드문 경우이다. 게다가 빌 게이츠 본인도 하버드대 학생들 대상으로 한 연설에서 대학을 반드시 가라고 언급한다. 앞 장에서도 언급했는데 취약계층의 대학진학을 위해서 거액의 기부도 했다. 그리고 취약계층 지역의 소규모 공립학교운동도 추진했다. 교육이 계층이동에서의 중요한 역할을 한다는 사실을 알고 있는 기업가다.

계층이동성의 가능성을 파악하기 위해서 등장한 여러 지수가 있는데 개천 용 비율 통계를 직능원에서 산출했고, 서울대 경제학과의 주병기 교수는 개천 용 불평등 지수도 제시했다. 그리고 최근 교육학계에서는 학업탄력성(Academic Resilience)이라는 용어도 등장했다(KRIVET, 2018; 신지섭·주병기, 2021: 최예슬, 2022). 이는 어려운 가정의 경제적 배경 속에서도 높은 학업성취도를 이룬 상황을 파악하기 위한 지수와 용어들이다.

한편 주요대학에 하위소득계층의 자녀가 입학하는 것도 계층이동성을 측정할 수 있는 주요 데이터로 볼 수 있다. 현실에서 고등교육은 계층이동의 주요한 사다리 역할을 한다. 교육수준에 따른 임금 수준 차이(〈표 14-1〉참조)나 앞에서 교육과 경제성장에서 한국의 사례에 제시된 장수명(2006)의 대학서열에 따른 임금 차이 데이터를 보면 확인할 수가 있다. 고등교육은 상위계층의 지위유지에 기여하는 부분도 있지만, 개천에서 용이 승천하는 데 있어서 기여하는 측면도 있다. 소위 말하는 교육사다리 역할을 하는 것이 고등교육의 진학, 주요 대학의 진학여부이다.

최종적으로는 동일한 능력과 동기를 가진 취약계층 자녀가 동일한 능력과 동기를

●● 표 14-1 교육 수준별 상대적 임금 차이(고졸을 100으로 설정한 지수 값)

국가	고졸 미만	고졸	전문대	일반대	석박사
한국	79	100	108	136	182
미국	74	100	111	163	231
영국	75	100	118	143	164
호주	88	100	109	126	140
프랑스	95	100	125	141	196
독일	80	100	138	161	175
네덜란드	86	100	131	132	177
핀란드	100	100	119	120	158
스웨덴	87	100	108	115	143

출처: 2021년 OECD 교육지표. 자료는 2019년도 기준자료.

가진 상위계층 자녀와 동일한 사회적 성공을 하도록 만들어야 한다. 직업과 소득에서 본인의 능력과 노력에 비례해서 성공을 거둘 수 있도록 교육제도와 사회제도가 설계되어 있어야 한다. 실제 취약계층 출신 자녀가 얼마나 상위계층으로 이동했는지를 살펴볼 필요가 있다.

따라서 교육을 통한 계층이동을 진단하기 위해서는 ① 개천에 용이 있는지를 확인해야 하고, ② 개천의 용이 승천할 가능성을 봐야 하고, ③ 마지막으로 실제로 승천했는지를 점검해야 하는 지표가 필요하다. 필자는 이러한 교육과 계층이동의 관계를 살펴보기 위해서 이상의 세 영역으로 지수나 지표를 개발하고 살펴볼 것을 제안한다. 〈표 14-2〉에 정리하였다.

●● 표 14-2 교육과 계층이동 분석 영역 및 지수(지표)

영역	정의	점검 지표 지수 예시	의의
개천 용 '확인' 지수	취약계층자녀 중에서 학업역량과 능력이 뛰어난 학생 비율	- 취약계층 중 PISA 상위성취비율 (OECD 통계, 직능원의 개천 용 지수) - 취약계층 중 수능상위점수 (혹은 1-2등급) 비율 - 학업 탄력성 (Academic Resiliency)이라고도 표현함	용이 있는지 확인한다. 나중에 실제로 승천하기를 바라지만 아직은 모른다. 일단 용을 발견해야 한다.
개천 용 승천 '가능성' 지수	취약계층 학생이 고소득층, 상위직종으로 올라갈 확률. 고등교육진학률을 통해서 봄	- 주요 대학에서 취약계층 입학비율 - 의대, 약대 등에 취약계층 입학비율	의대약대, SKY, 카이스트, 포항공대 등 상위권 전공 및 대학 진학은 용의 승천가능성을 매우 높여준다.
개천 용 '승천' 지수	실제 승천했는지를 확인하는 지수	- 하위계층의 상위직업진출 비율 (경제학과 사회학에서 측정하는 직업이동성, 소득이동성)	실제로 취약계층 자녀들이 상위계층의 직업군이나 소득을 얻는 직장에 취업하고 진출했는지를 본다.

*필자가 정리한 교육과 계층이동의 분석 틀

나. 개천 용 확인 지수

만약 성취도에 대한 능력측정 기제, 보편화되고 비교가능한 시험제도가 없다면 우리는 하위계층이 상위계층으로 이동할 가능성이 높은 용의 존재를 확인하기 어렵게 된다. 보편성이 있고 학생들 간의 학업역량을 비교가능한 시험 등의 정보가 없다면 정보의 비대칭성이 강화되고 가족의 사회경제적 배경과 상위계층의 폐쇄적 네트워크와 은밀하게 전승되는 문화자본으로 인해서 상위계층의 지위의 고착화를 가져오고 취약계층의 계층이동성을 약화시킨다.

　수능을 폐지하면 안 되는 이유가 여기에 있다. 미국에서는 수능시험이 선택인 관계로 능력 있는 저소득층의 대학진학률이 낮아지는 문제가 발생한다고 보고 있다. 고교시절 학교에서는 공부 못하는 학생으로 취급받다가 수능(미국은 SAT)을 잘 본 후 하버드 대학에 입학하고 박사학위까지 받고 현재 하버드 대학 교수로 재직 중인 Susan Dynarski의 뉴욕타임즈 기고 글([사례 14-1])을 한 번 꼼꼼히 읽어보자.

사례 14-1 **보편적 시험의 중요성** ●

　저소득층 학생을 돕는 간단한 방법 – 모두 대입수능시험을 보게 하자.

　나의 고등학교는 재학 시기에 사전수능시험 기회를 주었으나 강제로 시행하지는 않았다. 사전수능시험점수가 매우 우수한 학생들은 상위권 대학에 선발되었으며 국가우수장학금 지원을 하게 된다. 나는 사전수능시험을 보는 날 편도선 제거치료를 받았다. 그때 교감선생님은 나의 어머니에게 사전수능시험은 안 봐도 아무 문제가 없을 것이라고 이야기했는데, 나는 우수반 학생도 아니었고 학교에서는 내가 장학금을 받거나 상위권 대학에 입학할 실력이 있다고 보지 않았던 것 같다. 만약 여기에서 끝났으면 다른 일반 저소득층 학생들과 같은 결론으로 이어졌을 것이다. 그러나 나는 운이 좋았다. 나는 수능시험을 보았고 수능성적이 잘 나왔다. 결과적으로는 하버드 대학에 입학하여 하버드 졸업장을 받을 수 있었다.

　보편적 시험은 인종, 민족, 소득에 따른 교육격차를 줄이는 데 기여해왔다. 플로리다의 브로워드 카운티 학군에서는 영재프로그램 입학을 2학년 때부터 시작하는데, 교사의 추천에 근거하는 대신 보편적 시험을 통해서 선발함으로 인해 흑인이나 히스패닉 학생들의 영재 프로그램 입학이 세 배로 증가한 바가 있다.

　학업능력이 우수한 저소득층 학생들이 잘 지도를 받는다면 상위권 대학에 입학할 확률이 높아지게 된다는 여러 연구결과들이 있다. 그러나 먼저 우리는 시험을 통해서 학업능력이 우수한 저소득층 학생들을 찾아내야 한다. 이를 위해서는 무료의 보편적 시험이 똑똑한 취약계층 학생들을 학교 내에서 찾아내는 데 기여를 할 것이며 그에 따른 그 학생들에 대한 지도와 도움이 가능할 수가 있는 것이다.

　[출처] Susan Dynaski(2017.7.14). Simple Way to Help Low-Income Students: Make Everyone Take

SAT or ACT. NY Times.

　보편적이고 비교가능성이 높은 시험의 한계에 대한 지나친 지적은 (심지어 폐지까지 요구하는 경우에는) 교육을 통한 계층이동 가능성을 약화시키게 한다. 교사들도 중상층류이기 때문에 정말 매우 의식적인 노력을 하지 않는 이상 문화자본이 부족하고 가정배경이 열악하지만, 타고난 뛰어난 학업역량이 있는 학생을 보편적 시험 없이는 정확히

판단하지 못할 가능성이 높다. 물론 필자는 그렇지 않은 교사가 대부분이라고 생각한다. 주변에 보면 위의 수잔 다이너스키 교수의 사례보다 가정형편이 어려운 여건 속에서도 능력이 뛰어난 학생을 발굴해내는 교사들도 많다. 이를 위해서도 학생들의 학업성취도를 비교할 수 있는 보편적 시험이 매우 중요하다.

만약 대학진학을 교사의 추천서만으로 입학하게 한다면 예의범절이 뛰어나고 사교성이 좋은 문화자본을 풍부하게 소유한 그러나 학업능력이 낮은 고소득층 자녀들이 상위권이나 주요 대학에 추천되고 입학할 가능성이 높아진다. 즉, 능력에 따른 기회균등이 무너지게 된다.

예를 들어 실제 취업과 관련해서 한국에서 공무원 채용을 보편적 시험없이 면접과 지인의 추천서로만 한다고 가정해보자. 역시 고소득층 자녀들에게 더 유리할 것이다. 한국사회에는 아직까지 뿌리 깊게 존재하는 연고주의, 온정주의 문화로 인해서 연줄을 통해서 아는 사람을 공무원으로 채용시켜주게 될 것이다. 취약계층은 이러한 직업선택의 기회에서 어려움을 겪게 될 것이다. 공무원 공개 채용 시험은 취약계층의 사회 직업 이동성을 높여주는 장치로서 작동한다.

개천 용 확인지수는 그래서 교육과 계층이동의 가능성을 측정해주는 매우 중요한 지표이다. 이러한 지수를 만들려면 성취도 평가자료가 존재해야 하는데, 국책연구소인 한국직능원에서는 PISA 성취도 평가자료를 사용해서 관련 지수를 만들었다. OECD에서도 만들었는데 공식이 다르다. 향후 수능 데이터를 이용해서도 개천 용 확인지수를 만들면 좋겠지만, 가능하기 위해서는 국세청의 소득데이터와 연계해야 한다. 일단 OECD와 직능원에서 만든 지수(공식을 보면 단순한 비율이다) 산출공식을 보면 〈표 14 – 3〉과 같다.

●● 표 14-3 취약계층 자녀의 상위 학업성취도 도달 비율 산출 방식

> ▶ OECD의 개천 용 확인 지수 산출공식: 소득수준 하위 1분위(하위 25%) 학생 중에서 학업성취도 상위 25%에 해당되는 학생 비율
> ▶ 직능원의 개천 용 확인지수 산출공식1: 학업성취도 상위 1분위(상위 25%) 학생 중에서 소득수준 하위 1분위(하위 25%)에 해당하는 학생 비율
> ▶ 직능원의 개천 용 확인지수 산출공식2: 학업성취도 상위 4% 학생 중에서 소득수준 하위 1분위(하위 25%)에 해당하는 학생 비율

●● 표 14-4 개천 용 확인 지수

	OECD 공식 (읽기성취도)	직능원 공식1			직능원 공식2		
		읽기성취도	수학성취도	과학성취도	읽기성취도	수학성취도	과학성취도
OECD 평균	11.3	10.54	9.75	10.59	4.84	4.11	4.02
한국	13.49	12.97	10.79	13.38	8.00	5.35	6.14
미국	10.33	9.57	7.97	9.46	4.53	1.74	4.84
일본	11.74	10.86	9.39	10.95	3.32	3.04	1.05
영국	13.99	12.79					
핀란드	12.57	12.27			n/a		
프랑스	9.52	8.76					

출처: OECD(2019). PISA 2018 Result(Volume II). 직능원(2020). KRIVET 이슈브리프(2020년 5월 18일).
　　　PISA 데이터로 살펴본 각국의 교육형평성 비교.

이 비율 값이 25%가 되는 게 이상적일 것이다. 값이 커야 계층이동이 가능한 용의 존재 비율이 높다는 의미다. 직능원의 공식1과 OECD의 공식과는 결과산출을 해보면 큰 차이는 없다. 주요 결과는 〈표 14-4〉와 같다.

한국은 아직은 OECD 평균보다는 상대적으로 개천 용 확인 지수 값이 높게 나타나고 있다.[24] 향후에 가능하다면 수능점수나 국가수준학업성취도 등을 사용해야 한다. 학생들의 가정소득배경 등을 조사하거나 국세청 데이터를 연계시켜서 산출할 수 있을 것이다. 다만 수능은 좀 더 난이도를 약간 높여서 학생들의 능력의 분포를 잘 보여줄 수 있도록 출제되어야 한다. 쉽게 낼수록 학생의 능력보다는 사교육을 통한 점수 높이기를 통해 고소득층의 지위유지를 도와주게 된다.

나. 개천 용 승천 가능성 지수

그러나 중고등학교 시절의 학업성취도를 이용한 개천 용 확인 지수는 개천에 용이 있는지를 확인만 하는 데이터이다. 교육을 통한 계층이동을 확인하기 위해서는 개천의 용이 승천할 가능성이 있는지를 봐야 한다. 물론 학업성취도의 성과는 현실에서는 고등교육 입학 가능성을 높여주며 향후 노동시장에서의 임금과도 상관이 매우 높다. 일단 고등교육, 즉 대학에 진학해야 승천 가능성이 높아진다.

---

24 지표(Indicator)와 지수(Index)는 세밀하게 살펴보면 차이가 있는 개념이다. 그러나 일반적으로 혼용해서 사용되기도 한다. 개천 용 확인 비율은 엄밀하게 보면 지표이나 이 책에서는 지수로 통일해서 서술하였다.

일부에서는 대학교육이 서열화되어 있는 부정적 측면을 언급하는 학벌사회라는 표현으로 Dark 사회자본의 측면을 지적한다. 하지만 학벌은 긍정적인 측면도 상당히 존재하는데 저소득층 자녀가 고소득층으로 진출하는 기회도 이러한 (서열화된) 대학교육체제 내에서 이루어진다.25 그래서 개천 용 승천 가능성 지수로 볼 수 있는 저소득층의 상위권 대학 입학비율을 살펴볼 필요가 있다.

현실적으로는 주요대학의 총 입학생(재학생) 중에서 취약계층 학생들의 입학비율(재학비율)을 보거나 의대나 치대, 약대처럼 상위소득 직업으로 진출이 가능한 전공에 진학하는 취약계층 학생 비율을 보면 개천 용의 승천 가능성을 확인해볼 수가 있다.

명확히 해야 할 점은 인구에서 취약계층이 20%를 차지하고 있다면 상위권 주요대학의 정원에서 20% 이상이 취약계층 자녀가 재학하고 있다면 이는 상당히 좋은 결과이다. 우리가 정확히 사회계층별 역량 혹은 능력의 분포를 모르지만 정규분포로 가정해볼 경우에는 유사한 비율이 나와야 한다. 이러한 능력의 분포는 앞에서 제시한 개천 용 확인 지수에서 가능할 것이다. 한편 너무나도 많은 임의적 요인, 교사의 판단 실수, 그리고 너무나도 쉬운 수능시험 등의 정보 제한은 저소득층의 교육을 통한 계층이동의 장애가 됨을 다시 한 번 강조한다. 이러한 장애가 없다고 가정해보면 저소득층의 일정 비율 학생은 상위권 대학에 진학할 수 있을 것이다.

개천 용 승천 가능성 지수를 산출함에 있어서 현실 데이터의 부족으로 일정정도 제약은 있다. 여러 논문들이나 교육부 보도자료에서 제공되는 상위권 대학의 취약계층 입학 현황 자료를 살펴보는 것으로 정리해보자. 〈표 14-5〉는 안선회(2018)에서 제공되는 자료를 바탕으로 필자가 정리한 표이다. 주요 대학의 저소득층 재학 현황 비율이다. 국가장학금의 구간 구분은 소득과 자산(금융자산, 부동산, 자동차 등)을 모두 고려하고 있는데 상위계층 비율은 소득 9~10구간으로 중상위계층으로 볼 수 있다.

상위권 주요 대학이라서 그런지 재학생에서 차지하는 중상위계층 자녀의 비율이 대부분 70%를 훨씬 넘기고 있다. 그리고 기초생활수급학생 비율은 매우 적다. 국가장학금을 지원받는 하위계층 학생들의 비율(기초~3구간)은 10%대에 모두 머물고 있다.

---

25 필자는 일부에서 주장하는 대학서열 폐지-대학평준화가 이루어지면 교육사다리를 없애는 예기치 못한 부정적 효과가 발생할 수 있다고 판단하고 있다. 고소득층은 평준화된 대학제도를 이용해서 자신의 사회경제적 지위를 효과적으로 편하게 유지하게 될 것이다. 현재의 대학서열화는 교육을 통한 계층이동을 위해서 필요하다고 본다.

●● 표 14-5 주요 대학의 저소득층 입학 현황

대학명	학기	기초생활수급 학생비율	기초~3구간 수혜학생 비율	국가장학금수혜 학생비율	재학생중 상위계층비율 (소득 9~10구간)
서울대	2015-1	1.3%	11.8%	22.1%	77.9%
	2016-1	1.3%	13.5%	25.0%	75.0%
고려대	2015-1	0.7%	12.8%	25.5%	74.5%
	2016-1	0.7%	12.7%	25.3%	74.7%
연세대	2015-1	2.2%	13.4%	24.2%	75.8%
	2016-1	2.1%	15.2%	27.0%	73.0%
성균관	2015-1	0.5%	12.9%	25.0%	75.0%
	2016-1	0.6%	13.9%	26.5%	73.5%
서강대	2015-1	1.3%	14.5%	28.2%	71.8%
	2016-1	1.4%	15.0%	28.9%	71.2%
한양대	2015-1	1.2%	15.9%	29.2%	70.8%
	2016-1	1.4%	17.7%	32.8%	67.2%
이화여대	2015-1	0.7%	13.6%	25.7%	74.3%
	2016-1	0.7%	14.6%	27.2%	72.8%
중앙대	2015-1	1.4%	18.0%	34.0%	66.0%
	2016-1	1.5%	19.4%	36.2%	63.8%
계		1.2%	14.6%	27.5%	72.5%

출처: 안선회(2018).

그리고 전체 국가장학금 수혜학생들의 비율은 중앙대가 30%대로 좀 높게 나타나고 있으나 다른 대학들은 모두 20%대이다. 전체 국가장학금 수혜학생들은 중하위 소득계층으로 볼 수 있다.

이러한 결과를 우리가 어떻게 해석해야 할지는 논쟁이 있겠으나 교육을 통한 계층이동 가능성이 완전히 닫혀있다고 볼 수는 없다. 취약계층에 대한 기회균형선발 특별전형도 존재하기 때문에 저소득층 학생들도 일부는 이들 주요 대학에 입학하고 있다고 볼 수 있다. 아직은 나름 희망을 가져야 하지 않을까 싶다.

다음은 교육부의 학생부종합전형(학종) 실태조사 결과 자료를 보자. 교육부에서는 2019년 10월 중하순에 학종을 통해서 특목고 자사고 학생들을 많이 선발하는 13개 대학들26에 대해서 학종실태조사를 수행하였다. 16~19학년도 4개년도의 지원자 자료를

---

26 건국대, 경희대, 고려대, 광운대, 동국대, 서강대, 서울대, 성균관대, 연세대, 춘천교대, 포항공대, 한국교원대, 홍익대

●● 표 14-6 13개 대학의 2016~19학년도 국가장학금 I 유형 수혜 구간별, 입학전형별 수혜학생 비율: 기회균형 제외

구분	0~3구간	4~8구간	미수혜	계
학종	12.6%	18.2%	69.2%	100%
교과	17.2%	25.0%	57.8%	100%
수능	10.2%	14.4%	75.4%	100%

출처: 교육부(2019).

모두 수합하여 분석한 결과를 교육부 홈페이지에 보도하였다. 보도자료에는 소득수준과 연관된 자료가 경제여건별 합격현황의 소제목하에 일부 제공되고 있다. 그리고 기회균형전형 선발인원 수를 제외한 일반학종과 수능과의 저소득층 학생 수 비율을 제공해주고 있다.

기회균형선발인원 수를 제외하면 지난 4년간 13개 대학의 경우 학종입학생들의 고소득층 비율(국가장학금 비수혜학생비율)이 69.2%로 나타나고 있다. 수능전형보다는 약 6.2%p가 낮은 것으로 나타나고 있다. 그러나 0~3구간의 경우 2.4%p차이로 차이가 상대적으로 크지는 않은 것으로 나타나고 있다.

한편 13개 대학의 국가장학금 I 유형 수혜 대상자인 8구간 이하는 최대 41.3%에서 22.3%로 모든 대학이 전국 평균 수혜율(48.2%)보다 낮은 것으로 나타나고 있다. 그러나 각 대학별 구체적인 수치는 공개하지 않은 관계로 정확한 파악은 어렵다. 13개 대학 중에서는 포항공대의 경우 수능전형이 없고 100% 학종으로 선발하고 있으며, 교원대와 춘천교대의 경우 교원양성기관으로서 성격에서 차이가 있으며 고교교육기여대학에도 춘천교대는 포함되지 않는다. 개별대학별로 추가적으로 살펴보거나 이들 세 대학을 제외하고 주요 대학별로 살펴봐야 더 정확한 비교가 될 것으로 보인다. 그나마 교육부에서는 13개 대학 중에서 국민들의 관심이 큰 주요 3개 대학27의 3구간 이하의 저소득층 학생 비율을 추가적으로 공개하고 있다.

〈표 14-7〉을 보면 기회균형선발전형을 제외한 일반 전형에서 학종이나 수능 모두 3구간 이하의 저소득층 학생 입학 비율은 유사하다. 수능이나 학종 모두 큰 차이는 없다. SKY 대학의 경우 전체 값은 제시되지 않고 있지만, 앞의 표와 비교하면 3구간이

---

27 서울대, 고려대, 연세대이다. 이 세 대학의 경우 0~3구간 외에 8구간 이하와 비수혜학생 비율 역시 교육부에서 분석, 공개할 필요가 있다.

●● 표 14-7 서울 주요 3개 대학 2016~19학년도 3구간 이하 국가장학금 I 유형 수혜율

구분	A대	B대	C대	3개 대학 평균
학종	11.1%	23.2%	9.7%	12.5%
학종기균제외	7.9%	9.0%	6.8%	7.7%
수능	8.1%	8.6%	6.8%	7.7%
수능기균제외	8.1%	8.6%	6.0%	7.6%

출처: 교육부(2019).

하 수혜 학생 비율이 더 낮아진 것으로 보인다.

　　미국은 어떨까? 미국의 대학을 통한 사회이동성지수를 제공해주는 홈페이지28를 보면 관련 현황을 확인해볼 수 있다. 2021년도 자료에서 일부 대학을 살펴보면 〈표 14−8〉과 같다. 전체 1,551개 대학에서의 순위가 오른편에 제시되어 있다. 이 순위가 낮으면 사회이동성에 별로 기여하지 못하고 있는 대학이다. 이 순위는 학비랑 저소득층 학생 비율, 향후 취업 이후 임금 등을 고려해서 산출한 지수에 근거한다. 확실히 주립대학이 사회이동성 순위가 높게 나타나고 있다. UCLA와 텍사스 오스틴 대학, 미시간 주립대는 저소득층 학생 비율이 17~18%대로 상대적으로 높은 편이며 사회이동성 기여도가 높은 대학들이다. 한국도 이와 유사한 지수, 이른바 필자의 표현대로 하면 '개천 용 승천 가능성 지수'를 체계적으로 산출할 수 있으면 좋겠다.

●● 표 14-8 미국의 주요 대학의 사회이동성 기여 순위

대학명	학비	저소득층 학생 비율	중간 초기 경력 임금	사회이동성 순위(Ranking)
하버드	$54,002	9.3%	$89,700	1,310위
미시간 주립대	$15,555	17.1%	$53,600	551위
미시간대학	$16,520	8.1%	$63,400	1,040위
UCLA	$13,249	18.3%	$60,700	221위
Texas austin	$11,448	17.3%	$58,200	300위
스탠포드	$56,169	10.8%	$94,000	1,177위
듀크	$57,633	5.9%	$84,400	1,451위
예일	$57,700	8.9%	$83,200	1,373위

주: 동부, 남부, 서부, 중부 지역의 일부 대학을 살펴봄.
출처: https://www.socialmobilityindex.org/

---

28 https://www.socialmobilityindex.org/

다. 개천 용 승천 지수

그렇다면 최종적인 개천 용 승천 지수를 보자. 이는 기존의 경제학이나 사회학에서 산출하는 사회이동성 지수를 살펴보면 된다. 저소득층에 대한 기준을 설정하고(예를 들어 하위 25%), 저소득층 자녀들이 상위 직종이나 전문직, 고소득 직업으로 진출하는 비율을 산출한다. 〈표 14−9〉는 OECD 주요 국가들의 소득이동성 지수이다. 값이 높을수록 하위소득계층 자녀들의 상위소득계층으로의 이동성이 높은 것을 의미한다. 북유럽국가들이 아무래도 소득이동성이 높게 나타나고 있다.

한국은 15위로서 중간정도 자리를 잡고 있다. 한국의 데이터는 노동패널 데이터 등을 이용한 최근 경제학의 연구결과와 유사한 값이다. 한국의 세대 간 소득이동성이 그래도 상위권에 들 것으로 예상했는데 그렇지 않은 결과여서 향후 좀 더 지켜봐야 할 것으로 보인다. 필자가 왜 한국이 상위권에 들 것으로 예상했냐면 앞에서 제시된 PISA 자료의 개천 용 확인 지수를 보면 한국이 상위권 국가이기 때문이다. 물론 각 국가의 절대적인 측면에서의 소득하위 수준의 생활여건이나 삶의 질이 나쁘지 않을 경우 등도 고려해볼 필요는 있을 것이다.

●● 표 14-9 OECD 주요 국가들의 소득이동성 지수

순위	국가명	세대간 소득이동성	순위	국가명	세대간 소득이동성
1	덴마크	0.88	16	미국	0.59
2	노르웨이	0.84	17	이탈리아	0.57
3	핀란드	0.81	18	영국	0.56
4	스웨덴	0.74	19	체코	0.55
5	스페인	0.72	20	오스트리아	0.52
6	뉴질랜드	0.71	21	아르헨티나	0.49
7	캐나다	0.68	22	칠레	0.47
8	그리스	0.68	23	프랑스	0.47
9	호주	0.65	24	독일	0.45
10	벨기에	0.65	25	인도	0.45
11	일본	0.65	26	중국	0.44
12	아일랜드	0.61	27	헝가리	0.38
13	네덜란드	0.61	28	브라질	0.34
14	포루투갈	0.61	29	남아공	0.32
15	한국	0.6		OECD24	0.63

출처: OECD(2018). A Broken Social Elevator? How to Promote Social Mobility.

OECD(2018)에서는 하위 10%의 소득 계층이 중간소득 수준에 도달하는 세대수도 조사해서 발표했다. 북유럽 국가의 경우 하위 10% 소득 계층이 중간소득 수준에 도달하는 데에는 약 2세대가 걸린다. 그러나 다른 유럽 국가들의 경우 4~6세대가 소요되며 한국도 5세대가 소요되는 것으로 분석되고 있다.

아시아의 두 국가, 한국과 일본의 경우 교육이동성은 매우 높으나 세대 간 소득이동성은 OECD 국가들 중에서 평균 수준으로 OECD에서는 분석하고 있다. 앞에서 필자가 말한 바대로 여기에서의 교육이동성은 개천 용 확인 지수나 가능성 지수 값은 상대적으로 이 두 아시아 국가가 높다는 의미이다. 한국의 노동패널을 이용한 세대별 소득이동성 지수 값이 다소간 저평가되었는지에 대해서는 별도의 연구가 필요할 것으로 보인다. 그리고 왜 교육이동성은 높은데 소득이동성으로 이어지지 않는지에 대한 별도의 연구가 필요하다(연구 데이터의 각 시점의 차이 등 여러 원인이 있을 듯싶다).

마지막으로 OECD(2018)에서는 이러한 연구결과에 따라 사회이동성 향상을 위해서 여러 사회정책을 제시하고 있는데, 여기에서는 교육관련 정책만 제시하도록 한다. 이 방안은 많은 학자들이 제시한 연구결과를 종합한 것이다(Heckman, et al., 2010; Goux, et al, 2010). 그리고 필자가 앞에서 강조한 공정한 선발도 언급되고 있다(아래 내용 ④번). ③번의 경우 지역의 거주지 분화는 많은 국가들이 의무교육단계에서는 학구를 설정하여 학생을 배정하고 있기 때문에 곧 학교교육의 격차로도 이어지게 되는 관계로 교육관련 정책의 성격을 가지기 때문에 제시하였다.

① 저소득층의 기회향상과 불평등한 기회를 막기 위해서 높은 질의 유아교육 혹은 조기교육/보육에 접근이 가능하도록 해야 하며 학교탈락을 방지해야 함
② 조기 유아교육, 좋은 직장과 돌봄 정책 등의 특별한 가정정책(family policies)들이 필요함. 이러한 가정정책들은 모든 아동들의 출발에서의 형평성을 보장해 주어야 하며 저소득층 자녀의 어려운 처지를 상쇄할 수 있어야 함. 그리고 저소득층 부모들이 노동시장에의 참여를 지원하여 재정적 어려움이 가속화되는 것을 방지하여 자녀들의 미래가 어려움에 처하지 않도록 함
③ 사회이동성을 증진하기 위해서는 지역분화, 거주지 계층적 분화 등의 문제를 해결하는 정책이 필요함. 교통, 주택 정책 등이 지역 발전과 도시계획과 잘 맞물려서 이러한 계층적 지역 분화 문제를 해결해나가야 함

④ 학교에서 직장으로 전환하는 데 있어서 도움이 되고 선발과정의 공정성을 강화하는 노동시장 정책들은 취약계층에게 놓여진 직업적 장벽을 해결하는 데 중요한 역할을 할 수 있음. 이를 통해 취약계층들의 소득과 직업이동성의 실질적 차이를 극복할 수 있도록 해야 함

(출처: OECD(2018), A Broken Social Elevator? How to Promote Social Mobility)

2. 다문화 교육 용어는 없애자. 우리 모두의 교육으로

수업시간에 강조하지만 다문화라는 용어에 대해서 필자는 별로 긍정적이지 않다. 뭔가 카테고리(범주)로 구분하고 차별화를 시킴으로써 결과적으로는 인종차별적인 행태를 가져올 가능성이 높기 때문이다. 물론 학술연구를 할 때에는 범주화가 필요하다. 그러나 일반 학생들이 이러한 범주화된 용어에 접하면 부정적 상황이 발생할 가능성이 높다.

일단 다음에 제시된 미국의 다문화 교육연구로 유명한 Banks의 다문화 교육의 정의를 한 번 읽어보자.[29]

- 다문화 사회: 다양한 민족, 인종, 계층, 성별, 집단 문화가 공존하는 사회
- 다문화 교육: 민족과 인종, 계층, 거주지, 연령, 능력 면에서의 특수성, 종교, 언어, 성 등의 차이에도 불구하고 차별 없이 교육받을 수 있도록 하는 교육

그런데 이러한 정의는 우리가 일반적으로 추구하는 교육의 목적이지 않은가? 굳이 다문화라는 단어를 붙일 필요가 있을까? 다음의 다문화 학교의 8가지 특징도 읽어보자.

① 교사와 교직원은 모든 학생에게 높은 기대수준을 지니며 긍정적 태도를 지닌다. 또한 학생들을 긍정적으로 배려하는 방법으로 대한다.

---

29 이하 다문화 정의, 학교특성 등은 다음 책을 참조함. Banks, J. 모경환 외 옮김. 다문화교육 입문 (아카데미 프레스)

② 새로 형성된 교육과정은 다양한 문화민족 집단의 경험, 문화, 관점 및 양성의 관점을 반영한다.

③ 교사가 사용하는 수업양식은 학생들의 학습, 문화, 동기유발적 특징에 부합한다.

④ 교사와 교직원은 학생들의 제1언어 및 방언을 존중한다.

⑤ 학교에서 사용하는 수업 교재는 다양한 문화적, 민족적, 인종적 관점으로부터 온 사건과 상황, 개념을 반영한다.

⑥ 학교에서 사용하는 시험과 평가 절차는 아이들의 문화적 다양성을 잘 반영하고, 그러한 시험의 결과, 영재반 학급에도 유색인종 학생들이 적절하게 배정된다.

⑦ 학교문화와 잠재적 교육과정은 문화적, 민족적 다양성을 반영한다.

⑧ 학교 상담자들은 다양한 인종, 민족, 언어집단에서 온 학생들에게 높은 기대수준을 지니고 학생들이 긍정적인 직업목표를 정하고 깨달을 수 있도록 돕는다.

위와 같은 특징은 당연히 모든 학교가 가져야 할 특징이 아닌가? 굳이 다문화 학교라고 말할 필요가 있을까? 물론 과거에는 인종차별도 심했고 여전히 그러한 차별적 요소가 학교 현장에 남아 있을지도 모른다. 그렇다고 해서 굳이 교육 앞에 다문화란 단어를 넣을 필요가 없다. 존 듀이가 언급한 바대로 학교교육은 다양성을 존중해야 하고 우리 모두를 위한 교육이어야 한다. 그래서 필자는 강의할 때 다문화라는 단어를 사용하지 말자고 주장한다. 우리 모두가 추구해야 할 교육이다.

필자는 한국은 단일민족국가라고 어렸을 때 초등학교 교과서에서 배웠다. 그러나 그건 잘못된 가르침이었다. 이제 단일민족국가라는 표현이 초등교과서에서 삭제되었다. 신라시대 김씨 왕족은 훈족이라는 KBS 역사 방송도 있으며, 고려시대 한반도에는 한계, 여진계, 일본계 등 24만 명이 살고 있었다(박철희, 2008). 스웨덴 기자인 아손은 구한말 조선에 와서 한국사람들(조선사람들)을 다양한 민족으로 구성된 국가라고 언급하기도 했다.30 한국은 원래부터 다민족국가였다.

약간 오래전 분석자료이긴 한데, 한국의 중학생들의 의식 분석결과인 〈표 14-10〉을 보자(이광현·권용재, 2012).

---

30 스웨덴 기자 아손, 100년 전 한국을 걷다(아손 그렙스트, 김상열 옮김). 책과함께.

●● 표 14-10 중학생들의 의식 분석결과: 해당 이민자 권리 허용에 대한 반대(비동의) 비율

설문문항	한국학생	대만학생	홍콩학생
이민자 본국 언어 사용	24.9%	6.6%	10.1%
이민자 동일 교육기회 제공	8.1%	1.9%	5.3%
이민자 투표권 허용	17.8%	7.7%	8.6%
이민자 관습생활양식 허용	16.7%	8.7%	9.2%
이민자 동일 권리 허용	10.8%	4.2%	6.4%

출처: 이광현·권용재(2012).

표를 보면 학교에서 좀 더 포용적인 교육을 해야 할 필요성을 느낀다. 한국이 대만이나 홍콩학생들보다 포용력이 낮다. 아무래도 이 두 국가가 한국보다 더 다양한 민족과 인종이 함께 살아왔기 때문일 수도 있다. 그렇지만 지금은 한국학생들은 〈표 14-10〉보다는 동의하지 않는 비율이 훨씬 낮을 것이라 믿는다.

〈표 14-10〉에서 우리가 고민해봐야 할 점은 맨 아래의 일반적인 동일권리허용은 비동의학생 비율이 10.8% 정도이지만 세부 권리에서는 이민자 동일 교육기회 허용 외의 여타 문항들에 대해서는 비동의 비율이 10.8%보다 더 높게 나온다는 점이다. 구체적인 권리 사례에 대해서는 이중적인 기준을 갖고 있다는 점을 보여준다. 맨 아래 칸의 이민자에게 동일한 권리를 허용해야 한다고 동의한 학생들 상당수가 투표권 허용과 관습생활양식 허용, 본국 언어 사용에 반대한다고 응답한 것이지 않은가. 학생들과 함께 세부적이고 구체적인 권리에 대해서 살펴보고 교육을 할 필요가 있다. 우리 모두의 교육이 필요하다.

3. 학교는 사라질 것인가? 미래연구가 그리는 교육

미래연구를 지속적으로 수행하고 있는 박영숙 박사가 2010년도에 발간한 '2020 미래교육보고서'는 코로나19는 예측하지 못했지만, (코로나19 덕에) 온라인 교육의 활성화를 예측하는 데 결과적으로 성공했다. 그러나 아직 현실화되지 않은 내용이 많다. 예를 들어 "학교건물은 24시간 개방된 교육센터로 변화해 남녀노소 구분 없이 받아들일 것이다"라는 내용이나, "교사들은 사회 주변환경의 변화에 따라 행사 기획자나 체험 디자이너의 분야로 뛰어들 수 있다"(pp.162-163) 등의 내용은 아직 실현되지는 않고 있다.

그리고 미래교육을 위해서 집단 지성 포털도 구축하자고 제안한다. 이는 점진적으로 실현되어가는 추세로 보인다. 구글이나 위키백과 등 필자도 연구하는데 이러한 정보 포털 시스템에 많은 도움을 받고 있다. 개인적으로는 구글의 파워풀한 자료 검색기능에 매우 감명받고 있다.

코로나19 이후에 발간된 보고서에는 대학 졸업장 외의 여러 대안도 제시된다. 이는 매우 현실적인 아이디어인데, 이 중 창업은 가장 좋은 대안이지 않은가 싶다. 물론 상당한 도전정신이 필요하다. 대학 학위와 동등한 성공을 가져다주는 대안으로 제시되는 자격증 취득(구글 인증 전문 클라우드 아키텍트, 마이크로소프트 인증 솔루션 전문가)도 매력적으로 보인다. 그리고 유튜버되기도 확실한 대안이다. 하지만 상당한 노력이 필요할 것 같다(박영숙·글렌, 2020a).

대학학위보다 훨씬 좋은 사회적 성공 방안으로 비디오 게임 토너먼트 우승, SNS에서 스타되기 등이 제시되고 있는데, 과거에 연예인으로 성공하라는 말과 큰 차이는 없어 보인다. 당연히 학교공부가 전부는 아니다.

그런데 최근의 미래보고서에서 주목해야 할 내용은 "가난한 나라의 교육이 중요해지는 이유"라는 챕터이다. 아프리카 등 제3세계 국가에는 교사 부족 문제가 심각하다고 한다. 2030년까지 2,420만 명의 초등학교 교사와 4,440만 명의 중등교사가 채용되어야 한다고 본다. 사하라사막 이남의 아프리카와 남아시아가 가장 교사가 부족한 지역인데, 재정부족, 교실부족, 교과서부족, 성차별, 지역내 부족 갈등, 통학거리, 기아 문제, 장애문제 등 이들 국가들은 너무 심각한 여건에 처해있다(박영숙·글렌, 2020b).

하지만 어떻게 해결해야 할지 정답은 명확히 제시되고 있지 않다. 하긴 정답이 있었다면 이러한 현실이 지속되고 있지는 않을 것이다. 한국의 교대생과 사범대생들이 적극적으로 아프리카와 남아시아 국가에 교사로 일하기 위해서 진출해야 할까? 물론 이것도 한계가 있을 것이다.

그런데 가장 파격적인 내용은 뇌과학연구의 발달로 일론 머스크가 개발한 센서 칩을 뇌에 삽입 연계하는 기술이 더욱 완성되면, '공부의 종말'이 온다는 주장이다. 과학영화에서 보았던 뇌-컴퓨터가 연결되어 인간의 머릿속에 지식의 자동이식이 가능해진다는 것이다(박영숙·글렌, 2020a p.144). 물론 언제 그 시기가 도래할지에 대한 정확한 연도는 적혀져 있지 않았다. 특별판 이전의 책 제목이 세계미래보고서 2035-2055이니까 2055년도 이전에는 가능할까?

세계미래보고서 2021 책에는 대학이 점차적으로 문을 많이 닫을 거라고 적고 있는데, 학령인구 감소 추세로 봐서는 당연히 설득력이 높다. 미국의 대학들도 마찬가지로 많이 파산할 것인데 학비가 비싼 대학부터 파산할 것으로 보고 있다. 한국의 대학들도 아마 그렇지 않을까 싶은데, 저렴한 학비로 운영되는 국립대학의 교수로서는 그나마 다행이다라는 생각이 들긴 한다.

미래를 예측하는 것은 어려운 일이다. 물론 한국의 경우 출산율 감소로 향후 6~7년 정도의 기본적인 교사 수요와 학교신설 수요 정도는 상당히 정확하게 예측가능하다. 그러나 맬더스의 인구론처럼 식량난이 와서 인류의 삶이 파괴될 것이라는 틀린 예측이 더 많다. 하지만 틀렸음에도 불구하고 맬더스의 인구론이 별 문제 없이 회자되는 것으로 봐서는 우리는 뭔가 자극적인 것을 원하는 것 같다.

1967년 허먼 칸과 앤서니 위너라는 연구자가 "서기 2000년을 예측하기 위한 프레임 워크"에서 예측에 실패한 내용들도 소개해보면 다음과 같다. 야간 전체 인공 조명, 언어습득의 가속화, 대대적인 회춘(?), 만능 백신, 150세 이상으로 연장된 수명, 성간여행, 달과 타 행성에의 식민지 건설 등등.

MIT에서도 1972년도에 성장의 한계라는 보고서에서 2000년경에는 지구상의 가용자원이 고갈되어 2030년이 되기 전에 세계경제가 붕괴될 것으로 예측한 바가 있다.31 2000년에는 고갈되지 않았기 때문에 틀린 내용이긴 한데, 최근에 러시아랑 우크라이나의 전쟁, 그리고 기후변화로 자원고갈을 넘어서 지구생태계의 위험성에 대해서 우울한 전망이 나오는 것으로 보아서 2030년에 세계경제가 붕괴된다면 MIT의 보고서는 정확한 미래예측보고서가 될 것으로 보인다. 참고로 필자가 개인적으로 예측 못한 사안 몇 가지를 언급하자면 다음과 같다.

— 삐삐가 생겼다가 갑자기 사라진 일
— 필름카메라가 사라진 일(아마 갖고 있는 사진전문가는 있을 것이다)
— MP3 플레이어와 DVD플레이어가 생겼다가 주변에서 사라진 일
  (역시 아직 갖고 있는 사람도 있고 팔기도 할 것이다)

---

31 허먼 칸 & 앤서니 위너, MIT 사례는 자크 아탈리 저(김수진 옮김) 어떻게 미래를 예측할 것인가. 21세기 북스를 참조함.

– 소니의 워크맨이 세계를 휩쓸었다가 사라진 일

지금 학부생들은 듣도 보도 못한 일들이라고 생각할 것 같다. 미래교육보고서(박영숙, 2010)에서 예측한 대로 2030년도에는 공교육과 교실, 교사가 사라질 것인가? 미래사회에 대비하기 위해서 국영수가 사라지고 소통, 창의성, 분석력, 협업을 배운다는 미래 예측은 얼마나 맞을까? 뒤르켕 등의 기능주의 사회학자 입장에서는 너무나 당연히 사회의 요구에 맞는 교육을 해야 할 것이니 좋은 주장이라고 평가할지도 모른다. 그러나 읽기, 쓰기, 셈하기 등의 기본적인 인간의 삶의 질을 결정하는 기초역량은 아무리 강조되어도 지나침이 없다.

●● 표 14-11 인공지능으로 사라질 가능성이 높은/낮은 직업군

연구기관	사라질 가능성이 높은 직업	사라질 가능성이 낮은 직업
노무라연구소 옥스퍼드 대학	일반 사무직, 역무원, 회계감사관계자, 학교 교직원, 사무직 공무원, 카메라 조립공, 기계 목공, 맨션관리인, 급식조리사, 행정사무원, 은행창구직원, 금속가공공, 금속프레스공, 경비원, 경리사무직, 검침원, 자동차 조립공, 신문 배달원, 슈퍼마켓 점원, 제빵공, 제분공, 측량사, 복권 판매인, 택시 운전사, 택배 배달원, 주차 관리원, 통관사, 데이터 입력 담당, 전기통신기술자, 전자제품 제조공, 전철 운전사, 도로 패트롤대원, 빌딩시설관리 기술자, 빌딩 청소원, 호텔 객실 담당, 우편사무원, 도로요금 징수원, 계산대 담당, 열차 청소원, 노선버스 운전사 등	아트디렉터, 아나운서, 애완견 훈련사, 영화감독, 배우, TV 탤런트, 카메라맨, 음악교실 강사, 학교 카운슬러, 관광버스 가이드, 클래식 연주가, 그래픽디자이너, 연예매니저, 경영컨설턴트, 게임크리에이터, 공업디자이너, 패션디자이너, 국제협력 전문가, 카피라이터, 작사가 작곡가, 의사(외과 산부인과 치과 소아과 정신과), 시나리오 작가, 경제학자, 사회학자, 심리학자, 사회복지시설 간병인, 교사, 보육사, 스타일리스트, 성악가, 소믈리에, 네일 아티스트, 바텐더, 미용사, 평론가, 프로듀서, 방송기자, 만화가, 레스토랑 지배인 등
한국고용정보원	콘크리트공, 정육원 및 도축원, 고무 및 플라스틱 제품조립원, 청원경찰, 조세행정사무원, 물품이동장비조작원, 경리사무, 환경미화원 및 재활용품수거원, 세탁 관련 기계조작원, 택배원, 과수작물재배원, 행정 및 경영지원관련 서비스 관리자, 주유원, 부동산 컨설턴트 및 중개인, 건축도장공, 매표원 및 복권판매원, 청소원, 수금원, 철근공, 도금기 및 금속분무기 조작원, 유리 및 유리제품 생산직(기계조작), 곡식작물재배원, 건설 및 광업 단순 종사원, 보조교사 및 기타 교사, 시멘트·석회 및 콘크리트 생산직, 육아도우미(베이비시터), 주차 관리원 및 안내원, 판매 관련 단순 종사원, 샷시 제작 및 시공원, 육류·어패류·낙농품 가공, 생산직	화가 및 조각가, 사진작가 및 사진사, 작가 및 관련 전문가, 지휘자·작곡가 및 연주가, 애니메이터 및 만화가, 무용가 및 안무가, 가수 및 성악가, 메이크업아티스트 및 분장사, 공예원, 예능 강사, 패션디자이너, 국악 및 전통 예능인, 감독 및 기술감독, 배우 및 모델, 제품디자이너, 시각디자이너, 웹 및 멀티미디어 디자이너, 기타 음식서비스 종사원, 디스플레이어디자이너, 한복제조원, 대학교수, 마술사 등 기타 문화 및 예술 관련 종사자, 출판물기획전문가, 큐레이터 및 문화재보존원, 영상·녹화 및 편집 기사, 초등학교교사, 촬영기사, 물리 및 작업 치료사, 섬유 및 염료 시험원, 임상심리사 및 기타 치료사

출처: 뉴스다임(2016.3.24.). 이광현(2018)에서 재인용.

2030년도에는 전통적 교실수업이 사라지고 개방형 온라인 무료교육이 교실수업의 90%를 대체할 것이라는 예측도 있다. 이러한 교실수업에 대한 미래 예측은 어느 정도 실현될 것인가? 필자도 알 수 없다는 것이 솔직한 대답이다. 코로나19를 경험하면서 온라인 수업보다 학교에서 선생님과 직접 얼굴을 맞대고 공부하는 것이 더 효과적이라는 연구가 많이 이루어지고 있다. 앞으로 상위계층은 자녀들에게 비싼 1:1 과외교육을 시키거나 좋은 선생님과 소수의 그룹핑 수업을 하게 되고, 취약계층의 자녀는 저렴한 온라인 수업을 듣게 되지 않을까 하는 걱정도 든다.

다만 확실한 것은 한국의 미래는 인구감소로 인해서 상당한 구조조정이 있을 것이라는 점이다. 학교시설은 많이 남아돌 것이며 이를 지역사회와의 공동의 자산으로 사용하기 위한 방안이 필요하다. 청년 벤처 창업 사무실로도 사용해도 될 것이며, 노인복지센터로 활용해도 될 것이다. 교육청이 지자체와의 협력을 통해서 다방면의 방안을 마련할 필요가 있을 것이다(이광현, 2018). 마지막으로 〈표 14−11〉은 인공지능 4차 산업혁명 등으로 미래에 사라질 가능성이 높은, 그리고 낮은 직업이다.

〈표 14−11〉을 보면 다행히 교사(노무라연구소, 옥스퍼드 대학)와 초등학교 교사 및 대학교수(한국고용정보원)는 사라질 가능성이 낮은 직업으로 분류되고 있다. 그러나 안심할 수는 없지 않을까? 워낙 틀리는 예측도 많다.

마무리, 기말고사 문제 예시

세상은 변화한다. 인구 감소로 인해서 학교교육제도에 많은 변화가 생길 것이다 (이광현, 2022). 첨단 과학의 발달은 새로운 학교교육의 모습을 만들어 낼 것이다. 줌 (ZOOM)을 이용한 수업이 이제는 낯설지 않은 시대가 되었다.

이 책에서는 칸트도 언급되고 듀이도 언급되는 등 아주 옛날 연구자들이 초반에 언급된다. 그런데 과거의 역사를 돌아봐야 현재의 모습이 보인다는 생각이다. 과거 근대사회 초기의 연구자들은 변화하는 사회, 특히 자본주의와 민주주의의 발달이 이루어지는 격변기에 중요한 연구를 하고 훌륭한 이론들을 만들어냈다는 생각을 한다.

필자의 의견이 100% 맞지 않을 수 있다. 강의 내용에서 오류가 있을 수도 있다. 많은 지적을 해주시면 수정을 하도록 하겠다. 읽어보면 알겠지만 필자의 주장이 상당히 많이 담겼다. 필자는 중립적이지 않다는 점을 밝히며 강의를 듣는 학생이 이 책을 읽으면서 스스로 자신의 경험과 학습을 바탕으로 비판적으로 이해하기를 바란다. 필자의 주장에 대해서, 그리고 여러 이슈들(대입제도, 교육과 계층이동, 문화자본 등 교육사회학 이론들에 대한 논쟁)에 대해서 학생들과 토론해보고 싶은 마음이다.

필자는 개인적으로 학교에 다니는 것을 싫어했다. 초등학교 때 줄서고 (애국)조례하는 것은 정말로 싫었다. 연 만들기라던가, 바느질하는 것도 싫어했다. 누구나 그랬겠지만, 고등학교 때 대학입시준비를 위한 치열한 경쟁이 힘들었다. 그런데 어떻게 하다 보니 교육학을 공부하게 되었고 교육사회학을 가르치게 되었는데, 돌이켜보면 고등학교 재학시절에는 학교를 없애자는 탈학교론의 일리치와 비슷한 생각을 한 것 같기도 하다(미안하지만 탈학교론 내용은 일부러 본 책에서 언급하지 않았다. 학교 교사가 될 학부생들에게 학교를 없애자는 이론이 있다는 이야기를 하고 싶지 않았다).

그런데 최근 코로나19 상황을 겪으면서 학교의 중요성을 절절히 느끼게 된다. 필자의 딸도 코로나19 발생 직후인 20년도 초반기에 원격으로 집에서 수업을 했는데, 아무래도 집중도도 떨어지며 여러 불편한 상황이 발생했다. 많은 학자들이 코로나19세대의 학력이 저하되어 사회경제적 문제가 될 것이라고 언급한다.

그래서 공교육은 너무 중요하고 학교에서 취약계층을 위해서 노력하지 않으면 롤즈가 말한 가족과 사회의 임의적 요인의 힘이 너무 거대해지고 있어서 차등의 원칙을 넘어선 또 다른 추가적인 정의의 원칙을 만들고 합의해나가야 하는 게 아닌가 하는 생각이 들기도 한다. 교육대학생과 사범대학생, 즉 예비교원과 현재 현장에서 열심히 학생들을 가르치는 선생님들이 최선을 다해야 하는 상황이다.

Chubb & Moe(1990)의 책을 특별히 좋아하지는 않지만, 교육은 "Bottom—Heavy Technology"라는 특성을 가진 분야라는 언급에는 동의한다. 이 두 사람은 정치·경제학자라서 현장 교사의 '기술력'이 교육력을 결정한다고 언급했다. 현장 교사의 역량, 특히 많은 지식을 쌓고 연구하는 교사가 교육의 질을 결정한다는, 누구나 알고 있는 말을 정치·경제학의 학술적인 언어로 표현하였다.

필자는 싯다르타가 죽기 직전에 제자들에게 당부한 말을 다음처럼 기억하고 있는데 평생학습 시대를 예측한 멋진 말이며 예비교원과 현장 선생님께서 반드시 기억했으면 하는 문구이다.

"모든 것은 변한다. 끊임없이 공부(정진)하여라."

마지막으로 기말고사에서 평가를 위해서 출제했던 기출문제들이다. 제시된 바와 같이 논술식으로 된 두 문제를 기말고사로 출제한다. 절대로 백지를 제출해서는 안 된다. 4년 동안 대학을 다니면서 배운 본인의 모든 교육학 지식을 총 동원해서 답을 써내라고 당부한다. 본문에서도 언급했는데, 롤즈의 정의론을 이렇게 세부적인 사안에 적용하는 것은 맞지 않을 수 있다. 다만 '사고의 연습' 차원에서 출제한 문제임을 밝힌다. 정답은 없으며 학생들이 많은 생각을 했는지, 그리고 여러 이론들에 대해서 얼마나 고민했는지를 점검해보는 문제이다.

2022년 1학기 기말고사 문제 ✏️

01 부산교육대학교에서 소수집단우대정책으로 다문화전형을 일반전형에 포함시켜서 다문화가정자녀를 입학정원의 최소 5% 이상을 의무적으로 선발하기로 결정하였다. 이 결정에 대해서 롤즈의 정의론에 입각하여 자신의 의견(찬반포함)을 제시하고 논하시오.

02 부산시교육청에서 초등학교급에서 차터스쿨(charter school)을 운영하기로 결정하였다. 이에 교육계에서 찬반논란이 일고 있다(고 가정하자). 차터스쿨에 대해서 설명하고 초등 차터스쿨 설립 운영에 대한 자신의 의견(찬성-반대)을 제시하고 논하시오.

2019년도 기말고사 문제 ✏️

01 학생부종합전형(학종)과 수능전형을 둘러싸고 어느 입시전형이 더 공정한지에 대한 논의가 이루어지고 있다. 교육부는 최근 학생부의 비교과영역을 (거의) 폐지하고 주요대학의 수능전형 비중을 높이고 논술, 특기자전형도 축소한다는 발표를 하였다. 먼저 존 롤즈의 정의론에 근거하여 학종과 수능전형의 공정성에 대해서 논하시오. 그리고 존 롤즈의 정의론에 근거하여 공정한 입시제도를 간략히 제안해보시오.
(존 롤즈 챕터를 공부하지 않았다면 교육사회학 이론이나 본인이 그동안 공부한 내용을 근거로 논리적으로 분석하고 공정한 입시제도를 논해도 됨. 단 만점은 주기 어려움)

02 최근 교육격차, 교육불평등에 대한 논의가 많이 이루어지고 있다. 교육불평등 현상에 대해서 (본인의 경험에 근거하거나 신문등을 통해서 알게 된) 한두 사례를 제시하고 그 해결방안에 대해서 교육사회학의 주요이론에 근거하여 논의해보시오. (특히 교사의 역할에 대해서 논의하면 가산함)

01 한국에서 학생들의 학교선택권을 강화하고 학교 간 경쟁을 통한 교육의 질을 향상시킨다는 취지로 초등학교 입학 바우처(school voucher 혹은 tuition voucher)제도 시행을 논의 중이다. 바우처 제도에 대해서 설명하고 도입여부에 대한 자신의 의견(찬·반)을 제시하고 그 근거에 대해서 논하시오.

02 사교육 문제 및 요인에 대한 학계(역사문화적 시각, 경제학, 사회학, 학교교육내적 시각)의 해결방안에 대해서 본인의 의견을 제시하고 비판적으로 논하시오.

교육사회학 한 학기 강의는 이것으로 마치면 될 거 같다. 기말고사나 학점 관련 혹은 여타 문의사항이 있으면 leekwang@bnue.ac.kr로 문의해주면 된다.

참고문헌

국내외 학술지와 저서

강기수·박소영(2017). 학생부종합전형에 관한 고등학교 교사의 인식 분석. 인문사회과학연구, 18(3), 49~76.

강기수(2017). 학생부전형의 성과와 고교현장의 변화. 김세연의원실, 대교협 공동주체 심포지엄 발표. 연합뉴스 2017. 4.10. 학종전형 신입생, 수능전형보다 저소득 비중 높아.

강윤정·배현주(2017). K – CESA 하위요인별 특징 분석: 의사소통역량을 중심으로. 핵심역량교육연구, 2(2), 15~30.

강재태·유영주(2017). 자유학기제 관련 쟁점 및 운영의 실제 현황, 중등교육연구 제29집

강태중·송혜정·김진경(2012). '사교육'에 대한 입학사정관전형의 영향 분석. 아시아교육연구, 13(4), 1 – 34.

강태중(2009). 고등학교 평준화 배정과 경쟁 선발이 사교육비 지출에 미치는 영향 분석. 교육사회학연구, 19(2), 1 – 30.

고장완(2016). 미국 대학의 등록금 정책과 학자금 정책 분석. 비교교육연구, 26(3), 133 – 160.

교육과학기술부(2009). 사교육을 유발하지 않도록 고교입시 전면 개편. 보도자료, 12월 11일.

교육과학기술부(2012a). 2012년 사교육비 경감대책. 2월 17일.

교육과학기술부(2012b). 2011년 사교육비 조사결과 분석 주요내용. 교육과학기술부 보도자료 2월 17일..

교육부(2014). 모두가 행복한 교육, 미래를 여는 창의 인재. 2014년도 교육부 업무보고 보도자료.

교육부·한국교육개발원. 각 주요 연도별 OECD 교육지표.

교육부·한국교육개발원(2019). 교육통계분석자료집(초중등).

교육부·한국교육개발원(2021). 2021년 교육분야 이슈통계

교육부·한국교육개발원(2021). 통계로 보는 한국의 교육.

교육부(2019). 2016~2019학년도 13개 대학 학생부종합전형 실태조사 결과. 교육부 학생부종합전형조사단. 2019년 11월 5일.

교육부(2019). 2016~2019학년도 13개 대학 학생부종합전형 실태조사 결과. 교육부 학생부종

합전형조사단. 2019년 11월 5일.

교육부(2019). 2019년 국가수준 학업성취도 평가 결과.

교육부(2021). 함께 성장하는 포용사회, 내일을 열어가는 미래교육. 2021년도 교육부 업무계획.

구자옥 외(2016), OECD 국제학업성취도 평가연구. 한국교육과정평가원.

권용재·이광현(2010). 교육생산성에 미치는 요인에 대한 종단분석: 학급규모를 중심으로. 교육재정경제연구, 19(4), 1－39.

김경근(2000). 가족 내 사회적 자본과 아동의 학업성취. 교육사회학연구, 10(1), 21－40.

김경근(2005). 한국사회 교육격차의 실태 및 결정요인. 교육사회학연구, 15(3), 1－27.

김경식(2003). 학교 학업성적에 대한 과외학습의 효과. 교육사회학연구, 13(3), 45－65.

김경자 외(2015). 2015 개정 교육과정 총론 시안 개발 연구. 교육부.

김병진·김시라(2013). 입학사정관 전형 신입생과 타 전형 신입생의 특성 비교 연구. 한국교육, 40(2), 57－78.

김성식·송혜정(2009). 학교 불만족과 특목고 진학 경쟁이 사교육 시간과 비용의 변화에 미치는 영향. 교육사회학연구, 19(4), 21－46.

김수경·김주영(2008). 우리나라 고등학교 학교선택 정책논리 분석. 교육행정학연구, 26(4), 103－124.

김영철(1997). 과외와 사교육비. 교육재정경제연구, 6(특집호), 1－35.

김영철(2011). 고등교육 진학단계에서의 기회형평성 제고방안. KDI 정책연구시리즈, 2011－06.

김영철·공은배(1983). 교육의 경제개발에 대한 기여. 한국교육개발원.

김영철·한유경(2004). 학급규모의 교육효과 분석. 교육재정경제연구, 13(2), 175－202.

김영화(1997). 한국의 경제발전과 교육의 역할: 산업화 전략에 상응한 교육 팽창 정책과 과정. 교육재정경제연구, 6(1), 31－63.

김영화(2011). 미국과 영국의 교육사회학 연구 동향: 2000년 이후. 교육사회학연구, 21(3), 1－26.

김위정(2017). 경기도 자유학기제 성과 분석. (이슈페이퍼 2017－01). 경기: 경기도교육연구원.

김위정·김양분(2013). 대입 입학사정관전형 계획이 사교육비 지출에 미친 영향 분석. 교육사회학 연구, 23(4), 85－117.

김이지·남궁경현·김명옥·김은혜(2014). 학생부 비교과활동 분석: 학생부종합전형 입학생을 중점으로. 입학전형연구, 제3권, 129－167.

김준엽·박소영·신혜숙·민병철(2013). 대학에서의 학습 및 활동을 중심으로 본 입학사정관제 성과. 아시아교육연구, 14(1), 29－50.

김지하·백일우(2006). 게임이론에 기초한 입시과외 수요 분석. 교육재정경제연구, 15(1), 187−215.

김진영(2006). 수학능력 시험 실시 10년간 대학의 서열 변화. 공공경제, 11(1). 121−153.

김진영(2017). 입학전형별 소득분위와 대학생활 적응 양상: 사례분석. 한국재정학회 학술대회 논문집.

김진영·주병기·이광현·박병영·안선회(2020). 대학입시제도 관련 쟁점연구. 2020재정정문가 네트워크−교육분과. 한국조세재정연구원.

김천기(2001). 한국 사회적 맥락에서 본 수준별 교육과정 − 불평등 재생산 기제. 교육사회학 연구, 11(3), 39−56.

김현수·안성진(2016). 면접평가자의 일치성: G 대학교 학생부종합전형을 중심으로. 한국자료 분석분석학회지, 18(6), 3073−3084.

김현욱·정일환(2018). 미국의 교육격차와 지원정책 분석. 비교교육연구, 28(1), 1−27.

김현진(2004). 사교육비 지출 결정 변인 구조 분석. 교육행정학연구, 22(1), 27−45.

김현진(2008). 고교 평준화 제도와 일반계 고등학교 2학년 학생의 사교육비 지출의 관계 실증 분석 연구. 교육행정학연구, 26(2), 1−22.

김회용(2011). 공정성 개념 분석과 대학입학사정관 전형의 공정성 확보 방안. 교육사상연구, 25(1), 21−50.

김희삼(2009). 사교육비 지출에 영향을 주는 학교 특성의 분석. 노동경제논집, 32(3), 27−59.

김희삼(2010). 학업성취도, 진학 및 노동시장 성과에 대한 사교육의 효과 분석. KDI 연구보고 서 2010−05.

김창환 외(2011). 한국의 핵심교육지표 지수 개발을 위한 기초연구. 한국교육개발원.,

남궁경현·이승아·정다운(2016). 대학입학전형별 전공/비전공 학업성취도분석 연구: K대학 사례를 중심으로. 입학전형연구, 제5권, 97−121.

남기곤(2006). 한국 사회에 아직도 딸에 대한 차별이 존재하는가? 경제학연구, 54(2), 119−141.

노현경(2006). 학부모 및 학생 관련 요인과 사교육비 지출간의 구조적 관계 분석. 교육행정학 연구, 24(1), 97−118.

대니얼 골든(2010). 왜 학벌은 세습되는가?. 이기대 옮김. 동아일보사.

류방란 외(2010). 교육복지 지수 개발 및 DB 구축 방안. 한국교육개발원

류영철(2016). 대입전형 평가자 간 신뢰도 분석 및 평가영역별 학업성취도 영향 연구. 공공정 책과 국정관리, 10(2), 161−198.

류영휘(2022). 교육과정 속 타자화: 초등 교과서에 재현된 이주민에 대한 비판적 시각 분석.

교육과정연구, 40(1), 131－155.

마단사럽 지음(이혜영 외 옮김). 마르크스주의와 교육이론. 한길사.

목광수(2021). 정의론과 대화하기. 텍스트CUBE 출판사.

문정주·최율(2019). 배제의 법칙으로서의 입시제도: 사회적 계층 수준에 따른 대학 입시제도 인식분석. 한국사회학, 53(3), 175－251.

문찬주·정설미·이영선·정동욱(2020). 중학교 자유학기제 시행과 학교 수준 학업성취도 간 관계 분석. 교육행정학연구, 38(4), 157－184.

박경호(2009). 교육투자의 경제적 파급효과 분석. 교육행정학연구, 27(3), 253－269.

박경호 외(2017). 교육격차실태 종합분석. 한국교육개발원.

박철희(2007). 다문화 교육의 관점에 기초한 초등 사회 도덕 교과서 내용에 대한 비판적 고찰. 교육사회학연구, 17(1), 109－129.

박현정·이준호(2009). 중학생의 특수목적고등학교 진학계획이 사교육 참여 및 사교육비 지출에 미치는 영향 분석. 아시아교육연구, 10(3), 213－238.

박영숙(2007). 2020 미래교육보고서. 경향미디어.

박영숙·제롬 글렌(2017). 세계미래보고서: 2030－2050. 교보문고.

박영숙·제롬 글렌(2020a). 세계미래보고서 2021. 포스트코로나 특별판. 비즈니스북스.

박영숙·제롬 글렌(2020b). 세계미래보고서 2035－2055. 교보문고.

박현진·김영화(2010). 가정의 문화자본과 사회자본이 영어학업성취에 미치는 영향에 대한 잠재성장모형 분석. 교육사회학연구, 20(4), 55－82.

백병부(2010). 학습부진 극복 여부에 대한 수준별 하반 편성 및 특별보충수업의 효과. 교육사회학연구, 20(4), 83－110.

백일우·김지하(2003). 입시과외수요 추정을 위한 회귀모형 분석. 교육재정경제연구, 12(1), 81－100.

백일우(1999). 과외행위에 대한 교육경제학적 이해. 교육학연구, 37(4), 291－305.

변수용·김경근(2008). 부모의 교육적 관여가 학업성취에 미치는 영향: 가정배경의 영향을 중심으로. 교육사회학연구, 18(1), 39－66.

사교육걱정없는세상(2019). 문대통령 시정연설 중 정시비중 상향을 포함한 입시제도 개편안에 대한 논평. 문대통령이 언급한 정시비중 상향, 현재 특권 대물림 교육 체제에 절망한 국민 다수의 바램과는 아무 관계없어.

성기선(2010) 중학생들의 학업성취도에 미치는 가정배경의 영향력 변화에 관한 연구. 교육사회학연구, 20(23), 83－104.

송경오·이광현(2010). 일반계 고등학교 학생의 사교육 수요에 영향을 미치는 학교교육 특성에 대한 패널 분석. 교육행정학연구, 28(4), 301−326.

송기창(2007). 학교선택제의 이상과 실상: 국내 적용 가능성 탐색을 위한 미국의 학교선택제 분석. 교육행정학연구, 25(3), 151−176.

신지섭·주병기(2021). 한국노동패널과 가계동향조사를 이용한 소득기회불평등의 장기 추세에 대한 연구. 경제학연구, 69(1), 51−95.

신철균·박민정(2015). 자유학기제를 경험한 세 학교에 대한 사례 연구. 교육행정학연구, 33(1), 309−338.

스티글리츠, 조지프(2012). 불평등의 대가. 열린책들. 이순희 옮김. 원제: The Price of Inequality.

아손 그렙스트(2005). 스웨덴 기자 아손, 100년 전 한국을 걷다(김상열 옮김). 책과함께.

안선회·안수진(2015). 2015학년도 대입전형간소화정책의 효과성과 타당성 평가: 학생, 학부모, 교사의 효과성 인식에 근거한 인과가설을 중심으로. 교육문제연구, 57권, 233−269.

안선회(2015). 공교육 정상화를 통한 사교육비 경감 정책 주장의 실제적 타당성 분석: 대학입학전형제도와의 연관성을 중심으로. 교육문화연구, 21(6), 36−69.

안선회(2018). 대입제도 정책결정과 정책집행 연계성 분석: 노무현, 이명박, 박근혜 정부의 대입제도를 중심으로. 한국교육학연구, 24(1), 57−92.

양성관(2019). 대입제도 개편을 위한 공론화 과정의 '대입전형 공정성' 재검토. 교육행정학연구, 37(4), 23−57.

양은목·서창호·홍도원·김종훈(2016). 대학입학전형별 학업성취도 분석을 통한 입학사정관제 개선 방안: A대학 사례분석. 디지털융복합연구, 14(4), 387−396.

양정호(2003). 중학생의 과외참여 요인에 관한 연구: TIMSS−R의 위계적 일반화선형모형분석. 한국교육, 30(2), 261−283.

오성배(2015). 대학입학전형별 입학생의 학교생활 추이 분석. 한국교육문제연구, 33(1), 1−18.

오성배(2016). 대학생의 입학전형별 학업성취 및 학교생활 분석. 한국교육문제연구, 34(3), 157−75.

우명숙(2010). 교육생산함수를 활용한 교육자원과 학업성취도의 관계 분석. 교육재정경제연구, 19(1), 1−27.

유발 하라리, 재레드 다이아몬드 외(2019). 초예측. 웅진지식하우스.

유진성(2021). 우리나라 교육지표 현황과 사교육 영향 분석. KERI 정책 제언 21−01. 한국경제연구원.

원지영(2009). 부모의 사회경제적 지위와 가정 내 사회적 자본이 청소년의 학업성취도에 미치는 영향. 청소년학연구, 16(9), 125-150.

유백산 · 황여정(2011). 일반계 고등학생의 비교과영역 성취에 영향을 미치는 요인: 수상경험 및 임원경험을 중심으로. 교육문제연구, 41, 61-92.

윤소정 · 전보 라 김회용(2015). 국내 대학 입학사정관제의 공정성 실태와 확보방안, 수산해양 교육연구, 27(1), 74-82.

윤정일 · 송기창 · 조동섭 · 김병주(2002). 한국 교육정책의 쟁점. 교육과학사.

윤현진 외(2007). 미래 한국인의 핵심역량 증진을 위한 초 · 중등학교 교육과정 비전 연구(I): 핵심역량 준거와 영역 설정을 중심으로. 서울: 한국교육과정평가원.

윤형식 · 강창완(2015). 입학전형유형에 따른 전형요소 및 신입생 특성 분석: 2015학년도 D대 학 입학전형을 중심으로. 한국자료분석학회지, 17(5), 2483-2493.

이광현 · 권용재(2011). 사교육비와 사교육시간이 학업성취도에 미치는 효과 분석. 교육재정경 제학회, 20(3), 99-133.

이광현 · 권용재(2012). 한국, 대만, 홍콩 학생들의 다문화 의식 비교 연구. 비교교육연구, 23(3), 131-152.

이광현 · 권용재(2014). 입학사정관제 전형 입학생들과 일반전형 학생들의 대학생활 비교 분 석. 교육문제연구, 27(2), 23-47.

이광현 · 권용재(2019). 특목고 자사고 지원 계획이 초등학생 사교육비 지출에 미치는 영향. 교 육사회학연구, 93-116.

이광현 · 김성자(2011). 교과교실제 운영경비의 표준화 방안. 한국교육개발원.

이광현 · 송지훈 · 임현정 · 정영모(2018). 교육격차 실태에 관한 실증적 자료조사. 교육복지정책 중점연구소.

이광현 · 안선회 · 이수정(2022). 학생부종합전형 쟁점분석: 학종 입학생들의 소득 수준 분석. 지방교육경영, 25(1), 23-51.

이광현(2005). 학급당 학생 수 예측에 따른 교육재정 효율화 방안 연구. 한국교육 32(3), 81-105.

이광현(2007). 교육격차지수 개발 연구: 방법론 검토를 중심으로. 한국교육행정학회, 25(1), 1-24.

이광현(2007). 학교선택이 수학학업성취도에 미치는 영향 분석: PISA 자료 분석을 중심으로. 교육사회학연구, 17(4), 87-107.

이광현(2010). 학교장의 변혁적 지도성이 사교육비에 미치는 영향. 교육재정경제연구, 19(1), 153-182.

이광현(2011). 초 · 중등 교육경제학 연구의 주요 쟁점과 연구과제. 교육재정경제연구, 20(2),

131 – 159.

이광현(2012). 특목고 자사고 진학계획이 초등학생 사교육비 지출에 미치는 영향, 교육사회학
연구, 22(2), 155 – 178.

이광현(2016). 학생 수 변화에 따른 지방교육재정교부방식 개선방향. 교육재정경제연구,
25(1), 83 – 107.

이광현(2018). 학생부종합전형의 쟁점 분석과 대입제도 개선방향. 교육사회학연구, 28(3),
57 – 95.

이광현(2018). 미래교육환경과 교육복지센터로서의 학교 역할 강화. 지방교육경영, 21(3),
20 – 43.

이광현(2020). 교육격차 분석 프레임, 교육격차의 원인과 대책. 제2회 울산광역시 교육정책세
미나.

이광현(2022). 학령인구 수 추계에 따른 초등교사 수요예측, 교육사회학연구, 32(20),
163 – 186.

이광현(2022). 한국과 해외의 초등교원양성체제 발전 현황 비교 분석. 초등교육연구. 부산교육
대학교(발간예정).

이규재(2020). 콜만 보고서로부터 형성된 학교효과 개념의 재고찰. 교육사회학연구, 30(4),
199 – 230.

이기혜 · 전하람 · 최윤진(2017). 서울시 고교생의 대학입학전형 영향 요인 분석. 교육과학연구,
77 – 106.

이기혜 · 최윤진(2016). 대학입학전형 선발 결정요인 분석: 가정배경 및 학교 관련 요인을 중심
으로. 한국교육학연구, 22(1), 135 – 163.

이동엽 외(2019). 교원 및 교직환경 국제비교연구: TALIS 2018 결과를 중심으로. 한국교육개
발원.

이수정 · 조원기(2014). 대입전형에서 학생부 내신 반영 강화 정책과 고교생의 사교육비 지출
간의 관련성 분석. 직업능력개발연구, 17(3), 125 – 150.

이수정 · 임현정(2009). "중학생의 학업성취에 대한 사교육비 효과 분석." 교육재정경제연구,
18(1), 141 – 166.

이수정(2007). 명문대 중심 대입관과 사교육비 지출간의 관계 분석: 사교육 원인에 대한 사회
심리적 접근. 교육행정학연구, 25(4), 455 – 484.

이은우(2004). 사교육비 지출행위에 대한 경제분석. 경제연구, 22(2), 1 – 31.

이은주 의원실 2020년 제공 교육부자료. https://v.daum.net/v/20210813153600148

이장익(2012). 대학입학 전형제도 유형과 대학생 핵심역량에 대한 연구. 농업교육과 인적자원

개발, 44(2), 73−96.

이종구·김태진·권기현(2009). 사교육비 지출 패턴과 경감정책 효과분석. 한국교육, 36(2), 189−221.

이준구(1989). 미시경제학. 법문사.

이창수·전종규·송백훈(2015). 대입전형 결과의 사회경제적 비형평성: 한국과 미국 연구의 시사점. 비교교육연구, 25(1), 47−72.

이필남·곽진숙(2013). 국가장학금이 대학생의 근로 및 학업활동에 미치는 영향. 교육재정경제연구, 22(4), 213−242.

이필남(2011). 대학 입학사정관전형 지원 계획과 사교육 수요 관계 분석. 교육재정경제연구, 20(4), 125−151.

이필남(2020). 자유학기제의 효과 분석: 기대와 우려에 대한 계량적 접근. 교육재정경제연구, 29(2), 61−82.

이호섭·김정희(2011). 자기주도학습을 평가요소로 반영한 입학사정관전형 사례 분석. 교육정치학연구, 18(2), 163~181.

이희숙(2020). 국가장학금 정책의 학자금 부담 경감 효과 분석. 교육행정학연구, 38(3), 229−252.

임천순·우명숙·채재은(2008). 사교육 수요 분석: 학습보충론과 미래투자론. 교육재정경제연구, 17(2), 1−27.

자크 아탈리 저(김수진 옮김), 어떻게 미래를 예측할 것인가. 21세기 북스

장상수(2008). 가족배경, 문화자본, 성적. 한국사회학, 42(3), 63−85.

장수명(2006). 대학서열의 경제적 수익 분석. 한국교육, 33(2), 75−107.

전경희·김자영(2017). 잠재성장모형을 이용한 대학 입학전형 유형별 학업성취도 변화 추이 분석. 교육연구논총, 38(1), 243−263.

전우홍·양정호(2005). 학교선택요인이 학업성취에 미치는 영향: 한국교육고용패널의 위계적 선형모형 연구. 교육재정경제연구 14(2). 109−135

전창완(2005). 학교교육을 통한 과열 사교육 해소 대책의 한계: 부산지역을 중심으로. 한국교육, 32(3), 401−426.

정제영·신인수(2009). 미국 차터스쿨의 학업성취도에 관한 메타분석. 교육행정학연구, 27(1), 101−122.

조성민 외(2019). OECD 국제학업성취도 평가 연구: PISA 2018 결과 보고서. 한국교육과정평가원

주영효·김상철(2017). 학생부종합전형 정책 분석 및 개선 방안. 교육행정학연구, 35(1),

141－168.

최강식(1997). 교육이 경제성장에 미친 효과 분석. 교육재정경제연구, 6(1), 229－257.

최상덕 외(2013). 자유학기제 실행방안. 한국교육개발원 포지션 페이퍼.

최석준·김병수(2010). 입학사정관제 전형 입학자와 수능중심 전형 입학자간의 학업성취도 비교분석. 한국산학기술학회논문지, 11(11), 4220－4227.

최석현·박철용(2013). 입학사정관 전형 입학생의 학업성취도에 관한 연구: K대학교 사례. 한국데이터정보과학회지, 24(6), 1149~1157.

최석현·박철용(2014). 잠재성장모형을 이용한 성별과 모집단위별 학업성취도에 관한 연구: K대학교 사례. 한국데이터정보과학회지, 25(2), 411~422.

최예슬(2022). 학업탄력성의 개념적 이해 및 교육 연구에의 시사점. 교육문화연구, 28(2), 57－85.

최윤진(2016). 중학교 수준별 수업의 현실과 의미에 대한 비판적 성찰. 교육사회학연구, 26(2), 145－182.

최필선·민인식(2015). 부모의 교육과 소득수준이 세대 간 이동성과 기회불균등에 미치는 영향. 사회과학연구, 22(3), 31－56.

통계청. 각 연도별 사교육비 조사결과.

한국교육과정평가원(2019). 2019학년도 수능성적분석결과 발표.

한국교육개발원(2021). 공립학교 학교회계 분석 종합보고서.

한국장학재단 홈페이지. 국가장학금 유형.

한세리·김안나(2018). 사회자본과 학업성취도 향상: 가정과 학교의 상호작용 효과. 교육사회학연구, 28(2), 157－182.

한우석·강경희·김진경·이혜경(2012). 대학입학사정관제에 대한 고등학교 교사의 인식에 대한 연구: 면접전형을 중심으로. 디지털정책연구, 10(1), 391－397.

허정은·원효헌(2015). 학생부종합전형에 따른 고교 교육의 변화 분석. 수산해양교육연구, 27(3), 804－812.

홍창남(2006). 교사효능감 제고 가능성에 대한 실증 분석. 교육행정학연구, 24(4), 161－185.

황여정(2010). 능력별 집단편성이 중학생의 학업성취도에 미치는 영향. 교육사회학연구, 20(4), 191－222.

황여정·김경근(2012). 입학사정관 제도에 대한 정보접근성 영향요인 및 그 계층적 함의. 한국교육학연구, 18(3), 183－211.

황지원·손유미·배영은(2017). 대학생들의 개인 배경변인에 따른 핵심역량 차이분석: K－CESA 진단결과를 중심으로. 핵심역량교육연구, 2(1), 107－123

Appia, K.A.(2018). The Myth of Meritocracy: Who really gets what they deserve?.

Aristoteles. Ethica Nicomachea. 아리스토텔레스 저. 니코마코스 윤리학. 강상진·김재홍·이 창우 옮김(2018). 서울: 길.

Aristoteles. Politika.. 아리스토텔레스 저. 정치학. 김재홍 옮김(2018). 서울: 길.

Arrow, K.(1973). Higher education as a filter. Journal of Public Economics, 2, 193−216.

Althusser, L,(1972). "Ideology and ideological state apparatuses (Notes towards an investigation)." In Lenin and Philosophy and Other Essays.

Blair, T.(2001), I want a meritocracy, not survival of fittest.

Balsa, A.I., Giuliano, L.M., French, M.T.(2011). The effects of alcohol use on academic achievement in high school. Economics of Education Review, 30(1), 1−15.

Banks, J. An Introduction to Multicultural Education. 5th. 모경환 외 옮김(2016). 다문화 교육 입문. 아카데미 프레스.

Barro, R. J.(1991). Economic growth in a cross section of countries. Quarterly Journal of Economics, 106(2), 407−443.

Barro, R. J. and Lee, J. W.(1993). International comparisons of educational attainment, Journal of Monetary Economics, 32(3), 363−394.

Becker, G. S., Kevin, M. M. and Tamura, R.(1990). Human capital, fertility, and ecnomic growth. Journal of Political Economy, 98(5), part (II), s12−s37.

Bettinger, E. & Loeb, S.(2017). Promises and pitfalls of online education. Evidence Speaks Reports, 2(15). Brookings Institute.

Bettinger, E.(2005). The effect of charter schools on charter students and public schools. Economics of Education Review. 24(2). 133−147.

Betts, J. R. & Shkolnik, J. L.(1999). The behavioral effects of variations in class size: The case of math teachers. Educational Evaluation and Policy Analysis, 21(2). pp. 193−213.

Bifulco R. and Ladd, H.F.(2007). School choice, racial segregation, and test−score gaps: Evidence from North Carolina's charter school program. Journal of Policy Analysis and Management, 26(1), (Winter 2007): 31−56.

Bils, M. & Klenow, P.(2000). Does schooling cause growth? American Economic Review, 90(5), 1160−83.

Borghans, L. Golsteyn, B.H., Heckman, J.J. and Humphries, J.E.(2016). What Grades and Achievement Tests Measure. PNAS, 113(47), 13354−13359.

Bourdieu, P.(1979). La Distinction. 최종철 옮김. 구별짓기(상·하). 새물결.

Bourdieu, P.(1986). The Forms of Capital. in Richardson, J.(ed.). Handbook of Theory and Research for the Sociology of Education. Westport, CT: Greenwood, pp. 241-58.

Bourdieu, P. & Passeron, J.C.(1970). La Production. 이상호 옮김. 재생산. 동문선.

Bowles, S. & Gintis, H.(1976). Schooling in Capitalist America. 이규환 옮김. 자본주의와 학교교육. 사계절.

Bowles, S. & Gintis, H.(1986). Democracy and Capitalism: Property, Community, and the Contradictions of Modern Social Thought. New York: Basic Books.

Bowles, S. & Gintis, H.(2002). Schooling in Capitalist America Revisited. Sociology of Education, 75(1), 1−18.

Bray, M.(1999). The shadow education system: private tutoring and its implications for planners. Paris: IIEP−UNESCO.

Bueno, C.(2020). Bricks and Mortar vs. Computers and Modems: The Impacts of Enrollment in K−12 Virtual Schools. (EdWorkingPaper: 20−250)

Byun, S. & Park, H.(2011). The academic success of East Asian American youth: The role of shadow education. Sociology of Education Online First, Prepublished on July 29, 2011.

Camilli, G. & Bulkely, K.(2001). Critique ofAn Evaluation of the Florida A−Plus Accountability and School Choice Program", Education Policy Analysis Archives. 9(7). http://epaa.asu.edu/epaa/v9n7

Card, D. & Giuliano, L.(2015). Can Universal Screening Increase the Representation of Low Income and Minority Students in Gifted Education?. NBER. Working Paper 21519.

Carr, E.H.(1961). What is History. 역사란 무엇인가. 김택현 옮김(2015). 까치글방.

Carruthers, C.K. & Welch, J.G.(2019). Not whether, but where? Pell grants and college choices. Journal of Public Economics, 172, 1−19.

Chubb, J. E. & T. M. Moe(1990). Politics, Markets and America's Schools. Brookings.

Coleman, J., Hoffer, T., & Kilgore, S.(1982). Cognitive outcomes in public and private schools. Sociology of Education, 55(2), 65−76.

Coleman, et al.(1966). Equality of Educational Opportunity. US. Government Printing Office.

Coleman, J.(1988). Social capital in the creation of human capital. American Journal of Sociology, 94, s94—s121.

Collins, R.(1971). Functional and conflicts theories of educational stratification, American Sociological Review, 36(6), 1002—1019.

Collins, R.(1977). Some comparative principles of educational stratification, Harvard Educational Review, 47(1). 1—27.

DiMaggio, P. J. & Powell, W.(1983). The iron cage revisited: Institutional isomorphism and collective rationality in organizational fields. American Sociological Review, 48(2), 147—160.

Douglas, S. M.(2007). Categorically Unequal: The American Stratification System. NY. Russel Sage Foundation.

Durkeim, E.(1956). Education and Sociology. Sherwood, F.(translator). The Free Press, Glencoe. IL. 에밀 뒤르켕 저, 교육사회학, 정헌주 옮김(2020). 간디서원.

Durkeim, E.(1956). Education and Sociology. Sherwood, F.(translator). The Free Press, Glencoe. IL. 에밀 뒤르켕 저, 교육과 사회학, 이종각 옮김(2019). 배영사.

Durkeim, E.(1961). The First Element of Morality: The Spirit of Discipline. Moral Education: A Study in the Theory of Application of Sociology of Education. The Free Press.

Elmore. R.F.(1979). Backward mapping. Political Science Quarterly 94:601—616

Ferguson & Ladd, H.F(1996). How and Why Money Matters: An Anslysis of Alabama Schools., in Ladd, H.F.(Ed). Holding Schools Accountable. Brookings.

Ferguson, R. and Ladd, H.F.(1996). How and why money matters: Analysis of Alabama schools. In Ladd, H.F.(Ed.), Holding Schools Accountable. Washington, DC: The Brookings Institution. Ch. 8, pp. 265—298.

Friedman, M.(1962). The Role of government in education (CH VI). Capitalism and Freedom. The University of Chicago Press.

Goux, D. & Maurin, E.(2010), "Public school availability for two—year olds and mothers' labour supply", Labour Economics, Vol. 17(6), 951—962.

Greene et al.,(1996). The effectiveness of school choice in Milwaukee: A secondary analysis of data from the program's evaluation University of Houston mimeo. August, 1996.

Greene, J. P. & Winters. M.A.(2003). When schools compete: The effects of vouchers on Florida public school achievement. Education Working Paper, N.2, NY: Manhattan Institute.

Greene, J. P.(2001). An Evaluation of the Florida−A Plus accountability and school choice program. NY: the Manhattan Institute.

Haidt, J.(2012). The Righteous Mind. 하이트(2012), 황수민 옮김(2014). '바른 마음'. 웅진지식하우스.

Hanushek, E. (1987).The economics of schooling: Production and efficiency in public schools. Journal of Economic Literature, 24, 1141−1177.

Hanushek, E.(1994). An exchange: Part II: Money might matter somewhere: A response to Hedges, Laine, and Greenwald. Educational Researcher, 2(4), 5−8.

Hanushek, E.(1996). A more complete picture of school resource policies. Review of Educational Research, 66(3), 397−409.

Hanushek, E.(1997). Assessing the effects of school resources on student performance: An update. Educational Evaluation and Policy Analysis, 19(2), 141−164.

Hanushek, E.(2016). Will more higher education improve economic growth?. Oxford Review of Economic Policy, 32(4), 538−552.

Hanushek, E. & Kimko, D.(2000). Schooling and labor−force quality, and the growth of nations. American Economic Review, 90(5), 1184−208.

Hanushek, E. & WoBmann, L.(2007). Education Quality and Economic Growth. The World Bank, Washington, D.C.

Hanushek, E.A. and Woessmann, L.(2016). Knowledge capital, growth, and the East Asian Miracle. Science, 351(6271). 344−345

Hart, C.M., Berger, D., Jacob, B., Loeb, S., & Hill, M.(2019)., Online Learning, offline learning outcomes: Online course taking and high school student performance. AERA Open, 5(1), 1−17.

Hassel, B. C.(1998). The case for charter schools (Ch. 2) In Paul Peterson & Bryan C. Hassel, (Eds.), Learning from School Choice. Brookings: Washington D.C.

Heckman, J., Moon, H., Pinto, R., Savelyev, P. & Yavitz. A.(2010), "The Rate of Return to the HighScope Perry Preschool Program", Journal of Public Economics, Vol. 94(1−2), p. 114−128.

Heckman, J., Stixrud, J., & Urzua, S.(2006). The Effects of Cognitive and Noncognitive Abilities on Labor Market Outcomes and Social Behavior. Journal of Labor

Economics, 24(3), 411−482.

Hedges, L. V. & Olkin, I.(1985). Statistical Methods for Meta−Analysis, San Diego, CA: Academic Press.

Hedges, L. V., Laine, R.D., & Greenwald, R.(1994). Does money matter? A meta−analysis of studies of the effects of differential school inputs on student outcomes. Educational Researcher, 23(3), 5−14.

Hirsch, E.D.(2016). Why Knowledge Matters: Rescuing Our Children from Failed Educational Theories. Harvard Education Press.

Hirsch, E.D.(1996). The Schools We Need: And Why We Don't Have Them. Anchor Books.

Hirschman A.O.(1970). Voice, Exit and Loyalty. Cambridge: Harvard University

Hirschman, A.O.(1970). Exit, Voice, and Loyalty. 떠날 것인가 남을 것인가. 강명구 옮김. 나남출판.

Hoxby, C. M.(2000). Does competition among pubic schools benefit students and taxpayers? American Economic Review, 90(5), 1209−1238.

Hoxby, C. M.(2003).School Choice and School Productivity: Could School Choice Be a Tide that Lifts All Boats?" in Caroline M. Hoxby (ed.), The Economics of School Choice (Chicago: University of Chicago Press), pp. 287−302.

Hoxby, C. & Turner, S.(2014). Expanding College Opportunities for High Achieving, Low Income Students. Siepr Paper No. 12−014.

Hyman, J.(2017). ACT for All: The Effect of Mandatory College Entrance Exams on Postsecondary Attainment and Choice. Education Finance and Policy, 12(3), 281−311.

Jacob, B., Berger, D., Hart, C., & Loeb, S.(2016). Can technology help promote equality of educational opportunities? Russell Sage Journal of the Social Science, 2(5), 242−271.

Kaestner, R. and Grossman, M.(2009). Effects of weight on children's educational achievement. Economics of Education Review, 28(6), 651−661.

Kahl, J.(1953). The American Class Structure. Rinehart & Company, Inc. NY.

Kane, P.R.(2002). An interview with Milton Friedman on Education. Occasional Paper No. 67 National Center for the Study of Privatization in Education. Teachers College, Columbia University

Kant, Immanuel. Eine Vorlesung Ueber Paedagogik. 칸트 저. 칸트의 교육학 강의. 조관성 옮김(2001). 서울: 철학과 현실사.

Karabel, J.(2005). The Chosen : The Hidden History of Admission and Exclusion at Harvard, Yale, and Princeton. 누가 선발되는가: 사례편 하버드, 예일, 프린스턴의 입학사 정관제. 이종삼 옮김(2010). 한울.

Karabel, J.(2005). The Chosen : The Hidden History of Admission and Exclusion at Harvard, Yale, and Princeton. 누가 선발되는가: 역사편 하버드, 예일, 프린스턴의 입학사 정관제. 이종삼 옮김(2011). 한울.

Kizilcec, R.F. & Halawa, S.(2015). Attrition and achievement gaps in online learning. ACM, March.

Krueger, A.(2002). Economic considerations and class size. Economic Journal, 2003, vol. 113 (February).

Krueger, A. and Zhu, P.(2004). Another look at the New York City school voucher experiment. American Behavioral Scientist, 47(5), 658−698.

Krueger, A. and Zhu, P.(2004). Inefficiency, subsample selection bias, and nonrobustness: A response to Paul E. Peterson and William G. Howell. American Behavioral Scientist, 47(5), 718−728.

Labaree, D.F.(2004). The Trouble with Ed Schools. Yale University Press. 유성상 외 번역(2020). 교사교육의 딜레마. 박영스토리.

Labaree, D.F.(1997). Public goods, private goods: the American struggle over educational goals. American Educational Research Journal, 34(1), 39−81.

Ladd, H.F. & Glennie, E.J.(2001). Claims for school voucher success in Florida not justified. Education Reform 1(1). Center for Child and Family Policy, Duke University.

Ladd, H.F.(2002). School vouchers: A critical view. Invited paper, Journal of Economic Perspectives. 16(4). 3−24.

Ladd. H.F.(2002). A−Plus for vouchers? Education Week. 2(2).

Lazear, E. P.(2001). Educational Production. The Quarterly Journal of Economics. August 2001. Issue 3.

Levin, H. & Belfield, C.(2002). The effects of competition on educational outcomes: A review of the US evidence. Review of Educational Research, 72(2), 279−341.

Lortie, D.(1975). Schoolteacher: A Sociological Study. University of Chicago. 진동섭 외

번역/저. 미국과 한국의 교직사회: 교직과 교사의 삶. 양서원.

Lubienski. C.(2003a). Innovation in education markets: Theory and evidence on the impact of competition and choice in charter schools. American Educational Research Journal, 40 (2), 395－443.

Marx, K. & Engels, F. The German Ideology. 박재희 옮김(1976). 독일이데올로기I. 청년사.

Marx, K.(1867). Das Kapital. 영문판은 The Capital: A Critical Analysis of Capitalist Production. 자본론I: 정치경제학 비판(상/하). 김수행 옮김(2001). 비봉출판사.

Mosteller, F. & Moynihan, D.P.(Eds). On equality of educational opportunity : papers deriving from the Harvard University faculty seminar on the Coleman report. 1972. Random House New York.

McNeil, Linda M.(1983). "Defensive Teaching and Classroom Control," pp. 114－142 in Michael W. Apple and Lois Weis, eds., Ideology and Practice in Schooling . Philadelphia, PA: Temple University Press.

McNulty, R. & Baird, K.(2020), The Impact fo School Closures on Student Learning. SPN

Meunier, M.(2011). Immigration and student achievement: Evidence from Switzerland. Economics of Education Review, 30(1), 16－38.

Murnane, R.J. & Levy, F. (1996). Evidence from fifteen schools in Austin, Texas. In Gary Burtless,(Ed.) Does Money Matter?: The Effect of School Resources on Student Achievement and Adult Success. Brookings.

Nelson, R.R. and Phelps, E.(1966). Investment in humans, technological diffusion, and economic growth. American Economic Review, 56(2), 69－75.

OECD(2018). A Broken Social Elevator? How to Promote Social Mobility.

OECD(2019). PISA 2018 Result(Volume II).

Park, H., Byun, S. & Kim, K.(2011). Parental involvement and students' cognitive outcomes in Korea: Focusing on private tutoring. Sociology of Education, 84(1), 3－22.

Parsons, T.(1959). The school class as a social system: Some of its functions in American society. Harvard Educational Review, 29, 297－318.

Peterson, P.(1998), School choice: A report card. In Paul Peterson & Bryan C. Hassel, (Eds.), Learning from School Choice. Brookings: Washington D.C.

Peterson, P.E. & Howell, W.G.(2004). Efficiency, bias, and classification schemes: A response to Alan B. Krueger and Pei Zhu. American Behavioral Scientist, 47(5), 699-717.

Putnam, R.(1993). The prosperous community: Social capital and public life, The American Prospect 13, 35-42.

Putnam, R.(2000). Bowling Alone : the Collapse and Revival of American Community 정승현 옮김. 나 홀로 볼링: 사회적 커뮤니티의 붕괴와 소생. 페이퍼로드.

Putnam, R.(2015) Our Kids: The American Dream in Crisis. 정태식 옮김. 우리아이들: 빈부격차는 어떻게 미래 세대를 파괴하는가? 페이퍼 로드.

Ravitch, D.(1983). The Troubled Crusade: American Education, 1945-1980. Basic Books.

Ravitch, D.(2010). The Death and Life of the Great America School System. Cambridge. 윤재원 옮김(2011). 미국의 공교육 개혁, 그 빛과 그림자. 한국방송통신대학교 출판부.

Ravitch, D.(2019). Slaying Goliath. 유성상 옮김(2022). 골리앗 무찌르기: 미국의 교육개혁과 그 적들. 박영스토리.

Rawls, J.(1971). A Theory of Justice. Harvard University Press. 황경식 옮김. 사회정의론. 서광사.

Reeves, R.V.(2017). Dream Hoarders: How the American Upper Middle Class is Leaving Everyone Else in the Dust, Why That Is a Problem, and What to Do About It. The Brookings Institution. 리브스 저(김승진 옮김). 20 vs 80의; 사회. 상위 20퍼센트는 어떻게 불평등을 유지하는가. 민음사.

Ronning, M.(2011). Who benefits from homework assignment? Economics of Education Review, 30(1), 55-64.

Rothstein, J.(2007). Does competition among public schools benefit students and taxpayers? A comment on Hoxby(2000). American Economic Review, 97(5), 2026-2037.

Rouse, C. E.(1998). Private school vouchers and student achievement: An evaluation of the Milwaukee parental choice program. The Quarterly Journal of Economics, 113(2), 553-602.

Rouse, C.E., & Barrow, L.(2009). School vouchers and student achievement: Recent evidence, remaining questions. Annual Review of Economics, 1, 17-42.

Rychen, D. S., & Salganik, L. H.(2003). A holistic model of competence. In D. S. Rychen,& L. H. Salganik(Eds.), Key competencies for a successful life and a well functioning society. Cambridge, MA: Hogrefe & Huber Publisher, 41−62.

Sandel, M.(2009). Justice: What's the Right Thing to Do. 마이클 샌델 저. 이창신 옮김. 정의란 무엇인가? 김영사.

Schultz, T.W.(1961). Investment in human capital. American Economic Review, 51(1), 1−17.

Seth, M. J.(2002). Education Fever: Society, Politics, and the Pursuit of Schooling in South Korea. Yniversity of Hwaii Press. 마이클 세스 저. 유성상·김우영 옮김(2020). 한국교육은 왜 바뀌지 않는가. 학지사.

Solon, G.(1992). Intergenerational income mobility in the United States. American Economic Review, 82(3) 393−408.

Spence, M.(1973). Job market signaling. The Quarterly Journal of Economics, 87(3), 355−374.

Stiglitz, J. E.(1975) The theory of screening, education, and the distribution of income. American Economic Review. 65(3), 283−300.

Stock, W. A., Finegan, A., & Siegfried, J.(2009). Can you earn a Ph.D. in economics in five years? Economics of Education Review, 28(5), 523−537.

Susan Dynarski(2017) Simple Way to Help Low−Income Students: Make Everyone Take SAT or ACT Credit. New York Times.

The Story of American Public Education. Mondale, S. & Pattonm, S.B.(2001). 미국 공교육의 역사. 유성상 옮김(2014) 학이시습.

Tiebout, C. M.(1957). The pure theory of local expenditure, Journal of Political Economy 64. 416−424.

Toyama, K.(2015). Geek Heresy. 전성민 옮김. 기술중독사회. 유아이북스.

Weber, M.(1946). The Rationalization of Education and Training, in Max Weber: Essays in Sociology. Oxford University Press Inc.

Weick, K.(1976). Educational organizations as loosely coupled systems. Administrative Science Quarterly, 21(1), 1−19.

Witte, et al.,(1995). Fourth year report: Milwaukee parental choice program. Report to the Wisconsin State Legislature.

Witte, et al.(1997). Achievement effects of the Milwaukee voucher program. Department of Political Science, University of Wisconsin−Madision.

Young, M.(1958). The Rise of Meritocracy. 교육과 평등론: 교육과 능력주의 사회의 발흥.

한준상, 백은숙 옮김. 전예원.

Young. M.(2001). Down with Meritocracy.

기타 언론보도, 웹사이트 등

경향신문(2022. 9. 2). 민주시민 대신 인성교육.

동아일보(2016.8.22). 평가경력 평균 3.4년 베테랑 적어… 대부분 계약직 신분.

머니투데이(2017.2.6). 조희연 "학종 선발비율 3분의 1로 규제… 수시 정시 통합해야"

머니투데이(2018. 5. 7).수시 VS 정시 어느 쪽 학생이 우수? 교육계 '갑론을박'

연합뉴스(2015. 11. 27). 미국 소수인종 우대 입학 또 다시 논란… 대법 재심의.

연합뉴스(2017.2.6) 조희연 "학종전형 칼 안대면 살아남지 못해… 대수술 불가피"

연합뉴스(2017.10.31) 믿기 힘든 학생부… 조작, 무단정정으로 교원 징계 잇따라.

연합뉴스(2018.4.4.). '교수 논문에 미성년 자녀 끼워넣기' 10여 년간 138건(종합).

연합뉴스(2022.8.29). 중학생이 수업 중에 교단에 누워 휴대전화… 교권 침해여부 조사.

연합뉴스(2022.7.27). 중국 사교육 금지 1년… 지하시장 형성, 교육양극화 심화.

중앙일보(2018.5.15). 대입 넌 누구냐. 학생부, 넌 학생 편이니.

중앙일보(2010.10.22) 서울대 입학사정관 24명 중 8명이 20대.

파이낸셜 뉴스(2022.8.2). 블라인드 채용, 인사담당자 80% 만족.

EBS(2020.1.6.). 다시 학교 1부 가르치지 않는 학교. EBS 다큐프라임.

부산교육대학교 4학년 교육사회학 수업 수강생 리포트(2020 – 2021): 교육불평등 경험 사례 이현주, 홍지영의 Push & Advice.

https://www.socialmobilityindex.org/

https://www.brookings.edu/research/use−of−data−from−21st−century−skills−assesments−issues−and−key−principles/

https://www.theguardian.com/news/2018/oct/19/the−myth−of−meritocracy−who−really−gets−what−they−deserve

https://www.yna.co.kr/view/AKR20151127006200075?input=1179m

https://www.theguardian.com/politics/2001/jun/29/comment

https://eric.ed.gov/?id=ED012275

https://dlabaree.people.stanford.edu/selected−papers

https://www.independent.co.uk/voices/commentators/i−want−a−meritocracy−not−survival−of−the−fittest−5365602.html

찾아보기(인명)

찾아보기(사항)

이광현

서울대학교 인문대학 졸업
미국 듀크대학교(Duke University) 정책학 석사
미국 미시간 주립대학교(Michigan State University)
　　교육학박사(교육정책전공)
현) 부산교육대학교 교육학과 교수
　　한국교육사회학회 이사, 한국교육정치학회 이사 등
전) 한국교육개발원 연구위원
　　한국교육개발원 교육통계센터 교육통계분석팀장
　　2021년 대통령 직속 국가교육회의 중장기교육정책 전문위원
　　2020년 대통령 직속 국가교육회의 위원
　　2016년, 2018년, 2020년 교육부 교원양성기관 역량진단 위원
　　2016~2019년 교육부 중앙투자심사위원
　　2016~2018년 교육부 특별교부금 국가시책사업 평가위원
　　2014년 교육부 지방교육재정개혁 자문위원

교육사회학

초판발행　　　　2023년 3월 1일

지은이　　　　　이광현
펴낸이　　　　　노　현

편　집　　　　　전채린
표지디자인　　　이영경
제　작　　　　　고철민 · 조영환

펴낸곳　　　　　㈜ 피와이메이트
　　　　　　　　서울특별시 금천구 가산디지털2로 53, 210호(가산동, 한라시그마밸리)
　　　　　　　　등록　2014. 2. 12. 제2018-000080호
전　화　　　　　02)733-6771
f a x　　　　　02)736-4818
e-mail　　　　　pys@pybook.co.kr
homepage　　　www.pybook.co.kr
ISBN　　　　　979-11-6519-349-2　93370

정　가　　　　　22,000원